Thomas Toivi Blatt

Nur die Schatten bleiben

Der Aufstand im Vernichtungslager Sobibór

Aus dem Amerikanischen von Monika Schmalz

Aufbau-Verlag

Die Originalausgabe
From the Ashes of Sobibór. A Story of Survival
erschien 1997
bei Northwestern University Press,
Evanston, Illinois.

Mit 62 Abbildungen
aus dem Privatarchiv des Autors

ISBN 3-351-02504-1

1. Auflage 2000

Einbandgestaltung Henkel/Lemme
Druck und Binden Clausen & Bosse, Leck
Printed in Germany

www.aufbau-verlag.de

Für alle, die zurückgelassen wurden …

Das Schlimmste von allem war nichts im Vergleich zur Realität. Sobibór zu überleben heißt, nicht mehr zu leben.

Hersz Cukerman, Überlebender von Sobibór

Danksagung

Kürzere Auszüge meiner Lebensgeschichte sind verschiedentlich veröffentlicht worden. Die Geschichte vom Bauern Bojarski und dessen Versuch, mich umzubringen, ist in der polnischen Zeitschrift *Swiat* (Mai 1953) sowie in der *Santa Barbara* (Kalifornien) *News & Reviews* (»No time for tears«, Dezember 1977) erschienen. Mein Interview mit Karl Frenzel ist in unterschiedlichen Versionen in der Wochenzeitschrift *Stern* (»Der Mörder und sein Zeuge«, März 1984), der israelischen Zeitung *Ha'aretz* (27. April 1984) und in *Jewish Currents* (»Blood and Ashes«, Dezember 1978) erschienen. Meine Zeugenaussage zu Sobibór aus dem Jahr 1945 ist im Institut für jüdische Geschichte in Warschau aktenkundig; meine Zeugenaussage ist auch in den Akten der Prozesse der Nazi-Funktionäre von Sobibór enthalten und kann in der Zentralen Stelle der Länderjustizverwaltungen in Ludwigsburg eingesehen werden.

Mein Tagebuch mit den Schilderungen des Aufstandes im Lager Sobibór wurde 1987 in der CBS-Dokumentation »Flucht aus Sobibór« verwendet, einer Chrysler-Showcase-Produktion, die auch auf Video erhältlich ist.

Nur die Schatten bleiben ist der volle und detaillierte Bericht meiner frühen Jahre, der in dem polnischen Städtchen Izbica beginnt und mit meiner Befreiung im Jahr 1944 durch die Rote Armee endet.

Hiermit möchte ich den folgenden Nicht-Juden, die mir damals in einer Zeit großer Gefahr geholfen haben, meine Anerkennung und meinen Dank aussprechen: Michał Sudoł (Ukraine), Julian Pódgorski (Polen), Jan Sztajndel (Polen), Niusia Królikowska (Polen), Michał Petla (Polen), Jozefa Kowalczyk (Polen) sowie der unbekannten Frau, der ich unmittelbar nach meiner Flucht aus Sobibór begegnet bin. Diesen

Menschen möchte ich sagen: In einer Welt, in der alles verloren schien, wart ihr meine Hoffnung.

Ich habe über vierzig Jahre gebraucht, um dieses Buch zu schreiben. Ohne die Hilfe, Geduld und Beharrlichkeit meiner früheren Frau Dena wäre es niemals zustande gekommen. Sie brachte endlose Stunden damit zu, mein Manuskript zu überarbeiten und aus meiner Erinnerung Geschichten auszugraben, die ich für nebensächlich, sie hingegen für wesentlich hielt. Ich möchte ihr die volle Anerkennung zollen, die sie als echter Partner beim Verfassen dieser Memoiren verdient.

Meinem Freund Joseph Voss möchte ich für seine Hilfe beim Zurechtrücken einiger Details danken.

Außerdem gilt mein besonderer Dank Alexander und Barbara Krebs-Gehlen, die sich dafür eingesetzt haben, daß mein Buch ins Deutsche übersetzt wurde.

Vorwort

Am 1. September 1939, als ich zwölf Jahre alt war, brach mit dem Überfall der Deutschen der Zweite Weltkrieg über Polen herein. Zwei Wochen später kapitulierte Polen, und ein Land mit über dreißig Millionen Einwohnern befand sich auf einmal in den Händen des Hitlerfaschismus. Die Verfolgung der Juden wurde allmählich verschärft, bis sie mit Massendeportationen in eigens errichtete Vernichtungslager ihren Höhepunkt erreichte.

Schon immer habe ich den Drang verspürt, zu schreiben, und bereits in der Grundschule führte ich Tagebuch. Als der Krieg begann, wurde bei mir das Tagebuchschreiben zur Gewohnheit, und ich setzte es auch fort, als schließlich die Greueltaten ihren Lauf nahmen. Später wurde mir klar, daß ich wahrscheinlich für diejenigen schrieb, die den Holocaust nicht überleben würden. Während dieser Zeit gab ich regelmäßig einen Teil meiner Aufzeichnungen in die Obhut christlicher Freunde.

Die Schrecken, denen man als Jude im besetzten Polen während der Nazizeit ausgesetzt war, blieben auch mir nicht erspart. Ich kam vom Ghetto ins Gefängnis und anschließend in das berüchtigte Lager Sobibór, wo ich am dortigen Aufstand beteiligt war, und flüchtete und somit dem sicheren Tod entkam. Ich versteckte mich im Wald wie ein gejagtes Tier und schloß mich schließlich bis zur Befreiung dem polnischen Widerstand an.

Viele meiner Tagebuchnotizen sind verlorengegangen, zwischenzeitlich rekonstruiert worden, nur um dann wieder verlorenzugehen. Nach dem Krieg gelang es mir, etwas weniger als die Hälfte meiner ursprünglichen Notizen wiederzubekommen. Im Jahr 1952 fertigte ich auf dieser Grundlage ein Manuskript an und legte es dem kommunistischen Verlag in Polen vor. Sie wollten das Buch zwar veröffentlichen, aber unter *ihren* Bedingungen, wodurch eine Reihe wichtiger Fakten verzerrt worden wäre. Da ich mich damit nicht einverstanden erklärte, landete der Text für sechs weitere Jahre in der Schublade.

Im Jahr 1958, als ich gerade nach Israel eingewandert war, gab ich einem bekannten Überlebenden von Auschwitz mein Manuskript, um seine Meinung dazu zu hören. Nach drei Wochen sagte er nur: »Sie haben ja eine unwahrscheinliche Phantasie. Ich habe noch nie etwas von Sobibór gehört, und von einem Aufstand schon gar nicht.« Viele Male wurde ich im Todeslager Sobibór von SS-Leuten ausgepeitscht, aber nie hat mir etwas so weh getan wie diese Bemerkung. Wenn er als Überlebender von Auschwitz mir schon nicht glaubte, wer sollte es dann? Und so vergingen zwanzig weitere Jahre.

Als im Jahr 1978 die Fernsehserie *Holocaust* ausgestrahlt wurde, begann man plötzlich in verstärktem Maße, über diese Zeit zu schreiben. Ich veröffentlichte einige Auszüge aus meinen Tagebuchnotizen in Zeitschriften und Zeitungen, und ein Teil des Stoffs wurde von Richard Rashke für sein Buch *Escape from Sobibór* verwendet (Boston, 1982; deutsch: *Flucht aus Sobibór,* Gerlingen 1998), aus dem 1987 schließlich der Dokumentarfilm gleichen Namens entstand. Mein komplettes Manuskript blieb jedoch unveröffentlicht.

Als ich unlängst noch einmal meine Geschichte durchsah, stellte ich mir einige Fragen: Was würde mein Buch für einen Nutzen haben, da schon so viel über den Holocaust geschrieben worden ist? Was konnte ich all dem noch hinzufügen? Wer würde sich dafür interessieren? Ich kam zu dem Schluß, daß sich nicht nur die wenigen Überlebenden aus meiner Generation für die Geschichte interessieren würden; auch für nachkommende Generationen würde es gewiß ein wertvolles Zeitdokument darstellen.

Ich habe viele ermutigende Bücher über den Holocaust gelesen – auch wenn sie von menschlicher Grausamkeit, von unermeßlichem Leiden erzählen, schwingt etwas mit von Selbstaufopferung, von Glaubensstärke und dem Sieg der Menschlichkeit. Mein Buch hat keine besondere Botschaft. Es ist lediglich die Geschichte eines jüdischen Teenagers, der unbedingt am Leben bleiben wollte; eine Geschichte, die selbst mir manchmal unglaublich vorkommt, obwohl jedes Wort wahr ist.

Der Anfang

Die bittere Wahrheit

Das Tor ging auf und gab die Sicht frei auf etwas, das aussah wie ein wunderschönes Dorf. Vor uns lag eine schwarz gepflasterte Straße, die mit Blumenbeeten gesäumt war. Links stand ein hübsches buntes Häuschen, umgeben von makellosem Rasen, herrlichen Bäumen und Blumen. Die Menschenmenge flutete hinein. Wir sahen Wegweiser, liebevoll in Holz geschnitzte Figuren: ein Kellner mit einem Teller in der Hand, ein Friseur mit einem Rasiermesser. Konnte das eine Todesfabrik sein? Unmöglich! Vielleicht war es wirklich ein Arbeitslager, wie die Deutschen behauptet hatten.

Aber ich wußte es besser. Selbst als ich an dem grünen Häuschen mit dem idyllischen Namen »Schwalbennest« über der Tür vorbeikam, wußte ich, daß ich zum Sterben hergekommen war. Aber warum? Ich war erst 15. Was hatte ich denn Schreckliches getan? Ich versuchte, mir über meine Lage klar zu werden. Stacheldraht und bewaffnete ukrainische Soldaten umringten uns. Es war hoffnungslos. Fliehen konnte man nicht. Während ich vor meiner Mutter herlief, drehte ich mich um und sah sie an. Sie wirkte blaß und müde, und zum ersten Mal fielen mir tiefe Falten in ihren Mundwinkeln auf. Obwohl sie erst 46 Jahre alt war, hatten die vier entwürdigenden Ghettojahre an ihren Kräften gezehrt und sie altern lassen. Das Leben schien ihr egal geworden zu sein.

Das war's also. Wir würden in den Gaskammern umgebracht werden oder durch Elektroschock, wie einige von uns glaubten. Dies waren unsere letzten Schritte im Leben. Die Sonne stand noch immer hoch am Himmel, die Vögel zwitscherten. Es war ein so wunderschöner Frühlingstag – der 28. April 1943. Ich wollte nicht sterben.

»Halt! Männer nach rechts, Frauen und Kinder nach links!« brüllte der SS-Mann. Einige Jungen in meinem Alter blieben bei ihren Müttern. Mein zehnjähriger Bruder ließ meinen Vater stehen und ging hinüber zu meiner Mutter, deren Hand ich noch immer hielt. Hatte ich eine Chance? Ich mußte mich entscheiden ... Ich lehnte mich hinüber und küßte meine Mutter rasch auf die Wange.

Ich wollte etwas sagen, denn mir war klar, daß wir für immer auseinandergingen. Aber aus Gründen, die ich noch heute nicht verstehe, sagte ich völlig unvermittelt zu meiner Mutter: »Und ich durfte gestern die Milch nicht austrinken. Du wolltest unbedingt noch welche für heute aufheben.«

Langsam und traurig wandte sie sich zu mir und sah mich an. »An so etwas denkst du in so einem Augenblick?«

Noch heute verfolgt mich diese Szene, und ich bereue meine sonderbare Bemerkung. Wie sich zeigen sollte, waren das meine allerletzten Worte an sie. Ich würde alles geben, um jenen Augenblick noch einmal heraufbeschwören zu können, um es anders zu machen, sie zu umarmen und ihr zu sagen, daß ich sie liebe, aber 1943 waren wir längst zu Automaten geworden, zu seelenlosen Schatten. Ich weinte nie. Darüber war ich hinaus. Selbst wenn ich etwas zu sagen gehabt hätte, wäre dafür gar keine Gelegenheit gewesen. Ich stellte mich zu meinem Vater in die Gruppe von Männern.

Ein stämmiger Deutscher mit einem Knüppel schritt vor unserer Gruppe auf und ab und wollte wissen, welches Handwerk wir gelernt hätten. Es gab noch einen Hoffnungsschimmer, einen Knochen, der den Verlorenen hingeworfen wurde! Die Leute fingen an, sich nach vorn zu drängen und zu rufen: »Ich bin Schuster!«, »Ich bin Schneider!«, »Ich bin Tischler!«, »Ich bin Bäcker!« Die richtige Antwort konnte einem das Leben retten. Mir war klar, daß ich keinerlei Qualifikationen besaß. Ich war klein und dünn und sah viel jünger aus, als ich war.

Es gab nichts, was ich anzubieten hatte, dennoch drängte auch ich mich nach vorne in der Hoffnung, auf mich aufmerksam machen zu können. Ich sah den SS-Mann durchdringend an and wiederholte leise in meinem Kopf: »Gott, laß ihn MICH nehmen, MICH nehmen, MICH nehmen!«

Plötzlich kreuzten sich unsere Blicke, und ich wußte, daß das der entscheidende Moment war. Ich war ihm aufgefallen!

Er zeigte auf mich und sagte: »Komm raus, du, Kleiner.« Vorläufig war ich gerettet.

Der Aufruhr dieser verzweifelten Leute war zuviel für den SS-Mann. Er nahm seinen Knüppel und schlug damit um sich. Mein Vater krümmte sich unter der Wucht der Schläge. Ich litt mit ihm, konnte aber nichts tun. In dem Durcheinander verlor ich ihn aus dem Blick. Schließlich waren ungefähr vierzig Männer wegen ihrer verschiedenen handwerklichen Fähigkeiten ausgesondert worden. Die übrigen (ungefähr zweihundert) wurden weggeführt und verschwanden langsam aus unserem Gesichtskreis. Sie waren auf dem Weg in die Gaskammern, und mein Vater war unter ihnen, aber was das wirklich bedeutete, begriff ich zu dem Zeitpunkt nicht.

Während unsere Gruppe weggeführt wurde, hörte ich in der Ferne Schreie und hin und wieder einen Schuß. Dann war es plötzlich still, bis auf das dumpfe Grollen eines Motors.

»Juden lauft!« brüllten die SS-Männer. Mit Peitschen und Maschinengewehren im Anschlag trieben sie uns in einen Lagerbereich, der mit Stacheldraht eingezäunt war. Es ging alles so schnell, daß wir keine Zeit zum Nachdenken hatten. »Hier rein.« Plötzlich befanden wir uns in einem Hof, umgeben von einfachen Holzbaracken.

Ein ordentlich gekleideter Häftling kam auf uns zu. »Ich heiße Kurt«, sagte er. »Ich brauche eure Namen und euer Geburtsdatum.« Nacheinander trug er uns in ein Heft ein.

»Wo sind wir hier?« fragte jemand.

»Ihr werdet arbeiten«, sagte er und fügte rasch hinzu: »Und jetzt bringe ich euch zu eurer Baracke. Kommt mit.«

Von innen war die Baracke sehr sauber. Etwa ein Fünftel des Gebäudes war durch eine dünne Wand abgetrennt, in die eine Tür eingelassen war – das waren die Unterkünfte der Kapos, wie ich später erfuhr. In der Mitte des größeren Raums stand ein großer Holztisch mit zwei Bänken, und an jeder Wand, vom Fußboden bis zur Decke, befanden sich drei Etagen mit Holzplattformen. Das waren unsere Unterkünfte.

»Sucht euch einen Platz aus«, sagte Kurt.

Es gab ein wildes Gerangel. Sofort lief ich auf die hinterste Ecke der obersten Plattform zu und kletterte hinauf. Der zugeteilte Platz war sehr eng, nur sechzig Zentimeter breit, und das Bettzeug lag an seinem Platz, als ob jemand gerade weggegangen wäre. Und tatsächlich entdeckte ich unter meinem Kopfkissen ein Paar Socken, Brot, Zigaretten, Fotos und Papierschnipsel, auf denen etwas in einer fremden Sprache gekritzelt stand. Offensichtlich hatte hier jemand geschlafen. Weiter konnte ich nicht denken. Noch war mir die Idee unbegreiflich, daß ich lebte, weil dieser Jemand jetzt tot war.

Von meinem Schlafplatz aus konnte ich durch einen Spalt, wo das Dach und die Wand zusammentrafen, nach draußen sehen. Plötzlich tauchte ein SS-Mann im Hof auf. »Du, du und du«, brüllte er. Willkürlich wählte er fünfzehn der herumstehenden Neuankömmlinge aus und führte sie weg. Ich kletterte von meinem Schlafplatz hinunter und ging in den Hof hinaus. In der Ferne stiegen Rauchwolken und Flammen auf, und es hing ein sonderbarer, süßlicher Geruch in der Luft. Ich wehrte mich dagegen, zu begreifen.

Bald darauf kehrten die Männer zurück. Sie schienen zutiefst schockiert und deprimiert. Man hatte sie gezwungen, in einem eingezäunten Hof die noch warmen Kleider der Leute von unserem Transport aufzusammeln und sie irgendwo hinzubringen, wo andere Häftlinge sie sortierten. Manche hatten die Kleidungsstücke ihrer eigenen Familienangehörigen wiedererkannt.

Ich ging zurück in die Baracke, legte mich auf meinen Schlafplatz und ließ meine Gedanken kreisen. Nicht einen Augenblick lang gestattete ich mir, über den Verlust meiner Mutter, meines Vaters und meines Bruders nachzudenken oder zu trauern. Ich schien instinktiv zu wissen, daß ich mich nicht gehenlassen durfte. Statt dessen rekonstruierte ich zwanghaft die Ereignisse, die zu diesem unfaßbaren Ende geführt hatten. Immer wieder fragte ich mich, was wäre, wenn meine Familie 1939 wie geplant mit den anderen über die Grenze in die Sowjetunion gegangen wäre. Vielleicht hätten wir überlebt. Wo und wann hatten wir möglicherweise die Gelegenheit verpaßt, uns in Sicherheit zu bringen? Hätte uns dies oder jenes das Leben gerettet, oder wären wir nur noch früher hier gelandet? Wie hätten wir diese furchtbare Situation vermeiden können? Hätten wir noch vor dem Krieg in ein anderes Land auswandern sollen, bevor der Naziterror begonnen hatte? Und wohin? Nach Amerika? Hätten sie uns genommen, selbst mit dem nötigen Geld? Aber damals hatte längst nicht alles so düster ausgesehen. Wie in aller Welt hätten wir ahnen sollen, was auf uns zukommen würde?

Izbica

Ich wurde 1927 in Izbica geboren und verbrachte dort meine Kindheit. Izbica hat mich grundlegend geprägt. Es war für mich der Nabel der Welt. Bevor ich in die Schule kam, wußte ich allenfalls von Verwandten, daß es überhaupt noch andere Städte gab: eine meiner Tanten, Chaja, heiratete und ließ sich in Krasnystaw nieder, meine Großmütter wohnten in Zamość und Lublin, und ein Onkel lebte in Warschau. Meine Cousins wanderten aus – zwei von ihnen, beide Kommunisten, zogen 1930 nach Rußland; ein anderer, ein Zionist, ging nach Palästina; und ein weiterer, ein Mann mit Unternehmergeist, landete in den Vereinigten Staaten. Ihre Briefe brachten mir die Außenwelt ein bißchen näher.

Izbica war ein typisches Stetl in der Nähe von Lublin im Südosten Polens. Katholische Bauern hatten sich in den Hügeln ringsum das Stetl angesiedelt, während in Izbica selbst ungefähr 3600 Juden und 200 Christen lebten. Die meisten Stadtbewohner waren arm und lebten in Holzbauten; nur wenige Wohlhabende hatten Häuser aus Ziegelstein. Drei artesische Pumpen und ein paar Brunnen versorgten die Stadt mit Wasser. Bis Mitte der dreißiger Jahre gab es keine Elektrizität.

Die Juden waren überwiegend orthodox, aber auch liberale Ideen begannen sich langsam durchzusetzen. Kaftan, Bart, Schläfenlocken und Gebetskäppchen wurden allmählich durch polnische oder westliche Kleidung ersetzt.

Meine Familie lebte in einer großen Jerische, die seinerzeit von meinem Urgroßvater erbaut worden war. Die nachfolgenden Generationen hatten das Gebäude nach und nach in mehrere winzige Wohnräume unterteilt. Wir galten als vermögend.

Das Gebäude war aus Holz und hatte zwei Stockwerke. An beiden Seiten des Flurs befanden sich kleine Ein- und Zwei-Zimmer-Wohnungen. Unsere war die erste auf der linken Seite. Wir hatten eine Küche mit Holzofen, Regalen für Geschirr und einem Nachtlager für die Magd. Josele, einer der wenigen Wasserträger, brachte uns einmal am Tag unser Wasser in einem Eimer, ein Luxus, der nur den »Reichen« vorbehalten war. Das Wasser wurde in einer großen Blechschüssel aufbewahrt.

In unserem Eßzimmer gab es einen Holztisch, vier Stühle, eine große braune Anrichte und eine Standuhr. An der Wand hingen ein bunter ausgestopfter Fasan, den uns einmal ein Jäger geschenkt hatte, und zwei Bilder mit polnischen Folklore-szenen, die wir einem armen polnischen Kunststudenten abgekauft hatten. Hinter der Abtrennung befand sich eine winzige Wohnstube, in der ein einzelnes Sofa stand. Das Schlafzimmer war klein, ausgestattet mit einem Doppelbett, einem Nachttisch, der gleichzeitig als Medizinschränkchen diente, und einem großen Lehmofen, der uns im Winter Wärme spendete.

Nebenan wohnte meine Tante Miriam. Ihr Sohn, der auch Toivi hieß, war so alt wie ich. Gegenüber wohnten Motel Brinker, ein Witwer, der ein kleines Café besaß, und seine Tochter. Neben ihm, in einem winzigen dunklen Zimmer mit unebenem Lehmboden, lebte Rajzl, die sich mühsam über Wasser hielt, indem sie auf einen Schlag mehrere junge Gänse kaufte und mästete, um sie anschließend wieder zu verkaufen. Ihr einziger Sohn, ein junger Mann mit Tuberkulose, war ans Bett gefesselt. Am Ende des Flurs führte eine Treppe in den zweiten Stock. Dort lebte damals meine Großmutter Hany-Sure mit ihrem Sohn, meinem Onkel Jankel. Außerdem gab es oben noch zwei weitere Zimmer, die aber leerstanden.

In Izbica kannte jeder jeden, und die Leute redeten sich meist mit Spitznamen an. Oft reichten ein oder zwei Wörter völlig aus, um Haltung, sozialen Status und Abstammung oder äußerliche Merkmale eines anderen zu umschreiben. Da waren zum Beispiel Lume (der Lahme) Chaim und Dziobaty (Windpocken) Jojne. Jeder wußte, daß Zamośćier bekker eigentlich Szulim Handwerker hieß und Bäcker aus Zamość war. Meinen Vater nannten sie Leibele Goj, weil er ein sogenannter Freidenker war, der Schinken aß und engen Kontakt zu Christen hatte.

Was die Religion betraf, stürzte mich die Schule nur noch mehr in Verwirrung. Ich nahm sowohl am jüdischen als auch am christlichen Religionsunterricht teil; die Bibelgeschichten faszinierten mich. Als ich ungefähr sieben war, dachte ich: Vielleicht haben sie recht … vielleicht ist mein Vater wirklich ein Goj! Er geht nur selten in die Synagoge, er raucht sonnabends, und ER ISST SCHINKEN! Natürlich verriegelt er vorher die Türen und sperrt die Fensterläden zu … aber die Leute wissen es, sie wissen es.

Eines Tages hielt er mir ein Stück Schinken hin. »Probier's, Toivi, probier's, das schmeckt gut!« Ich probierte es, und es schmeckte besser als jedes andere Fleisch, die ich je gegessen hatte. Aber am nächsten Tag rief mich meine Tante Miriam zu sich ins Zimmer, die unser Gespräch durch die dünne Wand hindurch mitbekommen hatte.

»Toivi, du ißt Schinken … komm, gib's zu.« Es war eine Feststellung, keine Frage, sie wollte bloß eine Bestätigung. Ich hatte noch nie gelogen.

»Ja, Tante Miriam. Ich hab' Schinken gegessen.«

»Du wirst bestraft und kommst in die Hölle«, sagte sie streng. »Hör nicht auf deinen Vater. Er ist kein richtiger Jude.«

»Aber Tante, warum komme ich in die Hölle? Mein Religionslehrer hat gesagt, wir sollen auf unsere Eltern hören. Was hab' ich denn falsch gemacht?« Das war natürlich eine Ausrede. Aber sie zeigte sich nicht sonderlich beeindruckt von meiner zittrigen Stimme und meinem ängstlichen Gesicht.

»Toivi«, wiederholte sie. »Juden dürfen kein Schweinefleisch essen. Es ist nicht koscher, und man kommt dafür in die Hölle.«

Obwohl seitdem viele Jahre vergangen sind, weiß ich noch, wie schockiert ich war. Als sensibler und phantasievoller Junge sah ich mich von lauter Teufeln umringt und in Flammen aufgehen. »O Gott, ich bereue, ich bereue …«, murmelte ich, während ich mich aufs Sofa sinken ließ.

Als meine Mutter vom Einkaufen wiederkam, hatte ich hohes Fieber. Der Arzt wurde gerufen, und er verschrieb mir eine Medizin. Ich war tagelang krank, und alle waren nett zu mir.

Meine Mutter gab mir sogar ihre kostbare Uhr zum Spielen. Schließlich erschien meine Tante Miriam auf der Bildfläche.

»Tante Miriam, ich hab' Angst.«

»Wovor hast du Angst?«

»Ich hab' Angst, in die Hölle zu kommen.«

»Toivi, was machst du dir für Sorgen?« Sie sah mich lange an, kombinierte und sagte anschließend: »Toivi, du mußt das jüdische Gesetz achten, aber Gott ist gnädig und, so Gott will, wird für dich, sobald du 13 bist und deine Bar Mizwa hattest, ein neues Leben beginnen. Alle deine alten Sünden werden dir vergeben.«

Ich sah einen Hoffnungsschimmer am Horizont. Aber noch lange danach machte ich mir Sorgen um die verlorene Seele meines Vaters. Seine Bar Mizwa war lange her; er würde nicht noch eine zweite Chance bekommen. Ich aber hatte wieder neuen Mut. Auf wundersame Weise wurde ich gesund ... und da ich noch ein paar Jahre Aufschub bekommen hatte, aß ich auch wieder Schinken.

Ich wurde »Hersz Bers Toivi« genannt, nach meinem Großvater Hersz Ber. Er war streng orthodox, sehr fromm und wurde in der Gemeinde hochgeachtet. Wenn einer unserer Bekannten beschreiben wollte, wie furchtbar gojisch ich war, da ich zum Beispiel keine Pejes (Schläfenlocken) trug oder den Heder (Sonntagsschule) schwänzte, sagte er zuweilen in verzweifeltem Tonfall: »Toivi, wenn dein Großvater Hersz Ber – gesegnet sei er im Himmel – aus seinem Grab steigen und dich sehen könnte, er würde freiwillig gleich wieder zurückgehen, so sehr würde er sich schämen.« Und so vergingen die Tage und Jahre, in denen wir hin und her gerissen waren zwischen den heimlichen Ausbruchsversuchen meiner Familie aus der Tradition und der Notwendigkeit, mit meiner ultra-orthodoxen Verwandtschaft auszukommen, denn schließlich lebten wir ja alle unter einem Dach. Zwischenzeitlich trug ich sogar Pejes.

Ich glaubte an Gott und fürchtete ihn, und so gut es ging, versuchte ich, seine Gesetze zu achten. Nach der morgendlichen Wäsche sprach ich das »Moyde Ani« und dankte Gott dafür, über meine Seele gewacht zu haben, während ich schlief. Ich wusch meine Hände und betete vor dem Essen. Mit meinem Vater und meiner Mutter, deren Wort ich respektierte, verhielt es sich allerdings etwas anders. Gelegentlich waren sie bei Nicht-Juden eingeladen und aßen dort nicht-koschere Gerichte! Wenn Verwandte den Eindruck hatten, bei uns würde ein bestimmter Feiertag nicht anständig begangen, »entführten« sie mich einfach, nahmen mich mit zu sich und setzten mich an ihren Tisch.

Ich bin noch immer nicht ganz sicher, auf was sich mein Glaube an Gott eigentlich gründete. Ich glaubte einfach an seine allumfassende Macht, an seine Fähigkeit, zu helfen und zu strafen. Allerdings hatte ich auch meine Zweifel, als die örtliche Beit Midrash, das Gemeindehaus, niederbrannte. Es war sein Haus. Er hatte die Macht. Nichts sollte ohne seinen Willen passieren dürfen. Es gab viele Fragen, die ich Gott gern gestellt hätte. Nichtsdestotrotz glaubte ich an ihn. Oft, wenn ich spät abends von einem Freund nach Hause kam, mich im Dunkeln gegruselt und überall lauernde Dämonen gesehen hatte, sprach ich das Gebet »Schema Israel« vor mich hin. Mit dem Lob Gottes auf den Lippen konnte mir nichts passieren.

Wir lebten in Frieden mit unseren katholischen Nachbarn. Natürlich hingen hin und wieder antisemitische Parolen wie »Juden nach Palästina« und »Kauft nicht bei Juden« im Postamt, aber niemand nahm sie ernst. Katholische und jüdische Schulkinder blieben meist unter sich. Ungefähr die Hälfte der Schüler war jüdisch und die andere Hälfte katholisch, denn die Stadt war zwar zu 95 Prozent jüdisch, aber die Schüler der städtischen Grundschule kamen aus sämtlichen umliegenden Ortschaften. In den Klassenzimmern herrschte keine sichtbare Feindseligkeit.

Es gab aufgrund religiöser Fragen wohl manchmal ein bißchen Aufregung, aber eher unter den Juden selbst. Einmal tauchte am Sabbat eine Gruppe junger Juden aus Zamość unerwartet in Izbica auf – ohne Käppchen und auf Fahrrädern. Das war einfach zu viel für die Leute in Izbica; unter einem Steinhagel wurden sie von ihren orthodoxen Brüdern aus der Stadt gejagt.

Am Sabbat kam entsprechend dem jüdischen Gesetz alles zum Stillstand. Jüdische Schüler hatten schulfrei. Die ganze

Stadt war ungewöhnlich still und in Festtagsstimmung. Würdevoll und andächtig liefen die Juden zur Synagoge. Die Männer trugen schwarze Kaftane, Gebetskäppchen oder Hüte und hatten ihren Gebetsschal in bestickten Beuteln dabei. Die Frauen trugen lange Röcke, Perücken und Schultertücher, und die Kinder liefen neben ihnen her wie eine Miniaturausgabe der Erwachsenen. Wir ahnten damals nicht, daß diese friedlichen Sonnabende in Izbica bald nur noch eine Erinnerung sein würden.

Der Anfang

Die Naziherrschaft begann mit dem Angriff der Deutschen im September 1939 auf Polen. »Mobilisierung!« schrie es von den Plakatwänden. Und der Ausrufer auf dem Marktplatz verkündete zum ersten Mal, wie man sich bei Luftangriffen verhalten solle.

Zwei Tage später fielen die ersten Bomben auf unsere Stadt. Sie richteten keinen Schaden an, aber meine Familie, die sich sicherer fühlen wollte, reiste nach Panska Dolina ab, einem etwa 20 Kilometer entfernten Dorf mitten im Wald. Als wir dort ankamen, wurde der ganze Wald von Detonationen erschüttert. Die Deutschen bombardierten polnische Truppen, die dort Schutz gesucht hatten.

Wenige Tage später trat die polnische Armee den Rückzug an und vergrub Waffen und Munition im Wald, um mit leichterem Gepäck reisen zu können. Sofort tauchten polnische Zivilisten auf und gruben die Waffen wieder aus.

Am Waldrand sprach ein junger Leutnant vor einer Gruppe müder und verdreckter Soldaten. Mit trauriger Stimme sprach er von diesem schwierigen Unterfangen, erinnerte daran, wie sie den Deutschen entgegengetreten waren, bereit, für ihr geliebtes Polen ihr Leben zu opfern. Er teilte den Soldaten mit, daß die Kommunisten ihnen in den Rücken gefallen seien und sich mit Hitler verbündet hätten und daß sowjetische Truppen gerade dabei seien, vom Osten her in Polen einzufallen. Und obwohl er bereits wisse, daß ihre Division vor den Deutschen kapituliert habe, würde man weiterkämpfen. Dann befahl der

Leutnant, dieses Dorf bis zur letzten Kugel, zur letzten Granate zu verteidigen. Die Soldaten sangen »Rota«, eine antideutsche Hymne, und zogen sich hinter die Schatten des Waldes zurück. Andauernde Gewehrsalven aus westlicher Richtung kündeten den Einzug der Deutschen an.

Wir wußten nicht, was wir tun sollten. Einige Juden schlugen vor, nach Osten zu fliehen, während andere wiederum meinten, die Deutschen seien auch nur Menschen, die Mitgefühl mit den Zivilisten haben und ihnen nichts antun würden. Wieder andere zogen weiter, um den Bug zu überqueren und sich auf die Seite der Sowjets zu schlagen. Wir aber kehrten nach Izbica zurück.

In Izbica erfuhr ich, daß deutsche Soldaten dort gewesen seien und die Stadt bereits wieder verlassen hätten und daß jetzt die Sowjets anrückten. Ich war enttäuscht. Mein Bruder Hersz kam zu mir gerannt und sagte, da seien noch zwei deutsche Soldaten in der Bäckerei der Handwerkers, die gerade dabei seien, Brot zu kaufen. Der Krieg ist fast zu Ende, dachte ich, und den Anblick eines richtigen Deutschen kann ich mir nicht entgehen lassen. Ich brauchte nur wenige Minuten bis zur Bäckerei, und da sah ich die beiden Soldaten in ihren merkwürdigen dunkelgrünen Uniformen, die frisches Brot in ihren Fahrradtaschen verstauten. Ich blieb in ihrer Nähe stehen und horchte. Ich hätte schwören können, daß sie Jiddisch sprachen. Obwohl sich manche Wörter eigenartig anhörten, konnte ich ihrem Gespräch folgen. Sie warfen mir ein Bonbon zu, worauf ich auf jiddisch »A scheinen dank« sagte. Sie lachten und verbesserten mich: »Danke schön.« Dann verließen sie unsere Stadt.

Es war ein trüber, regnerischer Tag, als die Russen auf Izbica zumarschierten. Eine »Rote Miliz« war von den örtlichen Kommunisten organisiert worden, deren Anführer, ein Jude namens Abram Wajs, früher Flickschuster gewesen war.

Gegen Mittag wurden wir durch Motorengeräusche beim Mittagessen gestört. Von unserem Balkon aus sah ich schwere sowjetische Panzer, gefolgt von Lastwagen voller Soldaten. Um die Minen zu umgehen, fuhren sie durch den Schlamm seitlich der Hauptstraße. Da sich noch immer einige polnische Soldaten und Offiziere in der Stadt aufhielten, zogen die örtlichen Kommunisten zusammen mit den russischen Soldaten los, um sie zu entwaffnen.

Da alle die gleichen langen, grauen, abgenutzten Mäntel und keine Abzeichen trugen, war es unmöglich, die Offiziere von den Unteroffizieren der Roten Armee zu unterscheiden. Gegenüber den Zivilisten benahmen sie sich anständig. Einige der Soldaten schliefen in Lastwagen, die neben den Panzern auf dem Marktplatz parkten, andere schliefen im Kino auf Stroh. Keiner von ihnen wagte sich in private Häuser.

Einige Tage später erzählte uns mein Onkel Shmuel Staw, daß die Rote Armee kurz vor dem Rückzug stand. Es kursierte das Gerücht, daß Deutsche und Sowjets einen Nichtangriffspakt unterzeichnet und Polen untereinander aufgeteilt hätten. Diesem Abkommen nach sollte sich die Rote Armee hinter eine Grenzlinie entlang des Bug zurückziehen.

Also waren die Nazis wieder im Anmarsch! Unmöglich! Onkel Staw irrte sich bestimmt! Ich zog mich an und ging los, um mir selbst ein Bild zu machen. Aber er hatte recht – die Sowjets waren dabei, die Stadt zu verlassen. Einige jüdische Stadtbewohner folgten ihnen in ihren Karren, die sie mit ihren Habseligkeiten beladen hatten.

Ich streunte den ganzen Tag herum. Als ich abends nach Hause kam, hörte ich, daß meine Eltern im Nebenzimmer eine Auseinandersetzung hatten. Meine Mutter war sehr aufgebracht und wollte meinen Vater überreden, Izbica zu verlassen.

»Hör zu, Leibele. Ich kann Russisch. Wir schaffen das schon. Alles ist besser, als den Nazis in die Hände zu fallen. Ich habe davon gehört, was sie in Deutschland mit den Juden machen. Hier könnte dasselbe passieren.«

Aber mein Vater sagte nur immer wieder: »Ich gehe mit kleinen Kindern nicht ins Exil. Hier bin ich geboren, und hier will ich auch sterben. Außerdem«, fügte er hinzu, »waren die Deutschen schließlich vor den Russen hier in Izbica, und es gab keine einzige Greueltat.«

Sehr viel später, als wir bereits auf dem Weg in die Krematoriumsöfen waren, hieß es, daß es ein Segen gewesen wäre, wenn die Deutschen bei ihrem Einmarsch in Izbica ein Pogrom ausgerufen und Juden umgebracht hätten. Dann wären damals alle anderen Juden in die Sowjetunion gegangen.

Dabei kamen tatsächlich sechs Juden während der ersten deutschen Besatzung der Stadt ums Leben, darunter unser Nachbar, der Metzger Brajtman. Doch die jüdische Bevölkerung machte die unübersichtliche Grenzsituation dafür verantwortlich, und wie immer setzte man auf das Prinzip Hoffnung. Wir hofften immer, daß alles wieder so werden würde wie früher. Statt dessen aber wurde uns ein Fluchtweg nach dem anderen abgeschnitten.

Die Sowjets hatten die Stadt verlassen, aber die Deutschen waren noch nicht da. Eine Zeitlang war unsere Stadt ein Niemandsland. Einheimische Schlägertrupps fingen an, die jüdische Bevölkerung zu terrorisieren. Daß sie darauf kamen, war nicht weiter verwunderlich. Große farbige Plakate hingen überall – in den Straßen, am Bahnhof und beim Bürgermeister. Juden seien niederträchtig, hieß es darauf. Auf einem Bild sah man, wie ein jüdischer Metzger eine tote Ratte ins Hackfleisch gab, ein anderes zeigte eine große Laus, die vom Kragen eines Juden auf die Schulter eines polnischen Christen sprang, um Typhus zu verbreiten. Andere zeigten Juden als Mörder, die unschuldigen Christenkindern das Blut aussaugten, angeblich um daraus Matzen für den Pessach herzustellen. Die antijüdische Propaganda der Deutschen verbreitete sich wie ein Lauffeuer.

Wir sprachen nie über die Plakate, erwähnten sie mit keinem Wort. Diese Art Propaganda wurde einfach Teil unseres Lebens. Man konnte nichts dagegen tun. Und dennoch betrachtete ich manchmal die Plakate und dachte: Glauben meine polnischen Nachbarn wirklich dieser Propaganda? Auch wenn das Verhältnis problematisch gewesen sein mochte, hatten Christen und Juden vor dem Krieg tagtäglich miteinander zu tun gehabt, hatten zusammen gearbeitet und waren gemeinsam in die Schule gegangen. Jetzt wußte niemand mehr, wem er noch trauen konnte.

Eines Abends gegen sechs Uhr, direkt nach dem Essen, erschütterte eine gewaltige Detonation unser Haus. Wir hörten einen gellenden Schrei, gefolgt von einer langen, durchdringenden Stille. Am nächsten Tag erzählte man sich, daß zwei Jugendliche aus unserer Stadt, Maniek Królikowski und Jacek Malec, mitten auf der Straße eine Handgranate in eine Gruppe von Juden geworfen hätten. Es hatte viele Verwundete gegeben, darunter eine Frau, die ein paar Wochen später an ihren Verletzungen starb. Offenbar war es ein Racheakt an den jüdischen Kommunisten, die mit den Sowjets zusammengearbeitet hatten.

Da die Stadtbewohner in diesem Niemandsland weitere Gewalttaten fürchteten, schickten sie eine Delegation, an deren Spitze Tante Miriam stand, in die Bezirkshauptstadt Krasnystaw, um die Deutschen zu bitten, in die Stadt zu kommen und Gesetz und Ordnung wieder herzustellen. Rasch wurde eine sogenannte Ortskommandantur der Wehrmacht in Izbica errichtet, und danach war es relativ ruhig.

Während der ersten paar Besatzungswochen ging der Alltag normal weiter. Die Deutschen bauten neben dem Bahnhof ein Feldlazarett für leicht verwundete Wehrmachtssoldaten. Ich streunte ungehindert durch die Stadt und war sehr daran interessiert, die Deutschen aus nächster Nähe zu sehen und mit ihnen zu plaudern.

Eines Tages, als die jüdischen Ältesten eine Gruppe Juden losschickte, die Baracken der Deutschen sauberzumachen, schloß ich mich ihnen an, ohne meinem Vater etwas davon zu sagen. Zwei von uns schrubbten die Fußböden und brachten den Müll hinaus. Die Zeit verstrich. Als es Abend wurde, füllten sich die Baracken mit Soldaten, die von einem Spaziergang im Park zurückkehrten. Sie schienen nett, und ich bat einen von ihnen um eine Zigarette.

»Ach, rauchst du etwa schon, Kleiner?«

Ich erklärte, die Zigarette sei für meinen Vater, der ein starker Raucher war.

»Hast du nicht zufällig auch noch eine Schwester?«

Ich war zwar ein schüchterner Junge, aber was die wesentlichen Dinge betraf, wußte ich Bescheid. Ich packte die Gelegenheit am Schopf. »O ja. Sie ist achtzehn«, gab ich zurück. Ich war mir nicht ganz sicher, ob er überhaupt wußte, daß wir Juden waren.

»Hier«, sagte er. Plötzlich hatte er mir ein ganzes Päckchen Zigaretten in die Hand gedrückt. »Frag sie doch mal, ob sie nicht morgen auch zum Putzen kommen will.«

Ich versprach, mit ihr zu reden. So ging das einige Tage weiter, und mein Versprechen, dem Soldaten meine nichtvorhandene Schwester vorzustellen, brachte mir zwei weitere Päckchen Zigaretten ein. So lernte ich also Willy kennen. Er war zwanzig, gerade mal acht Jahre älter als ich, und gar nicht sonderlich draufgängerisch. Als er das nächste Mal nach meiner Schwester fragte und mir zwei weitere Päckchen Zigaretten reichte, wußte ich, daß es Zeit war, die Karten auf den Tisch zu legen.

»Herr Unteroffizier, ich muß Ihnen etwas sagen.«

»Was gibt's denn, Tom?«

»Werden Sie mich schlagen, wenn Ihnen nicht gefällt, was ich zu sagen habe?«

»Warum sollte ich?«

»Gut. Nehmen Sie diese beiden Päckchen zurück, und die anderen bezahle ich Ihnen.«

»Was willst du denn bloß damit sagen, Tom?«

»Wir alle sind Juden. Wollen Sie ernsthaft ein jüdisches Mädchen kennenlernen? Das wäre doch viel zu gefährlich.«

Willy schüttelte den Kopf. »Du bist doch nicht wirklich Jude?«

»Doch, das bin ich.«

Ich wartete schweigend. Ich wußte instinktiv, daß mich dieser Deutsche nicht schlagen würde, dennoch raste mein Herz, während er mich unverwandt anstarrte.

»Tomek, behalte die Zigaretten und gib deiner Schwester diese Schokolade.« Dann wandte er sich wieder seiner Arbeit zu und erwähnte die Schwester nicht mehr. Kurze Zeit später ging er an die Front, und ich sah ihn nie wieder.

Am Anfang wurden die Juden größtenteils in Frieden gelassen. Es waren nur Einheiten der Wehrmacht in der Stadt, keine SS, und die Soldaten beteiligten sich sogar am einheimischen Schwarzhandel. Doch eines Tages wurde der Sohn von Lejzor Siecky getötet. Er war ein Nachbar von uns. Er wurde mitten auf der Straße von der deutschen Militärpolizei aus reiner Langeweile erschossen. Es war der erste absichtliche Mord in Izbica, und für uns alle war es ein furchtbarer Schock. Wir begriffen, daß Juden nicht länger unter dem Schutz des Gesetzes standen.

Bald darauf waren Bekanntmachungen über die ganze Stadt verteilt:

»Juden müssen zwischen 17 Uhr und 5 Uhr in ihren Häusern bleiben.«

»Jeder Jude ab sechs Jahren muß am rechten Arm, oberhalb des Ellenbogens, eine zehn Zentimeter breite und mit einem blauen Davidstern versehene Armbinde tragen.«

»Juden dürfen nur mit einem von einer deutschen Behörde ausgestellten Ausweis ihren Wohnort verlassen.«

»Juden ist das Benutzen der Eisenbahn untersagt.«

»Juden ist das Betreiben von Geschäften untersagt.«

Wer sich nicht an diese Verordnungen hielt, wurde ausnahmslos mit dem Tod bestraft. Auf diese Weise wurde die jüdische Bevölkerung von der übrigen Gemeinschaft isoliert. Die meisten jüdischen Kaufleute, die zuvor mit polnischen Bauern Handel getrieben hatten, gaben ihr Geschäft auf; wer sich weigerte, riskierte Kopf und Kragen.

Der einzige Großbetrieb der Stadt war die staatliche Ziegelei, die bestimmte Steine für militärische Befestigungen herstellte. Juden hatten dort nicht arbeiten dürfen, nicht einmal vor dem Krieg. Viele hatten in den drei Mühlen der Stadt ihren Lebensunterhalt verdient, aber von nun an wurden auch dort nur noch Christen beschäftigt.

Vor dem Krieg waren die meisten Juden Einzelhändler und Handwerker gewesen. Ihre kleinen Geschäfte säumten die Hauptstraße. Mein Vater besaß einen Schnapsladen. Seine Konzession hatte er von der polnischen Regierung als Gegenleistung für seinen freiwilligen Kriegsdienst in Marschall Piłsudskis polnischen Befreiungslegionen im Jahr 1918–19 erhalten. Wie viele andere jüdische Ladenbesitzer war er jetzt gezwungen, sein Geschäft zuzumachen.

Damit wir auch weiterhin zu essen hatten, vereinbarte er mit Herrn Frydman, einem Warschauer Fabrikanten, als Holzlieferant für dessen Herstellung von Schuhspannern zu arbeiten. Obwohl Herr Frydman Jude war, galten die antijüdischen Gesetze für ihn zunächst noch nicht, weil er Bürger der Vereinigten Staaten war. Später kamen er, seine Frau und seine Kinder um. Mein Vater traf sich immer heimlich mit Herrn Frydman. Wäre er dabei erwischt worden, hätte man ihn erschossen. Viele andere, die weniger Glück hatten, mußten hungern. Die Juden trafen sich nicht mehr jeden Mittwoch auf dem Marktplatz des Schtetl beim Wochenmarkt, um miteinander zu plaudern, Besorgungen zu machen und ihre Erzeugnisse und Fabrikate an die Christen zu verkaufen. Jetzt mußten die Juden heimlich in die Dörfer fahren, um Lebensmittel zu besorgen.

Das kulturelle Leben Izbicas war vielfältig und abwechslungsreich gewesen. Jetzt hatte das Laientheater, in dem mein Vater hin und wieder aufgetreten war, dichtgemacht ebenso wie das Kino und die Bibliothek. Dafür gab es plötzlich jede Menge politische und religiöse Vereinigungen, deren Mitglieder sich in aller Stille in den Privathäusern trafen. Und die Beit Midraschim blieben nach wie vor für die Juden eine wichtige Anlaufstelle.

Öffentliche Schulen durften wir natürlich nicht mehr besuchen. Unsere jüdischen Bibellehrer unterrichteten uns jedoch heimlich bei sich zu Hause, und so ging das Lernen weiter. Yakov Yitzhak Lewand war der Rebbe, oder Lehrer, und der Unterricht wurde in seiner Küche abgehalten. Ich erinnere mich gut an das verdunkelte Zimmer, in dem ich zusammen mit acht bis zehn anderen Jungs zwischen sieben und dreizehn um einen alten Holztisch herum saß, jeder mit seinem Gebetbuch vor sich.

Es war unvorstellbar langweilig. Die Sonne schien, und draußen konnte man so viel machen. Ich fühlte mich wie in einem Käfig. Mechanisch wiederholte ich Absatz für Absatz, was der Rebbe auf hebräisch sagte, ohne ein Wort zu verstehen. Wenn einer von uns gähnte, steckte der Rebbe seinen nicht gerade sauberen hölzernen Zeigestock in den weitgeöffneten Mund des Schülers, um ihn so am Einschlafen zu hindern.

Seltsamerweise hatten die öffentlichen Schulen vor dem Krieg für Katholiken und Juden Religionsunterricht angeboten. Die Lehrbücher waren auf polnisch, was ich natürlich verstand, und die Bilder waren interessant. Aber im Cheder wiederholte ich einfach nur das, was ich so perfekt auswendig gelernt hatte. Mein Vater kontrollierte nie meine Hausaufgaben, trotzdem wußte er Bescheid. Einmal sagte er: »Toivi, du wirst noch nicht mal in der Lage sein, für mich das Kaddisch zu sprechen, wenn es soweit ist.« Er hatte recht.

Ich schämte mich ein bißchen, daß meine Mitschüler schon die Gemara und Raschi durchnahmen, während ich mich noch immer mit meinem Lehrbuch für Anfänger herumplagte. Als wir einmal in Zamość bei meiner Großmutter Ferien machten, wurde es ernst: meine Großmutter bat mich, etwas aus dem Gebetbuch vorzulesen. Mühelos wiederholte ich die Strophen, die ich auswendig konnte, und alle waren stolz auf mich. Als mich mein Großvater später in die Synagoge mitnahm, fürchtete ich, daß die paar auswendig gelernten Strophen nicht ausreichen würden. Aber ich entdeckte bald, daß ich die anderen betenden Juden bloß nachzuahmen brauchte. Wie die anderen wiegte ich mich heftig hin und her und sagte zwischendurch immer mal wieder »Amen«, während ich ungeduldig auf das Ende des Gottesdienstes wartete.

Die öffentliche Schule fehlte mir nicht. Ich war kein sehr eifriger Schüler, aber ich las leidenschaftlich gern. Ich liebte es, neue Welten zu entdecken. Wenn ein Buch besonders interessant war, las ich bis tief in die Nacht. Nachdem ich ins Bett geschickt worden war, tat ich manchmal so, als müsse ich den Nachttopf benutzen. Dann ging ich in die Küche und schaltete das Licht an. Dort liefen Hunderte von Kakerlaken in alle Richtungen davon. Ich ekelte mich nur kurz. Bald war der Fußboden frei, und ich ließ mich auf dem Topf nieder und las stundenlang. Morgens war es praktisch unmöglich, mich aus dem Bett zu kriegen. Ich besaß eine eigene kleine Bibliothek, lieh mir Bücher von Freunden aus und hatte immer genug zu lesen.

Man hörte manches über die Gestapo. Sie waren noch nicht in unserer Stadt, aber die Geschichten über Folter und Mißhandlungen ließen einem das Blut in den Adern gerinnen.

Eine neue Welle illegaler Auswanderung in den Osten setzte ein. Die Grenze wurde nicht besonders streng bewacht, und man konnte die 50 Kilometer bis zur sowjetischen Seite des Bug relativ leicht schaffen.

Wieder flehte meine Mutter meinen Vater an, die Stadt zu verlassen, und diesmal gab er nach. Zusammen mit Szulim Handwerker kaufte er ein Pferd und einen Karren. Genau zu diesem Zeitpunkt aber kamen vereinzelt Menschen der ersten Flüchtlingswelle aus dem Osten zurück. Sie klagten darüber, daß die Verwaltung des sowjetischen Gebiets in chaotischem Zustand sei und schlechte Bedingungen für Flüchtlinge herrschten.

Wieder überlegte es sich mein Vater anders. Er verkaufte das Pferd und den Karren genauso schnell, wie er sie wenige Tage zuvor gekauft hatten. Wir blieben in Izbica, und unser Schicksal war besiegelt.

Während dieser ganzen Zeit wurden alle jüdischen Angelegenheiten in Izbica vom deutschen Landrat in Krasnystaw geregelt. Eines Tages teilte der Landrat den jüdischen Ältesten mit, daß im Zusammenhang mit der Verlegung der Juden aus deutschen Gebieten ein Transport jüdischer Heimatvertriebener aus der Gegend von Poznán eintreffen würde, das ehemals zu Polen gehört hatte, nun aber dem Dritten Reich angegliedert worden war. Man bereitete alles für ihre Ankunft vor. Sie sollten bei jüdischen Familien in der Stadt einquartiert werden. Es wurde sogar Essen für sie vorbereitet.

Am 11. Dezember 1939 trafen mehr als 1000 Juden aus Koło ein. Da ihr Aufbruch sehr kurzfristig war, und jeder nur 20 Kilo mitnehmen durfte, hatten sie nicht viel Gepäck dabei. Es herrschte große Aufregung und Verwirrung, während ein Komitee die Neuankömmlinge unter den Einwohnern verteilte. Die Kominkowskis und die Frenkels kamen zu uns.

Alle, die zu meinem Freundeskreis gehörten, wohnten in unserem Viertel. Srulek Handwerker, der Sohn des Bäckers, war mein bester Freund. Wir hatten beide ständig Unfug im Kopf und stellten zusammen allerhand an. Dann waren da auch noch Hersz und Idel Goldgraber, die Söhne des Schusters, Perec Dorfsman, und noch ein paar andere. Und dann gab es noch eine Gruppe Mädchen, angeführt von Sruleks Schwester Chawa, einem bezaubernden hellblonden Mädchen, und der Metzgerstochter Małka Lerner, die groß, schlank und dunkelhaarig war. An Sonnabenden und Feiertagen trafen wir uns mit ihnen am Waldrand, um unschuldig zu flirten.

Das war im Frühjahr 1940. Wir waren noch Kinder, aber wir mußten schnell erwachsen werden und unseren Familien zur Hand gehen. Unsere Brüder und Väter wurden uns weggenommen. Die Deutschen hatten in der Nähe Arbeitslager errichtet. Anfangs, während der ersten paar Monate, meldeten sich die Leute noch freiwillig zur Arbeit in den Lagern. Die ersten Freiwilligen waren natürlich die Armen, die sonst verhungert wären. So klein und arm das Stetl auch war, es gab dennoch soziale Unterschiede. Die Armen wurden Grices (Suppen) genannt, denn sie waren so arm, daß ihre Mahlzeiten fast ausschließlich aus Suppe bestanden. Anfangs noch brachten die Deutschen die Arbeiter morgens in die Lager und abends wieder nach Hause. Später durften die Arbeiter die geschlossenen Lager nicht mehr verlassen.

Dann erreichten uns allmählich die Schreckensmeldungen. Durch eingeschmuggelte Briefe und von Flüchtlingen hörten wir von sadistischen Foltermethoden und unmenschlichen Arbeitsbedingungen. Die Juden meldeten sich nicht mehr freiwillig zum Dienst in den Arbeitslagern. Dann erhielten die Ältesten den Befehl, eine Liste mit neuen Arbeitern zusammenzustellen und sie bei den Deutschen abzuliefern. Es gab keine offizielle Unterscheidung zwischen arm und reich; nichtsdestotrotz waren es die Armen, die in die Lager geschickt wurden. Wenn einem wohlhabenden Juden das Arbeitslager drohte, war er in der Lage, sich einen Ersatzmann zu kaufen, der natürlich aus den Reihen der Armen und Hungrigen kam.

Die Zahl der Arbeitslager wuchs, und die Bedingungen dort wurden schlimmer. Und aufgrund der beängstigenden Gerüchte weigerten sich schließlich selbst die ganz Armen und Verzweifelten. Irgendwann war es nicht mehr möglich, einen Ersatz zu kaufen, und demzufolge gelang es den jüdischen Ältesten auch nicht, die erforderliche Anzahl Arbeiter abzuliefern.

Um die Arbeitslager also zu füllen, begannen die Deutschen, eigenhändig die Leute auf der Straße zusammenzutreiben. Eine der ersten Razzien fand am 14. August 1940 statt. Die Opfer wurden nach Bełżec geschickt, das damals noch ein Arbeitslager war.

Jeder versteckte sich. Razzien kamen immer öfter vor. Lastwagen voller Deutscher und schwarz uniformierter ukrainischer Kollaborateure rollten am hellichten Tag durch Izbica. Sie fingen die Juden in den Straßen ein und hielten sie mehrere Stunden lang auf dem Marktplatz fest. Wer Geld hatte, kaufte sich frei, oder seine Familie kaufte ihn frei, genau wie auf einem mittelalterlichen Sklavenmarkt. Diejenigen, die dort blieben, kamen ins Lager.

Weil die Beschaffung von Sklaven nur so mühsam voranging, verlangte der Landrat von der jüdischen Gemeinde ein Bußgeld. Damit ich während der Razzien sicher war, besorgte mir mein Vater mit Hilfe seiner christlichen Freunde einen Job in einer Autowerkstatt, die einem eingebürgerten Polen deutscher Herkunft namens Leopold Platto gehörte. Platto, ein einfacher und ehrlicher Mann, sprach fließend Jiddisch, da er jahrelang in Goldbergs Sägemühle gearbeitet hatte.

Die Transporte jüdischer Umsiedler nahmen zu. Im März 1941 kamen sie aus Koło, Konin und Rzgów. Die Gemeinschaftsküche mußte ausgebaut werden, um mit so vielen Neuankömmlingen fertig zu werden. Samuel Kohn, ein hochgewachsener, würdevoller Jude, übernahm die Aufgabe, zweimal täglich Suppe und heißen Ersatzkaffee (aus geröstetem Getreide) auszuschenken. Er und seine Frau waren zusätzlich in unserem Haus untergebracht worden, so wie auch andere Familien erneut Flüchtlinge aufgenommen hatten; zudem waren ungefähr 400 Menschen in der Synagoge einquartiert worden. Izbica war jetzt nicht nur zum Ghetto geworden, sondern auch, wie wir später erfahren sollten, eine Zwischenstation für »Umsiedlungen nach Osten«.

Krieg mit der Sowjetunion: Die Dinge spitzen sich zu

Am 22. Juni 1941 marschierte Deutschland in die Sowjetunion ein. Wir konnten es nicht fassen. Es war doch ein Nichtangriffspakt geschlossen worden! Erst vor wenigen Tagen hatte man in Lublin sowjetische Offiziere gesehen, und es ging das Gerücht, daß die Deutschen möglicherweise die Auswanderung in die Sowjetunion gestatten würden. Hatte Hitler etwa seinem eigenen Verbündeten den Krieg erklärt?

Innerhalb weniger Tage zog sich die Rote Armee von der Front zurück. Diese Meldung erschütterte uns – es war eine Hundertachtziggradwendung. Jetzt kehrten diejenigen Juden, die den Deutschen entronnen und nicht bereit oder willens waren, sich der zurückweichenden Roten Armee anzuschließen, nach Izbica zurück. Der Himmel surrte vor schweren Bombern, die Landstraßen waren mit motorisierten Infanterien verstopft, die Züge waren vollbeladen mit Geschützen und Panzern, und alles bewegte sich in Richtung Osten.

Das deutsche Siegeszeichen prangte auf jedem Bus und jedem Zug sowie in den Fenstern der Behörden – das Werk einheimischer Nazis und antisowjetischer Sympathisanten. Bald darauf wurden Hunderte von Kriegsgefangenen durch die Straßen geführt.

Sie boten einen erbärmlichen Anblick. Ausgehungerte und gedemütigte Soldaten riskierten ihr Leben und stürzten sich auf Brotscheiben und Zigarettenstummel, die die Juden der Stadt auf die Straße gestreut hatten, um irgendwie zu helfen. So wie es aussah, waren die Deutschen dabei, den Krieg zu gewinnen.

Am 27. Dezember 1941 erhielt Kohn, unser Untermieter, einen Brief von seinem Sohn aus Koło. »Seit über einem Monat«, hieß es darin, »werden in einem entlegenen Dorf namens Chełmno in speziellen Diesel-Lastwagen Tausende von Juden mit Gas getötet.«

Ich war dabei, als sich meine Eltern und Kohn darüber unterhielten. Die Nachricht schien sie nicht aus der Ruhe zu bringen. »Das ist doch unmöglich«, sagten sie. »Das ist ein Märchen. Nicht einmal die Deutschen wären zu so etwas imstande! Nicht einmal der schlimmste Verbrecher könnte so viele unschuldige Menschen ermorden. Wir leben doch im zwanzigsten Jahrhundert!«

Wir dachten nicht weiter über den Brief nach, wurden aber schneller wieder daran erinnert, als uns lieb war, denn jetzt begann für uns das Leben unter der Herrschaft der Gestapo. Zu unserem großen Entsetzen ließ sich eine Gestapokommandantur in unserer Stadt nieder. Sie bestand aus zwei Sadisten: Kurt Engels, einem lauten und unbeherrschten Mann, der damals SS-Hauptscharführer war, und Ludwig Klemm, einem hochgewachsenen, ruhigen Unteroffizier, der ausgezeichnet Polnisch sprach und Engels, seinem Herrn und Meister, stets zu Diensten war.

Die Gestapo kam also und terrorisierte bald die ganze Stadt. Engels hatte die Gewohnheit, vorzugsweise frühmorgens vor dem Frühstück auf Juden zu schießen. Dann breitete sich immer ein ganz spezielles Lächeln über sein Gesicht, und ein Goldzahn blitzte hervor. Es dauerte nicht allzu lange, und Izbicas Intellektuelle wurden nach Auschwitz und Majdanek deportiert. Die Lehrer Śliwa, Bazylko, Czubaszek und andere gebildete Polen unserer Stadt verschwanden spurlos, und niemand sah sie jemals wieder.

Ich war eigentlich immer eher leichtsinnig als mutig. Ich weiß noch, wie ich einmal von Srulek nach Hause kam. Es war schon nach der Ausgangssperre. In meinem Schtetl kannte ich mich aus wie in meiner Westentasche und war mir sicher, jeder Gefahr aus dem Weg gehen zu können. Die Läden vor den Türen und Fenstern sämtlicher jüdischer Häuser waren fest verschlossen. Die Vorhänge waren zugezogen. Nach der Ausgangssperre wirkte das Schtetl wie eine Geisterstadt. Ich lief dicht an den Häuserwänden entlang und näherte mich allmählich unserem Haus.

Als ich endlich den Vorbau betrat, fühlte ich mich so sicher, daß ich meiner Familie einen üblen Streich spielte. Ich klopfte und sagte mit strenger Stimme wie ein Deutscher: »Aufmachen! Gestapo!«

Ich konnte mir meine entsetzten Eltern hinter der Haustür genau vorstellen, und sofort bedauerte ich, was ich getan hatte.

»Ich bin's, Toivi ... Macht auf, schnell!«

Der Schlüssel drehte sich im Schloß, und die Tür ging auf. Meine Mutter hatte die Hand auf ihre Brust gelegt, um zu betonen, welchen Schrecken ich ihr mit meinem schlechten Scherz eingejagt hatte.

»Toivi, bitte tu das nie wieder ... Ich dachte schon, mir bleibt das Herz stehen ...«

Dennoch war ich stolz auf mich. Ich konnte einen Deutschen imitieren. Sie merkten den Unterschied nicht. Ich widersetzte mich sogar den Deutschen, indem ich nach der Ausgangssperre draußen herumlief, ohne erwischt zu werden!

Meine Familie zog in ein anderes Haus. Es war ein langgestrecktes Wohnhaus mit nur einem Stockwerk. Das Gebäude war ungefähr 90 Meter lang und verfügte über sechs Wohnungen auf jeder Seite. Unsere Einzimmerwohnung lag in der Mitte und war die einzige mit einem zusätzlichen Zimmer, das einmal zum Dachboden gehört hatte. Damit wir uns vor den Deutschen in Sicherheit bringen konnten, bauten wir in dem Teil des Dachbodens, der an unser oberes Zimmer angrenzte, ein Versteck. Sämtliche Türen, die zu den Wohnräumen der Nachbarn führten, blieben unverschlossen, damit sich die Leute im Notfall so schnell wie möglich verstecken konnten. Das Versteck war das Werk eines befreundeten, genialen jüdischen Maurers, der sich auf den Bau von Verstecken spezialisiert hatte. Er schlug einen kleinen Durchgang in die Wand zum Dachboden, der für einen Menschen gerade groß genug war. Die Öffnung wurde mit einem Schränkchen getarnt. Auf dem Dachboden selbst wurde eine zweite Wand hochgezogen, wodurch ein etwa 35 Quadratmeter großer Raum entstand. Der Raum war wegen des Dachs aus Metallblech zwar im Sommer unerträglich heiß und im Winter eiskalt, dennoch blieb das Versteck unser sicherster Zufluchtsort.

Eines Abends nach der Ausgangssperre, es war noch früh, war ich unruhig und wollte hinaus.

»Tatte, ich gehe Idel besuchen.«

»Toivi, das geht nicht. Irgendwann wirst du noch mal erschossen ... bitte«, flehte er mich an.

»Mach dir keine Sorgen, ich schaff' das schon.«

»Toivi, ich singe dir ein paar jiddische Lieder vor, gut?«

Mein Vater war beim Laientheater einer der wichtigsten Schauspieler gewesen. Er hatte eine schöne Stimme und kannte jede Menge Volkslieder. Sein Vorschlag war sehr verlockend, und so erklärte ich mich einverstanden.

Ich lauschte den traurigen Liedern, die er für mich sang: »Mein Stetele Belzc«, »Oifn Pripetchok«, »Bubliczki«, »Tumbalalajka« und so weiter. Ich hätte die ganze Nacht zuhören können, doch dann war es Zeit, ins Bett zu gehen.

Kurz nach Mitternacht wurden wir von einem lauten Klopfen aus dem Schlaf gerissen. »Aufmachen! Aufmachen! Schnell! Gestapo!« Diesmal war es kein Scherz, soviel stand fest. Meine Mutter schlüpfte in ihren Hausmantel, schob meinen Vater zur Seite und öffnete die Haustür.

Mit energischen Schritten betraten sie die Wohnung. Erst kam ein hochgewachsener Soldat mit einem Gewehr, der sich sofort an der Schlafzimmertür postierte; ihm folgte Jan Schultz, der stadtbekannte, einheimische Volksdeutsche, und schließlich die beiden Offiziere der Gestapo, Engels und Klemm, in Zivilkleidung. Mit einem wenig liebenswürdigen Lächeln schnappte sich Engels auf einmal eine große Flasche Saft und bewarf meinen Bruder damit, während wir noch im Bett lagen.

»Raus da! Schnell!«

Meine völlig verängstigte Mutter flehte sie an, uns nicht weh zu tun. Währenddessen sprangen mein Bruder und ich auf und flüchteten erschrocken in die Küche. Jetzt waren die Nazis ganz allein im Schlafzimmer.

Unsere Küche war winzig, und unsere Familie stand aneinander gedrängt, um dem Wachmann, der dort postiert war, nicht zu nahe zu kommen. Dem Soldaten schien es nichts auszumachen, in der Nähe von Juden zu sein, und er unterhielt sich leise mit meinem Vater. Er wirkte eigentlich nicht böse. Er hatte nichts dagegen, daß ich mir ein Glas Wasser holte, und schob sogar meiner Mutter einen Stuhl hin, damit sie sich setzen konnte. Aus dem Nebenzimmer drang Gelächter, man hörte, wie Stoff zerrissen wurde und Glas zu Bruch ging.

Nach ungefähr einer Stunde öffnete sich die Küchentür. Schultz deutete auf einen Tisch im Schlafzimmer. »Packt das zusammen!« befahl er. Dort auf dem Tisch lagen Tee, Kaffeebohnen, Silberbesteck, Kristallgläser und der gute Anzug meines Vaters. Die Lebensmittel kamen in einen Sack; den Rest wickelten wir in Papier und legten alles in eine Holzkiste.

»Raus!« befahlen sie meinem Vater. Es ging alles so rasend schnell. Mein Vater ging mit der Kiste hinaus. Es gab keine

Möglichkeit, sich zu verabschieden, wir sprachen kein Wort, tauschten keinen einzigen Blick aus. Sie führten ihn weg.

Mein Bruder und ich brachen in Tränen aus. Hilflos stand meine Mutter da. Wir hatten Angst und fühlten uns verlassen. Ich saß in der Küche und wartete. Die Zeit verging. Da hörte ich einen Schuß! Es war, als ob mir jemand ein Messer ins Herz gerammt hätte. Sie hatten meinen Vater erschossen! Ich hatte keinen Vater mehr!

Als ich hinüber ins andere Zimmer ging, standen meine Mutter und mein Bruder noch genauso da, schweigend und trauernd. Wahrscheinlich hatten sie den Schuß nicht gehört. Ich versuchte, ruhig zu wirken, obwohl ich am liebsten wieder losgeheult hätte.

Eine halbe Stunde verging. Wieder klopfte es an der Tür. Diesmal sprach jemand polnisch. »Machen Sie auf. Ich bin es, Schultz!« Er hatte seine Lederhandschuhe vergessen.

Ich kannte Schultz noch aus der Zeit vor dem Krieg. Ich nahm meinen ganzen Mut zusammen. »Herr Schultz, was ist mit meinem Vater? Kommt er zurück? Bitte sagen Sie's mir.«

»Abwarten«, sagte er. Und dann ging er. Er will mir einfach nicht die Wahrheit sagen, dachte ich.

Die Zeit verging, und noch immer saßen wir niedergeschlagen da. Plötzlich hörte ich draußen schnelle Schritte. Da draußen rannte jemand. Metallene Stiefelspitzen hallten auf dem Kopfsteinpflaster wider. Sie machten an unserem Vorbau halt. Dann war ein leises Klopfen zu hören.

»Wer ist da?« fragten wir.

»Ich bin's, Tatte!« sagte er auf jiddisch.

»Mamme! Es ist Tatte!« rief ich außer mir. Ich platzte fast vor Freude. »Es ist Tatte!« Mit zitternden Händen schob ich die Riegel zurück und öffnete die Tür. Da stand er, erschöpft und bleich. Mein kleiner Bruder Hersz sprang auf ihn zu. Mit Hersz auf dem Arm ließ sich mein Vater auf einen Stuhl fallen. Er befreite sich aus der Umklammerung meines Bruders, nahm ihn von seinem Schoß und setzte ihn sanft auf dem Boden ab, ehe er sich meiner Mutter zuwandte.

»Fejgele«, sagte er zu meiner Mutter, »setz dich neben mich, Fejgele.« Endlich, wo wir jetzt alle um ihn herum saßen, würden wir erfahren, was passiert war. Aber ein Blick in unsere angsterfüllten Gesichter genügte, und er überlegte es sich anders.

»Zeit zum Schlafengehen, Kinderlach. Es ist schon spät.«

»Bitte, Tatte, ich bin noch nicht müde«, sagte ich. »Bist du verletzt? Ich habe einen Schuß gehört.«

»Ja, Tatte«, mischte sich der kleine Hersz ein, »ich hab' ihn auch gehört. Haben sie auf dich geschossen?«

Das war zu viel für meine Mutter. Ihre beiden Kinder hatten den Schuß gehört, sie hatten es die ganze Zeit gewußt und nichts gesagt aus Rücksicht auf sie und aufeinander! Ihre Lider zuckten, und ein paar Tränen liefen ihr über die Wangen.

»Also gut, Kinder, dann bleibt eben auf«, sagte mein Vater und wandte sich meiner Mutter zu, um zu erzählen, was er erlebt hatte.

»Ich mußte die Kiste auf der Schulter bis zum Haus der Tuchmans tragen. Sie warfen einen Blick auf ihre Liste und klopften an. Als niemand aufmachte, schoß Schultz das Schloß auf und trat dann die Tür ein. Ich wartete draußen. Gepolter und Schreie drangen heraus. Bald darauf wurde Tuchman aus seinem Haus geschleppt, und sie brachten uns zum Haus des Tierarztes, wo die Gestapo ihr Hauptquartier hat.

Ich stellte meine Ladung ab, und sie führten uns in den Hof. Ich war überrascht, dort ein gutes Dutzend Bekannter zu sehen. Dann redete Engels. Wir alle seien doch angesehene Juden, sagte er. Aus diesem Grund seien wir zum neuen, offiziellen Judenrat von Izbica ernannt worden, und wir sollten uns geehrt fühlen. Wer nicht bereit sei, mit ihnen zu kooperieren, würde mit dem Tode bestraft. Von nun an seien wir ausschließlich den Deutschen und vor allem ihm, Engels, Rechenschaft schuldig. Dann sagte er noch, daß wir Geiseln seien. Wenn ein Deutscher zu Schaden käme oder wenn es irgendwo Sabotage gäbe, würden wir zur Verantwortung gezogen und erschossen werden.«

Mein Vater wandte sich zu meinem Bruder und mir. Als er das Entsetzen in unseren Augen sah, bat er uns erneut, schlafen zu gehen. Mein Bruder gehorchte, ich hingegen weigerte mich standhaft. Ich wollte unbedingt alles wissen. Also erzählte mein Vater weiter.

»Josef Pomp, ihr wißt schon, der reiche alte Stoffhändler. Na, jedenfalls fragte er Engels, ob sie ihn angesichts seines hohen Alters nicht gehen lassen könnten, und sie ließen ihn tatsächlich gehen! Also dachte ich, das probiere ich auch. Ich meldete mich wie in der Schule und wurde aufgerufen. ›Herr Hauptmann‹, sagte ich, ›ich bin Invalide, ein Piłsudczik. Ich habe im Ersten Weltkrieg gegen die Bolschewiken gekämpft.‹ Er sah mich ungläubig an. Ich zeigte ihm meinen Kriegsversehrtenausweis. ›Sehen Sie doch‹, sagte ich. ›Hier steht es schwarz auf weiß. Ich war freiwilliger Legionär. Ich wurde an der Front verwundet.‹ Engels sah mich an, sein Gesicht wurde freundlicher, und er sagte: ›Geh nach Hause!‹

Fejgele, ich bin so froh, wieder zu Hause zu sein. Das kannst du dir gar nicht vorstellen!« Er umarmte uns beide und sah mich liebevoll an: »Jetzt aber ab ins Bett mit dir, Toivi.«

Ich legte die Arme um seinen Hals und gab ihm einen Kuß. »Ich hatte solche Angst, Tatte«, flüsterte ich. »Ich bin so froh, daß du in Sicherheit bist. Gute Nacht, Tatte.«

Das Leben unter Gestapo- und SS-Herrschaft

Wenige Tage später, gegen zehn Uhr morgens, rannten die Leute draußen wild durcheinander und schrien, daß Engels und Klemm gerade dabei seien, jeden Juden umzubringen, der ihnen über den Weg lief. Innerhalb weniger Sekunden waren die Straßen wie leergefegt. Nur die zwei Hakenkreuz-Tyrannen waren zu sehen. Lachend drangen sie in die Häuser ein und schossen um sich, töteten selbst Säuglinge in ihren Wiegen, einfach aus Spaß.

Ich schlich mich hinüber in Plattos Autowerkstatt, denn ich wußte, daß ich dort am sichersten war. Als ich gerade aus dem Fenster spähte, betrat Engels den Vorbau von Goldbergs Haus, das gegenüber von der Werkstatt lag. Aus irgendeinem Grund rannte Perec Dorfsman, der dort wohnte, die Treppen hinunter und in den Hof, ich nehme an, weil auch er sich in der Werkstatt verstecken wollte. Statt dessen aber fiel er der Gestapo direkt in die Hände. Er wollte weg, aber Engels und

Klemm hatten ihn bereits mit einem Grinsen in die Enge getrieben. Er saß in der Falle.

»Bitte, bitte, nicht schießen! Lassen Sie mich am Leben!« flehte er.

Ein Augenblick verging, dann sagte Engels ruhig: »Geh nach Hause.«

Erleichtert machte Perec kehrt und rannte zurück. Als er die erste Stufe erreichte, schoß ihm Engels mit einem doppelläufigen Jagdgewehr in den Rücken. Perec schaffte es noch bis zur Hälfte der Treppe, doch beim zweiten Schuß fiel er tot um. Ähnliche Szenen spielten sich in vielen jüdischen Häusern ab.

An dem Tag tötete Engels fünfunddreißig Juden. Familien weinten und klagten, als sie um ihre Toten trauerten. Ich sah sie alle im Leichenhaus, als ich dorthin ging, um mich von Perec zu verabschieden.

Eines Tages traf ein großer Transport mit Juden aus Nürnberg ein. Izbica war schon mehr als überfüllt. Alle Gemeindezentren waren gerammelt voll. Tagsüber wimmelten die Straßen von Menschen; nachts drängten sie sich wegen der Ausgangssperre in sämtlichen Winkeln sämtlicher Häuser. Und zusätzlich zu allem Hunger und Elend brach auch noch eine Typhusepidemie aus.

Mein Bruder wurde krank, und eine düstere Stimmung hing über unserem Haus. Wer würde der nächste sein? Mittlerweile teilte sich unsere ganze Familie ein einziges Zimmer, und mein Bruder und ich schliefen im selben Bett. Wegen der Krankheit durfte ich ihn nicht berühren, aber ich tat es trotzdem. Dann schrie er und verpetzte mich bei Mamme.

Es gab kein Krankenhaus, keine Medizin. Man konnte einfach nichts tun. Es hieß immer, Zigaretten seien gut, um sich vor Typhus zu schützen, und so fing ich an zu rauchen. Wir kauften Tabak von polnischen Bauern, obwohl es strengstens verboten war, mit Christen Geschäfte zu machen.

Da die polnischen Winter sehr kalt sind, kam niemand ohne Pelzmantel aus. Eine weitere Verordnung wurde bekannt: Alle Juden mußten ihre Pelzmäntel und Pelzkragen abgeben. Wer nicht gehorchte, mußte mit der Todesstrafe rechnen. Manche verkauften ihre wertvollen Mäntel zu Schleuderpreisen an die Polen, was riskant war, denn theoretisch konnte jeder ein Spitzel sein; wir zum Beispiel gaben wie viele andere unsere Mäntel befreundeten Polen zum Aufbewahren. Nichtsdestotrotz landeten eine Menge Pelzmäntel in deutschen Lagerhäusern.

Irgendwann bekam die Gestapo davon Wind, daß sich die Juden nur widerwillig von ihren Mänteln trennten, und ein gewaltiger »Spendenaufruf«, d. h. eine Bußgeldforderung, wurde angeordnet. Der Befehl stammte von Engels persönlich, und die astronomische Summe sollte auch an ihn entrichtet werden.

Wieder gab es Proteste und Flüche, als der Judenrat die Juden aufforderte zu zahlen. Die Empörung aber war nicht von Dauer, denn die Zahlung mußte sofort erfolgen. Der Eintreiber, ein Mitglied des Judenrats, klapperte in Begleitung eines jüdischen Angehörigen des sogenannten Ordnungsdienstes (d. h. eines Polizisten) alle Häuser ab, die auf seiner Liste standen. Diejenigen, die Verwandte oder Freunde im Judenrat hatten, zahlten weniger, andere zahlten mehr.

Die Zeit verging. Ich arbeitete in der Autowerkstatt. Größtenteils stand ich an der Drehbank. Ich drehte von früh bis spät. Mein Rücken tat furchtbar weh, und das Atmen fiel mir schwer. Hin und wieder war ich dafür zuständig, Fahrräder an Kinder zu vermieten, und das war leicht. Die Werkstatt war mein einziger Zufluchtsort vor den Nazis. Wie sich herausstellen würde, war ich aber selbst dort nicht vor ihnen sicher.

An jenem Tag hatten die Nazis schon in den frühen Morgenstunden angefangen, Juden zusammenzutreiben, um sie zur Zwangsarbeit in die Lager zu schicken. Ich schlich mich in Plattos Werkstatt. Mein Kollege Srulek war schon da.

Es ging um eine alberne Mutprobe. Aus einer Laune heraus und weil ich angeben wollte, drehte ich mich zu Srulek und sagte: »Ich sehe nicht jüdisch aus, und ich habe auch keine Angst. Ich könnte jetzt raus auf die Straße gehen, und sie würden mich nicht erwischen.«

»Ach ja?« sagte er, »dann wette ich, daß du's nicht machst.

Wetten, du traust dich nicht, runter zum Laden zu gehen und Süßigkeiten zu holen?«

Ich wettete dagegen. Ich verließ die Werkstatt und bog in die Hauptstraße. Deutsche und ukrainische Soldaten zogen durch die Straßen und prügelten auf die gefangenen Juden ein. Ich tat, als ginge mich das alles nichts an, kam beim Lebensmittelladen an, kaufte meine Süßigkeiten und wollte gerade wieder gehen, als ein SS-Mann das Geschäft betrat.

Er trat direkt auf mich zu. »Bist du Jude?« fragte er mich.

Ich schüttelte den Kopf und vertraute auf meine vermeintlich arischen Gesichtszüge.

»Zeig mir deine Papiere«, verlangte er streng.

»Ich bin zu jung, um Papiere zu haben.«

Der Deutsche wandte sich an die Kunden. »Ist er Jude?« fragte er eiskalt.

Die christlichen Angestellten und alle Kunden kannten mich. Ich hielt den Atem an. Sie schüttelten alle den Kopf, nein, ich sei kein Jude. Er ließ mich los. Ich atmete erleichtert auf und machte mich eilig davon.

Kurz darauf blickte ich mich noch mal um und sah, wie Tomasz Kwiecień, mein katholischer Schulkamerad, mit demselben SS-Mann redete und in meine Richtung zeigte. Ich rannte los, war in einer Minute wieder in der Werkstatt und erzählte stolz meinem Chef, was passiert war. Da betrat der SS-Mann die Werkstatt. Zum Weglaufen war es zu spät. Er schlug mich und befahl mir mitzukommen.

Platto versuchte, mich zu verteidigen: »Lassen Sie ihn gehen, er ist doch noch ein Kind.«

»Das ist mir gleich!« rief der SS-Mann. »Dieser Dreckskerl hatte die Frechheit, mich anzulügen.«

Er versetzte mir einen Stoß und führte mich ans Ende einer schmalen Gasse. In dieser Gasse wurden die gefangenen Juden von SS-Leuten bewacht. Mit einem einzigen heftigen Stoß wurde auch ich zum Gefangenen. Die Gasse war kurz; die Juden standen dichtgedrängt. Einige weinten schicksalsergeben. Andere standen angespannt da, hofften und beteten, daß ihre Verwandten sie freikaufen würden. Ich fühlte mich schrecklich – wie ein Tier in einem Käfig.

Beide Enden der Straße wurden von ukrainischen Soldaten blockiert. An dem einen Ende kannte mich der Wachmann; er hatte gesehen, wie mich der SS-Mann abgeliefert hatte. Also mußte ich ans andere Ende. Ich muß es wagen, dachte ich. Innerhalb von Sekunden schob ich mich durch die Menge hindurch bis ans andere Ende der Gasse, blieb nicht stehen, paßte nicht einmal den richtigen Moment ab, kümmerte mich auch nicht um die Wachleute. Erhobenen Hauptes spazierte ich hinaus.

Es hatte geklappt! Sie hielten mich nicht an. Ich trug keinen Davidstern am Arm. Mit meinem blonden Haar und den blauen Augen sah ich genauso aus wie die anderen polnischen Jugendlichen. Ich versteckte mich in einem großen Abwasserrohr und blieb zwei oder drei Stunden dort, bis die Razzia vorbei war. Dann ging ich einfach nach Hause. Ich sorgte mich weiter um den SS-Mann, der mich festgenommen hatte, da ich wußte, daß er Izbica zusammen mit den Gefangenen verlassen hatte. Am nächsten Tag ging ich wie immer zur Arbeit in Plattos Autowerkstatt.

Engels hatte einen polnischen Mechaniker namens Heniek Królikowski, Plattos Schwager, angeheuert, damit er sich um sein Auto und Motorrad kümmerte. Anfangs noch hatte er sie immer zu Platto gebracht, doch dann, wahrscheinlich weil Platto auf keinen Fall etwas mit der Gestapo zu tun haben wollte, bat er Heniek, die Gestapo-Reparaturen doch in jene Werkstatt zu verlegen, die der Volksdeutsche Tadek Solecki gerade eröffnet hatte.

Eines Abends, als ich an Soleckis Werkstatt vorbeiging, bat er mich, über Nacht dort zu bleiben und ihm bei der Reparatur eines Motorrads zur Hand zu gehen. Ich willigte ein und lief nach Hause, um meinen Eltern Bescheid zu sagen. Meine Arbeit bestand darin, die Einzelteile mit Kerosin zu säubern und beim Zusammenbauen zu assistieren. Es war eine schöne, kühle Nacht. Es hatte mir schon immer großen Spaß gemacht, an Motoren herumzubasteln, und ich arbeitete bis zum Morgengrauen.

Morgens belohnte mich Solecki mit ein paar Złotys und dem

Vorschlag, doch fest in seiner Werkstatt zu arbeiten. Ich war einverstanden; die Arbeit gefiel mir, und außerdem hatte ich den Eindruck, ich sei unter den einheimischen Nazis einigermaßen sicher. Wer würde ausgerechnet dort einen Juden vermuten?

Schon am nächsten Tag war ich Soleckis Eigentum geworden. Ich arbeitete von früh bis spät ohne Bezahlung. War mein Chef nüchtern, machte die Arbeit Spaß, aber das kam eher selten vor. Meistens war er betrunken, und ich wurde zu seinem Prügelknaben. Um ihm einen Schraubenschlüssel oder eine Mutter zu holen, schickte er mich »per Luftpost«. Dazu drehte er mich mit dem Rücken zu sich und versetzte mir einen Fußtritt in Richtung des betreffenden Werkzeugs. Manchmal trat er mich auch grundlos, einfach nur, weil ich Jude war. Solecki war Volksdeutscher, und es würde mich teuer zu stehen kommen, wenn ich ihn jetzt im Stich ließ.

Da er den Deutschen geholfen hatte, wurde Schultz unterdessen Bürgermeister von Izbica. Der frühere Bürgermeister war nach Auschwitz gekommen. Schultz zog in eine schönere Wohnung und kaufte sich einen alten Fiat, einen Zweisitzer.

Abgesehen von Schultz und Solecki gab es auch noch andere, die offen mit den Deutschen zusammenarbeiteten – Matys, Jan Gut, Rzeznik, die Gebrüder Krauze und andere, deren Namen ich vergessen habe. Sie breiteten sich aus wie ein Geschwür: sie spionierten, klauten, bestachen andere, waren selbst bestechlich und kollaborierten allesamt mit der Gestapo, einschließlich der polnischen Polizei.

Vor dem Krieg war das noch ganz anders gewesen, als dieselben Polizisten vor allem am Sabbat vor unserer Haustür standen. Meine Eltern baten sie zu uns ins Haus. Sie waren in Uniform, aber ich hatte nie Angst. Meistens kamen der Polizeichef Kamiński und sein Stellvertreter Czubaszek. Sie erinnerten mich immer an den polnischen Cartoon »Flip und Flap«. Der Kommandant war groß und so dick, daß ihm fast der Gürtel platzte; der sanfte und mutige Czubaszek war dünn und klein, kaum größer als sein Gewehr. Sie wußten genau, daß Mammes gefilte Fisch der beste weit und breit war. Sie stellten ihre Gewehre in einer Ecke ab und setzten sich zu uns an den Tisch. Dann stürzten sie in paar Gläschen Wodka hinunter und aßen ein bißchen Fisch, lobten die Kochkünste meiner Mutter und verließen uns wieder mit ernstem soldatischem Gruß. Dafür drückten sie ein Auge zu, wenn mein Vater hin und wieder seinen Laden länger aufhatte.

Jetzt aber waren unsere Türen zweifach verriegelt, und ein lautes Klopfen derselben Leute konnte unser Ende bedeuten.

Bełżec: Die Massenvernichtung

Am Morgen des 24. März 1942 wurde unsere Stadt durch Schüsse aus dem Schlaf gerissen. Wieder eine Razzia! Die verängstigten Juden stiegen hastig in ihre Kleider und liefen in ihre Verstecke. Auf den Hügeln rings um Izbica erschienen auf einmal die Umrisse bewaffneter Soldaten. Das ganze Gebiet war umzingelt. Gruppen uniformierter ukrainischer Kollaborateure stürmten jüdische Häuser. Diese Razzia war anders als die bisherigen. Diesmal nahmen sie jeden mit, der ihnen über den Weg lief – Kinder, alte Männer und Frauen, selbst Krüppel. Sie nannten das Akcja (Aktion).

Unser Versteck hatte ein wesentliches Manko: Es mußte immer jemand draußen bleiben, um das Schränkchen, das den Aufgang tarnte, wieder in Position zu rücken. Da ich die Möglichkeit hatte, mich in der Autowerkstatt der Nazis zu verstecken, war ich es, der das Schränkchen wieder an seinen Platz schieben mußte. Nachdem alle hineingeschlüpft waren, tarnte ich rasch die Öffnung und lief zur Arbeit.

Von der Werkstatt aus konnte ich verfolgen, was sich draußen abspielte. Juden, die von den Nazis auf der Straße festgenommen und aus ihren Häusern gezerrt worden waren, wurden geprügelt und wie eine Viehherde zum Marktplatz getrieben. Die Ukrainer fanden offensichtlich Gefallen an ihrer Aufgabe. Allmählich wurde es Abend.

Solecki, der Analphabet und ehemalige Hilfsarbeiter in einer jüdischen Bäckerei, der jetzt mit den Nazis kollaborierte, hatte sich die rote Hakenkreuz-Armbinde umgebunden, sein Gewehr geschnappt und war gleich zu Beginn der Akcja losgelaufen, um Juden zu jagen. Von mir hielt er ebensowenig wie von allen anderen Juden, aber er brauchte einen Sklaven, jemanden, der die Motorräder und Autos der Gestapo auf Hochglanz polierte und dafür sorgte, daß sie immer in makellosem Zustand waren. Abgesehen von der Arbeit mit den Motoren kümmerte ich mich auch um den Laden, wenn er nicht da war, verkaufte Kleinigkeiten und reparierte Fahrräder. So war ich immer sicher – nicht nur vor ihm, sondern auch vor den anderen Nazis in der Stadt. In jener Nacht hatte mir Solecki erlaubt, in der Werkstatt zu kampieren, solange die Akcja im Gange war.

Eingesperrt in der Werkstatt, auf dem Sitz einer Gestapo-Limousine liegend, hörte ich die Flüche und Schreie der geprügelten Juden. Es war kaum auszuhalten. Ich machte mir Sorgen um meine Familie. Was war mit ihnen passiert? Ich stellte das Radio an, um die Schreie nicht mit anhören zu müssen und mir Mut zu machen.

1942 hatte sich Hitler bereits große Teile Europas einverleibt, und sämtliche Radiosender spielten deutsche Siegesmärsche. Ich stellte einen Wiener Sender ein. Ich werde nie vergessen, wie sich das sentimentale Liebeslied »Lilli Marleen« mit den grauenerregenden Schreien und Rufen der Juden vermischte, die draußen gejagt wurden.

Am nächsten Morgen öffnete Solecki mit einem breiten Grinsen seine Werkstatt. Letzte Nacht hatte er Glück gehabt und mehrere Goldringe erbeutet, die jetzt an seinen Fingern glitzerten.

»Herr Solecki«, sagte ich. »Ich möchte nachschauen, wie es meiner Familie geht.«

»Geh schon, aber paß auf dich auf!« antwortete er.

Die Akcja war im Grunde vorbei, aber auf dem Marktplatz waren noch immer Nazis, die die Tausenden von gefangenen Juden bewachten. Die Viehwaggons, mit denen die Juden hätten abtransportiert werden sollen, angeblich um irgendwo im Osten Zwangsarbeit zu leisten, waren nicht rechtzeitig eingetroffen.

Ich rannte nach Hause. Gott sei Dank war das Versteck unangetastet geblieben. Ich rückte das Schränkchen zur Seite und öffnete die kleine Tür. Im fahlen Licht spürte ich förmlich, wie etliche Augenpaare auf mir ruhten. Es war still; die Luft war drückend und heiß.

»Es ist vorbei«, sagte ich. »Es ist vorbei.«

Innerhalb kürzester Zeit krochen alle aus dem Versteck. Die Leute sahen seltsam aus, als ob jemand einen Fluch über sie ausgesprochen hätte. Alle hatten ihre ganz persönlichen Sorgen, doch keiner sagte ein Wort. Da nun das Soll erfüllt war, durften sich die verbleibenden Juden innerhalb der Stadt wieder »frei« bewegen. Viele erfuhren später, daß Angehörige ihrer Familie bei der Akcja ums Leben gekommen waren.

Ich machte mir Sorgen. Es war schon längst Ausgangsverbot, und mein Vater war noch nicht nach Hause gekommen. Als er endlich wieder da war, atmete ich erleichtert auf.

Wie er uns begrüßte, hörte und sah ich ihm an, daß irgend etwas nicht stimmte.

»Kinder, ab ins Bett!«

»Tatte, es ist noch früh … so früh gehen wir nie ins Bett.«

»Ich weiß«, gab er zu, »dann geht eben in die Küche. Ich habe etwas mit Mamme zu besprechen.«

Wenn normalerweise irgend etwas nicht für unsere Ohren bestimmt war, unterhielten er und Mamme sich leise in einer Ecke, wenn wir schon im Bett waren. Aber diesmal war es anders. Er wollte nicht warten. Irgend etwas lag ihm auf der Seele, und er mußte sofort darüber reden.

Ich nahm meinen Bruder an die Hand und ging mit ihm in die Küche. Dort war praktisch kein Platz. Der Steinofen nahm fast den ganzen Raum ein, und die Kominkowskis, die beiden Flüchtlinge, hatten kaum noch Platz für ihr Bett. Es gab nur einen einzigen freien Fleck, und da setzten wir uns auf den Fußboden. Wir waren noch nie aus dem Zimmer geschickt worden. Was konnte es denn so Wichtiges geben? Nach einer Weile rief uns unser Vater hinein und nahm mich zur Versöhnung auf sein Knie.

»Toivele, ich weiß, du magst jüdische Lieder. Soll ich dir ein paar vorsingen?«

Er sang mir meine Lieblingslieder vor. Die Kominkowski-

Schwestern sangen mit. Alles war schön und friedlich, und ich vergaß meine Sorgen.

Gegen 21 Uhr hörte ich draußen, direkt unter dem Fenster, einen leisen Pfiff. Ich wußte sofort, was los war. Es war mein neuer Freund Jozek Bresler. Der Pfiff war unser geheimes Zeichen. Aber warum so spät? Wir kamen zwar hin und wieder spät nach Hause, aber nur selten verließen wir so spät das Haus. Es mußte etwas Wichtiges sein. Andererseits konnte man bei Jozek mit seinen verrückten Ideen nie so recht wissen. Seine Familie war mit einem Transport aus Koło nach Izbica gebracht worden. Sein Vater war Zahnarzt. Er war ein Einzelkind, seine Eltern hatten zwölf Jahre auf ihn gewartet. Er war ein verwöhnter und ziemlich gerissener Bursche, hochintelligent und hatte einige christliche Freunde, daher war er besser informiert als die meisten seiner Altersgenossen. Immer schien er auf dem laufenden zu sein.

Ich ging in die Küche und öffnete leise die inneren beiden Fensterflügel. Dann schob ich die Haken hoch, mit denen die schwere Tür verschlossen wurde, und schlüpfte hinaus auf den winzigen Balkon. Da stand Jozek, so eng gegen die Wand gedrückt, daß er nicht von der Hauptstraße aus gesehen werden konnte.

Er war gekommen, um mir das zu erzählen, was meine Eltern vor mir hatten verheimlichen wollen. Er redete wie ein Wasserfall. »Toivi, der ganze Transport mit den Juden, du weißt schon ... sie kommen nicht wieder. Unsere Freunde Fajgele und Awrumele, ihr Vater und ihre Mutter.«

Jozek hörte sich immer etwas seltsam an. Anders als andere Juden in Izbica konnte er nur Polnisch. Er sprach die jüdischen Namen mit einem merkwürdigen Akzent aus, und einen Augenblick lang verstand ich ihn nicht. »Du meinst, sie haben sie so weit weggebracht, daß sie nicht wiederkommen?« fragte ich. Mir schien die nächste Stadt schon unendlich weit weg.

»Du Idiot!« schrie er fast. »Sie werden ermordet! Es ist wahr! Sie werden vergast! Jacek [sein christlicher Freund] war bei mir und hat mir alles erzählt. Sein Onkel Ryba arbeitet bei der Eisenbahn. Ein paar Juden haben ihn dafür bezahlt, dem Zug hinterherzufahren. Als er wiederkam, hat er erzählt, daß die Juden nicht sehr weit weggebracht würden, höchstens 50 Kilometer, in ein kleines Dorf namens Bełżec. Sein Onkel hat auf dem Bahnhof gearbeitet, und da hat er die Transporte mit Tausenden von Juden gesehen, die jeden Tag aus allen Teilen des Landes eintreffen, sogar aus Krakau und Lwów. Er sagte, die Züge würden auf ein Nebengleis geleitet, und dann ginge ein Tor auf und die ganze Zugladung verschwände in einem Hof, in den man nicht hineinsehen könne und der mit Stacheldraht umgeben sei. Dann würde der leere Zug wieder abfahren. Weißt du noch, der Brief von Herrn Kohn aus Koło? Daß die Leute vergast werden? Es ist also wahr ... Bis dann.«

In den darauffolgenden Tagen wurde die Geschichte auch von anderen bestätigt. Tag für Tag wurden Tausende von Juden nach Bełżec gebracht – Männer, Frauen und Kinder. Inzwischen hätte das Lager längst aus allen Nähten platzen müssen, und trotzdem würden unaufhaltsam die Leute dort hingebracht, hieß es, und dazu noch überall der Verwesungsgestank.

Die Optimisten unter uns taten die Nachricht als Hirngespinst ab und hielten dagegen: »Wenn die Deutschen vorhätten, die Juden umzubringen, warum geben sie ihnen dann Brot für die Reise?« Andere hingegen bauten sich neue Verstecke, selbst wenn es ihnen schwerfiel, den Gerüchten zu glauben.

Es gab zwei unterschiedliche Arten von Verstecken. Kleine Verstecke waren in praktisch jedem Haus zu finden. In einer geeigneten Grube oder in einem Loch unter dem Fußboden hatten zwei bis drei Leute Platz. Dazu wurde eine winzige, fast unsichtbare Öffnung in die Dielen geschnitten. Große Verstecke hingegen waren ausgeklügelte Konstruktionen, um zehn oder mehr Menschen Schutz zu bieten. Diese Verstecke wurden wie bei uns auf Dachböden gebaut, mit doppelten Wänden, Tunneln und so weiter. Die Eingänge waren meist sehr raffiniert: man schlüpfte durch einen Herd, ein Schaufenster, die Zimmerdecke, eine Anrichte. Man kann sich gar nicht vorstellen, was es für unglaubliche und phantasievolle Verstecke gab. Diese Verstecke vor den christlichen Nachbarn geheimzuhalten war keine leichte Sache, vor allem, wenn man gerade dabei war, ein unterirdisches Versteck zu bauen, und die Erde wegschaffen mußte.

Zusätzlich zu unserem Versteck auf dem Dachboden bauten wir ein zweites, indem wir ein etwa anderthalb Meter tiefes Loch unter der Küche aushoben. Fast zwei Wochen lang schafften wir Erdreich beiseite. Um dabei keine Aufmerksamkeit zu erregen, bauten wir in der Nähe des Plumpsklos einen Schuppen für Brennholz und Kohle. Jedesmal, wenn wir hinaus gingen, um Kohle oder Holz zu holen, was ungefähr dreimal am Tag der Fall war, nahmen wir ein bißchen Erde mit und warfen sie heimlich ins Plumpsklo.

Eine typische Akcja ging ganz plötzlich und ohne Vorwarnung los. Im Morgengrauen wurde die Stadt umzingelt. Ukrainische Soldaten lagen versteckt in den Hügeln und Hecken sowie entlang der Wieprz. Im Prinzip war Izbica komplett eingekesselt. Dann fiel eine zweite Gruppe ukrainischer Soldaten zusammen mit der SS über die Stadt her und läutete somit die Akcja ein. Zunächst suchten sie den Judenrat auf, der wiederum den jüdischen »Ordnungsdienst« (Polizei) mobilisierte und ihm auftrug, bis zu einem feststehenden Zeitpunkt ein bestimmtes Kontingent an Menschen zur »Umsiedlung« abzuliefern. Der Judenrat stellte eine Liste mit Leuten zusammen, die deportiert werden sollten – oder legte eine bereits fertige Liste vor –, woraufhin diese Leute schließlich vom Ordnungsdienst abgeholt wurden.

Die Umsiedlungsliste wurde so oft durchgesehen, daß am Ende hauptsächlich nur noch Juden, die aus fremden Gegenden in die Stadt gekommen waren, und Arme und Kranke übrigblieben. Aber leben wollten schließlich alle. Wir wußten alle nur zu gut, wohin die Viehwaggons fuhren. Jeder lief in Todesangst in sein Versteck, sogar die Mitglieder des Judenrats.

Ich erinnere mich vor allem an eine dieser Akcjas. Am Anfang wurde den Freiwilligen noch Brot angeboten, und manche Juden glaubten tatsächlich an die Umsiedlungsgeschichten und versammelten sich aus freien Stücken auf dem Marktplatz. Da sich aber wieder nicht genügend Leute gefunden hatten, begannen die Nazis eine Hetzjagd, die in ein Massaker ausartete. Sie traten Türen ein, stürmten durch Wohnräume, töteten die

Gebrechlichen und trieben schließlich ausnahmslos alle, die noch übrig waren, zum Bahnhof. Am Ende fuhr ein überladener Transport nach Bełżec ab.

Danach konnte man sich wieder auf die Straße wagen, und der Alltag ging weiter. Das Leichenhaus platzte aus allen Nähten, und die Wartezimmer der zwei übriggebliebenen jüdischen Ärzte waren voll mit Verwundeten, die wieder einmal dem Tode entronnen waren.

Gleich zu Beginn der Besatzung hatten alle ihre Radios abgeben müssen. Diejenigen, die sich geweigert hatten, waren hingerichtet worden. So erfuhren wir zwar, was es Neues gab, wußten aber nie, was davon Gerücht oder Erfindung war. Man konnte einfach nicht wissen, wie zuverlässig die Informationen wirklich waren. Gerüchte vom Sturz Hitlers und innenpolitischen Querelen in Deutschland wurden besonders genährt; sie wurden ständig wiederholt in der Hoffnung, daß vielleicht schon morgen das Leiden ein Ende haben würde. Skeptiker meinten voller Sarkasmus, derlei Gerüchte würden doch von der Y. W. A.-Agentur verbreitet. Für uns tat sich schließlich die Möglichkeit auf, die Nachrichten der BBC zu hören. Wie? Nun, Bürgermeister Schultz beschloß, daß es mal wieder an der Zeit war, in eine schönere Wohnung umzuziehen. Ein Jude namens Yczy Klajner wurde auf die Straße gesetzt, und Schultz wurde unser Nachbar.

Bis dahin hatten wir und unsere Nachbarn leichten Zugang zu unserem Versteck auf dem Dachboden gehabt. Schultz verdarb uns das, weil er die mittleren Räume in unserem Gebäude bezog. Dabei wurde unser Versteck in Wirklichkeit sogar noch sicherer, weil es in seinem Teil des Dachbodens lag und daher kein Mensch Verdacht schöpfen würde. Außerdem kamen wir jetzt in den Genuß von zuverlässigen Nachrichten. Als Nazi besaß er ein Radio, von dem uns nur eine dünne Sperrholztür trennte. Auf unserer Seite der Tür stand eine schwere Kommode.

Eines Abends hörten wir ein ständiges Rauschen, als ob jemand einen Sender suchte. Wir horchten an der Wand. Radio BBC in London sendete auf polnisch. Von da an hatten wir unsere Nachrichten. Wir fanden sogar heraus, wie man mithörte, wenn das Gerät leise gedreht war. Wir zogen einfach die unterste Schublade der Kommode heraus, legten uns auf den Boden und steckten unsere Köpfe in die Kommode.

Nicht alle Meldungen gaben uns Hoffnung. Einmal hieß es aus London, daß England noch nicht bereit sei für den Krieg. Es war schon 1942. Wir dachten uns, mein Gott, bis sie sich aufgerafft haben, sind wir alle längst tot.

Gelegentlich sendete Radio Moskau Lieder aus dem mittleren Osten (wegen der ähnlichen Melodien hielten wir sie erst für jüdische Lieder). Für uns waren das Signale aus einer Welt jenseits unserer Vorstellungen. Wir bereuten es bitter, daß wir unsere Chance, nach Rußland zu gehen, nicht genutzt hatten. Aber wie hätten wir damals wissen sollen, was alles auf uns zukommen würde.

Die jüdische Bevölkerung von Izbica schrumpfte beträchtlich. Es gab auf einmal jede Menge leerstehende Häuser, und die Synagoge, die jetzt als Lagerhaus diente, war randgefüllt mit konfiszierten Gegenständen aus jüdischen Haushalten.

Bald darauf trafen neue Transporte aus fernen Ländern ein. Aus Frankreich kamen noch mehr polnische Juden, die früher einmal dorthin ausgewandert waren. Aus der Slowakei kamen Leute, die uns ähnlich sahen, während die tschechischen Juden aus Theresienstadt, Brno und Pilsen fremdländisch wirkten. Sie sprachen kein Jiddisch, waren besser angezogen und blieben meist unter sich.

Der schlaue Gestapo-Offizier Engels erkannte, daß es nicht schwer sein würde, Zwietracht zu säen, und nutzte die Situation natürlich aus. Dem Judenrat, der zu dem Zeitpunkt ausnahmslos aus polnischen Juden bestand, wurden eine neue Fraktion ausschließlich tschechischer Juden und ein gesonderter tschechischer Ordnungsdienst angegliedert. Als die nächste Akcja losging, wurde den Tschechen befohlen, Izbica von allen »minderwertigen« polnischen Juden zu befreien. Es funktionierte, und eine Zeitlang kam man um die Gaskammern herum, wenn man ausländischer Jude war.

Es war Juni 1942. Wieder eine Akcja – und diese war ganz anders als alle vorangegangenen. Diesmal marschierte die SS in das Gebäude des Judenrats und stellte ein Ultimatum: »Alle unter 15 und über 55 müssen sich auf dem Marktplatz einfinden, sonst werden sie erschossen.«

Die deutschen und österreichischen Juden waren aufgrund ihrer charakteristischen Diszipliniertheit und Autoritätshörigkeit wie gelähmt. Die polnischen Juden hingegen waren pragmatischer und taten alles, um ihrem Schicksal zu entrinnen. Da den meisten polnischen Juden klar war, daß sie nicht umgesiedelt, sondern getötet würden, versteckten sie sich lieber irgendwo und ließen es darauf ankommen. Die ausländischen Juden aber wollten trotz aller Warnungen nicht glauben, daß sie in ein Vernichtungslager kommen würden. Es wäre ihnen im Traum nicht eingefallen, sich der Autorität zu widersetzen; innerhalb kurzer Zeit fanden sie sich also am Sammelplatz ein.

Die Gewissensqualen jener Mütter und Väter waren unvorstellbar. Sollte eine 30jährige Mutter tatenlos zusehen, wie ihr fünfjähriges Kind »Mamme, Mamme!« schrie und ihr weggenommen wurde? Protestierte sie aber, würden sie womöglich alle umgebracht werden, einschließlich ihrer völlig verängstigten 16jährigen Tochter und der 54jährigen kranken Mutter. Oder sollte sie sowohl Tochter als auch Mutter im Stich lassen und zusammen mit ihrem fünfjährigen Kind in den Tod gehen, damit das Kind nicht allein war und Angst hatte? Sollte ein 54jähriger Sohn seinen 75jährigen Vater – der wahrscheinlich ohnehin nicht überleben würde – fortschicken, damit sie wenigstens nicht alle umkamen? Oder sollte er warten und darauf hoffen, daß sein Vater von allein gehen würde? Wenn sein Vater dablieb, wer würde ihn verstecken und riskieren, selbst erschossen zu werden? Die Menschen standen vor grauenhaften Entscheidungen. Mütter rannten kopflos durch die Gegend, drückten ihre Kinder an sich, weinten und flehten den Judenrat um Hilfe an, aber vergeblich.

Ältere Juden versuchten, sich die Haare zu färben und die

Bärte abzurasieren. Es half nichts. Kinder, Alte und Alleinstehende zogen durch die Straßen. Niemand wollte sie verstecken, denn alle hatten Angst, daß die Deutschen sie, falls sie entdeckt wurden, dann ebenfalls mitnehmen würden.

Der Transport sollte um 14 Uhr abfahren. Als es soweit war, gingen einsame Gestalten oder Grüppchen in Richtung Marktplatz. Leute, deren Familien schon tot oder deportiert worden waren oder die von ihren Verwandten weggeschickt wurden, gingen allein. Andere, die nicht zur angegebenen Altersgruppe gehörten und eigentlich hätten bleiben können, beschlossen, mit ihren Familien mitzugehen, weil sie ihnen mehr bedeuteten als ihr eigenes Leben.

Ich sah, wie meine Tante Chaja aus Krasnystaw völlig außer sich auf der Straße herumlief und schrie: »O Gott, sie haben mir meinen Sohn Toivele weggenommen. Sie haben mir meinen Toivele weggenommen!« Mein lieber sechsjähriger Cousin war für immer verloren.

Inständig bat ich Heniek Królikowski, der gerade dabei war, in der Garage ein Motorrad zu flicken, mit mir zum Marktplatz zu gehen und meinen Cousin zu suchen. Er war einverstanden. Ich wagte es nicht, mich durch die Gruppe der versammelten Juden hindurchzudrängen, deshalb stellten wir uns in die Arkaden gegenüber und beobachteten von dort aus das Geschehen.

Allmählich füllte sich der Marktplatz mit einer sonderbaren Menschenmenge: auf einer Seite standen nur Kinder; dahinter nur alte Leute. Den schlimmsten Anblick boten die vielen Babys auf Decken, daneben ein paar Frauen, die auf sie aufpaßten. Vor allem aber waren es Mütter mit Kindern. Die Kleinen schienen zu begreifen, was los war; das Entsetzen stand ihnen ins Gesicht geschrieben.

Es war furchtbar. Das Weinen der Kinder vermischte sich mit den Klagerufen der Eltern und den lautstarken Gebeten der älteren Juden: »Schema Israel, Adonai Eloheinu, Adonai Echad!« Mein kleiner Bruder hätte unter ihnen sein können, aber ich hatte ihn in Soleckis Werkstatt versteckt. In dem Gewimmel war es unmöglich, meinen Cousin zu finden, also gingen wir zurück in die Werkstatt.

Vom Bürgersteig aus sah ich, wie die Juden zu den Güterwaggons geführt wurden. Kinder liefen vorbei. Ein Schuß ertönte, dann ein zweiter. Zufällig sah ich, wie sich ein etwa achtjähriges Mädchen hinter einem Gebäude versteckte. Sie war aus einer der bewachten Reihen ausgebrochen. Sie kam nicht sehr weit; ein katholischer Jugendlicher erwischte sie und brachte sie zurück.

Als alle Juden in den Güterwaggons waren, gab es immer noch Platz, und so gingen die Deutschen und Ukrainer noch einmal los und schnappten sich, wen immer sie konnten. Endlich war der Transport fast voll und zur Abfahrt bereit.

Auf einmal befahl der deutsche Landrat der tschechischen Fraktion des Judenrats, die die Akcja mitorganisiert hatte, in den letzten Waggon zu steigen. Sie schlossen und verriegelten die Türen, und der Transport fuhr los in Richtung Bełżec, ins Todeslager. Kurz zuvor hatte Abram Blatt (nicht verwandt), der Älteste der polnischen Fraktion des Judenrats, die deutschen Behörden bestochen, um die »Umsiedlung« der Tschechen zu bewirken. Das war die Rache dafür, daß die Tschechen ihre polnischen Brüder einige Wochen zuvor zur Deportation nach Bełżec ausgeliefert hatten.

Bald ging das Gerücht vom Bau eines neuen Vernichtungslagers, das Sobibór genannt wurde.

Gegen Ende

Unverhoffte Neuigkeiten erreichten uns vom Landrat in Krasnystaw. Das Ghetto von Izbica, so hieß es, gelte als wichtiger Produktionsort für die deutsche Kriegsführung. Wieder setzten wir auf das Prinzip Hoffnung, die bewährte Zutat aller Täuschungsmanöver der Nazis. In aller Eile wurden die verschiedensten Werkstätten eröffnet: von Schneidereien über Flickschustereien bis hin zu Gerbereien (alle wußten, daß die Deutschen eine Schwäche für Leder hatten). Von nun an, so versicherte man uns, würden nur unproduktive Juden umgesiedelt; alle anderen würden in Ruhe gelassen. Dadurch, daß sie die Ausrottungsmaschinerie zwischendurch aufhielten, stifteten die Deutschen Verwirrung und Unsicherheit, säten Hoffnung und lockten selbst diejenigen in die Falle, die zum Widerstand bereit gewesen wären.

Eines Tages im Juni 1942, nach einer scheinbar ruhigen Zeit, umzingelten die Nazis die Stadt und fielen über uns her. Mein kleiner Bruder war jetzt oft bei mir in der Werkstatt. Ich versteckte ihn in einem großen Werkzeugschrank und lief anschließend nach Hause, um auch noch meine Eltern zu verstecken. Ich hörte, wie die Leute durch die Straßen rannten und Soldaten im Anmarsch waren. Ich tarnte den Eingang des Verstecks und rannte hinaus.

Ich ging durch die Straßen und tat, als wenn nichts wäre, wie immer ohne meine Armbinde mit dem Davidstern, und schaffte es schließlich bis zur Werkstatt. Dort gab es jede Menge zu tun. Drinnen arbeitete der Volksdeutsche Schindler an seinem Fahrrad, der ukrainische Kommandant der Akcja wechselte an seinem Motorrad die Zündkerzen aus, und auf einer Bank saßen ein paar Ukrainer, die ihre Waffen saubermachten.

Da fing auf einmal einer der Ukrainer an, sein Gewehr auszuprobieren, und schoß gegen die Wand, hinter der mein Bruder versteckt war. Ich konnte nichts sagen. Ich konnte ihn nicht bitten, damit aufzuhören. Ich wartete, hielt die Luft an … Er schoß einmal, zweimal – dann war es still, bis auf das Klingeln in meinen Ohren. Ich tat unbekümmert und ging unter dem Vorwand, ein paar Fahrrad-Ersatzteile zu benötigen, in Richtung des Schranks und sah hinein. Gott sei Dank, da saß mein Bruder, in sich zusammengekauert, aber unverletzt.

Das Durcheinander aus Pistolenschüssen, herumbrüllenden Nazis und klagenden Juden drang von der Straße zu uns herein. Hin und wieder wurde der Lärm von den lauten Stimmen der Mitglieder des Judenrats übertönt: »Alle Juden müssen sich ohne Ausnahme auf dem Marktplatz einfinden! Dort werden die Arbeitskräfte ausgesucht. Begibt sich jemand nicht dorthin und wird später entdeckt, wird er auf der Stelle erschossen!«

Diejenigen Juden, die das Versprechen der Nazis für bare Münze genommen hatten und glaubten, unter deren Schutz zu stehen, weil sie in ihren Werkstätten der Wehrmacht zuarbeiteten, versuchten weder sich zu verstecken noch zu fliehen. Sie wurden als erste mitgenommen.

So verging der Tag. Am Abend schloß mich Solecki in der Werkstatt ein und ging mit den Deutschen mit, um Juden zu jagen. Solange er mich in seinem Geschäft brauchte, beschützte er mich. Dann kam mein Bruder aus dem Schrank, und wir setzten uns in das Auto des Gestapochefs Engels. Die Schreie gingen noch die ganze Nacht weiter.

Am Morgen arbeitete ich wie am Tag zuvor, während mein Bruder in seinem Versteck saß. Plötzlich kam ein Offizier der SS herein und fragte barsch: »Gibt's hier irgendwo Juden?« Ohne etwas zu sagen, zeigte ich auf Engels' Motorrad. Darauf prangte ein Totenkopf, das Symbol der SS. Das genügte ihm. Er drehte sich um und ging. Es schauten auch noch ein paar andere herein, aber als sie draußen die Motorräder der Gestapo und ihren eigenen Kommandanten sahen, der durch die Werkstatt spazierte, machten sie wortlos kehrt.

Zufällig bekam ich mit, wie der Kommandant der Ukrainer Solecki bat, für Mittwoch einen neuen Reifen fertig zu machen. Daraus schloß ich, daß er möglicherweise am Mittwoch wieder in Izbica sein würde, um eine weitere Akcja zu starten. Eine halbe Stunde später ging die laufende Akcja zu Ende.

Um die Juden noch weiter zu verwirren und auch um Geld zu verdienen, begann die deutsche Behörde unseres Bezirks, sogenannte »Bescheinigungen« auszustellen. Dabei handelte es sich um ein teures Dokument, das den Träger als einen für die deutsche Kriegsführung notwendigen Spezialisten auswies und ihm Schutz bot. Viele Juden, einschließlich meiner Eltern und mir selbst, besaßen eine solche Bescheinigung.

Ich hatte in der ganzen Stadt die Nachricht verbreitet, daß es sehr wahrscheinlich am nächsten Mittwoch wieder eine Akcja geben würde, und überall herrschte rege Betriebsamkeit. Bereits am Dienstag abend saßen die Juden in ihren Verstecken oder hatten bei polnischen Freunden Unterschlupf gesucht. Die Mutigen, die ja ihre Bescheinigung hatten, liefen noch immer in der Stadt herum, doch man konnte ihren Gesichtern ansehen, daß sie ihrem Schutzbrief nicht wirklich trauten. Am Dienstag abend schloß ich meine Eltern und die anderen im Versteck ein. Ich hatte Glück, daß ich in Soleckis Werkstatt unterkriechen konnte.

Meine Vermutung, daß es am Mittwoch eine Akcja geben würde, erwies sich als richtig. Frühmorgens ging es los. Wie immer schlief ich in Engels' Auto. Ein entfernter Schuß weckte mich, und ich rannte ans Fenster. Die Hauptstraße war in dichten, milchigen Nebel getaucht. Da die Sicht so schlecht war, wirkte alles fremd und unwirklich. Die Leute, die ich sah, gingen nicht, sondern schienen in Wolken zu schwimmen. Es gab Schüsse und Schreie ... Schüsse und Schreie ... Das Warten war eine Qual.

Nach einer Weile hatte sich der Nebel aufgelöst. Solecki öffnete die Werkstatt. Krauze spazierte herein, der Volksdeutsche, um dessen Motorrad ich mich kümmerte.

»Bitte, Herr Krauze«, sagte ich. »Ich möchte zu Hause nachsehen, ob wir ausgeraubt worden sind. Begleiten Sie mich?« Ich wollte nachsehen, um mich zu vergewissern, daß mit dem Versteck noch alles in Ordnung war. Ich machte mir furchtbare Sorgen.

Er sah mich an. »Also gut«, sagte er. »Gehen wir.«

Wir gingen los und nahmen Zygmund Tuchman mit uns, den Solecki gerade als Hilfskraft eingestellt hatte. Wir fanden die Haustür eingetreten vor. Ukrainische Soldaten liefen im Haus herum. Als Deutscher übernahm Krauze das Kommando und bellte einen Befehl. Die Ukrainer verließen das Haus, aber ich traute mich nicht, beim Versteck nachzusehen, weil Krauze dabei war.

Ich bedeutete Zygmund, er solle zum Versteck hochlaufen, und wendete mich solange Krauze zu, um ihn irgendwie abzulenken. »Lassen Sie uns ins Nebenzimmer gucken«, sagte ich. Aber er merkte, daß das ein Trick war. »Laß uns lieber hochgehen«, erwiderte er. Ich versuchte ihm die Idee auszureden, aber ohne Erfolg. Krauze war endgültig mißtrauisch geworden und beharrte darauf.

Um die Situation zu retten, baute ich auf unsere »Freundschaft« und sagte nervös: »Meine Mutter ist oben. Bitte nicht, sie kriegt bestimmt nur Angst.« Aber Krauze war schon auf der Treppe, und wir folgten ihm.

Es war ein kleines Zimmer. Die einzigen Möbelstücke waren ein Tisch, ein Bett und das Schränkchen. Mißtrauisch sah er sich um. »Wo ist denn nun deine Mutter?«

Das Versteck war unangetastet. Ich atmete auf. »Sie müssen sie mitgenommen haben«, stieß ich hervor. Die Lage war inzwischen ziemlich beängstigend. Krauze war schlau. Er wußte, daß er irgendeiner Sache auf der Spur war. Er ließ seinen Blick über Decke und Wände wandern, bevor er das Schränkchen fixierte. Er ging hinüber und wollte es zur Seite rücken. Ich griff nach seiner Hand. »Bitte nicht. Bitte«, flehte ich ihn an.

»Ich will doch nur mal gucken«, sagte er ruhig.

Mein Herz schlug mir bis zum Hals. Er schob das Möbelstück zur Seite, legte wie selbstverständlich die kleine Tür frei und betrat das Versteck. Ich spähte hinein, aber drinnen war es stockfinster. Es dauerte einen Moment, bis sich meine Augen an die Dunkelheit gewöhnt hatten und irgend etwas erkennen konnten. Niemand sagte ein Wort. Langsam kroch Krauze wieder aus dem Versteck. Er sah in mein verängstigtes Gesicht und sagte beschwichtigend: »Ich erzähl's niemandem, keine Angst.«

Kein Jude konnte einen Nazi beim Wort nehmen, aber wir hatten keine andere Wahl; wir waren ihm ausgeliefert. Wo sollten wir denn jetzt hin? Ich verstellte wieder den Eingang zum Versteck und ging zur Werkstatt zurück.

Endlich war die Akcja vorbei. Krauze hielt sein Versprechen. Als ich die Tür zum Versteck öffnete und alle herausließ, sammelten sie Geld für eine Belohnung. Am Abend brachte ich ihm das Geld der dankbaren Menschen.

Andere Juden hatten nicht so viel Glück. Sie gingen in die Falle. Die Ukrainer sahen sich die Schutzbriefe nicht einmal an, bevor sie sie zerrissen und in den Dreck warfen.

Eines Tages erging der Befehl, daß alle Juden in ihren Häusern bleiben mußten. Von meinem Platz hinter dem Vorhang aus konnte ich viele deutsche Soldaten auf den Straßen sehen, die meisten von ihnen in schwarzen SS-Uniformen. Wir hatten

Angst. Niemand kannte den Grund für diese Geschäftigkeit. Sie dauerte ungefähr bis vier Uhr nachmittags, dann war alles wieder beim alten. Am darauffolgenden Tag erfuhren wir von polnischen Freunden, daß Himmler persönlich die Ziegelei von Izbica besucht hatte, in der eine besondere, für den Bau von militärischen Befestigungen verwendete Art Ziegelstein hergestellt wurde.

Manchmal wurde die jüdische Bevölkerung durch die Akcjas regelrecht eliminiert, doch nur kurze Zeit später trafen bereits wieder neue Transporte ausländischer Juden aus Deutschland, Österreich, Frankreich, der Slowakei und dem tschechischen Protektorat ein, um das Ghetto wieder aufzufüllen. Die ursprüngliche Bevölkerung von Izbica war so gut wie verschwunden.

Im Oktober 1942 wurden alle Juden aus den kleinen benachbarten Ghettos von Krasnystaw und Zamość nach Izbica gebracht. Engels befahl dem örtlichen Judenrat, Platz für sie zu schaffen.

Bald hatten sich sämtliche Juden aus Zamość in Izbica eingerichtet, und die Stadt wurde »judenfrei« erklärt. Bei der Umsiedlung wurde viel Blut vergossen. Die Menschen mußten Kolonnen bilden und die gesamten 21 Kilometer zu Fuß gehen. Mit dem Maschinengewehr im Anschlag bewachte Engels sie vom Dach eines Lastwagens. Es war eine Karawane des Schreckens. Alle, die zu langsam waren, wurden erschossen. Ukrainische Wachen ritten auf Pferdekutschen nebenher und exekutierten Juden willkürlich und genüßlich. Endlich erreichten diejenigen, die vom Konvoi übriggeblieben waren, Izbica.

Die Zusammendrängung von Juden aus benachbarten Städten war zumeist ein unheilvolles Zeichen, daß eine neue Akcja bevorstand, dennoch glaubten die Optimisten unter den Juden, die Nazis hätten Izbica zu einer sogenannten Judenstadt auserkoren, einer jüdischen Vorzeigestadt, mit der die Deutschen den Rest der Welt beeindrucken wollten. Diese Juden glaubten, daß sie dort weiterhin in Frieden leben könnten. Wieder wurde Widerstand durch Hoffnung im Keim erstickt.

Am Morgen des 22. Oktober 1942 rief Engels den Judenrat und den Ordnungsdienst zu sich nach Hause. Das war noch nicht vorgekommen. Dort erteilte er einen Deportationsbefehl und forderte Judenrat und Ordnungsdienst auf, für eine erfolgreiche Akcja zu sorgen. Diesmal mußten sich alle, auch Judenrat und jüdische Miliz, direkt zum Bahnhof begeben, wo Engels höchstpersönlich bestimmen sollte, wer von der Umsiedlung ausgenommen bliebe. Jeder der versuchte, sich zu verstecken, sollte auf der Stelle erschossen werden.

Ein paar Stunden später war die Stadt von SS-Soldaten umzingelt. Wir fürchteten, daß dies vielleicht die letzte Akcja sei und daß es danach keine Juden mehr in Izbica geben würde. Noch nie zuvor waren die Mitglieder des Judenrats und deren Familien in eine Akcja miteinbezogen worden. Die Nachricht verbreitete sich wie ein Lauffeuer in der Stadt.

Es hatte keinen Sinn, sich zu verstecken, denn es war nicht zu hoffen, daß wir uns nach der Akcja noch frei in der Stadt würden bewegen können. »Judenfrei« bedeutete, daß kein einziger Jude mehr das Recht hatte, in diesem Gebiet zu leben. Jetzt konnte jeder mit vollem Recht einen Juden töten oder ihn an die Deutschen ausliefern.

Wir machten uns also ebenfalls auf den Weg zum Bahnhof, denn tief in unserm Herzen hatten wir doch einen winzigen Hoffnungsschimmer, vielleicht nur in ein Arbeitslager zu kommen. Wenn wir uns hingegen versteckten und entdeckt wurden, wäre das unser sicherer Tod. Wir hatten keine Wahl. Krauze kannte unser Versteck. Außerdem war es ohnehin unmöglich, länger als ein bis zwei Tage im Versteck zu bleiben. Selbst wenn man uns nicht entdeckte, wie sollten wir ohne Essen und mitten im Winter überleben? Die Stadt wimmelte von Leuten, die nur darauf warteten, über Juden herzufallen und jüdische Häuser zu plündern. Wir hatten keine Chance.

Am Anfang machten sich nur kleine Grüppchen von Juden in Richtung Bahnhof auf. Die meisten schienen kreuz und quer durch die Straßen zu irren. Manche suchten noch immer verzweifelt nach einem Ausweg aus ihrem Schicksal und versuchten unauffällig, ihre christlichen Nachbarn um Hlife anzuhalten. Aber selbst die, die gern geholfen hätten, fürchteten sich vor Spitzeln. Einen Juden zu verstecken wurde mit der Todesstrafe geahndet. Zurückgewiesene Juden liefen bis zum Stadtrand, wo sie von einem Ring von bewaffneten SS-Soldaten empfangen wurden. Dann blieb nur noch die Straße, die zu den Waggons führte. Es gab kein Entrinnen.

Trotz des endgültigen Termins um 14 Uhr trieben uns die Soldaten nicht zur Eile an, denn sie waren zu sehr damit beschäftigt, unsere Häuser zu plündern. Währenddessen gingen unbewachte Gruppen von Juden scheinbar freiwillig in Richtung Bahnhof.

Es war zwar tatsächlich so, daß wir zu diesem Zeitpunkt von niemandem bewacht wurden. Doch von Anfang an waren wir umringt von einer unsichtbaren Mauer aus antisemitischen polnischen Stadtbewohnern, die wesentlich dazu beitrugen, daß so wenig Juden überlebt haben. Natürlich gab es auch Polen, die ihr eigenes Leben und das ihrer Familie aufs Spiel setzten, um Juden zu helfen, aber aus meiner eigenen Erfahrung haben eine ganze Menge Polen die Judenverfolgung der Nazis tatkräftig unterstützt. Polen, die Juden helfen wollten, taten das heimlich, wodurch es den Juden sehr schwerfiel herauszubekommen, wer sie waren und wie man mit ihnen hätte Kontakt aufnehmen können.

Wenn ein Jude nämlich seine Armbinde mit dem Davidstern abnahm und aus dem Ghetto ging, waren die Deutschen, die die Juden nur von Nazi-Propagandaplakaten her kannten und nach hohen Stirnen und langen gebogenen Nasen suchten, nicht in der Lage, ihn von anderen Stadtbewohnern zu unterscheiden. Die Juden von Izbica hatten also eine reelle Chance, von den Nazis gar nicht erst erkannt zu werden. Das eigentliche Problem waren die Einheimischen. Ihnen fiel es natürlich alles andere als schwer, zu erkennen, wer Jude war und wer nicht; schließlich hatten wir seit Jahrhunderten als Nachbarn zusammengelebt. Nicht nur die Erwachsenen, sondern auch Jugendliche und selbst Kinder konnten es kaum abwarten, einen Juden auf der Flucht zu entdecken; zuerst verspotteten und verprügelten sie ihn, dann raubten sie ihn aus, und schließlich lieferten sie ihn gegen eine Belohnung in Form von Zucker oder Wodka an die Deutschen aus.

Meine Eltern schienen gefaßt. Meine Mutter machte das Bett, legte eine frischgewaschene Tagesdecke darüber, warf ein Tischtuch über den Tisch und stellte vier Kerzen auf. Sie zündete sie an und sprach ein Gebet, auch wenn kein Sabbat war. Dann gab mein Vater meinem Bruder und mir einen Rucksack mit Lebensmitteln, und wir verließen kurzerhand das Haus.

Meine Mutter und mein Vater gingen vorneweg, während mein Bruder und ich uns an den Händen hielten und hinterherkamen, wie eine ganz normale Familie. Als wir am christlichen Kaufladen Lacznośc̈ vorbeikamen, wo mich damals der SS-Mann festgenommen hatte, nahm einer unserer polnischen Nachbarn die Sache in die Hand. Heniek Królikowski, Engels' Mechaniker, stand in der Nähe seines Hauses herum und beobachtete, wie die Opfer vorbeizogen. Er entdeckte mich und kam plötzlich sehr beherzt auf mich zu, tat so, als würde er gerade zufällig vorbeispazieren, und flüsterte in fließendem Jiddisch: »Toivi, sei kein Trottel. Wo willst du hin? Komm mit.« Und er drehte sich um und ging auf sein Haus zu.

Spontan wandte ich mich um und folgte ihm. Es war kurz vor 14 Uhr, und noch immer liefen die Leute kreuz und quer durch die Straßen der Stadt. Ich betrat die Bäckerei seiner Familie, und er versteckte mich auf dem Dachboden. Die Zeit verging nur langsam. Von meinem Versteck aus spähte ich durch die winzigen offenen Dachluken und konnte nur erahnen, was auf dem Feld in der Nähe des Bahnhofs los war. Ich hörte Schreie aus der Richtung. Plötzlich ertönte eine Maschinengewehrsalve, dann eine zweite, die noch viel länger dauerte. Ich drehte meinen Kopf entsetzt weg.

Wahrscheinlich war ich eingeschlafen, erschöpft von der Anstrengung, als jiddische Satzfetzen an mein Ohr drangen. Ich rannte ans Fenster. Am anderen Ende der Straße kehrten Gruppen von unbewachten Juden in die Stadt zurück – die einen trugen ihre wenigen Habseligkeiten, andere waren blutbeschmiert und weinten. Nachdem ich mich versichert hatte, daß keine SS-Soldaten in der Nähe waren, schlich ich mich hinaus und stellte erstaunt fest, daß noch immer Juden herumliefen. Ich rannte nach Hause und fand dort zu meiner übergroßen Freude meine Mutter, meinen Vater und meinen Bruder.

Die Worte sprudelten nur so aus ihnen heraus. Da nicht genug Viehwaggons da waren, hatte Engels eine Auswahl treffen müssen. Alles schrie und weinte und drängte sich. Es war ein einziges Chaos. Engels wurde wütend. Er stützte sein Maschinengewehr auf die Schulter Abram Blatts, des Vorsitzenden des Judenrats, mähte eine Menschengruppe nieder und zwang den Rest, in die Viehwaggons zu steigen. Sie waren so überfüllt, daß manche erstickten, noch ehe der Zug die Stadt verlassen hatte. Wer nicht mehr in die Waggons paßte, wurde nach Hause geschickt – auch meine Familie.

Ich lief zum Bahnhof. Auf einer Wiese neben den Gleisen lagen ungefähr 300 Leichen. Unter den Toten entdeckte ich Herrn Rubinsztajn aus Warschau, einen Freund unserer Familie. Nicht weit entfernt lag seine grauhaarige Frau. Obwohl ihr Unterkiefer zertrümmert war, erkannte ich sie an ihren offenen Augen und dem Kleid. Ich erinnerte mich daran, wie mir beim Anblick von Blut immer ganz flau im Magen wurde, von Toten ganz zu schweigen. Jetzt, mit 15, war ich dagegen immun. Beim Anblick dieses Massakers spürte ich nichts als Mitleid mit den Opfern und große Angst um mein eigenes Leben.

Ich streunte durch unser Viertel. Das Haus, in dem ich geboren wurde, die Jerische, die über hundert Jahre in unserem Familienbesitz gewesen war, stand jetzt leer, die Fenster waren zerbrochen. Ich lief durch das Gebäude, überall lagen Scherben. Die Einbrecher wollten bei ihrer Suche nach verstecktem Geld keine Zeit verschwenden und waren gleich dazu übergegangen, Kissen und Bettdecken zu zerreißen. Federn schwebten noch immer durchs Zimmer. Meine Cousins und Cousinen Symcha, Toivi, Rywka, Fajgele und die anderen waren nicht mehr da …

Es wurde langsam dunkel, und noch immer lief ich um die leeren Häuser. Als ich mich vorsichtig auf das Haus meiner Eltern zuschlich, indem ich dicht an den Häuserwänden entlanglief, hörte ich auf einmal, wie ein paar Betrunkene ein Lied grölten, das bei der neuen Spezies skrupelloser und kriegslüsterner Polen inzwischen besonders beliebt war. Sie waren gerade beim Feiern …

Trink, trink, trink, Bruder, trink,
Auf daß der Krieg noch länger wüte.

Unsere Tage waren gezählt. Es war Ende Oktober 1942. Wenn es dunkel wurde, durften wir nicht mehr nach draußen; die Straßen leerten sich, Türen und Fensterläden wurden geschlossen. Die Stadt wirkte wie ausgestorben. Aber im Schutz der Häuser wurden Pläne geschmiedet. Man überlegte, was man tun könne, um zu überleben ... um wenigstens ein Familienmitglied zu retten.

Zwei Tage lang kursierte das Gerücht, daß auch die restlichen Juden liquidiert würden. Die Situation war fatal und ausweglos. Bis dahin hatte ich immer bei meiner Familie gewohnt. In Anbetracht der Lage beschlossen wir jetzt, uns zu trennen. Wir sahen keine andere Möglichkeit. Wir wußten, daß wir sterben würden. Aber wenn wir uns aufteilten, hätte vielleicht wenigstens einer von uns eine Chance.

Mit Hilfe Herrn Paszkowskis, eines freundlichen polnischen Angestellten bei der Stadtverwaltung von Izbica, gelang es meinem Vater, einen »Ariernachweis«, ein Kruzifix und weitere Dinge zu beschaffen, die man brauchte, um sich als Christ auszuweisen. Ich sollte von zu Hause weg und nach Ungarn fliehen. Auch meine Mutter sollte falsche Papiere bekommen und in Warschau Unterschlupf finden, während mein Vater und Bruder versuchen würden, bei polnischen Freunden in der Stadt ins Versteck zu gehen.

Ein neues Leben

Die Auferstehung des Waldemar Ptaszek

Es war schon 18 Uhr, aber noch immer fehlte mir mein Ariernachweis. Die Reise sollte um 2 Uhr morgens losgehen. Ich hatte nicht mehr viel Zeit, und mein Vater beschloß, daß es am besten sei, wenn ich ins Nachbardorf Tarnogóra lief, um die vermeintliche Eintrittskarte in die Freiheit persönlich abzuholen.

Im Schutz der Dunkelheit erreichte ich ohne Schwierigkeiten das Haus des Stadtschreibers Paszkowski. Er selbst war nicht da, aber seine Frau hatte die Papiere für mich bereitliegen. Ab jetzt war ich Waldemar Ptaszek, 17 Jahre alt. Wenn mich draußen jemand anhalten und fragen würde, wäre alles in Ordnung. Ich hatte die Papiere eines christlichen Jugendlichen, der seit kurzem tot, offiziell aber nicht als verstorben gemeldet worden war. Welche Ironie, dachte ich, Waldemar, ein frommer Katholik, auferstanden als Jude!

Obwohl die Sache so unauffällig wie möglich ablaufen mußte und bereits Ausgangssperre war, wollte ich meinem Freund Jozek Bresler Lebewohl sagen. Vorsichtig schlich ich mich zu seinem Haus und klopfte an die Tür. Seine Mutter öffnete mir; Jozek stand hinter ihr.

»Jozek, ich verlasse die Stadt. Ich bin gekommen, um mich von dir zu verabschieden«, sagte ich zu ihm.

Geh nicht«, sagte er. »Bleib hier. Wir können in den Wald fliehen.«

Ich wäre gern bei ihm geblieben. Aber inzwischen wußte ich, daß es im Wald auch nicht sicherer war als hier, und ich konnte unmöglich die Pläne meiner Eltern über den Haufen werfen. Traurig nahmen wir voneinander Abschied.

Als ich nach Hause kam, nähte meine Mutter gerade kleine Goldmünzen in die Säume meiner Kleidung ein. Mein Vater sah ihr dabei zu und wirkte ruhig, aber ich wußte, wie verzweifelt er im Grunde seines Herzens war.

Ich nahm mir meine Papiere vor. Angespannt und konzentriert wiederholte ich mechanisch: »Waldemar Ptaszek, geboren am 20. August 1925 im Bezirk Krasnystaw; Vater: Antoni; Mutter: Maria geborene Stankewicz; Konfession: römisch-katholisch; wohnhaft in Tarnogóra ... Waldemar Ptaszek, geboren am ...«

Ich sollte mit einer organisierten Gruppe von Juden reisen, die allesamt falsche Ariernachweise hatten. Unser Begleiter, Herr Gajosz, ein Pole, sollte uns an der ungarischen Grenze abliefern, wo uns dann jemand anders hinüberbegleiten würde.

Ich aß zum letzten Mal mit meiner Familie. Bald mußte ich los. Ich hatte einen Kloß im Hals. Ich ging zum ersten Mal von zu Hause weg, und mir war klar, daß ich möglicherweise nie wiederkommen, meine Familie nie wiedersehen würde, und doch erfaßte ich die Tragweite der ganzen Tragödie nicht wirklich. Wir umarmten und küßten uns und sagten Lebewohl, sonst nichts, nur Lebewohl. Ohne Tränen. Kurz darauf stand ich draußen. Vorsichtig schlich ich mich zum Haus von Herrn Sznajder, unserem Treffpunkt.

Dort wartete bereits Herr Rapaport, ein Eisenhändler aus Zamość. In seinem Arbeitsanzug und mit dem langen, nach oben gezwirbelten Schnurrbart sah er aus wie ein typischer Bauer aus einem der Dörfer bei Lublin. Dann waren da noch Herr Rabinowicz aus Chełm, mein Freund Wolf Sznajdmeser, ein Mädchen namens Langard und ein anderes Mädchen namens Winter aus Koło. Insgesamt waren wir zu sechst.

Im letzten Augenblick hatte ich das dringende Bedürfnis, noch ein letztes Mal meine Eltern und meinen Bruder zu sehen. Ich tat, als hätte ich etwas Wichtiges vergessen, und lief trotz heftiger Proteste zurück.

Ich klopfte. Die Tür ging auf, und ich ging ins Haus. Ich brachte kein einziges Wort heraus. Ich war unendlich traurig. Einen Moment lang stand ich mitten im Zimmer und betrachtete meinen Bruder. Mein Vater unterbrach das Schweigen.

»Toivi«, sagte er etwas nervös, denn er war immer ein bißchen abergläubisch, »du hättest nicht zurückkommen dürfen, das ist kein gutes Zeichen. Wir alle lieben dich und wollen, daß du am Leben bleibst, und genau deshalb solltest du jetzt gehen. Es ist nicht zu ändern. Du bist 15 und kein Kind mehr. Du weißt, daß wir Juden alle sterben müssen. Izbica ist tot. Wenn sie uns nicht heute erwischen, dann morgen. Zusammen haben wir keine Chance. Heute gehst du, morgen geht deine Mutter, und dann dein Bruder und ich ... wir müssen getrennte Wege gehen ... vielleicht wird einer dieser Wege der richtige sein. Leb wohl, mein Sohn, und Gottes Segen.«

Ich warf ihm einen letzten Blick zu und ging schließlich wortlos davon.

Es war 1 Uhr morgens, wir mußten zum Bahnhof. Langsam gingen wir los, einer nach dem anderen. Das Datum hat sich in mein Gedächtnis eingebrannt: der 26. Oktober 1942.

Es war eine kühle Herbstnacht. Wir stahlen uns von einem Gebäude zum nächsten, bis wir in die Nähe des Bahnhofs kamen. Dort versteckten wir uns hinter dem Weichenstellerhäuschen und warteten. Unser Begleiter verteilte die Fahrkarten, die er schon im voraus für uns besorgt hatte.

Es war perfektes Timing. Von weitem hörten wir den Pfiff der Dampflokomotive. Kurze Zeit später hielt der Zug am Bahnsteig. Wir warteten bei den letzten Waggons, abseits des Lichtkegels der einzigen Bahnhofslampe. Als sich die Räder des Zuges langsam wieder in Bewegung setzten, sprangen wir auf. Der Zug beschleunigte.

Ich saß direkt neben Wolf. Unsere Gesichter waren hinter unseren hochgeschlagenen Mantelkragen versteckt. Wir taten so, als würden wir schlafen. Aber meine Gedanken kreisten unentwegt. Wird es klappen? Wird uns jemand erkennen? Wird sich wenigstens unser Begleiter an die Abmachung halten? Oder wird er uns irgendwo kurz vor der Grenze umbringen, vorher aber erst noch dazu zwingen, einen Brief nach Hause zu schreiben, daß wir drüben gut angekommen seien, damit er auch noch andere hinters Licht führen konnte? Man hörte immer wieder solche Geschichten. Ich malte mir die schlimmsten Dinge aus.

Dann stand uns auch noch die eigentliche, illegale Grenzüberquerung hinüber nach Ungarn bevor, wo es den Juden angeblich besserging. Welche Gefahren lauerten wohl dort auf uns? Was, wenn wir erwischt wurden? Laut Nazi-Gesetzgebung hatte ich eine Reihe von Kapitalverbrechen begangen. Ich trug falsche Papiere bei mir – darauf stand die Todesstrafe. Ich hatte unerlaubt das Ghetto verlassen – das Urteil: Todesstrafe. Ich fuhr in einem Zug – das Urteil: Todesstrafe. Ich trug keinen Judenstern – das Urteil: Todesstrafe. Und vor allem war ich Jude – das Urteil: Todesstrafe.

Und ausgerechnet wer mußte am Bahnhof Zawada in unser abgedunkeltes Abteil kommen? Mein ehemaliger Chef, Tadek Solecki! Wir hatten schreckliche Angst. Was, wenn er uns erkannte?

Wir hatten Glück. An der nächsten Station stieg er aus.

Plötzlich breitete sich Nervosität unter den Passagieren aus. Sie schlossen die Fenster; manche zündeten sich Zigaretten an. Was war los? Warum flüsterten plötzlich alle? Ich schnappte ein paar Satzfetzen auf. »Sie vergasen ... Fett zu Seife.« Trotz der geschlossenen Fenster drang der Gestank von verwesendem Fleisch zu uns hindurch.

BEŁŻEC! Natürlich! Ich erstarrte vor Schreck. Wir fuhren gerade an einem der mutmaßlichen Vernichtungslager vorbei! Mit klopfendem Herzen sah ich hinaus. Es gab einen lichten Wald, und dann, in der Ferne, sah ich Flammen – sie verschwanden kurz, dann wieder schossen sie in die Höhe. Das war das Schicksal, dem ich zu entkommen hoffte. Der Gestank wurde schwächer, während der Zug weiterraste, aber ich konnte noch immer sehen, wie sich das Feuer im Himmel spiegelte.

Zwischen Rawa Ruska und Lwów bekam ich mit, wie Rabinowicz auf unseren polnischen Begleiter, Gajosz, zuging und leise ein paar Worte mit ihm wechselte. Gleichzeitig hörte ich, wie eine Bäuerin sagte: »Siehst du den da drüben? Bestimmt ist das ein Jude«, und sie wies mit dem Kopf in Rabinowicz' Richtung. Ich fiel beinahe in Ohnmacht.

Ich konnte nur dasitzen und abwarten. Kurz vor Lwów kam zu meinem Entsetzen Rubinowicz zu mir herüber und bat mich um zusätzliches Geld für unseren Begleiter, der gedroht hatte, uns andernfalls im Stich zu lassen. Mir war klar, daß wir in Schwierigkeiten waren (die Frau, die auf Rabinowicz aufmerksam geworden war, hatte sicherlich bemerkt, daß wir zusammengehörten), und so erzählte ich ihm unumwunden, was die Bäuerin gesagt hatte. An der nächsten Station verließen wir schnell das Abteil, mischten uns unter die Leute draußen in der Dunkelheit und stiegen schließlich in einen anderen Waggon.

Ohne weitere Vorkommnisse erreichten wir bei Tagesanbruch Kleparów, einen Vorort von Lwów. Wir wagten nicht, durch den Hauptbahnhof zu gehen, wo es laut Berichten strenge Kontrollen und jede Menge Gestapo-Leute gab, die auf der Suche nach Juden waren. Wir beschlossen also, statt dessen quer durch die Stadt zu einem Bahnhof in Sknilów zu laufen, wo wir in einen anderen Zug steigen würden.

Sofort schlossen wir uns einer Bande von Schmugglern an, zumeist jungen Leuten, die aus den benachbarten Ortschaften Lebensmittel gekauft hatten und mit dem ersten Zug nach Hause fuhren.

Jetzt sah ich, daß meine Eltern einen Riesenfehler gemacht hatten. Ich trug meine besten Kleider – einen neuen Mantel, gute Wollhosen und hohe blank geputzte Lederstiefel. Der Kontrast zu meiner Umgebung war einfach kolossal. Es war ein normaler Wochentag, und natürlich hatte kein Mensch seine besten Sachen an.

Da gerade die Straße ausgebessert wurde und der Weg eng war, liefen wir im Gänsemarsch hinter den anderen Reisenden her. Kaum hatten wir den Bahnhof hinter uns gelassen, kam ein uniformierter Ukrainer auf einem Fahrrad auf uns zu. Er sah uns an und blieb stehen. Trotz meiner Angst ging ich aber an ihm vorbei und ignorierte seinen mißtrauischen Blick.

»Komm mal her«, sagte er in normalem Tonfall, aber mir war klar, daß das vielleicht der Anfang vom Ende war. Ich wußte nicht genau, ob er wirklich mich meinte, aber in unserer Schlange reagierte sonst niemand auf seinen Befehl. Eine unnötige Verzögerung würde uns in unserer Situation nichts bringen, also trat ich zur Seite und ging auf den Ukrainer zu.

»Bist du Jude?«

»Nein, ich bin Christ. Ich bin unterwegs zu meiner Tante auf dem Dorf. Wollen Sie meine Papiere sehen?«

»Und was hast du da in deinem Rucksack?«

»Lebensmittel«, antwortete ich und fing an, den Rucksack aufzumachen, bevor er mich dazu aufforderte.

Zum Glück winkte er ab und fuhr davon.

Wenn er nicht zu faul gewesen wäre und meinen Rucksack, in dem sich Ersatzkleidung und Lebensmittel befanden, tatsächlich kontrolliert hätte, wäre er mit Sicherheit darauf gekommen, daß ich Jude war. Ich wunderte mich selbst über meine Gelassenheit. Wenige Minuten später holte ich meine Gruppe wieder ein. Wir liefen durch Lwów. Dabei sahen wir in einer Straße, wie ein paar Hitlerjungen einen Juden verprügelten.

Zu unserem Entsetzen kamen wir direkt an dem berüchtigten Konzentrationslager Janów vorbei. Das Lager befand sich mitten in der Stadt, und im Vorbeigehen konnte ich sehen, wie unter den Augen der Wachleute ausgemergelte Juden hinter Stacheldrahtzäunen arbeiteten. Mich überkamen dieselben Gedanken und Gefühle wie kurz zuvor, als wir im Zug an Bełżec vorbeigekommen waren – ich könnte einer von ihnen sein! Dasselbe konnte auch mir blühen! Wenn die Deutschen auch nur geahnt hätten, daß gerade ein Jude vorbeiging ... Aber Gott muß mich wohl beschützt haben.

Ein paar Stunden später erreichten wir den Bahnhof von Sknilów. Ich gab mein letztes polnisches Geld aus, um mir in der Gaststätte etwas zu essen zu kaufen, und anschließend suchte ich die Toiletten auf, um mich zu waschen. Es war ein anstrengender Tag gewesen.

Ich betrachtete mich kritisch in dem kleinen angelaufenen Spiegel. Als erstes mein Gesicht. Nicht schlecht ... helles Haar, blaue Augen. Meine Haut war blaß ... ein paar Sommersprossen. Nur die Nase war vielleicht eine Spur zu lang ... zum Glück war sie nicht gebogen, wie die auf dem Plakat, das am Bahnhof von Izbica hing. Mein jüdischer Akzent war allerdings ein Problem. Zu Hause und mit Freunden sprach ich immer Jiddisch. Ich durfte so wenig sprechen wie möglich.

Schließlich war da noch eine ziemlich delikate Angelegenheit: ich konnte vor lauter Schmerzen kein Wasser lassen. Besser als jeder Ausweis war eine unbeschnittene Vorhaut; meine aber war entsprechend dem jüdischen Brauch an meinem achten Lebenstag weggeschnitten worden. Fünfzehn Jahre lang war das für mich selbstverständlich gewesen, eine Woche vor meiner Abreise aber hatte ich beschlossen, etwas dagegen zu unternehmen. Jeden Abend vor dem Zubettgehen zog ich das, was von meiner Vorhaut übriggeblieben war, hoch und schnürte es mit einem Bindfaden zusammen, damit es nicht zurückrutschte. Ich hoffte, daß sich meine Vorhaut dehnen und so bleiben würde oder daß es zumindest schwieriger zu erkennen sein würde, daß ich beschnitten war. Statt dessen aber schwoll mein Penis an und entzündete sich.

Das erinnerte mich an ein Kindheitserlebnis. Ich war ungefähr dreieinhalb. Ich muß wohl große Angst gehabt haben, denn noch heute sehe ich alles genau vor mir. Ich erinnere mich an den langen Tisch, das weiße Tischtuch, das Zimmer voller Menschen, die Sonne, die durchs Fenster schien, und die in nebelhafte Vergessenheit geratenen Gesichter. Nur ein Gesicht werde ich nie vergessen: das von Dziobaty Jojne. Nachdem mein kleiner Bruder zum Mohel gebracht worden war und dieser die rituelle Beschneidung vorgenommen hatte, war ich noch immer starr vor Schreck, da packte mich Dziobaty Jojne, riß mich vom Boden und tat, als wolle er mich für den »nächsten Eingriff« dem Rabbi übergeben. Ich schrie wie am Spieß, umklammerte seinen Bart und ließ nicht mehr los, nicht einmal, als mein Vater einschritt, um mich zu beruhigen. Ich erinnere mich noch an sein rotes pockennarbiges Gesicht und sein spöttisches Lachen – und die ganze Zeit über hatte ich eine Todesangst.

Doch jäh wurde ich aus meinen Gedanken gerissen. Es war Abfahrtszeit. Der Zug erreichte den Bahnhof, und wir stiegen ein. Eine Zeitlang ging alles gut. Kurz vor Stryj sprach jedoch der deutsche Schaffner während der Fahrkartenkontrolle eines der Mädchen in meiner Gruppe an. Sie hatte aus dem Fenster geguckt, wahrscheinlich damit niemand ihr Gesicht sehen konnte.

»Ihre Fahrkarte, bitte.«

»Hier ist sie«, antwortete sie auf deutsch. Als er versuchte, mit ihr ein Gespräch anzufangen – sie war ein sehr hübsches Mädchen –, tat sie plötzlich so, als verstünde sie ihn nicht, und erklärte in stockendem Deutsch, daß sie die Sprache in der

Schule gelernt habe, sich aber nur an ein paar Wörter erinnern könne.

Den deutschen Schaffner überzeugte sie mühelos, nicht aber unsere Mitreisenden, eine Gruppe ukrainischer Bauern. Sie hatten Verdacht geschöpft und fingen an, miteinander zu flüstern. Bald wurde sie von zwei uniformierten Polizisten hastig abgeführt, und die Suche nach anderen Juden begann.

Dann machte ich einen großen Fehler. Während die meisten Passagiere neugierig das Geschehen verfolgten und sich aufgeregt darüber unterhielten, vergrub ich mein Gesicht in einer Zeitung, schweißgebadet vor Angst. Auffälliger hätte ich mich kaum benehmen können. Ich spürte förmlich, wie mich das ganze Abteil mißtrauisch beäugte. Die Zeilen tanzten mir vor den Augen. Mir wurde abwechselnd heiß und kalt, und ich hatte einen bitteren Geschmack im Mund. So, dachte ich, das war's ...

»Papiere!« rief jemand sehr streng auf ukrainisch. Vor mir stand ein uniformierter Mann. Mein Herz klopfte wie verrückt, aber ich reichte ihm, ohne mit der Wimper zu zucken, meine Geburtsurkunde.

»Wie heißt du?«

»Waldemar Ptaszek«, gab ich zurück, »aber zu Hause nennen mich alle nur Waldek.«

»Bist du Jude?«

»Nein.«

Er sah in mein knallrotes Gesicht und wußte, daß ich log. »Das werden wir schon noch sehen, Junge. Steh auf und komm mit!« Er nahm mich mit zur Toilette und forderte mich auf, die Hose herunterzuziehen. Er sah nach, dann rief er zur Sicherheit seinen Kameraden. Mit heruntergelassenen Hosen wartete ich auf ihr fachkundiges Urteil. Leise diskutierten sie über das manipulierte Beweismaterial. Vielleicht waren sie sich nicht sicher, ob ich beschnitten war. Doch meine aufwendigen medizinischen Bemühungen waren umsonst gewesen: Ich wurde festgenommen.

Man brachte mich ans Ende des Gangs, wo andere verhaftete Juden bewacht wurden. Der nächste Halt war Stryj. Die Waggons entließen massenweise Menschen, und auf dem Bahnsteig ging es hoch her, Gelächter und Freudenschreie schallten durch die kühle Oktoberluft. Wir standen vor dem Büro der Bahnhofsaufsicht und warteten. Die Tür ging auf, und wir wurden in einen großen, leeren Raum geführt.

Fünf Ukrainer und ein Offizier der Gestapo begannen mit dem Verhör. Jeder von uns wurde gefragt: »Bist du Jude?« Natürlich gab es niemand zu, also mußten wir uns ausziehen. Die nackten Tatsachen bewiesen: wir waren alle beschnitten. Als nächstes bekam ich eine Reihe von Schlägen gegen den Hals, bis ich nach Luft rang. Einige der ukrainischen Kollaborateure nutzen die Gelegenheit und ließen ihrem Haß uns gegenüber freien Lauf.

»Genug!« brüllte der Gestapo-Offizier. Widerwillig ließen sie ihre Fäuste sinken. Eindeutig ärgerten sie sich darüber, daß ihnen der Spaß verdorben wurde. Ohne den Gestapo-Offizier (ein seltenes Exemplar) wären wir bestimmt noch im Verlauf des Verhörs zu Krüppeln geschlagen worden. Nachdem sie sorgfältig unsere Kleider durchsucht hatten, mußten wir uns nackt gegen die Wand stellen. Unser konfisziertes Geld und andere Wertsachen lagen auf einem Haufen auf dem Tisch.

Die Tür öffnete sich mit einem Quietschen. Herein kam eine ukrainische Wache mit Wolf Sznajdmeser im Schlepptau. Noch nie zuvor hatte ich meinen Freund so verängstigt gesehen. Sein klares, rundes, vollkommen »slawisches« Gesicht war weiß, alles Blut war daraus gewichen. Der ukrainische Wachmann drehte sich lachend zu seinen Kameraden.

»Die Passagiere waren alle schon weg, nur dieser Junge hier stand noch auf dem Bahnsteig herum. Ich hätte ihn nie für einen Juden gehalten, aber als ich auf ihn zuging und ihn fragte, ob er auf irgend etwas Bestimmtes warte, brauchte er nur ein Wort zu sagen, und schon hatte ihn sein Akzent verraten.«

Er brach in Gelächter aus und imitierte Wolfs starken jüdischen Akzent. Die anderen stimmten mit ein und amüsierten sich königlich. Genau wie wir wurde Wolf durchsucht und mußte sich ausziehen. Dann durften wir uns wieder anziehen und wurden in einen Warteraum gebracht.

Da saßen wir nun in einer engen, abgedunkelten Zelle. Über uns, auf der gegenüberliegenden Seite, war ein kleines vergittertes Fenster. Irgend etwas Weißes hing an den Gitterstäben, aber in dem schwachen Licht konnte man nicht genau erkennen, was es war. Nach ungefähr einer Stunde klickte das Schloß, die Tür ging ein Stück auf, und der Wärter sagte: »Ihr habt Glück, daß der andere Gestapo-Mann nicht da ist. Der hat heute seinen freien Tag. Er hätte euch an den Beinen aufgehängt, und sein Schäferhund würde euch jetzt am lebendigen Leibe das Fleisch von den Knochen nagen. Aber da ihr über kurz oder lang sowieso sterben müßt, würde ich euch raten, mir lieber gleich euer Geld zu geben, das ihr noch versteckt habt. Dafür gebe ich euch auch einen guten Rat.«

Rapaport aus Zamość öffnete ein Brillenetui, zog eine Goldmünze aus dem ledernen Futteral hervor und reichte sie dem Wärter, der eigentlich einen ganz sympathischen Eindruck machte. Unsere Mienen hellten sich auf. Wir spitzen die Ohren. Der Gefängniswärter öffnete die Tür noch einen Spaltbreit, um mehr Licht hereinzulassen. Seine Lippen verzogen sich zu einem verächtlichen Lächeln, und er gab uns seinen Rat. »Hört zu«, sagte er und wies auf das kleine Fenster hinter uns. »Da hinten an den Gitterstäben hängt eine lange Unterhose. An dieser Unterhose hat sich gestern ein Jude erhängt, der genau wie ihr geschnappt wurde. Ich würde euch raten, dasselbe zu tun. Alle nacheinander, hängt euch auf und bindet euch los, bis der letzte weg ist. Das wird ein leichterer Tod sein als der, der euch erwartet.« Wir sahen alle zum Fenster. Was dort hing, war tatsächlich eine lange Unterhose. Er machte die Zellentür zu.

Als er sie zwei Stunden später wieder öffnete, war er enttäuscht: keiner von uns hatte seinen Rat befolgt. Wir waren solche Schikanen inzwischen schon so gewohnt, daß wir selbst in dieser scheinbar hoffnungslosen Situation die Hoffnung nicht aufgaben. Ein Mann in Uniform kam herein und notierte unsere Namen. Ich gab meinen richtigen an, da meine gefälschte Geburtsurkunde gleich beim ersten Verhör vernichtet worden war. Dann mußten wir wieder herauskommen, denn es hieß, daß wir verlegt würden. Draußen entsicherten die Wachen ihre Pistolen und warnten uns, daß sie schießen würden, sobald jemand versuchte zu fliehen.

Wir wurden auf die Straße geführt. Es war ein wunderschöner sonniger Tag. Die Straßen waren voller Leben. Überall hörte man das Gelächter und Geplauder der Menschen in Freiheit; uns trennte nur die Gegenwart der Wachen von all dem.

In Stryj herrschte geschäftiges Treiben. Die Stadt war voller Menschen, die zur Arbeit oder zum Einkaufen gingen. Passanten, die uns als Juden erkannten, reagierten auf sehr unterschiedliche Weise. Manche starrten uns entgeistert an, andere lachten uns aus. Hin und wieder trafen uns höhnische Bemerkungen und Flüche. Einige gingen mit gesenktem Blick an uns vorbei, als ob sie traurig wären. Nicht einer hatte ein Stück Brot oder ein freundliches Wort für uns übrig, denn darauf stand die Todesstrafe.

Irgendwann kamen wir an ein großes Gebäude. Beim Betreten des Gebäudes las ich auf einem Schild neben dem Eingang das Wort »Kriminalpolizei«. Sofort wurden wir in eine dunkle Zelle geworfen. Eine große Plattform aus unbehandelten Holzbrettern nahm ungefähr drei Viertel des Raumes ein. Hier sollten wir essen und schlafen. Der Boden war unbefestigt. Ein Faß für Ausscheidungen vervollständigte die Einrichtung.

Am Abend forderte mich der Wärter auf, mit ihm zu gehen. Er reichte mir einen großen Eimer und führte mich zu einer Wasserpumpe im Flur. Ich füllte den Eimer mit Wasser und trug ihn zum Privatzimmer eines der Kripo-Beamten. Als Dank bekam ich einen Teller voller Essensreste. Obwohl ich schrecklichen Hunger hatte, konnte ich mich nicht überwinden, das Essen eines anderen anzurühren. Ich ekelte mich davor. Mit dem Teller in der Hand setzte ich mich auf eine kaputte Obstkiste und sah mich im Flur um. Der Wärter stand in meiner Nähe und trieb mich zur Eile an.

»Ich kann nicht. Ich habe Bauchschmerzen«, entfuhr es mir als Ausrede. Ich wusch den Teller ab und wurde zurück in unsere Zelle gebracht. Es dauerte nicht lange, bis ich weniger wählerisch wurde.

Seit fünf Tagen saßen wir im Kripo-Hauptquartier. Wir versuchten, mit dem örtlichen Judenrat Kontakt aufzunehmen, indem wir Botschaften hinausschmuggelten. Vielleicht würden sie uns freikaufen. Wir nahmen an, daß Rabinowicz, der in derselben Zelle saß, dem Beamten, der das Verhör leitete, ebenfalls Geld anbot, um uns zu befreien. Tatsächlich wurde Rabinowicz ein paarmal von den Kripo-Beamten nach draußen gerufen. Wolf und ich vertrauten Rabinowicz, und wir gaben ihm alle Wertsachen, die wir hatten verstecken können (nie hätte ich gedacht, daß sich in gewöhnlicher Straßenkleidung so viel verstecken ließ, das trotz mehrmaligem Durchsuchen nicht entdeckt wurde).

In dieser Nacht hörten wir vom Hof her lautes Beten, gefolgt von Schüssen. Dann wurde morgens ein etwa zehnjähriger Junge hereingebracht, der herzzerreißend weinte. Wir fragten ihn, was passiert sei, und schluchzend erzählte er uns seine Geschichte.

Vor dem Krieg hatte bei seiner Familie ein Deutscher zur Untermiete gewohnt, ohne daß es jemals Schwierigkeiten gegeben hatte. Kurz nach Kriegsbeginn war der Deutsche ausgezogen, doch dann vor ein paar Tagen wieder aufgetaucht, weil er hoffte, sich Haus und Einrichtung unter den Nagel reißen zu können. Er warf den Eltern des Jungen vor, ihn vor dem Krieg schlecht behandelt zu haben. Daraufhin nahm die Gestapo die ganze Familie fest und brachte sie hierher. Letzte Nacht holten die Deutschen seine Eltern aus der Zelle. Sie waren nicht zurückgekommen und er wußte nicht, was mit ihnen passiert war. Jetzt begriffen wir, was die Schüsse zu bedeuten gehabt hatten, aber wir sagten nichts.

Eine Woche später kam der Wärter und teilte uns mit, daß wir wieder verlegt würden. Offenbar war die Kripo-Abteilung zu klein für die vielen Häftlinge, die tagtäglich hereinkamen.

Wieder stellten sie uns in eine Reihe, entsicherten ihre Waffen und warnten uns, daß sie ohne Vorwarnung schießen würden, sobald jemand einen Fluchtversuch unternahm. Wieder liefen wir als Gefangene durch eine freie Menschenmenge. Es war ein erniedrigender Marsch. Polnische und ukrainische Jugendliche verhöhnten und bespuckten uns. Schließlich kamen wir an einen großen roten Gebäudekomplex – das städtische Gefängnis von Stryj, ein Ort des Grauens für Abertausende.

Eine Wache klingelte am Tor. Ein kleines vergittertes Fenster ging auf, und ein Gefängnisangestellter wechselte ein paar Worte mit der Wache. Das Tor ging weit auf und ließ uns hinein. Wir liefen einen langen Gang entlang, der durch vergitterte Türen in Blöcke aufgeteilt war. Wieder und wieder klirrten die Schlüssel, wurden die Eisentüren geöffnet und fielen wieder krachend ins Schloß. Schließlich mußten wir die Hände über den Kopf legen und uns mit dem Gesicht gegen eine Wand stellen.

Nach einer Weile rief man uns in ein Büro und notierte unsere Namen. Nach den üblichen Formalitäten wurden wir wieder durchsucht. Diesmal aber waren sie nicht ganz so gründlich. Wahrscheinlich dachten sie, daß Gestapo und Kripo wohl an Wertsachen nicht mehr viel übriggelassen hatten. Sie nahmen nur kleinere Dinge wie Gürtel und Krawatten und brachten uns dann in Zelle 27.

In unserer Zelle saßen bereits einige Häftlinge: zwei Ukrainer, Michał Sudoł und ein alter Mann namens Iwan aus Strutń Niźny; ein junger, hochgewachsener und gut gebauter Tscheche namens Yelinek; die Zelingers, Vater und Sohn, beide Fotografen aus Stryj; und ein kranker Mann, von dem sie glaubten, daß er jüdisches Blut hatte. Insgesamt waren wir zu elft.

Die Zelle war klein, die Fenster gingen auf ein sehr viel kleineres, zweistöckiges Gebäude hinaus, das auf der anderen Seite des Hofes lag. Zwischen den beiden Gebäuden, mitten im Hof, stand ein artesischer Brunnen. Daneben befand sich eine Glocke, die zu den Mahlzeiten geläutet wurde. Unsere Zelle war mit einem Tisch, zwei Bänken, einem Faß für Ausscheidungen sowie vier Strohmatratzen ausgestattet, die in einer Ecke übereinandergestapelt waren und nachts auf dem Boden ausgebreitet werden mußten. Der November ist normalerweise sehr kalt, aber mit elf Männern, die alle nebeneinander auf so engem Raum schliefen, wurde es so heiß, daß wir uns bis auf die Unterwäsche auszogen. Und so begann das Leben im Gefängnis. Es war Ende 1942.

Am zweiten Tag wurden wir vom Sektionswärter, einem Polen, überraschenderweise einzeln herausgerufen. Niemand, der die Zelle verließ, kam zurück. Wir wurden nervös. Ich kam an die Reihe. Der Wärter brachte mich in ein kleines Zimmer und sagte mir, ich solle mich ausziehen. Er nahm meine Kleider und durchsuchte sie sehr gründlich. Er fand eine russische Münze, die im Zwickel meiner Hose eingenäht gewesen war.

Ich vermutete, daß der Wärter uns heimlich durchsuchte, um die gefundenen Wertsachen selbst einzuheimsen. »Behalten Sie das Geld ruhig«, sagte ich. »Bringen Sie mir dafür hin und wieder Brot.« Er schüttelte mir die Hand, um die Abmachung zu besiegeln, und brachte mich in ein anderes Zimmer, wo die anderen warteten, die bereits an der Reihe gewesen waren. Nach fast einer Stunde brachte er uns alle wieder in die Zelle zurück. Mittlerweile waren wir uns sicher, daß er zu der Aktion nicht ermächtigt worden war, aber es wäre sinnlos gewesen, sich bei jemandem darüber zu beschweren. Unerlaubter Geldbesitz wurde hart bestraft.

Die Tage vergingen. Jeden Morgen wurden wir von dem gleichen schroffen Ruf vom Flur her begrüßt: »Fertigmachen zum Appell!« Daraufhin sprangen wir von unseren Matratzen auf und machten das Zimmer sauber. Die Matratzen wurden vorsichtig zur Seite gelegt, und wer immer an dem Tag Dienst hatte, fegte den Boden mit dem Packpapier von den Päckchen, die die ukrainischen Häftlinge geschickt bekamen. Besen waren verboten. Wir zogen uns an, und als wir den Ruf hörten, stellten wir uns auf.

Wir hörten Schritte, die immer lauter wurden, und schließlich das Quietschen der Zellentüren. Unsere Tür ging auf, und Herr Król, der hochgewachsene Gefängniswärter, betrat in Begleitung eines Wachmanns unsere Sektion. Sudoł, unser Zellenältester, rief »Achtung!«, dann drehte er sich zum Wärter und meldete, daß alle anwesend seien. Danach begrüßte uns der Wärter mit einem lauten »Guten Morgen, Jungs«.

»Guten Morgen, Herr Wärter«, gaben wir einstimmig zurück. Er hob die Hand zum soldatischen Gruß und ging weiter zur nächsten Zelle. In wenigen Minuten würden sie uns Wasser zum Waschen geben und das Faß mit unseren Fäkalien hinaustragen.

Ein Bimmeln kündigte das Frühstück an. Durch die offene Tür verteilten ein Wachmann und ein Häftling mit einem Tablett die einzelnen Portionen. Jeder bekam eine dünne Scheibe Brot und ein bißchen Ersatzkaffee. Sobald diese Mahlzeit vorbei war, begann das Warten aufs Mittagessen. Die Zeit verging unglaublich langsam. Schließlich schreckten wir hoch, wenn unsere Beobachtungsposten am Fenster die Nachricht verkündeten: »Leute, sie spülen die Näpfe aus.« Das hieß, daß es gleich Essen geben würde. Jeden Tag warteten wir aufs neue gespannt auf jedes Läuten. Dann ertönte die Glocke, diesmal zum Mittagessen. Obwohl es noch eine Stunde hin war, bis sie an unsere Zelle kommen würden, standen wir immer schon an der Tür Schlange.

Wir warteten angespannt. Vor uns waren noch drei andere Zellen an der Reihe. Zwei, eins, und endlich hörten wir das Klappern des Riegels und den Schlüssel, der im Schloß umgedreht wurde. Die Küchentruppe wurde an der Tür von ausgestreckten Blechnäpfen begrüßt. Wenn man zu langsam war, versuchten sie mit Absicht, den Napf zu verfehlen und einem die Hand zu verbrennen. Im eigenen Interesse war es also unabdingbar, sich so schnell und zielsicher wie möglich auf die Suppenschüssel zuzubewegen.

Es gab keine Löffel. Man mußte die Suppe schlürfen. Mit den Fingern zogen wir verdorbene Kohlstückchen heraus; sie stanken und schmeckten bitter. Gelegentlich gab es Linsensuppe. Dann freuten wir uns über jede einzelne Linse und rollten sie genüßlich im Mund herum. Die Suppe sollte eigentlich bis zum Abendbrot vorhalten, in Wirklichkeit aber mußte man damit bis zum Frühstück auskommen, da das »Abendbrot« nur aus Ersatzkaffee bestand.

Nachdem ich abends meinen Kaffee ausgetrunken hatte, gab ich den Rauchern meinen Kaffeesatz. Sie trockneten ihn und rollten ihn in Zeitungspapier, dann rauchten sie ihn wie Zigarettentabak. Später, nach dem allabendlichen Appell, quetschte sich jeder auf seinen Platz auf der Matratze und war seinen Gedanken überlassen. Dann starrte ich durch die Gitterstäbe den Mond an, der am dunklen Nachthimmel leuchtete, und dachte an mein Zuhause, meine Eltern, meinen Bruder und Izbica.

Sind sie noch am Leben? Wo sind sie? Wissen sie, daß ich hier bin? Wahrscheinlich nicht, antwortete ich mir. Ich bin ganz auf mich gestellt. Und das Schlimmste ist, daß kein Ende abzusehen ist. Dieser Ukrainer, Sudoł, er weiß, daß sie ihn morgen, vielleicht in einer Woche oder in einem Monat freilassen werden, oder vielleicht wird er verurteilt und muß eine bestimmte Zeit im Gefängnis absitzen. Aber wir Juden? Wir werden nie wieder frei sein. Nicht nur diese Zelle, nicht nur das Ghetto, nicht einmal nur Polen ist unser Gefängnis ... sondern mittlerweile fast ganz Europa. Wir hoffen doch schon gar nicht mehr auf den Frieden. Alles, was wir wollen, ist eine Aufschiebung unseres Todesurteils. Ich hatte Angst davor, zu leiden, fürchtete den Tod und die Unsicherheit, nicht zu wissen, wann es soweit sein würde, wann diese mordlüsternen Bestien hereinkommen und uns umbringen würden. Mit derlei Gedanken schlief ich ein. Und so vergingen die Tage und Nächte.

Wir hörten ein leises Klopfen. Erst dachten wir, es sei eine verschlüsselte Nachricht, aber niemand von uns beherrschte das Morsealphabet. Dennoch klopften wir zurück. Dann bewegten sich die Klopfzeichen allmählich die Wand entlang in Richtung der Fenster zum Hof. Die Fenster unserer Zelle gingen ebenfalls auf den Hof hinaus. Wir konnten einander nicht sehen, aber hören.

»Seid ihr die Juden aus Izbica?« hörten wir die Stimme einer Frau.

»Ja. Wer will das wissen?«

»Langard.«

Da wußten wir Bescheid. Die Mädchen aus unserer Gruppe hatte dasselbe Schicksal ereilt wie uns, und jetzt saßen sie in der angrenzenden Zelle.

Nicht jeder mußte hungern. Sudołs Freundin schickte ihm fast jeden zweiten Tag ein Päckchen; der kranke Mann bekam Suppe vom Roten Kreuz; und die Zelingers erhielten Päckchen von ihrer Familie, die noch immer im Ghetto lebte. Am interessantesten fanden wir allerdings, daß Rabinowicz, der genau wie wir anderen aus Izbica keine näheren Verwandten in der

Gegend hatte, ebenfalls andauernd Päckchen bekam. Obwohl Sudoł und Zelinger uns von ihren Lebensmitteln etwas abgaben, reichte es hinten und vorne nicht. Also kann man sich vorstellen, wie froh wir waren, als sie uns eines Abends sieben dunkle Brote in unsere Zelle brachten.

Jeder Jude bekam einen Laib, ein Geschenk des Judenrats. Wir feierten ein Brotfest. Ich legte das Brot auf meine Brust und umklammerte es mit beiden Händen. Langsam biß ich kleine Stückchen vom ganzen Laib ab. Jeder Bissen war eine Wonne. Ich muß es wohl im Schlaf aufgegessen haben, denn als ich aufwachte, waren nur noch Krümel da. Ich hatte furchtbare Bauchschmerzen, aber einmal zumindest fühlte ich mich satt. Wir hofften alle, daß uns der Judenrat nicht vergessen würde. Ein alberner Gedanke, denn es war klar, daß er bestimmt andere Sorgen hatte, als ein paar Häftlinge durchzufüttern.

Ich kam einfach nicht hinter Rabinowicz' Geheimnis. Wer half ihm? Wer schickte ihm Päckchen, und wer bezahlte sie? Er schwor bei allem, was ihm heilig war, daß ihn der Kripo-Beamte hereingelegt hatte und ihm sein gesamtes Geld abgenommen hatte. Halfen ihm vielleicht seine täglichen frommen Gebete? Wir lebten doch nicht mehr im Zeitalter der Wunder.

Durch Zufall kam später alles ans Licht. Zelingers Frau im Ghetto bestach unseren Sektionswärter; über ihn schickte sie ihrem Mann Briefe und Lebensmittelpakete. Rabinowicz hatte mit Zelinger die Lieferung von Lebensmitteln abgesprochen und ihn dafür bezahlt. Zelinger bot mir an, seine Beziehungen spielen zu lassen, um auch mir Lebensmittel zu besorgen. »Tut mir leid«, sagte ich, »ich habe keine Geld. Das meiste davon habe ich im Kripo-Gefängnis Rabinowicz gegeben, um uns freizukaufen, und den Rest hat mir der Wärter abgenommen.«

Zelinger, ein intelligenter Mann, wurde sofort stutzig und fragte uns – Rapaport, Wolf und mich –, was genau wir Rabinowicz gegeben hatten. Später verglich er unsere Währung mit dem, was ihm Rabinowicz gegeben hatte, und so kamen wir dahinter, was wirklich passiert war. Das Geld, das wir Rabinowicz gegeben hatten, um den Kripo-Offizier zu bestechen, hatte er behalten und an einem nicht allzu hygienischen, dafür aber sehr sicheren Ort versteckt, weswegen alle Durchsuchungen ergebnislos geblieben waren. Rabinowicz hatte unser Vertrauen mißbraucht und uns ausgetrickst, um an unser Geld zu kommen, hatte sich auf unsere Kosten bereichert. Auf unseren gemeinsamen Druck hin gab er alles zu, aber was nützte uns das jetzt noch?

Eines Nachts wurden wir durch furchtbare Schreie aus dem Schlaf gerissen. Der Gefängnishof war voller Juden. Peitschen knallten. Man hörte die SS Befehle schreien. In Stryj war gerade eine Akcja im Gang, und die Juden der Stadt wurden zusammengetrieben. Das Ganze war erst um 18 Uhr am darauffolgenden Tag vorbei. Dann wurden die Menschen, wie ich später erfuhr, in Karren zu den Viehwaggons gebracht. Der Transport muß völlig überfüllt gewesen sein, denn einige hundert Juden blieben im Hof. Bald darauf wurden sie gezählt und in das kleinere Gebäude gegenüber gesteckt. Von da an sahen wir täglich ein paar Juden, die in dieses Gefängnis gebracht wurden. Wir bekamen mit, daß sie außerhalb des Ghettos ohne Judenstern oder mit falschen Papieren geschnappt worden waren oder sich sonst etwas hatten zuschulden kommen lassen. Offenbar hielt man sie so lange fest, bis ein neuer Transport nach Bełżec fuhr.

Die Tage vergingen, und wieder wurden wir eines Nachts durch gräßliche Schreie geweckt. Ich rannte ans Fenster und sah hinunter. Eine Frau wurde geschlagen. SS-Männer trieben Juden aus dem kleineren Gebäude und in den Hof. Peitschen knallten durcheinander.

Im Lichtschein erinnerten die verlängerten Schatten der Juden, die sich unter den Peitschenhieben krümmten, an Szenen aus Dantes Inferno oder an einen blutigen Kinofilm über die schlimmsten Auswüchse der Inquisition. Die Gewaltorgie dauerte bis zum Morgengrauen.

Wir hatten Angst, daß sie auch uns in den Transport stecken würden. Wir konnten uns nicht erklären, warum unsere Gruppe aus acht Juden gesondert eingesperrt und einigermaßen in Ruhe gelassen wurde.

Eines Morgens standen wir auf wie immer. Wir aßen unser Frühstück und warteten aufs Abendbrot; die Glücklicheren unter uns warteten auf ihre Päckchen. Gegen elf wurde sie geliefert. Sudoł packte das Brot aus und warf das Einwickelpapier in eine Ecke. Rapaports aufmerksamer Blick fiel auf einen Fetzen Zeitungspapier, und er bückte sich, um ihn aufzuheben.

Beim Lesen hellte sich sein Gesicht auf. »Gott sei Dank, daß ich diesen Tag noch erlebe. Wir haben's geschafft!« rief er.

»Was ist denn los?« fragten wir.

Aufgeregt zeigte er uns einen Artikel vom Dezember 1942, in dem es in allen Einzelheiten darum ging, daß die Truppen von General Paulus bei Stalingrad eingekesselt worden seien. Wenn ein Naziblatt schon so etwas erwähnte, konnte das nur heißen, daß es an der sowjetischen Front schlecht aussah für die Deutschen. Wir jubelten. Dieses fettige, zerknitterte Stückchen Zeitungspapier brachte uns einen Hauch von Freiheit in unsere Zelle. Es gab Hoffnung – vielleicht waren die Nazis doch nicht unbesiegbar!

Alwin Lippman

Die Tage vergingen. Zwei neue Männer kamen in unsere Zelle: ein jüdischer Rechtsanwalt aus Stryj und ein graumelierter Deutscher, Alwin Lippman, der ehemalige Kommandant der jüdischen Polizei im Ghetto von Zamość. Gleichzeitig wurde der alte Zelinger entlassen und durfte ins Ghetto zurück.

Der Rechtsanwalt, an dessen Namen ich mich nicht erinnere, ein junger Mann mit sehr viel Sinn für Humor, war ein großartiger Musikinstrumentenimitator, und so kamen die gelangweilten Gefängniswärter oft nachts nach dem Appell vorbei, weckten ihn und baten ihn, ein paar Lieder »vorzuspielen«. Davon profitierten wir alle, weil wir dafür am nächsten Tag Essenreste bekamen.

Lippman hingegen war ruhig, pedantisch, gewissenhaft und ordentlich – ein typischer Deutscher. Unmittelbar vor dem Appell stand er auf, putzte seine Schuhe und knöpfte sich jeden Knopf zu. Daß es einen deutschen Juden nach Polen verschlug, war nicht ungewöhnlich; bloß war er anscheinend gar kein Jude oder Halbjude und hätte Deutschland eigentlich nicht verlassen müssen.

Der Rechtsanwalt zeigte sich interessiert an Lippman, und so kam heraus, was dieser Mann Unvorstellbares erlebt hatte. Aus den Gesprächen der beiden ging hervor, daß Lippman ein Offizier der Wehrmacht gewesen war. Für seine Unterstützung General Ludendorffs bei Hitlers Putsch zu Beginn der Machtergreifung hatte er von der deutschen Regierung und der NSDAP ein persönliches Dankesschreiben erhalten. Außerdem hatte er im Ersten und zu Beginn des Zweiten Weltkriegs höchste militärische Auszeichnungen erhalten. Beim Einmarsch in Polen hatte er, soweit ich mich erinnere, als Kommandant der Wehrmacht gedient.

Als deutsche Juden nach Polen umgesiedelt wurden, hatte seine jüdische Frau als Familienangehörige eines Offiziers unter dem Schutz der Wehrmacht gestanden. Der Gestapo gelang es nicht, ihn dazu zu bringen, sich von seiner Frau scheiden zu lassen, deshalb veranlaßte sie, daß er aus der Armee entlassen wurde. Da die Familie nun die Protektion der Wehrmacht verloren hatte, wurde sie nach Polen deportiert. Lippman, der nicht bereit war, seine Frau und seine beiden halbwüchsigen Töchter im Stich zu lassen, wurde in einem Transport mit Juden nach Zamość geschickt, wo er mit seiner Familie im Ghetto lebte und zum Kommandanten der jüdischen Polizei ernannt wurde.

Eine Zeitlang gelang es ihm, seine Familie am Leben zu halten, doch als Zamość schließlich »judenfrei« gemacht wurde, schwand sein Einfluß. Alle Versuche, seine Familie zu retten, schlugen fehl; sie wurde festgenommen. Seine jüdische Frau und seine Kinder kamen nach Sobibór oder Bełżec, und Lippman wurde, da er sich als Deutscher ausweisen konnte, auf freien Fuß gesetzt. Nachdem ihm klar geworden war, daß seine Familie nicht mehr lebte und es keinen Sinn hatte, weiter nach ihr zu suchen, fuhr er nach Deutschland zurück, wurde jedoch im Zug erneut verhaftet.

Auf den Rat des Rechtsanwalts hin bat Lippman um Papier und Stift, um direkt an den Gouverneur des besetzten Polen, Dr. Frank in Krakau, zu schreiben. Später listete er unter der

Anleitung des Rechtsanwalts seinen militärischen Rang sowie sämtliche Orden auf, die er im Dienst für das deutsche Vaterland verdient hatte, und bat die Gefängnisleitung, seine Dokumente für ihn aufzubewahren.

Der Brief ging durch die üblichen Instanzen. Ein paar Tage später hörten wir zu ungewohnter Stunde Schritte und deutsche Stimmen. Da das Gefängnis von Polen und Ukrainern geführt wurde, hörte man nur selten Deutsch, und wir bekamen Angst, vor allem, als die Schritte vor unserer Zellentür haltmachten.

Die Tür ging auf, und vor uns stand ein hochgewachsener Offizier mit dem SS-Totenkopfabzeichen an der Mütze. Bei ihm war ein weiterer Mann in Zivil, vermutlich ein Gestapo-Offizier.

»Herr Alwin Lippman, treten Sie vor.«

»Hier«, sagte der Häftling.

»Bitte ziehen Sie sich an und nehmen Sie ihre Sachen.«

Der Tonfall und der Gebrauch der Wörter »Herr« und »Bitte« waren eigentlich undenkbar bei der Anrede eines Häftlings. Während sich Lippman fertigmachte, schauten sich die Offiziere in der Zelle um und fragten den Wärter nach Einzelheiten. Als er ihnen mitteilte, daß wir, Arier wie Juden, schon seit Wochen hier inhaftiert seien und daß diese Zelle in den Zuständigkeitsbereich der Kripo falle, wurde der Gestapo-Offizier wütend.

Das Ergebnis dieses Besuchs ließ nicht lange auf sich warten. Eine außerordentliche Gestapo-Kommission traf ein. Der alte Ukrainer wurde entlassen. Nach kurzer Beratung beschlossen sie, daß es sich bei dem Tschechen Yelinek als auch bei dem kranken Mann um Juden handelte. Danach wurden alle Juden in das Gefängnisgebäude auf der anderen Seite des Hofes verlegt, dessen Insassen schon so oft in die Vernichtungslager deportiert worden waren. Jetzt waren wir an der Reihe. Offenbar hatte die Kripo uns einfach vergessen, oder aber sie hielten uns als Geiseln fest, um vom örtlichen Judenrat Geld zu erpressen.

In der Zelle, aus der ich kam, hatten geradezu paradiesische Zustände geherrscht im Vergleich zur nächsten, denn die war die reinste Hölle. Man hatte etwa 150 Menschen in der kleinen Zelle zusammengepfercht, und einige waren kurz davor, den Verstand zu verlieren. Es waren nur noch menschliche Wracks – sie mußten kriechen, weil sie sich nicht mehr auf den Beinen halten konnten. Andere lagen bewegungslos auf dem Boden, oder besser gesagt, auf der Erde, denn unter den Dreckschichten waren kaum noch die Holzlatten zu erkennen. Vor lauter Erschöpfung, Hunger und Schmerzen waren sie hingefallen. Der unerträgliche Gestank, der aus der »Toilette« (einem lecken Heringsfaß) drang, das Gebrabbel der halb Verrückten und die Toten, die dort lagen, wo sie zuletzt hingefallen waren, vervollständigten das Horrorszenario. Hier waren die Armen, die nicht in der Lage waren, den Sektionswärter Nowak zu bezahlen, um in eine bessere Zelle zu kommen.

Da ich es relativ sauber gewohnt war, fand ich den Dreck unerträglich. Ich beobachtete die anderen Häftlinge. Es waren nicht nur Juden hier. Am Fenster stand ein ukrainischer Bauer, der unablässig betete. Er gehörte zu den Christen, die entweder aus Überzeugung oder für Geld verfolgten Juden geholfen hatten, ehe ihnen dasselbe Schicksal widerfuhr.

Einmal am Tag brachte man uns etwas zu essen. Dazu öffnete Nowak die Tür, und ein Häftling teilte etwas Suppe aus. Wir hatten nur ein paar Tassen, also teilten wir uns in Gruppen mit je 15 Mann. Wenn einer ausgetrunken hatte, war der nächste dran. Da alle Angst hatten, Nowak würde »Genug!« rufen und das Essen wieder wegnehmen, beeilten sich alle, wobei oft etwas verschüttet wurde. Die Suppe war immer kalt, also verbrannte sich niemand, aber viele bekamen gar kein Essen ab und mußten hungern.

Jeder bekam Brot, aber nicht die Menge, die ihm zustand. Nowak warf einfach einen Sack voller Brotkanten zu uns herein und schloß die Zellentür. Der »Chef« der Zelle, ein Mann von kräftiger Statur, von dem es hieß, er sei jemand Wichtiges aus der Unterwelt gewesen, konnte zuschlagen. Mit seinen Fäusten und der Hilfe einiger Auserwählter sorgte er für Ordnung. Seine Kohorten hielten ihm die anderen vom Leib und ließen die Männer immer nur einzeln an den Chef heran, der dann seine Hand in den Sack tauchte und ein Stück Brot herausholte. Jeder wußte, daß das Brot in acht gleiche Stücke geschnitten war, und jeder wußte, wie so ein Stück auszusehen hatte. In Wirklichkeit aber bekam jeder Mann bloß einen Bruchteil der ihm zustehenden Portion, weil der »Chef« ein großes Stück von jeder Portion abbrach und im Sack behielt. Sich darüber aufzuregen war zwecklos. Außerdem wollte niemand das eine kleine Stück, das er ergattert hatte, auch noch aufs Spiel setzen. Ich hatte immer einen solchen Hunger. Ich konnte an nichts anderes denken als an Brot.

Mein Freund Zelinger

Zelinger, der sich um mich gekümmert hatte, war nicht mehr in derselben Zelle wie ich, und ich hatte keine Ahnung, wie es mit mir weitergehen sollte. Dank seiner Kontakte zum Wärter war er gleich von Anfang an in eine bessere Zelle gekommen, aber er vergaß weder mich noch meinen Freund Wolf. Am nächsten Abend ging die Tür auf, und der Wärter rief Wolf und mir zu: »Nehmt eure Jacken.« Wir kämen zu Zelinger, hieß es. Wolf stand neben der Tür und schlüpfte sofort hinaus. Da ich mich aber in der gegenüberliegenden Ecke befand, hatte ich keine Zeit, mich durch die Menschenmenge hindurchzudrängen. Der Wärter wartete nicht auf mich und ging wütend wieder davon. Endlich schaffte ich es bis zur Tür und fing an, verzweifelt mit Kopf und Händen dagegen zu trommeln und vor Enttäuschung laut zu schreien. Alles, was ich davon hatte, war ein Schlag mit dem Besenstiel vom Sektionswärter. Ich lag da und stöhnte vor Schmerz.

Es war schon spät nachts, als ein anderer Wärter mich holte, zum andere Ende des Flurs führte und mich in ein schwach beleuchtetes Zimmer schob. Erst konnte ich gar nichts sehen, doch nachdem sich meine Augen an die Dunkelheit gewöhnt hatten, erkannte ich Zelinger ganz in der Nähe. Er hatte die Wärter bestochen, damit sie uns in eine bessere Zelle verlegen. Dank ihm waren wir wieder zusammen. Zelinger hatte uns liebgewonnen und kümmerte sich um uns, vielleicht weil wir mit 15 und 13 die Jüngsten im Gefängnis waren.

Die neue Zelle war kleiner als die alte, aber sie hatte zwei große Fenster. Es waren zwar genauso viele Menschen wie in der alten, aber die Atmosphäre war ganz anders. Vor allem mußte niemand hungern, und die Zelle war relativ sauber. Hier saßen wohlhabendere, einflußreiche Juden. Ihre Familien halfen ihnen, und hin und wieder schaffte es sogar jemand, sich freizukaufen.

Im Hof arbeiteten christliche Häftlinge. Wenn wir Geld zwischen den Gitterstäben hinunterfallen ließen, konnten wir dafür einen Korb mit Lebensmitteln hochziehen. Die Wärter wurden bestochen, damit sie nichts verrieten.

Obwohl das Zimmer so klein war, wurde mehrmals am Tag der Boden gefegt, und um die Verbreitung von Läusen zu verhindern, führten wir alle 24 Stunden Entlausungsmaßnahmen durch. Das ging so: Eine Gruppe Häftlinge zog sich unter dem Fenster aus, weil dort mehr Licht war, und durchsuchte ihre Kleidung. Die Läuse, die sie fingen, wurden in das Faß für die Fäkalien geworfen. Dann kam die nächste Gruppe an die Reihe.

Abends rezitierten wir die Werke polnischer, jüdischer und russischer Dichter, erzählten einander lustige Anekdoten und gaben Hitler-Parodien zum besten. Unter uns waren Menschen, die alles taten, um die grausame Realität eine Weile zu vergessen, damit sie nicht vor lauter Kummer den Verstand verloren. Und so verging die Zeit.

Eines Tages passierte etwas sehr Merkwürdiges. Ein älterer jüdischer Zellengenosse bat mich, ihm seine Brotration zu holen, die er oben auf dem hohen Backsteinofen in unserer Zelle außer Reichweite geschoben hatte. Er hob mich hoch, und als ich das Brot hervorzog, fielen mir oben auf den Backsteinen einige merkwürdige Pappkartons auf. Erst mal sagte ich niemandem etwas davon. Dann aber ging ich zu Zelinger und erzählte ihm von meinem Fund. Jetzt hob mich Zelinger hoch, und ich nahm die Kartons herunter. Zu meiner großen Überraschung und Freude stellte ich fest, daß sich russische Zigaretten darin befanden, etwa hundert pro Karton, die höchstwahrscheinlich ein Häftling dort liegengelassen hatte während der Zeit, als Stryj noch unter sowjetischer Besatzung war. Ich kam mir vor, als hätte ich einen Goldschatz gefunden. Da ich selbst nicht rauchte, verkaufte ich einen Karton, verschenkte ein paar an Zelinger und tauschte die anderen gegen Brot.

Am schlimmsten war das Schlafen. Es gab einfach nicht genug Platz für uns alle. Also wechselten wir uns beim Schlafen ab, aber auch das war schwierig. Wir lagen da wie die Sardinen. Wenn sich einer umdrehte, wurden alle anderen automatisch wach.

Trotz unserer Bemühungen um Sauberkeit dauerte es nicht lange, bis eine Typhusepidemie in unserer Zelle ausbrach. Erst war es nur einer, der auf einmal wacklig auf den Beinen war, dann der nächste, bis schließlich eine ganze Reihe von Männern krank wurde. Der Ausbruch von Typhus wurde von einem Gefängnisarzt bestätigt. Wir hatten Angst, die Krankheit zu melden, denn wir kannten die Nazis. Es war klar, welche Medizin sie uns verschreiben würden. Daher standen auch die Kranken beim täglichen Appell stramm. Zusammengedrängt, wie wir waren, konnten wir einander stützen, und weil wir so dicht nebeneinander standen, schöpfte der Wärter keinen Verdacht.

In den Briefen, die wir nach draußen schmuggelten, teilten wir dem Judenrat mit, daß es einige Kranke unter uns gab, und baten ihn um Hilfe. Vermutlich wurden die Nazi-Funktionäre vom Judenrat bestochen, damit die Kranken ins jüdische Krankenhaus im Ghetto verlegt werden konnten.

Zelinger erhielt einen Brief von seiner Frau, in dem sie ihm sagte, er solle sich krank melden. Sie behauptete, sie wisse genau, daß die Kranken nicht erschossen, sondern ins Krankenhaus verlegt würden, und von dort aus käme man viel leichter wieder auf freien Fuß. Mit diesem Wissen riet er auch mir und Wolf, uns, wenn der Arzt auftauchte, krank zu melden, und versprach, uns nicht zu vergessen und sich im Krankenhaus um uns zu kümmern, sobald er frei sei.

Wenige Tage später tauchten ein Arzt und sein Assistent in Begleitung eines Gefängniswärters auf. Die Kranken wurden aufgefordert, sich zur Verlegung ins jüdische Krankenhaus zu melden. Allerdings waren alle so mißtrauisch, daß außer den

Bettlägrigen nur die wenigsten zu erkennen gaben, daß sie krank waren. Mein Gefühl sagte mir, daß ich die Chance nutzen sollte.

Sie teilten Thermometer aus. Ich nahm mir ein Thermometer und versteckte mich in einer Ecke. Ich rieb es an meinem Hemd, und das Quecksilber stieg auf 38 Grad. Da ich ein weiteres Grad hinzufügen wollte, rieb ich weiter. Die Säule schoß bis ans Ende des Röhrchens. Mit einer solchen Temperatur wäre ich glatt im Koma! Ich mußte das Quecksilber wieder zum Sinken bringen. Ich schlug ein paarmal ordentlich dagegen und kontrollierte erneut. Aber der silbrige Faden war überall auseinandergebrochen. Ich wurde panisch. Das hier war meine einzige Chance. Endlich gelang es mir, das Quecksilber in einem Stück auf etwa 39 Grad zu bringen. Ich reichte dem Arzt das Thermometer. Es war alles umsonst. Er sah mich an, beschloß, daß ich gesund sei, und schob mich zur Seite.

Da ich noch nicht aufgeben wollte, kniff ich mir in die Brust, um mir solche roten Punkte zu machen, wie sie mein Bruder gehabt hatte, als er an Typhus erkrankt war.

»Mir geht es nicht gut. Schauen Sie mich doch an«, sagte ich zu seinem Assistenten, während ich ihm unauffällig mein Zigarettengeld in die Hand schob, meine letzten 20 Złotys. Er steckte das Geld ein, drängte mich in den Korridor, und schon gehörte ich zu den Kranken.

Bei Wolf klappte es nicht. Ich sah ihn zum letzten Mal. Auch Zelinger wurde nicht durchgelassen. Der ukrainische Wärter stand dabei, während bei Zelinger Fieber gemessen wurde, und verhinderte, daß Zelinger zu der Gruppe der Kranken kam. Dagegen konnte auch der jüdische Arzt nichts ausrichten.

Rasch versammelten sich die Kranken im Flur. Der Arzt unterschrieb dem Wärter ein Entlassungspapier, und sie führten uns, nur in Begleitung der jüdischen Polizei, hinaus. Die Straßen waren mit Schnee und Eis bedeckt. Nachdem wir eine Weile durch die klirrende Kälte marschiert waren, kamen wir an den Stadtrand.

Ein paarmal dachte ich daran wegzulaufen, denn ich wußte ja, daß Zelinger im Gefängnis geblieben war und ich mich nicht länger auf seine Hilfe verlassen konnte. Kann sein, daß es sogar gutgegangen wäre, weil die jüdischen Polizisten vorne gingen und mit den Krankenschwestern herumschäkerten und für uns wenig Interesse zeigten, da sie wohl auch annahmen, uns allen ginge es ziemlich elend.

Ich nahm die Gruppe um mich herum in Augenschein. Wir waren zwanzig Leute. Ich betrachtete ihre Gesichter. Einige Männer hatten ganz glasige Augen vom Fieber; andere waren so deprimiert, daß ich meine Zweifel hatte, ob sie überhaupt in der Lage waren, eigenständig zu denken und zu handeln. Einer jedoch sah aus, als wäre er dazu willens und fähig. Er war ein hochgewachsener, dünner Junge, der einigermaßen gesund wirkte.

Er hieß Dawid. Ich knüpfte ein Gespräch an, wollte wissen, wie das Ghetto von Stryj und die Stadt aussahen. Er begriff, worauf ich hinauswollte, und gab zu, daß auch er gerade darüber nachdachte, ob er nicht fliehen solle, doch er überredete mich, damit noch zu warten. Wir einigten uns darauf, gemeinsam aus dem Krankenhaus zu fliehen; danach würde er mit seinem Vater im Ghetto Kontakt aufnehmen und uns Geld und falsche Papiere besorgen.

Die gestohlene Identität

Es war Januar 1943. Wir befanden uns jetzt in einem unbeheizten Krankenzimmer. Es gab keine Betten, nur Matratzen auf dem Boden. Obwohl es ein Krankenhaus für Zivilisten war, saßen Tag und Nacht jüdische Polizisten an der Tür und am Fenster unserer Station, die den Deutschen über jeden Geflohenen Rechenschaft ablegen mußten.

Mein Freund Dawid versuchte, mit seinem Vater in Verbindung zu treten, und wir warteten. Dawid war mit Typhus im Frühstadium ins Krankenhaus gekommen, doch jetzt wurde er auf einmal schwer krank. Ich hatte mich schon auf unsere Flucht eingestellt, aber mir war es wichtig, mit jemandem zusammen zu fliehen, der sich in der Gegend auskannte. Jetzt wollte ich so lange wie möglich im Krankenhaus bleiben, bis Dawid wieder gesund war.

Ich spielte weiterhin krank. Jedesmal, wenn mir die Schwester das Thermometer reichte, griff ich auf dieselbe Methode zurück wie im Gefängnis. Ich hoffte, daß ich während meiner Wartezeit wieder zu Kräften kommen würde, da mich das Hungern im Gefängnis ziemlich geschwächt hatte. Doch gleichzeitig hatte ich Angst, mich wirklich mit Typhus anzustecken. Statt also in einem infizierten Bett zu schlafen, legte ich mich auf vier in einer Reihe aufgestellte Stühle.

Da ich immer auf den Beinen war, baten mich die Schwestern, beim Rasieren und Waschen der anderen Patienten mitzuhelfen. Ich konnte ihnen nicht die Wahrheit sagen, und wenn ich mich andauernd vor der Arbeit drückte, würden sie vielleicht mißtrauisch werden. Das Schlimmste war, daß der junge Arzt mir nach einer nächtlichen Visite verbot, auf den Stühlen zu schlafen. Von da an mußte ich eine schmale Matratze mit einem todkranken Typhuspatienten teilen. Unter diesen Umständen war es kein Wunder, daß ich mich bald infizierte und hilflos mit hohem Fieber darniederlag.

Ungefähr eine Woche lang war ich krank. Ich sah schrecklich aus. Bis auf ein bißchen Haferbrei konnte ich nichts essen, und der war auch noch so ungenießbar, daß ihn nicht einmal die Genesenden runterkriegten. Ich konnte Wasser bekommen, aber nur wenn ich danach bettelte. Das Personal war ungelernt und arbeitete dort bloß in der Hoffnung, einer Deportation zu entgehen.

Eines Tages kam der Arzt auf einer seiner regulären Visiten an mein Bett und reichte mir einen Brief und ein Lebensmittelpaket von Zelinger! Aufgeregt las ich, daß er es schließlich geschafft hatte, mit einer anderen Gruppe aus dem Gefängnis zu kommen, und daß er in einem anderen Krankenhaus gelandet sei.

Vor lauter Rührung mußte ich weinen. Zelinger, den ich überhaupt nicht kannte, der selber schon genug Probleme hatte, sorgte sich um mein Wohlergehen und machte mir Mut. Von jenem Tag an bekam ich immer mal wieder kleine Lebensmittelpäckchen zugeschickt.

Eines Morgens schien mir der Arzt aus dem Weg zu gehen und lief hastig an den Betten vorbei. Er wollte gerade zur Tür hinaus. Ich ahnte nichts Gutes.

»Herr Doktor?« rief ich.

Er drehte sich um, schüttelte den Kopf und sagte in einem Atemzug, als ob er sich von einer schweren Last befreien würde: »Ich habe heute nichts für dich. Zelinger ist tot. Sie haben ihn heute morgen erschossen.«

Ich kann nicht behaupten, ich sei schockiert gewesen. Mich schockierte nichts mehr. Aber mir war, als hätte ich noch einen Vater verloren. Zelinger war so gut zu mir gewesen und hatte mir Lebensmut gegeben. Meine Trauer wurde bald von Angst und Verzweiflung überschattet, als ich erfuhr, auf welch schreckliche Weise er zu Tode gekommen war. Die Gestapo hatte alle Kranken in dem anderen Krankenhaus liquidiert. Ich war überzeugt, daß es uns nicht besser ergehen würde und wir jeden Moment von den Wachen abgeholt werden könnten.

Ein paar Tage später, am Nachmittag des 29. Januar 1943, kam der Arzt auf unsere Station. Nervös forderte er alle Kranken auf, sich in ein anderes Gebäude im selben Krankenhauskomplex zu begeben. Diejenigen, die kräftig genug waren, gingen zu Fuß; der Rest wurde von den Sanitätern getragen.

Zu der Zeit hatte ich hohes Fieber, stolperte und wankte, und noch immer weiß ich nicht, warum ich mich auf halbem Weg umdrehte und zurückging. Draußen fror ich erbärmlich; der Schnee schien meine bloßen Füße zu verbrennen. Ich konnte kaum gehen. Eine innere Stimme sagte mir immer wieder, ich solle kehrtmachen. Irgend eine unbekannte Macht warnte mich. Ich nutzte das Durcheinander ringsum, riß mich von der Gruppe los und machte mich, geschwächt, wie ich war, auf den Weg zurück in unser Krankenzimmer. Ich hatte mich ganz auf meinen Instinkt verlassen, der sich in jenen Jahren noch oft zurückmelden sollte.

Als ich zurückkam, war das Zimmer leer. Im Nebenzimmer stöhnten ein paar Patienten, die nicht aus dem Gefängnis, sondern aus dem Ghetto waren. Ich versteckte mich unter einem Bett. Kaum war ich dort, sah auch schon ein jüdischer Polizist ins Zimmer. Ich verließ mich auf das Zeichen eines anderen Juden, kroch heraus und fragte, was los sei. Er wirkte erschrocken. Er wußte, daß ich zur Gefängnisstation gehörte, da er schon oft die Tür bewacht hatte. Nachdem er sich davon überzeugt hatte, daß mich niemand suchte, befahl er mir, mich wieder unter dem Bett zu verstecken, und sagte, er würde mir Bescheid sagen, wenn die Luft rein war.

Wenige Minuten später hörte ich Schüsse und Schreie. Dann war alles ruhig. Erst dann wurde mir klar, daß die Verlegung eine Exekution war (wahrscheinlich wagten sich die Deutschen nicht in das typhusinfizierte Zimmer und hatten die Patienten deshalb in das andere Gebäude geschickt, um sie dort zu töten). Ich wartete ungefähr eine Stunde, aber der Wärter kam nicht zurück, wie er es mir versprochen hatte. Ich beschloß zu fliehen.

Ich hob die Matratze hoch und zog meine Kleider heraus. Statt sie ordnungsgemäß zum Desinfizieren abzugeben, hatte ich sie hier versteckt, da ich ja die ganze Zeit vorgehabt hatte zu fliehen. Ich schaffte es, mich anzuziehen, und stand langsam auf. Da merkte ich, wie schwach ich in Wirklichkeit war. Solange ich mich an einer Stuhllehne festhielt, konnte ich aufrecht stehen. Sobald ich aber losließ, knickten meine Beine unter mir zusammen, als ob sie aus Gummi wären. Wie weit würde ich in diesem Zustand wohl kommen? Ich schlüpfte wieder unter das Bett.

Spätabends hörte ich, wie die Tür aufging. Es war der Arzt. Ich kroch heraus, um ihn zu begrüßen. Sprachlos sah er mich an. Dann umarmte er mich weinend und drückte mich an sich. »Toivi, Toivi ...«, sagte er immer wieder. »Wie kommt's, daß du am Leben bist? Ich versteh' das nicht ... sie haben sie durchgezählt, bevor sie geschossen haben. Es mußten zwanzig sein, und es waren auch zwanzig. Wie kann das sein?«

Ein kurzer Blick auf die Namensliste aber bestätigte das, was der Arzt bereits geahnt hatte; einer der Patienten aus dem Ghetto fehlte.

Dies war ein jüdisches Krankenhaus in Stryj. Mit jeder Deportation war das Ghetto geschrumpft, so daß das jüdische Krankenhaus irgendwann außerhalb des Ghettos und im sogenannten arischen Teil der Stadt lag. Nichtsdestotrotz wurden jüdische Kranke noch immer dorthin geschickt.

Das Zimmer, das den Häftlingen zugeteilt worden war, befand sich in der Nähe des Eingangs und führte in die Zimmer der »freien« Ghettopatienten. Rund um die Uhr waren Wachleute an allen Türen und Fenstern postiert. Bekanntermaßen geschieht es häufig, daß Typhuspatienten in kritischem Zustand anfangen, wirres Zeug zu reden, aus dem Bett steigen und herumirren. Und genau so war es.

Ein Ghettopatient namens Lederman sprang in seinem Delirium aus dem Bett und versuchte ein paarmal, durch unser Zimmer zu laufen. Immer war ein Wachmann an der Tür, der ihn oder andere zurückschickte. Diesmal jedoch hatte niemand Lederman in dem ganzen Durcheinander zurückgehalten. Und so war er hinter den anderen her und an meiner Stelle in den Tod gegangen.

Der Arzt war ein guter Mensch, aber er hatte Angst, daß die Sache mit dem »Tausch« bekannt werden könnte und jemand die Gestapo benachrichtigen würde. Zur Zeit der Erschießung war ein Großteil des Personals panisch davongelaufen. Da wir also ungestört waren, legte er mich in Ledermans Bett und schärfte mir ein, daß ich von nun an nicht mehr Blatt, sondern Lederman hieße, und von diesem Geheimnis hing unser Leben ab.

Innerhalb von wenigen Monaten nahm ich zwei verschiedene Identitäten an – als Waldemar Ptaszek, der eines natürlichen Todes gestorben, und als Lederman, der von den Nazis exekutiert worden war. Mit meiner zweiten gestohlenen Identität wurde mir der Rang eines Ghettopatienten zuerkannt, und somit war ich kein Häftling mehr.

Ich lebte ständig in Angst, auch ohne Häftling zu sein. Nur der Arzt und der Wachmann, der mich als erster unter dem Bett gesehen hatte, wußten, daß ich am Leben war. Beide waren zwar Juden, aber während der Arzt ein guter und aufrichtiger Mensch war, entpuppte sich der Wachmann als skrupellos.

Als er wenige Tage später feststellte, daß ich plötzlich Lederman hieß, fing er an, mich zu erpressen. Er bestand darauf, daß ich ihm mein Leben verdanke und er dafür eine Belohnung verdiene. Ich erklärte ihm, daß ich kein Geld hätte, aber davon wollte er nichts wissen.

Solange ich bei Bewußtsein war, hatte ich Angst, doch als

der Typhus richtig ausbrach, war mir alles gleich. Ich lag mit hohem Fieber und fast besinnungslos im Bett. Und in meinem Delirium machte ich prompt genau den Fehler, der vorauszusehen gewesen war.

Dem Bericht des Arztes zufolge war ich ein richtiger Quälgeist. Andauernd beschwerte ich mich über das schmutzige Bettzeug und verlangte frische Bettwäsche. Infolgedessen lag ich in unterschiedlichen Betten. Jedesmal beim Temperaturmessen fragte mich die Schwester nach meinem Namen. Wenn ich gerade bei Bewußtsein war, nannte ich meinen falschen. Ansonsten gab ich offenbar meinen richtigen Namen an. Daraufhin entstand ein ziemliches Durcheinander. Irgend etwas stimmte mit mir nicht, soviel stand fest. Mein Arzt wurde darüber in Kenntnis gesetzt, und der wiederum beichtete die Sache den Schwestern und bat sie um Verschwiegenheit.

Als mein Delirium vorüber war, hatte ich wieder Appetit und unglaublichen Durst. Ich konnte kaum mitansehen, wie Besucher meinen Bettnachbarn Kompott, Limonade, Äpfel oder frisches Obst brachten. Ich kannte niemanden in der Gegend und hatte das Gefühl, wenn ich mir nicht selbst half, würde es niemand tun. Ich mußte am Leben bleiben.

Ich fing an zu klauen. Nach Einbruch der Dunkelheit schlief die diensthabende Stationsschwester ein oder verließ ihren Posten, um nach Hause zu gehen. Dann kroch ich aus meinem schmutzigen Bettzeug und robbte mich auf Ellenbogen und angestrengt keuchend am Boden entlang zu den Nachtschränkchen meiner Leidensgenossen, die ihrerseits im Fieberwahn lagen. Vorsichtig, Zentimeter für Zentimeter, öffnete ich leise die Schubladen der Nachtschränkchen. Während meine Hand nach Eßbarem tastete, behielt ich ununterbrochen das Gesicht des Kranken im Auge. Rührte er sich auch nur im geringsten, hielt ich inne, um wegzukriechen. Ich bediente mich an allem, was ich finden konnte, bis Hunger und Durst gestillt waren. Auf diese Weise schaffte ich es, allmählich wieder auf die Beine zu kommen.

Es dauerte nicht lange, bis eine neue Gruppe von Häftlingen ins Krankenhaus gebracht wurden. Wieder hieß es, daß alle Juden erschossen werden sollten. Was für ein sonderbarer Todestanz, dachte ich.

Ich mußte verschwinden. Aber ich war noch immer sehr schwach, und dieser Unmensch von einem jüdischen Wärter drohte ständig, mein Lederman-Geheimnis preiszugeben. Er machte mir unmißverständlich klar, daß mit ihm nicht zu spaßen sei und ich unter keinen Umständen das Krankenhaus verlassen dürfe, ehe ich mich bei ihm dafür erkenntlich zeigte, daß er »mein Leben gerettet« hatte. Daher also blieb ich und überlegte, wie ich aus diesem Schlamassel wieder herauskommen sollte.

Dann wurde ich im Februar einfach entlassen. Ich war in der Zwickmühle. Wegen der Androhungen des Wärters hatte ich Angst, zu gehen, aber bleiben durfte ich ja nicht. Als entlassener Patient hatte ich keinen Anspruch mehr auf eine tägliche Lebensmittelration und ein Bett. Den größten Teil des Tages brachte ich damit zu, in den Korridoren auf und ab zu gehen. Nachts schlief ich im Waschraum. Ich ernährte mich von den Resten der Patienten.

Der Wärter verstand, in was für einer Lage ich war, aber er hatte kein Mitleid. Er muß wohl gedacht haben, daß ich irgendwo ein bißchen Geld versteckt hätte. Ich war noch immer sehr wacklig auf den Beinen und dachte, es wäre gewiß nicht verkehrt, noch ein paar Tage länger im Krankenhaus zu bleiben, dennoch wollte ich nichts so sehr, als meinen Verfolger und den Alptraum der drohenden Exekution hinter mir lassen. Es war eine schreckliche Situation.

Eines Tages war der Wärter nicht da. Endlich konnte ich fliehen! Ich nahm einen Beutel Lebensmittel und trat über die Schwelle. Es war ein eisiger Wintertag. Mein Mantel war mir abgenommen worden, ich trug nur eine dünne Jacke. Es war klirrend kalt. Wo sollte ich hin? Was sollte ich tun? Ich machte mich auf in Richtung Ghetto. Bald aber hörte ich Schritte hinter mir. Ein jüdischer Polizist, den ich noch nie zuvor gesehen hatte, sprang auf mich zu, versetzte mir ein paar Tritte und drosch auf mich ein.

»Du Dreckskerl! Wolltest du etwa abhauen? Dir mach' ich Beine! Ich weiß ganz genau, daß du in die Häftlingsstation gehörst!« brüllte er und jagte mich zurück ins Krankenhaus.

Jetzt begriff ich, daß mein ewiger Peiniger an seinem freien Tag sein Opfer einem befreundeten Wärter überantwortet hatte, der mich zu meinem Entsetzen pflichtschuldig auf der komplett belegten Häftlingsstation ablieferte. Das war's jetzt aber endgültig, dachte ich. War ich denn so viele Male um ein Haar entkommen, nur um wieder hier zu landen? Fast wieder gesund, nur um erschossen zu werden? Das war nun wirklich Pech.

Aber wieder hatte ich Glück. Es dauerte nicht lange, bis der Arzt auf mich aufmerksam wurde. Er wußte, daß ich entlassen worden war, aber selbst wenn es anders gewesen wäre, war ihm klar, daß ich nicht mehr zu der Gruppe von Häftlingen gehörte. Zufällig war an diesem Tag Herr Sztark, der stellvertretende Kommandant der jüdischen Miliz im Stryjer Ghetto, zu Besuch, und der Arzt (ich nehme an, die beiden waren befreundet) erzählte ihm von meinem Fall. Ich wurde ins Büro des Arztes zitiert.

Anfangs hatte ich mir vorgenommen, nicht die Wahrheit zu sagen, da ich den Arzt nicht in eine unangenehme Lage bringen wollte. Aber der Arzt ermutigte mich dazu, ganz offen zu sein. Also gestand ich, daß ich nicht Lederman, sondern Blatt hieße, und erklärte, wie es zu all dem gekommen sei. Ich erzählte ihm von dem Wärter, der mich geschlagen hatte, und von dem anderen, der mich zu erpressen versucht hatte. Nach kurzer Beratung teilten sie mir mit, daß ich nichts zu fürchten hätte und das Krankenhaus sicher verlassen könne. Herr Sztark versicherte mir, er werde sich um seine beiden Untergebenen schon kümmern.

Da ich jetzt offiziell frei war, bat ich um die Erlaubnis, noch ein paar Tage länger in der Zivilistenabteilung des Krankenhauses zu bleiben. Außerdem fragte ich, ob ich meinen Mantel, den ein Krankenhausangestellter in der Annahme, ich sei tot, an sich genommen hatte, zurückbekommen könnte. Der Arzt war einverstanden.

Im Krankenhaus traf ich zufällig die beiden Mädchen aus Izbica, die in der Zelle nebenan gewesen waren, und sie erzählten mir, was sie erlebt hatten.

Dieselben Gestapo-Offiziere, die an unsere Gefängniszelle

gekommen waren, um Lippman freizulassen, hatten kurze Zeit später die Frauenzelle inspiziert. Für 500 Złotys pro Person des Judenrats wollten sie die Mädchen ins Ghetto entlassen. Sie wohnten zusammen in einem kleinen Zimmer und arbeiteten in der Gemeinschaftsküche des Ghettos. Jetzt besuchten sie gerade Freunde im Krankenhaus.

Von nun an brachten mir die Mädchen jeden Tag etwas zu essen. Sie schickten auch meinen Eltern einen Brief, um ihnen mitzuteilen, daß ich am Leben sei. Wie man hörte, lebten noch immer Juden in Izbica, auch meine Familie. Ich wartete auf Antwort. Die Tage vergingen.

Eine Woche darauf kam die Gestapo und exekutierte die letzten kranken Häftlinge. Jetzt hielt mich nichts mehr. Am Morgen machte ich mich erneut ins Stryjer Ghetto auf.

Das Stryjer Ghetto

Es war Frühjahr 1943. Das Ghetto glich einem Ameisenhaufen. Hier waren Überlebende des berüchtigten Pogroms und der Liquidation im Ghetto von Stansławów am 23. Februar 1943, dazu Überlebende der Razzien in Borysław und Buczacz, bei denen die ukrainischen Nationalisten noch brutaler vorgegangen waren als die Gestapo. Hierhin hatte man auch Juden aus Chodorów, Mikołajów and anderen nahe gelegenen Städten gebracht. Seltsamerweise gab es noch immer ein paar jüdische Kaffeehäuser und Restaurants, wo die Wohlhabenden ihre Zeit verbrachten. Es gab anscheinend noch immer Leute, die selbst in diesen schweren Zeiten im Überfluß lebten und gut essen und trinken konnten, während alle anderen hungerten. Ich machte mich auf die Suche nach Zelingers Vater, dessen Anschrift ich vom Judenrat bekommen hatte. Nachdem ich eine Weile durch die verwinkelten Gassen geirrt war, fand ich endlich das Haus. Die steile Treppe war glatt und lag zum Teil unter Schneewehen begraben. Ich hielt mich am wackligen Geländer fest, schaffte es zur Haustür und klopfte an. Zelingers Vater stand da und war einen Augenblick ratlos. Wer war dieser Fremde, der da vor ihm stand? Meine Krankheit hatte ihre Spuren hinterlassen.

»Komm doch bitte rein«, sagte er. Ich folgte ihm durch eine winzige Küche bis in ein zweites kleines Zimmer, in dem nur ein Bett und ein Tisch standen.

»Herr Zelinger, ich bin so froh, Sie zu sehen. Ihr Sohn hat mir immer geholfen«, sagte ich.

Da erkannte er mich und umarmte mich. »Bitte, Toivi, setz dich doch. Wo wohnst du? Du könntest hierbleiben. Unser Sohn ist ja nicht mehr bei uns ...« Er sah aus wie mein Großvater – klein, mit einem weißen Bart und freundlichen Augen.

»Ja, bleib doch«, ermutigte mich auch seine Frau. »Bitte.«

Ich nahm das Angebot an. Sie gaben mir ein Bett in einem leeren Zimmer. Ihr einziges, großes Kissen diente mir als Bettdecke. Da es keinen Brennstoff gab, wurde es nachts sehr kalt, so daß ich entweder am Oberkörper oder an den Beinen fror, je nachdem, wo mich das Kissen gerade nicht bedeckte. Nur mit angezogenen Knien konnte ich mich die Nacht über warm halten.

Die beiden waren unglaublich gut zu mir, aber ich hatte ein schlechtes Gewissen, daß sie so viel für mich taten. Jeden Tag, noch bevor ich Zeit hatte, mich anzuziehen, rückte die alte Frau einen Stuhl an mein Bett und stellte mir Tee, Brot und Marmelade hin. Ich bat sie inständig, das nicht zu tun, aber sie bestand darauf. Sie hatte kürzlich zwei Kinder verloren, und um sich zu trösten, behandelte sie mich wie einen Sohn. Aber ich konnte ihnen schließlich nicht ewig zur Last fallen; ich spürte, daß sie schon genug andere Sorgen hatten. Also zog ich bald darauf mit einem jungen tschechischen Juden zusammen in eines der vielen leerstehenden Häuser des Ghettos. Da ich von meinen Eltern noch keine Nachricht hatte, schrieb ich ihnen noch einmal und bat sie, mir Geld zu schicken, damit ich nach Hause kommen konnte.

Am 28. Februar 1943 überlebte ich eine Razzia in Stryj. Zufällig befand ich mich gerade bei einem Uhrmacher, als es auf der Straße auf einmal sehr unruhig wurde. »AKCJA!« Ich stand da, verwirrt, hilflos, ein Fremder in dieser Gegend und daher leichte Beute. Aber ehe ich mich versah, schloß der Uhrmacher seine Ladentür, verhängte das Schaufenster und drehte im vorderen Bereich des Ladens an einem kleinen Nagel. Sogleich schob sich eine große Uhr, die als Reklame diente, zur Seite und legte einen versteckten Eingang frei. Ich stieg die Treppe hinunter in einen großen Keller, wo schon einige Juden versteckt waren. Offenbar gab es zwei Eingänge. Wir warteten schweigend und nervös.

Auf einmal hämmerte jemand gegen die Ladentür. »Jankel, hörst du mich? Laß mich rein, Jankel.«

Niemand wagte es, hinauszugehen und die Ladentür aufzumachen. Es war zu spät. Kurz danach war das Klopfen vorbei. Jemand, der es nicht rechtzeitig in ein Versteck schaffte, war eine der größten Gefahren während einer Akcja. Da das Versteck von außen getarnt und der Eingang versperrt war, konnte niemand hinein, ohne das Leben der anderen aufs Spiel zu setzen. Aber ein Mann, der gejagt wurde, der flüchtete und Angst hatte, war vor Wut und Verzweiflung nicht in der Lage, logisch zu denken. Es war kaum auszuhalten. Würde er uns verraten, weil wir ihn nicht hereinließen? So etwas kam immer wieder vor. Diesmal hatten wir Glück; er verriet uns nicht.

Die Akcja war vorbei. Jetzt gab es über zweitausend Juden weniger im Ghetto. Sie wurden in die Krematorien von Sobibór gebracht.

Überall in den Straßen sah man die Folgen der Tragödie. Herrenlose Gegenstände lagen am Straßenrand. Gänsefedern aus Kissen und Bettbezügen, die von den Nazis bei ihrer Suche nach versteckten Schätzen aufgeschlitzt worden waren, schwebten wie Schnee über den Bürgersteigen. Ich beschloß, aus dem Ghetto zu fliehen. Verzweifelt schrieb ich wieder einen Brief nach Hause und bat meine Eltern um Hilfe.

Ende März lief mir zufällig Alwin Lippman, mein deutscher Zellengenosse, über den Weg. Er zog mich in ein Kaffeehaus in einer schmalen Gasse des Ghettos und erzählte mir, was ihm widerfahren war.

Nach seiner Entlassung aus dem Gefängnis war er ins Gestapo-Hauptquartier gebracht worden, wo man ihn höflich empfing. Er erzählte seine Geschichte und wurde daraufhin gebeten, noch einmal alles aufzuschreiben. Er übernachtete in einem Büro der Gestapo, und am zweiten Tag, nach einem weiteren Verhör, erhielt er eine kleine Geldsumme und eine Wohnung. Er solle sich in einer Woche wieder melden, hieß es. Als er das tat, boten sie ihm in Stryj eine Stelle an. Und so wurde er zum Direktor des städtischen Gaswerks ernannt. Aber er hatte noch immer Angst vor der Gestapo. Manchmal wagte er sich heimlich ins Stryjer Ghetto. Er halte es nicht aus, ständig unter den Schlächtern zu leben, sagte er. Vielleicht hoffte er, daß seine Frau und seine Töchter doch noch am Leben seien und daß er sie vielleicht hier irgendwo finden würde.

Wenige Tage später traf mich mein früherer Peiniger, der jüdische Wachmann aus dem Krankenhaus, auf der Straße. Wieder versuchte er, mich zu erpressen. Ich sagte ihm, daß ich kein Geld hätte und in der Gemeinschaftsküche und bei Freunden und Bekannten essen würde. Ich zeigte ihm, wo ich wohnte, und endlich ließ er mich in Ruhe.

Ich hatte noch immer nichts von meinen Eltern gehört. Also sprach ich ein Mitglied des Judenrats an und bat ihn um Hilfe. Da er nicht wissen sollte, daß ich Geld für eine Fahrkarte brauchte, um aus dem Ghetto zu fliehen, erzählte ich ihm, daß ich vor kurzem aus dem Krankenhaus entlassen worden sei und Hunger hätte. Ich bat um ein kleines Darlehen. Das war schon ziemlich naiv von mir, aber schaden konnte es schließlich nicht. Der Beamte beäugte mich einen Augenblick lang argwöhnisch, verschwand dann im Nebenzimmer und kam mit einem Zettel in der Hand zurück. Es war eine Anweisung für das Krankenhaus, mich drei Wochen lang zu verpflegen. Wortlos nahm ich das Blatt Papier. Nur selten, wenn ich sehr, sehr hungrig war, machte ich davon Gebrauch. Eines der Mädchen aus Izbica, das jetzt mit einem höheren Beamten der jüdischen Miliz zusammen wohnte, lud mich oft zum Essen zu sich nach Hause ein. Meistens aber streunte ich durch die Straßen des Ghettos und überlegte, wie ich hier herauskäme.

Wenn man nicht so genau hinsah, wirkte das Ghetto fast »normal«. Überraschenderweise sah ich zu dieser Zeit niemanden, der am Verhungern war; die Gemeinschaftsküche funktionierte gut. Dennoch war die Situation dort natürlich nicht normal. Das Ghetto war ein riesiges Gefängnis: von Zeit zu Zeit kamen Tausende herein, dann wurden wieder Tausende in die Vernichtungslager gebracht, wie in einer makabren Version des Spiels »Reise nach Jerusalem«. Wer bei einer Akcja geschnappt wurde, war »raus«. Ich fragte mich, wie lange ich noch Glück haben würde.

Während dieser schrecklichen Zeit ließ mich mein Gefühl kein einziges Mal im Stich. Ich war immer ein Langschläfer gewesen und haßte es, früh aufzustehen, aber eines Morgens sprang ich aus irgendeinem Grund sehr früh morgens aus dem Bett und lief zum Krankenhaus.

Im Verlauf der vielen Deportationen war das Stryjer Ghetto ziemlich geschrumpft, und nun lag das jüdische Krankenhaus, das noch immer existierte, noch weiter vom Ghetto entfernt als vor einigen Wochen. Die einzige Möglichkeit, ins Krankenhaus zu kommen, war in Begleitung der jüdischen Miliz. Sie hatten von den Deutschen die Genehmigung, kranke Juden in Gruppen dorthin zu begleiten. Ich wollte aber nicht darauf warten, bis sich eine Gruppe zusammengefunden hatte. Ich beschloß, das Risiko einzugehen und auf eigene Faust loszuziehen.

Das Ghetto war zwar mit Stacheldraht umzäunt, wurde aber von den Deutschen und Ukrainern nicht sonderlich streng bewacht. Ich schlüpfte durch eine Öffnung im Zaun und ging dann zügig weiter, um noch rechtzeitig zum Frühstück zu kommen. Nach einem Fußmarsch von einer halben Stunde war ich dort. Ich zeigte meinen Rekonvaleszentenausweis, frühstückte und streunte dann ziellos durch das Gebäude. Ich wußte nicht, was oder wen ich suchte, oder warum. Plötzlich erinnerte ich mich an einen Mann aus der Nähe von Izbica, den ich im Krankenhaus gesehen hatte. Ich beschloß, ihn zu suchen. Da ich ihn aber nirgends fand, ging ich ins Büro, um nachzufragen.

»Was hat er denn?« fragte der Mitarbeiter.

»Tuberkulose«, gab ich zurück. »Und er kommt aus Izbica.«

»Er ist kein Patient mehr bei uns. Er ist gestorben.«

Ich drehte mich um und ging, und gleich darauf kam derselbe Mitarbeiter im Gang hinter mir hergelaufen und rief: »He, kommst du auch aus Izbica?«

»Ja.«

»Kennst du irgendeinen Blatt?«

»Ich heiße Blatt.«

»Dann komm noch mal mit ins Sekretariat. Da hat jemand nach dir gefragt.«

Ich betrat das Zimmer, und dort saß eine Frau mittleren Alters. Ich hatte sie schon vorher gesehen, als ich mich nach dem Mann erkundigt hatte, doch sie war mir nicht weiter bekannt vorgekommen.

»Ich bin Toivi Blatt«, sagte ich. »Suchen Sie mich?«

Sie fragte mich nach meinem Ausweis. Ich hatte keinen, nur das Entlassungspapier des Krankenhauses und die Verpflegungsanweisung, und beide waren auf den Namen Lederman ausgestellt.

Ich erklärte, daß ich Izbica mit gefälschten Papieren verlassen hätte. Die Frau stellte mir jede Menge Fragen. War ich wirklich der Sohn von Leon Blatt? Kannte ich Izbica? Wie sieht es dort aus? Ich mußte ihr beschreiben, wie meine Freunde und Eltern aussahen. Anscheinend bestand ich den Test, denn schließlich verriet sie, daß sie Ola, meine Amme, sei. Mein Vater hatte sie nach Stryj geschickt.

Weil ich in meinen Briefen ständig nach Geld gefragt und als Absender erst die Anschrift des Krankenhauses, später dann die von Zelinger angegeben hatte, waren meine Eltern sicher gewesen, daß irgend jemand versuchte, Geld von ihnen zu erschwindeln. Nur mein kleiner Bruder glaubte nicht an diese Theorie. Um ihr Gewissen zu beruhigen, schrieben sie an den Krankenhausdirektor, um nachzufragen, ob ich jetzt dort sei oder zu einem früheren Zeitpunkt dort gewesen sei. Das Krankenhaus überprüfte die Akten und teilte meinen Eltern mit, daß ich dort verstorben sei.

Das war für sie die Bestätigung, daß ich nicht mehr am Leben war. Als eines Tages aber wieder ein Brief von mir eintraf, wunderten sie sich. Obwohl sie es nicht wirklich für möglich hielten, daß ich lebte, schickten sie eine zuverlässige Christin los, persönlich im Ghetto und im Krankenhaus nachzusehen, und diese Frau war Ola, meine Amme.

Sie gab mir ein bißchen Geld und den Schatz meines Bruders, eine kleine Armbanduhr, die ich früher nicht einmal hatte berühren dürfen. Er hatte offenbar keine Sekunde daran gezweifelt, daß ich noch am Leben war. Ich gab Ola meine Adresse, dann fuhr sie wieder.

Das Geld reichte nicht, um gefälschte arische Papiere zu kaufen, und am nächsten Tag nahm mir mein alter Peiniger, der jüdische Polizist, der mich wieder einmal erwischte, die Armbanduhr ab. Als er meine neue Uhr bemerkte, nahm er sie wortlos von meinem Handgelenk.

Einer von ihnen

Es verging eine Woche, und eines Abends nach der Ausgangssperre klopfte es überraschend an der Tür. Mein tschechischer Freund machte auf, und Herr Krauze, der Volksdeutsche aus Izbica, der vor einem Jahr unser Versteck entdeckt und uns nicht verraten hatte, spazierte herein.

»Hallo, Toivi, ich bin hier, um dich mitzunehmen«, sagte er geradeheraus.

Als er meine Verwirrung sah, bat er meinen Freund, uns kurz allein zu lassen, dann erklärte er alles Weitere. Mein Vater hatte ihn angesprochen, ihm das Problem auseinandergesetzt und ihn gebeten, seinen Sohn sicher nach Izbica zurückzubringen. Nachdem er beim Landrat eine Sondergenehmigung besorgt hatte, damit ich mit dem Zug reisen durfte, war er nun gekommen, um mich abzuholen. Mit Sicherheit hatte er dafür meinem Vater eine fette Summe abgeknöpft.

Ohne von der ukrainischen Wache behelligt zu werden, ließen wir eine halbe Stunde später das vertraute Ghettotor hinter uns und begaben uns zum Bahnhof. Wie immer drängten sich dort die Schmuggler. Krauze ließ mich in einer dunklen Ecke stehen, während er die Fahrkarten holte. Kurz darauf war er wieder da.

»Hör zu, Toivi. Der Zug, der in drei Stunden abfährt, ist ein planmäßiger Zug. Er hält an jeder Station. Damit bräuchten wir die ganze Nacht bis nach Izbica. Auf dieser Strecke fahren eine Menge Schmuggler und Schwarzmarktspekulanten, die dich erkennen könnten. Und wer weiß, ob dir die Durchreisegenehmigung dann noch etwas nützt. Wenn irgendwas schiefgeht, kann ich dir vielleicht nicht helfen.« Er hielt inne und musterte mich eingehend. »Aber es gibt da noch eine andere Möglichkeit, die zwar gefährlich klingt, aber letzten Endes wahrscheinlich weniger riskant ist. Nimm deinen Stern ab und laß uns den Zug nehmen, der für die Deutschen reserviert ist. Der Zug fährt in zwanzig Minuten ab. Das ist ein Schnellzug, und in ein paar Stunden bist du zu Hause!«

Die Idee war wirklich gewagt, aber auf keinen Fall schlecht. Und wenn er dazu bereit war, warum nicht? Er fand nicht, daß ich jüdisch aussah, und wenn ich mit einem echten Volksdeutschen mit Hakenkreuz unterwegs war, würde kein Mensch irgend etwas vermuten. Für Krauze bestand so gut wie keine Gefahr: er war Deutscher, und wenn ich als kleiner Junge mit ihm reiste, brauchte ich keine Papiere. So schien es tatsächlich am sichersten.

Als wir in den Zug stiegen, flüsterte er mir zu: »Und denk dran, wenn's Ärger gibt, hab' ich nichts mit dir zu tun.«

Es war Frühjahr 1943. Die Ostfront fing schon an zu bröckeln, und die Abteile waren voll mit verwundeten deutschen Offizieren im Heimaturlaub. Krauze stellte mich klugerweise als Rekonvaleszenten vor; das erklärte meine Blässe, meine Magerkeit, meine schlechte Verfassung. Nun, welchem anständigen deutschen Offizier wäre es nicht eine Ehre, einen wackeren deutschen Knaben neben sich Platz nehmen zu lassen, der nach langem Krankenhausaufenthalt auf dem Nachhauseweg war?

Ich bekam einen Sitzplatz zwischen einem großen Deutschen in der grünen Uniform der Militärpolizei und einer älteren deutschen Frau, die ebenfalls uniformiert war. Mir gegenüber saßen ein Offizier der Wehrmacht und zwei weitere Offiziere, die ich an ihren Abzeichen als SS-Männer erkannte.

Als ich vor Monaten in einem Zug voller Polen und Ukrainer reiste, hatte ich Angst, aber seltsamerweise war ich jetzt, inmitten dieser Deutschen, dieser waschechten Nazis, ganz unbesorgt. Ich war »einer von ihnen« und fühlte mich sicher.

Aus Erfahrung wußte ich, daß die wenigsten Deutschen in der Lage waren, einen Juden in einer Menschenmenge zu erkennen. Auch Krauze machte einen entspannteren und ruhigeren Eindruck als im Ghetto und auf dem Weg zum Bahnhof.

Wie die meisten polnischen Juden verstand ich Deutsch. Die Offiziere unterhielten sich größtenteils über ihre Familien in Deutschland, und obwohl sie die Angriffe der Alliierten auf deutsche Städte nicht erwähnten, sorgten sie sich um ihre Kinder und hofften, daß sie in Sicherheit waren. Offenbar war die Frau zwischendurch öfter nach Deutschland gefahren, denn sie mußte viele Fragen beantworten. Doch aus irgendwelchen Gründen gab auch sie nur ausweichende Antworten und lenkte das Gespräch statt dessen auf Hitlers siegreichen Tunesienfeldzug. Interessant, dachte ich. Sie kamen von der Ostfront und erwähnten sie mit keinem Wort, außer einmal, als es um Goebbels' Rede im Sportpalast ging und um »die Auseinandersetzung zwischen den Westmächten und den Sowjets«, was sich anhörte, als ob die Alliierten kurz davor seien, ihr Bündnis aufzulösen. Einer der Offiziere schien aus Essen zu stammen, denn er bestürmte die Frau mit Fragen über die Stadt. Irgendwann schnitt sie ihm das Wort ab und sagte: »Warten Sie's ab.« Und dann schwiegen alle.

Etwa auf halber Strecke nach Izbica rüttelte mich die Frau aus dem Schlaf und bot mir Tee an. Alle boten sich gegenseitig etwas zu essen an. Der SS-Mann, der mir gegenübersaß, öffnete seinen Rucksack, goß sich ein Gläschen Wodka ein und bot mir zum Spaß ebenfalls ein Gläschen an. Später strich er mir über den Kopf und sagte, er hätte da etwas viel Besseres für mich. Er wühlte in seinem Gepäck und zog eine Tafel Schokolade hervor. Ich hatte seit Jahren keine Schokolade mehr gesehen. Ich wußte überhaupt nicht mehr, wie sie schmeckte. Ich hätte abgelehnt, aber schließlich hatte ich eine Rolle zu spielen.

»Das ist für dich, mein Junge«, sagte er und reichte sie mir.

»Danke schön«, sagte ich mit korrekter deutscher Aussprache, um nur ja keinen Verdacht auf mich zu lenken.

Mehr sagte ich nicht. Krauze lehnte sich herüber und sagte leise: »Schlaf jetzt lieber, du darfst nicht so viel reden, du bist noch zu schwach«, und ich wußte, was er damit meinte.

Während ich die Schokolade aß, beobachtete ich den adretten und höflichen SS-Mann. Er könnte ein Mörder sein. Wie würde er sich verhalten, wenn er wüßte, wer ich wirklich war? Er wirkte menschlich und liebenswürdig, aber ich hatte schon zu viel gesehen, um mich davon täuschen zu lassen. Als Engels' Sohn und Frau einmal nach Izbica gekommen waren, hatte er den kleinen Jungen nicht auch umarmt und geküßt? Und doch hatte er am selben Tag, am selben Morgen, sechs Menschen ermordet, einschließlich eines Jungen, der nicht viel älter gewesen war als sein eigener siebenjähriger Sohn!

Dies war meine dritte gestohlene Identität und meiner Ansicht nach die sicherste. Wie sehnsüchtig wünschte ich mir, in diesem Zug sitzen zu bleiben und so lange weiterzufahren, bis der Krieg zu Ende war. Aber bald würde der Zug anhalten, und ich würde wieder einer von vielen »Judenbengeln« sein, gejagt, voller Angst, ohne Daseinsberechtigung.

Wie vor einem halben Jahr fuhren wir wieder an Bełżec vorbei. Wieder derselbe schreckliche Gestank und Flammen. Die Deutschen zeigten kein Interesse. War es möglich, daß sie von den Vernichtungslagern nichts wußten? Soweit ich mitbekam, gab es keine besonderen Reaktionen, keine ahnungsvollen Blicke oder Gespräche, nur Krauze, der sehr wohl begriff, was los war, sah mich durchdringend an.

Mein Gott, dachte ich, in den letzten sechs Monaten hat sich überhaupt nichts verändert. Sechs Monate! Wie viele Tage ... Stunden? Und da drüben werden Menschen verbrannt ... Juden, Menschen wie ICH! Wird das Feuer denn ewig weiterbrennen? Gibt es denn niemanden, der irgend etwas dagegen unternimmt? ... Aber nein, ich durfte nicht darüber nachdenken. Man würde es mir ansehen, und jemand würde auf mich aufmerksam werden. So liefen meine Gedanken. Ich ahnte damals nicht, daß ich nur wenige Woche später selbst in eine solche Hölle kommen und meine eigenen Leute zu Grabe tragen würde.

Der Zug näherte sich Izbica. Kurz danach erkannte ich die Brauerei und ein paar Häuser am Stadtrand. Der Zug hielt aber nicht. Er raste weiter, fuhr mit einem Pfeifsignal durch einen Bahnübergang und an der Stadt vorbei. Ich wurde nervös.

Krauze erklärte auf deutsch, daß der Schnellzug nicht in einer kleinen Ortschaft wie Izbica, sondern im zwölf Kilometer entfernten Krasnystaw halten würde.

Na ja, dachte ich, vielleicht ist es sogar besser, wenn ich irgendwo aussteige, wo mich niemand kennt. Der Zug wurde allmählich langsamer und hielt schließlich mit einem schweren Keuchen.

»Bahnhof Krasnystaw, alles aussteigen!« rief der Schaffner und hielt seine Lampe hoch. Hier mußte ich vorsichtig sein. Wenn ich Pech hatte, würde mich jemand erkennen. Krasnystaw war eine typische ostpolnische Kleinstadt, deren Bahnhof außerhalb der Stadt lag. Die Verwaltung und der Fahrkartenschalter waren in einem einzigen Gebäude untergebracht. Zu beiden Seiten der Landstraße und der Bahngleise lagen offene Felder.

An diesem Punkt wünschte mir Krauze alles Gute und ging davon, um seine Nazi-Freunde in der Stadt zu treffen. Er hatte seine Schuldigkeit getan, und ich war auf mich gestellt. Mit einem Abstand von etwa hundert Metern zur Landstraße machte ich mich in Richtung Izbica auf. Deutsche Lastwagen fuhren wegen des Ausnahmezustands mit abgeblendeten Scheinwerfern vorbei. Ihre Scheinwerfer waren zu schwach, um mich in der Dunkelheit zu erfassen, aber ich konnte sie sehr gut erkennen, und sie halfen mir, mich an der Straße zu orientieren.

Nach einem etwa zweistündigen Fußmarsch tauchte die erste Häusergruppe, dann der Zaun der Ziegelei auf. Kurz dahinter machte die Straße eine Kurve und führte direkt auf den Marktplatz. Wie ein Schatten bewegte ich mich zwischen den Häusern hindurch und kam an das Haus meiner Eltern. Ich klopfte leise. Niemand öffnete mir. Ich hörte Schritte.

»Mamme! Ich bin's«, rief ich ungeduldig auf jiddisch und polnisch. Aber statt einer vertrauten Stimme hörte ich bloß ein wütendes Schimpfen.

»Wer ist ›ich‹? Lauf, solange du noch in einem Stück bist, Jude!« Dann kam ich zum Haus einer freundlichen Polin namens Bazylkowa. Sie öffnete die Tür einen Spaltbreit. Hastig und nervös erklärte sie mir, daß meine Familie jetzt in Herrn

Sznajders Haus wohnte, dort, wo meine Reise nach Ungarn begonnen hatte.

Wieder steuerte ich von einem Haus zum nächsten, bis ich das richtige gefunden hatte. Es war dunkel, und alle schliefen. Ich steckte meinen Finger zwischen zwei Latten der Fensterläden und klopfte sanft gegen die Scheibe, um sie nicht zu erschrecken.

»Wer ist da?« Ich erkannte sofort die Stimme meines Vaters.

Noch bevor ich ihm antworten konnte, hörte ich, wie mein Bruder einen Freudenschrei ausstieß: »Er ist es! Es ist Toivi!«

Die Tür ging auf, und ich fiel meiner weinenden Mutter in die Arme. Mein Vater stand in der Nähe und versuchte, seine Tränen zurückzuhalten. Dann wandte ich mich meinem Bruder zu. Er war so froh, mich zu sehen, daß er sich gar nicht von mir losreißen konnte. Er umarmte mich fest und weinte vor Freude. Leider hatte er auch seine Armbanduhr nicht vergessen. Weil ich sie seiner Meinung nach jetzt nicht mehr bräuchte, wollte er sie zurückhaben.

Meine Mutter wischte sich die Tränen weg, nahm einen Briefumschlag aus einem Kästchen und reichte ihn mir. Ich öffnete ihn und fand darin, eingewickelt in dunklem Samt, ein Foto von mir. Darunter lag ein Telegramm. Darauf stand in Großbuchstaben:

»Hiermit teilen wir Ihnen mit, dass Toivi Blatt am 29. Januar 1943 im jüdischen Krankenhaus der Stadt Stryj verstorben ist. Der Judenrat.«

Es war ein sonderbares Gefühl, vom eigenen Tod zu lesen. Ich sah meine Mutter an. Was sie durchgemacht haben mußte! Mein Vater, der immer ein bißchen abergläubisch war, umarmte mich und sagte: »Toivi, du wirst den Krieg überleben. Wenn jemand, der noch am Leben ist, aus Versehen für tot erklärt wird, heißt das genau das Gegenteil. Du wirst ein langes und gesundes Leben haben.«

Diese Worte meines Vaters begleiteten mich durch die schwersten Tage des Krieges und gaben mir die Kraft weiterzuleben.

Wir waren so glücklich, daß unsere Familie wieder vereint war. Und als wir alle friedlich zu Hause beieinander saßen, hätte ich gerne geglaubt, daß das Schlimmste überstanden sei. Doch obwohl wir nie darüber sprachen, wußte ich tief in meinem Herzen, daß das erst der Anfang war.

Zurück in Izbica

Vor lauter Aufregung dachte keiner von uns mehr ans Schlafengehen, denn wir hatten einander so viel zu erzählen. Wir redeten die ganze Nacht. Ich erzählte ihnen von meinen Erlebnissen und sie mir von ihren.

Kurz nachdem ich am 1. November 1942 in Richtung Ungarn aufgebrochen war, tötete Engels zwei Mitglieder des Judenrats, Raphael Sznajdmeser und Abram Blatt. Offenbar hatte er sie gezwungen, seine Möbel von Izbica nach Zamość zu bringen. Als es Abend wurde, wartete er, bis sie wieder auftauchten, und dann erschoß er sie einfach. Angeblich hätten sie zu viel über seine Privatangelegenheiten gewußt. Da die Liquidierung der Juden von Izbica beinahe abgeschlossen war, hatten sie ohnehin keine Funktion mehr.

Am nächsten Tag fand die letzte Akcja statt. Von nun an würde Izbica endlich judenfrei sein; jeder Jude, der nach der Akcja noch herumlief, sollte sofort erschossen werden. Um diese »Säuberungsaktion« zu beschleunigen, verpflichteten die Nazis die städtische Feuerwehr und Sliwinski, ihren Hauptmann, und stellten ihnen einen Freibrief aus, um Juden zu jagen und auszurauben.

Die Viehwaggons wurden einer nach dem anderen mit Juden gefüllt. Als die Güterwaggons voll waren, wurden die restlichen Leute im Kino zusammengepfercht. Dort wurden sie mehrere Tage lang ohne einen Tropfen Wasser festgehalten. Nur wenn sie viel Geld zahlten, gab ihnen ein Pole vor der Tür etwas zu trinken. Später wurden sie mit dem Pferdekarren zum Lager Trawniki transportiert und von dort aus zusammen mit Juden aus anderen Städten ins Vernichtungslager Sobibór.

Nur ein kleines Kontingent an Arbeitskräften sollte in Izbica bleiben – nämlich alle, die zu diesem Zeitpunkt exklusiv für die Deutschen in der städtischen Gerberei arbeiteten. Offiziell waren das etwa fünfundzwanzig Leute, aber es gab noch sehr viel mehr, die sich dort versteckt hielten. Zu der Zeit war meine Mutter mit gefälschtem Ariernachweis in Warschau untergetaucht. Mein Bruder hatte sich bei Bazylkowa versteckt, während mein Vater von Engels ins Gefängnis geworfen worden war.

Einen Monat später entließ Engels meinen Vater wieder aus der Haft. Wie Jesus Christus mußte mein Vater eine Dornenkrone aus Stacheldraht aufsetzen und sich ein Schild um den Hals hängen, auf dem »Ich bin der König der Juden« stand. Er mußte durch die Straßen gehen und verkünden, daß die Juden jetzt wieder in die Stadt zurückkommen dürften. Die Stadt sei nun offiziell eine Judenstadt, ein Ort, an dem Juden leben durften.

Die etwa zweihundert Juden, die in jenem bitterkalten Winter in den Wäldern hausten und ständig auf der Flucht vor Bauernbanden waren, tappten in die Falle und kehrten ins Ghetto zurück. Auch meine Mutter und mein Bruder kamen aus ihren Verstecken und trafen wieder mit meinem Vater zusammen.

Nachdem viele Juden zurückgekehrt waren, ordneten die Deutschen die Bildung eines neuen Judenrats an, der aus drei Männern bestand: meinem Vater, Mojsze Kornfeld und Mojsze Blank, dem Direktor der Gerberei. Die Gerberei stellte nun das Zentrum der restlichen jüdischen Bevölkerung dar, die jetzt aus etwa zweihundert Menschen bestand.

Am nächsten Morgen sah ich mir Izbica an. Ich war schockiert, wie sehr sich die Stadt im letzten halben Jahr verändert hatte! Die meisten jüdischen Häuser waren auf der Suche nach Gold und anderen Schätzen geplündert worden. Nur die Häuser in der Hauptstraße waren intakt geblieben und jetzt von Polen okkupiert worden. In der Nähe des Kaufladens Laczność sah ich ein paar Leute, die herumstanden und sich unterhielten. Ich ging auf einen Mann zu, den ich gut kannte, einen Freund der Familie.

»Hallo, Herr Pilewski«, sagte ich freundlich.

»Oh«, sagte er mit einem sarkastischen Lächeln, »du lebst? Wer weiß, vielleicht lebst du ja sogar noch ein paar Tage länger?«

Naiv, wie ich war, ging ich weiter. Ich sah den Pförtner eines Geschäfts, den ich schon seit Jahren kannte. Er begrüßte mich auf die gleiche Weise. »Du bist noch da? Na, dann wollen wir mal hoffen, daß dich bald der Teufel holt.«

Ich konnte es nicht fassen. Langsam kam ich zu mir und lief durch das, was noch vom jüdischen Teil der Stadt übrig war, um nach Freunden zu suchen. Ich wählte eines der Häuser neben der Gerberei und ging hinein. Drinnen war eine Gruppe Jugendlicher. Auf dem Bett lag der Langard-Junge, der Bruder eines der Mädchen von unserem Fiasko in Ungarn. Er lag bewegungslos da, war am ganzen Körper schwarz, sogar im Gesicht. Man hatte ihn halb erfroren im Wald gefunden. Er verströmte den schrecklichen Gestank von verfaulendem Fleisch.

Später traf ich auf der Straße eine Bekannte namens Roza, die mir Jozek Bresler einmal vorgestellt hatte. Sie war ein außerordentlich hübsches Mädchen. Sie begrüßte mich freundlich. Sie nahm mich mit in ihr Zimmer, einen winzigen Raum inmitten der zum Teil abgerissenen jüdischen Häuser. Dort waren zwei Freunde von ihr, Zisel der Sattler und Adolf Herszow, ein Jude, der aus einem Kriegsgefangenenlager auf der Lipowastraße in Lublin geflohen war.

Wir sprachen über die Vergangenheit und erzählten uns gegenseitig, wie wir es geschafft hatten, zu überleben. Ich fragte sie, was mit meinen Freunden sei. Sie alle, auch meine »erste Liebe« Fajgele Brajtman, ein kleines Mädchen mit einem Kranz aus geflochtenen Zöpfen, waren fort.

Ungefähr mit zehn war ich in Fajgele verliebt gewesen. Ich lieh ihr Bücher, und wir warfen uns verstohlene Blicke zu. Das kriegten meine Freunde natürlich mit. Irgendwann galt sie dann als meine »Freundin«. Es kam zwar nicht einmal zu einem Händedruck, dennoch war ich stolz, eine »Freundin« zu haben. Eigentlich hätten meine Freunde die Sache für sich behalten sollen, aber irgendwie bekam auch mein Bruder davon Wind. Immer wenn er auf mich sauer war, rächte er sich, indem er laut vor meinen Eltern rief »Toivi, Fajgele steht vor Tür«, worauf ich furchtbar wütend und verlegen wurde.

Ich erinnere mich noch gut an die Hochzeit von Fajgeles älterer Schwester. Spätabends, als die Gäste noch tanzten, kam Srulek, der viel reifer war als ich, angelaufen und sagte ganz aufgeregt: »Komm mit zu Fajgele. Ihre Schwester hat heute Hochzeitsfeier.« Ich kapierte nicht ganz, was ausgerechnet an dieser einen Nacht so Besonderes sein sollte, aber er war schlauer als ich, also ging ich mit. Wie die meisten Gebäude in Izbica war das Haus alt, und die Fensterläden waren morsch und locker. Ich drückte mein Gesicht dagegen, während ich durch einen Spalt ins Zimmer starrte. Wenn Srulek sagte, ich solle mich gedulden, dann hatte das bestimmt seine Richtigkeit. Endlich kam die junge Braut herein, sah eine Weile in den Spiegel und setzte sich dann erschöpft von der Feier aufs Bett. Kurz darauf tauchte der Ehemann auf und setzte sich dicht neben sie, ohne ein Wort zu sagen. Wir warteten, daß irgend etwas passierte, aber es passierte nichts. Oder zumindest war nichts zu sehen, denn der Mann stand einfach auf und löschte das Licht. Den Rest mußte sich Srulek selbst ausmalen.

Den ganzen Tag lang streunte ich durch die Häuser, in denen einst Leben und Trubel geherrscht hatte. Jetzt pfiff der Wind durch die zertrümmerten Türen und kaputten Fensterscheiben.

Dann wurde es Freitagabend. Mein erster Sabbat, seit ich wieder zu Hause war. Abgesehen von den Kerzen war nichts mehr so wie früher. Meine Eltern hatten längst jeden Versuch aufgegeben, ihn feierlich zu gestalten. Feierlich hieß jetzt, überhaupt irgend etwas zu essen zu haben.

Jetzt tauchten verschiedene Nazi-Funktionäre auf, um Schutzgeld von uns zu erpressen. Aber wenigstens nahmen sie nur unser Geld. Dann, am Nachmittag des 18. April 1943, hörte ich das Brummen von Motoren auf einer nahe gelegenen Straße. Wir vermuteten, daß es die Deutschen sein mußten, und flohen in unser Versteck. Nachdem wir ein Stück aus der Holzvertäfelung entfernt hatten, schlüpften wir in einen schmalen, etwa fünfzig Zentimeter breiten Gang, der an der Längsseite des Zimmers entlanglief. Wir befanden uns jetzt hinter einer

Zwischenwand. Kaum war es uns gelungen, die Öffnung wieder zu verschließen, da betraten die Deutschen auch schon den Flur. Wahrscheinlich hatte ihnen jemand den Hinweis gegeben, daß Juden in Sznajders Haus wohnten.

Durch einen Spalt in der schlecht passenden Vertäfelung konnte man alles deutlich erkennen. Ich hatte Angst, konnte meine Augen aber nicht abwenden. Ich dachte, wenn sie ein bißchen genauer hinsähen und horchten, würden sie meine schreckgeweiteten Augen sehen und das Hämmern meines Herzens hören.

Mit uns im Versteck waren zwei kleine Kinder im Alter von ungefähr vier Jahren. Sie waren so still, hatten ihre Köpfe gegen die Brust ihrer Mütter gedrückt, daß ich mich fragte, ob sie begriffen, was hier vor sich ging. Wir hatten solche Angst, daß sie vielleicht husten oder weinen oder uns sonst irgendwie verraten könnten. Wir warteten eine Ewigkeit.

Inzwischen plünderten die Deutschen das Haus. Es waren große, breitschultrige Männer in grünen Regenmänteln mit Metallplatten vor der Brust, die an Ketten von ihrem Hals hingen. Auf ihren Abzeichen stand »Feldgendarmerie«.

Kurz bevor sie wieder gehen wollten, trafen sie auf einen Juden namens Kalman Lipsz, der nicht mitbekommen hatte, daß die Deutschen schon da waren, und gerade zu unserem Versteck laufen wollte.

»Halt!« riefen sie.

Er blieb stehen.

»Zieh deinen Mantel und deine Jacke aus.«

Er gehorchte.

»Und jetzt gib uns dein Geld«.

Er gab ihnen alles, was er besaß. Sie schossen zweimal auf ihn, und trotzdem lief er noch blutend und schreiend durchs Haus. Schließlich fiel er mit einem Stöhnen zu Boden. Der Deutsche schoß noch einmal, und Lipsz starb.

Mit uns im Versteck war sein achtjähriger Sohn. Obwohl der Junge die Schießerei nicht direkt sah, muß er die Stimme seines Vaters erkannt haben, doch er sagte nichts. Jede Sekunde zog sich endlos hin.

Dann rannte aus irgendeinem Grund ein zehnjähriger jüdischer Junge durch den Flur und den Nazis geradewegs in die Arme.

»Bist du Jude?«

»Nein, ich bin auf der Suche nach Juden. Kann ich Ihnen helfen, welche zu fangen?« Der blonde jüdische Junge ging ohne weiteres als polnischer Knabe durch. Sie glaubten ihm, und er war gerettet.

Endlich verließen die Deutschen Sznajders Haus, doch das Massaker ging weiter. Wir warteten. Wir konnten das Fenster gegenüber von unserem Versteck sehen; Sonnenstrahlen fielen auf unsere Wand. Ein paar polnische Mädchen, die ich kannte, guckten durchs Fenster. Sie machten sich darüber lustig, wie Lipsz, der ermordete Jude, mit unnatürlich verdrehten Gliedmaßen auf dem Boden lag. Ein paar Minuten später zogen sie, noch immer kichernd, davon.

Da wir keine Ahnung hatten, wie lange das Wüten der Nazis dauern würden, blieben wir in unserem Versteck und warteten auf die Dunkelheit. Am Abend kamen Symcha Bialowicz und ein anderer Jude und brachten den Toten weg. Dann verließen wir unser Versteck. An diesem Tag waren acht Juden ermordet worden.

Nicht nur mit den Nazis, auch mit nichtjüdischen Stadtbewohnern hatten wir zu kämpfen, die andauernd Juden ausraubten und jüdische Häuser plünderten. Eines Abends gegen neun, als ich zusammen mit meiner Mutter auf dem Sofa saß, ging die Tür auf, und mehrere bewaffnete Männer in Zivil stürmten herein.

»Hände hoch! Mit dem Gesicht zur Wand!« Wir gehorchten, und mit der Drohung, uns zu erschießen, hatten sie innerhalb weniger Sekunden sämtliche Bewohner des Hauses zusammengetrieben.

Unser Nachbar, Chaim Kornfeld, war krank. Bis auf ein Hemd war er nackt und flehte um Gnade. Wir waren sicher, daß sie uns umbringen würden. Sie durchsuchten uns nacheinander, nahmen unsere Wertsachen und guten Kleider und packten alles in ihre Rucksäcke. Kurz bevor sie gingen, stießen sie meinen Vater in ein anderes Zimmer und prügelten ihn, um ihn zur Herausgabe der Waffen zu zwingen, die er angeblich versteckt hatte. Mein Vater schrie vor Schmerzen unter ihren Schlägen.

Plötzlich wurde das ganze Haus von der Detonation einer Granate erschüttert. Die Plünderer hielten inne, rannten davon und ließen unterwegs ihre Beute fallen. Später erfuhr ich, daß mein Bruder, der sich auf dem Nachhauseweg verspätet hatte, einen der Männer vor unserer Tür bemerkt hatte. Da bereits Ausgangssperre war, wurde er stutzig. Er versteckte sich hinter einer Ecke des Nachbarhauses. Als er Vaters Schreie hörte, lief er verzweifelt zu den Juden in der Gerberei. Diese wiederum benachrichtigten die polnische Polizei, die der Meinung war, daß niemand außer ihr das Recht habe, Juden auszurauben, weswegen sie gegen die Diebe vorging. Einer der Diebe, der vor dem Haus Wache schob, warf die Granate, um die Polizei aufzuhalten und seine Kumpane zu warnen. Nach diesem Vorfall zog unsere Familie in die Gerberei, wo wir auf dem Boden schliefen.

Wir hörten vom Aufstand im Warschauer Ghetto. Erst trauten wir unseren Ohren nicht, dann aber bestätigten uns polnische Schwarzmarkthändler, die aus der Hauptstadt kamen, daß sich die Juden im Ghetto tatsächlich gegen die Deutschen auflehnten. Sie erzählten davon, daß der Himmel über dem ganzen Ghetto von Rauchwolken, die von den brennenden Häusern aufstiegen, verdunkelt sei und deutsche Panzer von aufständischen Juden zerstört würden. Und vor allem erzählten sie uns, daß die ersten SS-Männer getötet und die Nazis bei ihrem Versuch, ins Ghetto einzudringen, gescheitert seien.

Wir wußten, daß der Aufstand ein Akt der Verzweiflung war. Eine Handvoll verzweifelter Menschen rechnete nicht wirklich damit, sich befreien zu können. Was diese Leute wollten, war Rache und Kampf.

Ihr Mut beeindruckte uns. Einige Jugendliche fingen an, den Polen heimlich Waffen abzukaufen. Ich bat meinen Vater um Geld. Er weigerte sich, mir welches zu geben. »Es wird sie nur provozieren, und wir werden alle leiden«, sagte er. »Sie werden dahinterkommen und uns umbringen.«

Also beschloß ich, eine Decke und meine Jacke zu verkaufen, um eine Waffe zu besorgen. Am nächsten Tag sagte ich meinem Vater, daß ich auf dem Dachboden schlafen und mir deswegen eine Decke und eine Jacke mitnehmen würde. Ein paar Tage später verkaufte ich alles, hatte aber noch immer nicht genug Geld, also suchte ich mir einen gleichaltrigen Partner, Rysiek Gdański, einen Flüchtling aus Koło. Wir legten zusammen, und das Geld reichte aus. Wir kauften einem Juden namens Pelc eine Waffe ab, einen sechsschüssigen Revolver mit vier Kugeln. Auf dem Dachboden eines verlassenen Hauses gab er uns sogar eine kurze Einführung.

Wir waren sehr beunruhigt: Erst behaupteten die Nazis, die Juden dürften bleiben und würden nicht weiter behelligt, da Izbica zur Judenstadt erklärt worden sei. Doch auf einmal befahl die Gestapo dem Judenrat, eine Liste mit den Namen sämtlicher Juden in Izbica zusammenzustellen. Das war bedenklich. Von nun an postierten wir eine Wache an der Dachluke der Gerberei, um die anderen zu warnen, falls draußen irgend etwas Verdächtiges vor sich ginge.

Als ich am nächsten Tag mit meinem Vater durch die Stadt ging, sagte ich ihm, daß wir keine andere Wahl hätten, daß es doch aufs selbe hinausliefe: wir sollten uns eine Waffe zulegen. Er antwortete mir nicht.

Dann sagte ich zu ihm: »Erinnerst du dich an den Mantel und die Decke? Nun, ich habe sie verkauft, um einen Revolver zu kaufen. Er ist hier in meiner Tasche.«

Er reagierte mit einer für ihn ganz untypischen Schicksalsergebenheit. Ohne seinen Schritt zu verlangsamen, sagte er: »Sei vorsichtig. Wir könnten sonst großen Ärger bekommen.« Das war für mich nur die Bestätigung, daß ich recht hatte mit meinen Sorgen.

Während ich mir das perfekte Versteck ausmalte, kehrten meine Gedanken immer wieder zum Essen zurück. Warum mußte der Mensch unbedingt essen? Wie glücklich wären wir doch, wenn es anders wäre. Bären haben es gut: sie können Winterschlaf halten und brauchen nicht zu essen. Warum können Juden das nicht auch? Ich würde mir irgendwo im Wald ein Loch graben und erst dann die Nase herausstecken, wenn der Krieg zu Ende wäre.

Im Morgengrauen des 28. April 1943 wurde ich durch einen Schuß geweckt. Eine Akcja! Das ist das Ende, dachte ich. Ich sprang drei Meter vom Dachboden der Gerberei, wo ich schlief, hinunter auf den unbefestigten Fußboden des Flurs. Ich spürte einen Stoß durch meine Wirbelsäule und lief dann, offenbar unverletzt, zu unserem Versteck.

In der Gerberei hatten wir ein großes Versteck; es war in die Westmauer eingelassen worden, die an einen Hügel grenzte. Indem wir nachts heimlich Erde abgetragen hatten, war es uns gelungen, eine relativ geräumige Höhle freizulegen, in der hundert Menschen Schulter an Schulter Platz fanden.

Es war heiß und stickig, und man bekam kaum Luft. Wir hörten die SS-Männer herumschreien und um sich schießen. Sie suchten das Gelände der Gerberei ab. Sie fingen einige Juden, die es nicht geschafft hatten, sich zu verstecken, und zogen wieder davon. Dann begannen die ortsansässigen Polen mit ihrer Jagd auf uns. Sie hatten mehr Erfahrung, und irgend etwas stimmte nicht mit der Gerberei: es waren viel zu wenig Juden geschnappt worden.

Wir hörten polnische Stimmen. »Die müssen hier sein … hier irgendwo.«

Wieder betraten die Deutschen die Gerberei. Irgend jemand erklärte in gebrochenem Deutsch, daß mit Sicherheit noch irgendwo Juden versteckt seien. Man müsse nur gründlicher suchen. Sie zertrümmerten hier und dort die Wand, fanden uns aber nicht. Die Deutschen machten den Eindruck, als ob sie drauf und dran seien kehrtzumachen. Wir atmeten auf.

Doch im selben Augenblick fingen die Einheimischen an, die gesamte Wand niederzureißen. Vermutlich hatte einer von ihnen mitbekommen, wie das Versteck gebaut worden war, denn sie schienen fest davon überzeugt, daß es hier sei. Ein morsches Paneel nach dem anderen wurde heruntergerissen. Systematisch näherten sich die Axthiebe dem Eingang … kamen näher … Mein Herz schlug mir bis zum Hals. Das war das Ende.

Sie zerrten an dem letzten Paneel, und es gab langsam nach. Das Tageslicht strömte herein. Im nächsten Augenblick würden sie uns finden. Ein paar Sekunden lang flackerte das Licht, während das Paneel federnd gegen die Wand schlug. Es war fast, als ob uns dieses Paneel helfen wollte. Aber die Nazis hatten den Eingang bereits entdeckt und legten sich noch mehr ins Zeug. Für sie war es ein Spiel – sie würden ein paar Juden fangen oder auch nicht; für uns hingegen war es eine Frage von Leben und Tod.

Ratsch! Das Paneel wurde von der Wand gerissen. »Raus! Schnell!« schrien die Deutschen. Nacheinander kamen wir heraus und versammelten uns im Hof. In der Verwirrung hatte ich einen Schuh im Versteck verloren. Ich fragte einen Deutschen, der in der Nähe herumstand, ob ich mir meinen Schuh wiederholen dürfe. Er war einverstanden, und ich schlüpfte wieder hinein ins Versteck. Während ich den Boden absuchte, stieß ich auf einige Leute, die in der Dunkelheit kauerten; sie hatten beschlossen, sich dem Befehl zu widersetzen. Ich fand meinen Schuh und kroch wieder hinaus. Daraufhin warf der SS-Mann eine Granate hinein; die Detonation erschütterte den Hof.

Einige polnische Jugendliche standen in der Nähe, sichtlich zufrieden mit ihrer Leistung, und lächelten die Deutschen unterwürfig an. Sie warteten auf ihre Belohnung – die Erlaubnis, unsere Häuser zu plündern. Die Deutschen stießen uns aus dem Gebäude. Unsere polnischen Nachbarn verfolgten das Geschehen, die einen mitleidig, die anderen vergnügt. Es war Frühling und herrliches Wetter.

»Nicht reden!« befahlen die Nazis. Wir standen da, jeder hing seinen Gedanken nach. Es war windig. Die Wache war damit beschäftigt, sich eine Zigarette anzuzünden. Ich ergriff die Gelegenheit beim Schopf, schlüpfte aus der Gruppe von Juden und mischte mich unter die polnischen Zuschauer. Niemand verriet mich. Ruhig steuerte ich auf Herrn Smyks Schmiede zu. Smyk, ein freundlicher Pole, der aber furchtbare Angst hatte, bat mich inständig, sofort wieder zu gehen und ins Nachbardorf zu laufen. Im selben Augenblick bemerkte ich meinen Bruder. Offensichtlich war auch ihm die Flucht gelungen. Er war ungefähr zweihundert Meter von mir entfernt und lief in die entgegengesetzte Richtung.

Ohne nachzudenken, rannte ich los in Richtung eines der

Dörfer in den Ausläufern des Waldes rings um Izbica. Seltsamerweise hielt mich niemand auf. Mir war klar, daß sich jenseits des Dorfes, oben auf den Hügeln, alle paar Meter ukrainische Nazis postiert hatten. Ich mußte eine Zeitlang irgendwo Unterschlupf finden und das Ende der Akcja abwarten.

Das Glück war auf meiner Seite. Mein polnischer Schulkamerad Janek Knapczyk kam mir entgegengelaufen.

»Janek«, flehte ich ihn an, »hilf mir ... versteck mich irgendwo!«

Obwohl Janek es offensichtlich eilig hatte, war er bereit, einem guten Freund in der Not beizustehen. Aber er schaffte es gerade noch, mir den Weg zu weisen und in einem Atemzug zu sagen: »Klar, lauf zur Scheune.«

Er lief weiter. Mühelos fand ich die Scheune. Doch die Scheunentür war verriegelt. Ich suchte nach einem anderen Eingang, fand aber keinen.

»Toivi, lauf weg! Er kommt!« rief eine Stimme.

»Wer kommt?« fragte ich.

»Knapczyk kommt, lauf!« wiederholte die Frau.

Gut. Wenn Knapczyk kommt, wird er mir die Scheune aufschließen, damit ich mich verstecken kann, dachte ich, aber warum hat die Frau solche Angst? Warum sagt sie mir, ich soll weglaufen? Ich lief auf Janek zu.

Als ich näher hinsah, fiel ich fast in Ohnmacht ... da war Knapczyk, aber in Begleitung eines Nazis! Sie hatten mich schon entdeckt. Mein Freund zeigte auf mich und sagte: »Das da ist ein Jude. Nehmen Sie ihn mit!«

Ich begriff nicht. Mir summte der Kopf. Knapczyk ... ich hielt ihn für einen guten Freund. Wir waren immer in einer Klasse gewesen. Wir spielten zusammen und gingen zusammen schwimmen, und jetzt denunzierte er mich?

Ich kam wieder zu mir. Ich traute noch immer meinen Augen nicht und sagte: »Janek, du machst Witze, oder? Sag, daß das ein Spaß ist.«

Der Nazi versetzte mir einen Stoß, und wir gingen los. Knapczyk rief mir zum Abschied nach: »Mach's gut! Viel Spaß im Seifenregal.«

Sollte es die Nazi-Propaganda wirklich geschafft haben? War

das das Resultat der antisemitischen Indoktrination – daß Leute Juden verkauften gegen ein paar Pfund Zucker oder eine Flasche Wodka? Ich zitterte vor Schreck, erholte mich aber schnell und konzentrierte mich wieder aufs Überleben.

Knapczyks Nazi führte mich zurück in die Stadt. Er hatte wohl eher mit einem erwachsenen Juden gerechnet, den er hätte beklauen können, aber statt dessen hatte er nur mich, einen dünnen Jungen mit zerfleddertem Hemd. Er war höherer Offizier, und als in der Ferne ein einfacher Soldat auftauchte, beschloß er, mich in dessen Obhut zu geben. »Kommen Sie! Nehmen Sie ihn«, brüllte er und stieß mich in die Richtung des Soldaten. Und auf der Suche nach lohnenderen Opfern zog er davon.

Während ich auf den anderen Nazi zuging, zermarterte ich mir das Hirn. Ich wollte leben. Was sollte ich tun? Als ich die ratlose Miene meines neuen Aufpassers bemerkte, ahnte ich, daß er wohl etwas durcheinander war. War ich nun einer der Jungs, die den Nazis halfen, Juden zu fangen, oder war ich vielleicht selbst Jude?

Also sagte ich als erstes im Brustton der Überzeugung: »Kommen Sie mit, ich zeig' Ihnen, wo Gold von den Juden versteckt ist.«

Er kaufte mir die Sache ab. »Also gut, gehen wir«, antwortete er auf ukrainisch. Er konnte nicht widerstehen. Gold war das Zauberwort.

Unterwegs sah ich den von der Blutvergiftung schwarz angelaufenen Körper des Langard-Jungen mit einem Kopfschuß im Dreck liegen.

Ich hatte einen Plan. Ich führte den Ukrainer an den Stadtrand. Dort, in der Nähe von Beneszs Wiese, stand eine alte, heruntergekommene, jüdische Mühle. Das Gebäude hatte drei Stockwerke, und wie bei der Gerberei erhob sich eine Mauer direkt am Hügel. Ich wußte, daß es im dritten Stock eine Tür gab, die unmittelbar zur Wiese und den dahinter liegenden Hügeln führte. Da die Treppe vollkommen morsch war, sagte ich dem Ukrainer, daß ich am Treppengeländer hochklettern und mitsamt dem Schatz gleich wieder dasein würde. Er sagte, ich solle mich beeilen.

Oben an der Tür angekommen, quälte ich mich lange mit

den rostigen Scharnieren. Erst fragte der Ukrainer ruhig, ob ich den Schatz schon gefunden hätte. Dann wurde er mißtrauisch und schrie: »Komm sofort da runter oder ich schieße!«

Endlich schaffte ich es, die Tür aufzuschieben. Ich rannte über die Wiesen in den Wald. Ich war frei! Aber nicht lange. Ich kam nicht an den ukrainischen Wachposten vorbei, die die Stadt umringten. Einer von ihnen fing mich und lieferte mich am Marktplatz ab.

Dort befanden sich die meisten Juden aus Izbica. Unter ihnen entdeckte ich meine Eltern und meinen Bruder. Ich nahm an, daß mein Bruder ähnliches erlebt hatte wie ich, aber wir durften ja nicht reden. Wir saßen auf dem Kopfsteinpflaster und warteten, bis die Akcja zu Ende war.

Da wurde eine schluchzende Frau auf den Platz gebracht. »O Gott«, schrie sie, »ich bin unschuldig. Ich bin keine Jüdin. Ich bin eine ehrliche Katholikin. Helft mir doch! Ich bin keine Jüdin. Hilfe!«

Die Christen, die um uns herumstanden, bestätigten, daß die Frau keine Jüdin sei, und sie wurde freigelassen. Wahrscheinlich wird sie sich noch bis an ihr Lebensende daran erinnern, wie es war, Jüdin zu sein, wenn auch nur für ein paar Minuten.

Ich starrte auf eine Reihe von Gebäuden in etwa hundert Metern Entfernung, die den Marktplatz säumten. Früher hatten sie einmal jüdische Läden beherbergt; jetzt war alles verriegelt und verschlossen. Der alte Herr Sztajndel, mein Schuldirektor, ein freundlicher und ehrlicher Pole, ging gerade dort vorbei. Aufgrund seiner deutschen Abstammung hätte er sich längst als Mitglied der »Herrenrasse« qualifizieren und in den Genuß aller möglichen Privilegien kommen können, doch genau wie Platto zog er es vor, Polen treu zu bleiben, anstatt sich den Nazis zu beugen. Möglicherweise war das der Grund, warum er seinen einzigen Sohn an die Öfen von Auschwitz verlor. Vielleicht fanden die Nazis, daß das eine bessere Strafe sei, als ihn einfach umzubringen.

Sztajndel ging auf die Hauptstraße zu. Während uns die Polen auf der Straße und hinter den Gardinen zusahen, als gäben wir eine Zirkusnummer, senkte er demonstrativ seinen Kopf und drehte ihn ein wenig zur Seite, weg von dem Geschehen auf dem Marktplatz. Ich weiß nicht, wie ich dazu kam, gerade in diesem tragischen Augenblick so intensiv darüber nachzudenken, aber ich hatte den Eindruck, daß dieser eine Mensch mit uns fühlte, daß dieser eine Mensch sich für seine Landsleute, die Deutschen, schämte.

Gegen 15 Uhr befahlen sie uns aufzustehen, dann durchsuchten sie uns nach Waffen. Einige bewaffnete Juden hatten wohl vor einer Weile aufbegehrt. Mein Revolver war in der Gerberei in einem Bündel Stroh versteckt; ich hatte weder Zeit noch Gelegenheit gehabt, ihn mitzunehmen. Ich hatte nur mein Tagebuch und das Telegramm aus Stryj mit der Nachricht meines Todes in der Hemdtasche. Die Ukrainer durchsuchten uns hastig und konzentrierten sich darauf, unsere Wertsachen an sich zu nehmen. Große Lastwagen mit wetterfesten Verdecken standen bereit. Sie stießen uns hinein. Auf den Lastwagen war nicht genug Platz für uns alle, also blieben ein paar auf dem Marktplatz stehen. Unter ihnen war auch Rysiek Gdański aus Koło.

Die Lastwagen fuhren los. Bei einer Frau namens Izbicka hatten die Wehen eingesetzt, und sie schrie vor Schmerz. Gutgläubig bat sie die SS, dableiben zu dürfen, da sie ja, wie jeder sehen konnte, jeden Moment ihr Kind bekommen würde.

Wir hatten entsetzlichen Durst. Es war sehr heiß in dem Lastwagen, und mein Vater, der bei mir war, tat mir schrecklich leid; meine Mutter und mein Bruder waren in einem anderen Fahrzeug. Im dem schwachen Licht, das von draußen hereinfiel, sah ich, daß mein Vater schweißgebadet war. Ich schob mein Taschentuch durch einen Riß im Verdeck, wartete, bis es der Wind ein wenig gekühlt hatte, und wischte meinem Vater dann den Schweiß von der Stirn. Er nickte kraftlos, um mir zu danken. Mütter beruhigten ihre kleinen Kinder, hielten sie fest im Arm. In der Mitte des Wagens konnte man ein paar Menschen leise beten hören. Einige junge Männer tauschten sich darüber aus, ob es wohl möglich wäre zu fliehen. Sie wollten sich auf die Wachen werfen, sobald klar wäre, daß wir nach Sobibór unterwegs waren. Manche protestierten gegen jegliche Form von Widerstand; sie hatten sich mit dem Sterben abgefunden und wollten nur noch bei ihren Familien sein.

Der größte Fluch der Juden in jener Zeit war ihre unerschütterliche Hoffnung. Sie lähmte unseren Willen. Noch in der allerletzten Minute, in der allerletzten Sekunde war die Hoffnung unsere Begleiterin und brach unseren Widerstand. Doch gleichzeitig gab sie uns die Kraft weiterzuleben. Wir waren das Leiden so gewohnt, ein Volk, das stets auf bessere Zeiten hoffte. Auch ich selbst hatte das Gefühl, es gäbe noch Hoffnung. Hatten mir die Deutschen nicht sogar erlaubt kehrtzumachen, um meinen Stiefel zu holen? Vielleicht brachten sie uns nur in ein Arbeitslager, von denen einige auf dem Weg lagen.

In dem Verdeck befand sich ein kleines Loch. Einer der Juden sah unverwandt hindurch, und für die anderen, die wir dem Untergang geweiht waren, war er ein allmächtiger Prophet. Jedes seiner geflüsterten Worte wurde sofort bis in die hinterste Ecke des dunklen Lastwagens getragen. Alle wollten es wissen: Wohin fuhren wir? Waren dies die letzten Augenblicke in unserem Leben? Wir fuhren vorbei an der Abzweigung, die zum Arbeitslager Osawa führte ... dann fuhren wir auch an der Abzweigung nach Trawniki vorbei. Ich hörte einen traurigen Seufzer ... es gab sonst keine Arbeitslager mehr auf dem Weg. Also doch Sobibór. Ich hörte ein verzweifeltes Schluchzen, doch die meisten verhielten sich ruhig, gelähmt von ihren Vorstellungen, welche Qualen, was für ein Tod sie wohl erwartete.

Vor uns und hinter uns fuhren in separaten Lastwagen unsere Bewacher, die mit Maschinengewehren bewaffnet waren. Nach ungefähr einer weiteren halben Stunde wurden die Lastwagen langsamer, fuhren eine Linkskurve und blieben stehen. Ich habe noch immer die letzten Worte des Juden im Ohr, der aus dem Loch im Verdeck sah: »Ys schwarz fyn Ukrainer [Es ist schwarz vor Ukrainern].« Er meinte damit die schwarzen Uniformen der ukrainischen Wachleute. Sie stürzten sich auf uns.

Wir mußten aus den Lastwagen aussteigen. Widerstand wäre jetzt vollkommen zwecklos gewesen. Von drei Seiten umringten uns eine ganze SS-Einheit und die schwarz uniformierten Ukrainer. Vor uns lagen Stacheldraht und ein großes Tor. Über dem Tor stand in großen schwarzen Lettern: SS-SONDERKOMMANDO.

Sobibór – die Hölle

Sobibór

Wachte ich oder träumte ich? Ich war an einem fremden Ort, auf der obersten Schlafstelle in einer riesigen Baracke. Wenn ich den Arm ausstreckte, konnte ich das rauhe Holzdach berühren. Ich sah hinunter: überall Kojen voller verwahrloster Männer.

Plötzlich packte mich das nackte Grauen. SOBIBÓR!! Ich war in einem Vernichtungslager! ... Ich mußte wohl eingeschlafen sein. Von dieser obersten Etage aus konnte ich durch eine große Öffnung, dort, wo das schräge Dach auf die Wand traf, in den Hof und noch weiter sehen. Die Nachmittagssonne war warm und verlockend. Ich konnte eine andere Welt sehen, eine verlorene Welt, so nah und doch so unerreichbar.

Jenseits des Stacheldrahtzauns konnte ich den Bahnhof des Dorfes Sobibór sehen. Der Bahnhofsvorsteher ist bestimmt gerade dabei, Punkte und Striche in seinen Telegrafen zu tippen, sinnierte ich, und meterweise schmales weißes Papier gleitet zu Boden wie in Izbica. Ich war immer sehr aufgeregt gewesen, wenn mich mein Vater zum Bahnhofsvorsteher Stanisław mitnahm. Stanisław merkte, wie sehr mich das Telegrafieren faszinierte, und er schenkte mir alte Papierrollen, die ich mit nach Hause nehmen durfte. Ich hob die Rollen auf in der Hoffnung, sie eines Tages entziffern zu können. Wer weiß, was sich für aufregende und spannende Geschichten hinter den geheimen Botschaften verbargen! Ich malte mir aus, wie es wäre, jetzt eine Nachricht zu schicken: »Hilfe! Hilfe! Rettet uns!« Aber es gab niemanden, dem man sie hätte schicken können, niemanden, der sich für uns interessierte, niemanden, der uns helfen würde.

Ich ließ die Tagträumerei sein und betrachtete die Landschaft. Es war Frühling. Die Bäume fingen an auszuschlagen. Vögel flogen zwitschernd zwischen den Zweigen hin und her. Ein Hund bellte. Rauch stieg kräuselnd von den Schornsteinen auf, und ein paar Hütten lagen eingebettet inmitten von Bäumen. Hinter den Hütten erhob sich der Wald von Sobibór wie eine dunkle Mauer. Ich sah noch weiter in die Ferne, scheute mich, den Blick nach unten schweifen zu lassen, aber irgendwann konnte ich nicht anders. Der lange Stacheldrahtzaun und der Wachtturm waren der sichere Beweis, daß ich wie ein Tier auf die Schlachtbank wartete.

Ich hörte Menschen singen, und ich sprang hinunter und ging nach draußen. Das Tor ging weit auf, und herein marschierte eine Gruppe von etwa zwanzig kräftigen jungen Männern. Sie trugen dunkelblaue Arbeitsanzüge und schicke Mützen, auf die inmitten eines gelben Dreiecks ein B gestickt war. Der Anführer hatte eine Peitsche in der Hand und brüllte auf deutsch einen scharfen Befehl: »Abteilung ... Halt!« Nach wenigen Schritten blieb die Gruppe stehen; beim nächsten Kommando traten die Männer ab.

Hätte ich, nachdem sich die Reihen auflösten, nicht mitbekommen, daß die Männer Jiddisch sprachen, hätte ich sie glatt für deutsche Soldaten gehalten. Obwohl ich sie mit eigenen Augen gesehen hatte, konnte ich noch immer nicht glauben, daß sie wirklich Juden waren. Später erfuhr ich, daß das B die Abkürzung für »Bahnhofskommando« war.

Bald darauf füllte sich der leere Platz vor der Baracke mit Häftlingen aus verschiedenen Teilen des Lagers. Als sich allmählich kleine Grüppchen bildeten, hielt ich Ausschau nach jemandem, mit dem ich ins Gespräch kommen konnte. Diejenigen, die schon länger hier waren, wollten von den Neuankömmlingen wissen, was es draußen Neues gab. Was ist an der Front los? Wer wird gewinnen? Gibt es noch Juden in Freiheit? Abgeschirmt von der Außenwelt, hatten sie nicht einmal etwas vom Aufstand im Warschauer Ghetto gehört. Mit unverhohlener Ergriffenheit lauschten sie den Neuankömmlingen, die von den Kämpfen berichteten, den toten SS-Männern in den Straßen und den Panzern, die von den Molotow-Cocktails der aufständischen Juden außer Gefecht gesetzt wurden und ausbrannten. »Die glücklichen Warschauer Juden!« hörte ich einen sagen.

Da merkte ich auf einmal, wie mich jemand am Ärmel zupfte. Ich drehte mich um, und vor mir stand ein alter Freund.

»Jozek!« rief ich. Wir fielen einander in die Arme. Er war bei der letzten Akcja von 1942 im Ghetto festgenommen worden. Als er nach Sobibór kam, durfte er am Leben bleiben, weil die Nazis einen Zahnarzt brauchten und sein Vater sich freiwillig meldete. Jozek durfte seinem Vater assistieren; seine Mutter aber ging in den Tod.

Wir hatten nicht viel Zeit, uns zu unterhalten; das »Abendbrot« wartete. Wir mußten vor einer kleinen Küche Schlange stehen. Ich bekam eine halbe Tasse Ersatzkaffee und etwa drei Scheiben Brot. Bald darauf war Appell. Wir mußten uns in Reihen aufstellen, und die Kapos kontrollierten unsere Nummern. Deutsche SS-Männer rückten an. Jeder Kapo stand neben seiner Abteilung stramm.

»Achtung! Mützen ab! Augen rechts!« Unsere Gesichter zeigten ausdruckslos in Richtung der heranmarschierenden Deutschen. Die Kapos meldeten alle ihre Nummern, die SS-Männer prüften sie nach und befahlen uns schließlich abzutreten.

Jetzt hatten wir bis 21 Uhr 45 »Freizeit«. Ich fand Jozek. »Sag mal, Jozek, was werde ich hier eigentlich machen? Wie ist es hier?«

Seine Antwort war kurz und prägnant: »Das ist ein Vernichtungslager. Hier werden keine Ausnahmen gemacht. Du und die anderen Leute aus deinem Transport seid hier aufgenommen worden, weil vor ein paar Tagen 72 holländische Juden umgebracht wurden, die versucht hatten, eine Flucht zu organisieren. Ihr habt deren Platz eingenommen.«

Da unser Überleben unmittelbar mit einer gescheiterten Flucht und einer Tragödie in diesem Lager zusammenhing, wollte ich unbedingt Genaueres darüber wissen. Jozek war meine Fragerei sichtlich unangenehm. Seine Antworten waren vage, und er wirkte irgendwie befangen. Im Namen unserer Freundschaft bestand ich darauf, daß er mir die volle Wahrheit erzählte. Und das waren seine Worte:

»Eine Gruppe polnischer Juden dachte sich einen Fluchtplan aus, aber die Ukrainer fanden durch Zufall ihr Werkzeug, ihre Scheren und Seile. Um ihre eigene Haut zu retten, hängten die Polen sehr geschickt den unschuldigen Holländern die geplante Flucht an. Daraufhin wurden alle 72 holländischen Juden exekutiert, außer Max van Dam, einem Künstler, und seinen beiden Assistentinnen. Die waren nämlich gerade dabei, Porträts von den Nazis zu malen.

Nur ein paar Häftlinge kennen die Wahrheit. Die offizielle Version lautet, daß ein ehemaliger holländischer Marineoffizier als Anstifter verraten wurde. Da er sich weigerte, seine Mitwisser ans Messer zu liefern, wurden alle umgebracht.«

Noch ehe ich, schockiert und fassungslos, die Geschichte verdaut hatte, fuhr er fort, das Lager zu beschreiben, als würde er ein Theaterstück schildern. Er war nicht mehr der feinfühlige Junge, den ich aus Izbica kannte.

»Das gesamte Lager ist in vier Bereiche unterteilt: die Garnison, wo die Nazis wohnen, und die drei anderen Bereiche, die einfach Lager heißen. In Lager I, wo wir gerade sind, stehen die Baracken der Häftlinge, die Küche und ein paar Werkstätten. In Lager II, das ein paar hundert Meter weiter weg liegt, sortieren die Häftlinge die Kleider der Toten. Und in Lager III, auf der Nordseite, befinden sich die Gaskammern, und dort werden auch die Leichen verbrannt.«

Obwohl wir von Sobibór gehört hatten, begriffen wir erst jetzt, was es wirklich mit diesem Ort auf sich hatte. Ich versuchte, die Dimensionen all dessen zu verstehen, aber es ging nicht. Ich schwieg. Jozek gab mir ein paar Hinweise, vor wem ich mich in acht nehmen müsse, aber ich hörte kaum hin. Ob ich seine Freundin kennenlernen wolle? Die Baracken der Frauen seien ganz in der Nähe, hörte ich ihn sagen.

Wir betraten die Frauenbaracke und kletterten zur zweiten Ebene hinauf. Dort saß, zusammen mit ein paar anderen, ein sehr hübsches 17jähriges Mädchen. Sie wurde mir vorgestellt, wir unterhielten uns kurz, und dann gingen wir alle zusammen hinaus.

Von irgendwoher hörte man Musik. Wir folgten ihr bis in den hinteren Bereich einer Schneiderei. Hier, an diesem gottverlassenen Ort, war eine kleine Musikkapelle, und ein Pärchen tanzte Tango! Die beiden konnten wunderbar tanzen, jede ihrer Bewegungen war perfekt aufeinander abgestimmt. Jozek erzählte, die beiden seien holländische Ballettänzer aus Den Haag.

Wir zogen weiter. Hier und da standen Juden grüppchen- oder pärchenweise herum. Ich drehte mich zu meinem Freund. »Jozek, was ist hier los? Wie können sie lachen, tanzen, miteinander plaudern und an Frauen denken? Sieh dich doch um … überall und zu allen Seiten Stacheldraht. Wir kommen hier nie wieder raus. Wie ist das möglich?«

»Toivi«, antwortete er mir, »wundere dich nicht. Noch vor wenigen Stunden warst du frei. Du gewöhnst dich schon noch dran, wenn sie dir genug Zeit lassen. Wir wissen alle, was uns erwartet. Siehst du da drüben das Feuer? In diesem Augenblick zerfällt deine Familie gerade zu Asche, genau wie meine vor einem halben Jahr. Und ich habe nicht geweint, und auch du weinst nicht. Du hast keine Tränen mehr, willst du sagen? Nein, es ist, weil wir zu Maschinen geworden sind; unsere Überlebensinstinkte haben die Herrschaft übernommen. Würden wir wie normale Menschen denken, wären wir längst durchgedreht.«

Ich dachte über seine Worte nach, aber mich störte etwas an der Art und Weise, wie er »zerfällt deine Familie gerade zu Asche, genau wie meine vor einem halben Jahr« gesagt hatte. Er hatte den Satz so ungerührt, ohne Trauer, ganz sachlich ausgesprochen.

Wir wurden von einem Pfeifton aufgeschreckt, der uns signalisierte, daß Zapfenstreich war. Ich lag auf meinem Schlafplatz, konnte kein Auge zumachen und hatte Angst, an meine Familie und deren offensichtlichen Tod zu denken oder irgend etwas zu fühlen.

Der erste Morgen

Um vier Uhr war Wecken. Ich sprang auf und hastete mit den anderen zu der Waschgelegenheit hinter der Baracke. Ein dünnes Metallrohr lief etwa einen Meter über dem Boden die gesamte hintere Wand entlang; Wasser tröpfelte aus kleinen, ins

Metall hineingebohrten Löchern. Das Feuer der Krematorien brannte noch immer, die Flammen reichten bis in den Himmel.

In der kalten Morgenluft stand ich fürs Frühstück Schlange. Es wurde nur Kaffee ausgeschenkt, denn die kleine Portion Brot, die jeder beim Abendbrot erhalten hatte, sollte für den ganzen nächsten Tag reichen. Bald darauf schrie wieder jemand: »Alles fertigmachen zum Appell.« Die bereits zusammengestellten Arbeitstrupps begannen, sich in Reih und Glied aufzustellen. Die Kapos liefen nervös hin und her und zählten schnell die Anwesenden durch. Obwohl die Deutschen noch weit weg waren, brüllten die Kapos: »Achtung! Mützen ab!«

Wir nahmen unsere Mützen ab und standen stramm. Als die Deutschen schließlich eintrafen, reichte jeder Kapo dem Hauptkapo eine Liste, der wiederum der SS die Zahl der Häftlinge meldete. Dann wurden die Häftlinge zum Arbeiten abkommandiert und marschierten los. Die Leute aus Lager I zogen in ihre Werkstätten. Der Rest mußte auf Befehl deutsche, polnische und russische Lieder singen, während sie in Richtung der ihnen zugeteilten Arbeitsstätten in andere Teile des Lagers marschierten.

Unsere Gruppe aus Izbica wartete, da wir noch keine Anweisungen bekommen hatten. Ich stellte mich neben einen Freund aus Izbica, Zygmund Tuchman. Er war sehr stark und körperlich in guter Verfassung, und ich nahm mir vor, mich an ihn zu halten. Und als Zygmund von einem SS-Mann namens Gustav Wagner aufgerufen wurde, ergriff ich die Gelegenheit und lief hinterher.

Wagner führte uns zu einem Haufen abgeschnittener Tannenzweige in der Nähe des Haupteingangs. Wir hatten die Aufgabe, die Tannenzweige in den Stacheldraht zu stecken, damit niemand in das Gelände sehen konnte. Kurz darauf wurde Zygmund abkommandiert, Bierfässer aus einem Lastwagen auszuladen. Er war so schnell, daß der Deutsche, der merkte, wieviel Kraft Zygmund hatte, ihn zum Kapo ernannte.

Zum Mittagessen kehrten wir in Lager I zurück. Jeder von uns bekam seinen eigenen Napf. Wir standen Schlange und hielten unsere Näpfe vor uns, und sie schenkten Kohlsuppe mit ein paar Stückchen Pferdefleisch aus. Die Mittagspause dauerte eine Stunde. Müde von der Anstrengung legte ich mich hin. Nach dem 13-Uhr-Appell war es Zeit, wieder an die Arbeit zu gehen.

Da Zygmund nicht mehr mit mir zusammen arbeitete, mußte ich den Zaun allein fertigmachen. In anderthalb Metern Entfernung lag die Freiheit, aber bewaffnete ukrainische Soldaten waren entlang des Zauns postiert, und auch in den Wachtürmen saßen schußbereite Wachen. Meine Aufgabe war einfach, aber ich kam mir vor wie auf dem Präsentierteller.

Der Arbeitstag endete um 17 Uhr. Unser Kapo führte uns zurück in Lager I. Ich holte den Blechnapf unter meinem Kopfkissen hervor und gesellte mich zu den anderen, die fürs Abendbrot Schlange standen. Als ich an der Reihe war, schenkte mir der Koch an der Essensausgabe etwa einen halben Liter schwarze Flüssigkeit aus, die nach leicht gesüßtem, warmem Wasser schmeckte. Es gab dunkles Brot mit der Warnung, daß ich bis zum nächsten Abend damit auskommen müsse. Die Leute saßen ruhig im Hof und aßen. Dann spülten wir unsere Näpfe mit kaltem Wasser aus und warteten auf den letzten Appell. Es dauerte nicht lange, bis ich ein schrilles Pfeifen hörte. Die Peitschen der Kapos knallten, bis wir uns alle in ordentlichen militärischen Formationen versammelt hatten.

Das Melderitual wurde wiederholt. Die Kapos traten vor den zuständigen SS-Mann, doch diesmal wurden einige scharfe Kommandos ausgestoßen, und ein paar Häftlinge traten zur Seite, ließen die Hosen herunter und wurden einer nach dem anderen vor aller Augen mit langen Peitschen geschlagen. Die Häftlinge schrien, was ich aber vor allem hörte, waren laut aufgesagte Nummern.

Jozek erklärte später, daß jeden Tag nach dem letzten Appell einige Häftlinge vortreten mußten, um bestraft zu werden. Die Häftlinge zählten schreiend ihre Hiebe, bis die Anzahl erreicht war, zu der sie verurteilt worden waren – normalerweise mindestens 25 Stück. Versäumten sie es, laut mitzuzählen, wurden sie zu Tode geprügelt. Nach dieser Darbietung durften wir abtreten. Aber ausruhen durften wir uns nicht – noch nicht. Auf Befehl der SS-Männer brachten uns die Kapos noch verschiedene deutsche Lieder bei, die wir singen sollten, wenn wir zur Arbeit marschierten. Wir gehorchten widerstandslos.

Später am Abend kam Jozek wieder in meine Baracke. Wir redeten eine Weile. Im März, kurz bevor ich eintraf, erzählte er, habe Himmler das Lager besucht. Ihm zu Ehren habe der Lagerkommandant siebzig schöne jüdische Mädchen exekutieren lassen, die eigens dafür ausgewählt und aus der nahe gelegenen Stadt Włodawa ins Lager gebracht worden seien.

Wir gingen hinaus in den Hof. Da kletterte gerade ein hübsches Mädchen auf einen der Eßtische, um uns das Lied »Mein jiddische Mamme«, das wir alle kannten, vorzusingen. Sie sang mit fester, klarer Stimme; das langgedehnte Wort »Mamme« war voller Sehnsucht, Schwermut und Kummer. Sie sang auf holländisch, aber ich kannte den Text auf jiddisch. Ich wußte, daß sie beim Singen an ihre Mutter dachte. Ich konnte es mir nicht leisten, von Rührung überwältigt zu werden, also zog ich weiter.

Hinter der Schneiderei spielten ein paar Häftlinge ein klassisches Stück mit Geige und Kontrabaß, als wäre es das Natürlichste der Welt. Wir betraten eine andere Baracke. In einer Ecke tranken ein paar Juden Alkohol. Jozek erklärte, daß die Leute heimlich über eine ukrainische Wache an Wodka gekommen seien – im Tausch gegen Goldschmuck, den sie beim Sortieren der Kleider der Opfer gefunden hatten.

Und immer wieder züngelten haushohe Flammen in den Himmel.

Die Verarbeitung des Rohmaterials

Mitten in der Nacht wurde ich von einem scharfen Pfeifton aus dem Schlaf gerissen. Mein Bettnachbar sagte, es sei ein Transport eingetroffen, einer aus Holland. Dieser Zug traf manchmal gegen 3 Uhr morgens ein.

Während die Transporte mit den Juden aus Osteuropa meist in überfüllten Güterwaggons oder Lastwagen nach Sobibór kamen, wurden die Holländer oft in normalen Passagierzügen ins Lager befördert. Die jüdische Verwaltung im holländischen Westerbork, dem Abfahrtsort, stellte den Kranken Ärzte und Schwestern, den Versehrten und Säuglingen Dienstmädchen zur Seite. Reichlich Lebensmittel und Medizin wurden in angehängten Güterwaggons transportiert.

Kapo Bunio stürmte in unsere Baracke, machte Licht und brüllte: »Kofferträger und Friseure ... fertigmachen!«

Hier und da sprangen Häftlinge von ihren Lagern, schlüpften hastig in ihre Kleider und liefen hinaus auf den Platz. Offenbar erwartete man einen großen Transport. Ein anderer Kapo zerrte weitere Männer von ihren Schlafplätzen, darunter auch mich. Ein paar von uns wurden zu »Kofferträgern« ernannt, der Rest zu »Friseuren«.

Das Lager war hell erleuchtet. Als ich zur Arbeit geführt wurde, sah ich, daß es in der Ferne auf dem Bahnsteig sehr lebhaft zuging. Neuankömmlinge stiegen gerade aus dem Zug aus. Ein schmalspuriger Kippwagen fuhr vorbei. Dort wurden, wie ich erfuhr, nicht nur die großen Gepäckstücke hineingeworfen, sondern auch die Kranken, die Alten, die Krüppel und alle anderen, die sich nicht ohne Hilfe auf den Beinen halten konnten. Der Rest folgte dann den SS-Männern zu einer länglichen Baracke.

Unsere achtköpfige Gruppe wurde zu dieser Baracke gebracht und mußte dort auf die ankommenden Juden warten. Es handelte sich um eine große, fensterlose Baracke; die Eingangs- und Ausgangstore standen weit offen. Zwei Häftlinge wurden an den Eingang gestellt, vier in die Mitte und zwei an den Ausgang. Wir hatten die Aufgabe, die Juden, die durch die Baracke hindurchgingen, aufzufordern, ihre Geldbörsen und ihr Handgepäck dazulassen.

Die erste Gruppe der Verdammten kam näher. Vorne gingen die Frauen. Sie waren gut angezogen. Ich stand einen Augenblick lang da und war fassungslos. Es war früh am Morgen, und viele hatten schlafende kleine Kinder auf dem Arm. Sie ahnten nicht, daß sie in den Tod gingen.

Das plötzliche Peitschenknallen erinnerte mich daran, daß ich nicht einfach nur herumstehen konnte. Die älteren Häftlinge wiederholten andauernd einen Satz auf holländisch und wiesen die Leute, die an uns vorbeikamen, darauf hin, daß sie ihre Habseligkeiten dalassen sollten; ich sprach den Satz nach. Am Ausgang stand ein SS-Mann, und wehe, wenn er dort jemanden erblickte, der durch die Baracke hindurchgegangen war und noch immer etwas in der Hand hatte.

Hin und wieder sah ich Verwirrung und Mißtrauen in ihren Gesichtern. Sie hatten ihre schweren Koffer auf dem Bahnsteig zurückgelassen, ohne sich etwas dabei zu denken, weil jedes Gepäckstück ein Etikett hatte, aber hier sollten sie nun ihr Hab und Gut auf einen riesigen Haufen werfen. Wenn sich jemand weigerte, seine Börse oder Handtasche zurückzulassen, wurde er so lange mit der Peitsche traktiert, bis er gehorchte.

Kolonnen von gut fünfhundert Menschen zogen durch das Gebäude hindurch. Vom Nebengleis hinter dem Lager hörten wir, daß dort noch weitere Zugladungen eintrafen. Nun aber mußte erst einmal dieses Gebäude freigeräumt werden.

Die Baracke hatte mehrere Türen, die in kleinere Nebengebäude führten. Ein paar Häftlinge kamen durch diese Türen herein, und gemeinsam luden wir das ganze Handgepäck auf Decken und trugen es in die angrenzenden Räume. Darin befanden sich Tische, an denen Frauen die Beute sortierten. Wir warfen eine Ladung nach der anderen dort ab. Bald darauf war die Baracke leer und der Sandboden frisch geharkt.

Dann führten uns die SS-Männer zum Tor eines eingezäunten Hofes und gaben uns den Befehl zu warten. Man hörte eine deutsche Stimme. Ich dachte erst, irgend jemand habe gerade eine Rede gehalten. Nach einer Weile ging das Tor auf, und wir traten ein. Jetzt war der Hof wie leergefegt. Bis auf die Haufen mit ordentlich zusammengelegten Kleidern, Anzügen und Unterwäsche.

Wir verfrachteten die Kleidung auf Decken und trugen sie zurück durch das Tor. Ich begriff, daß sie den Juden gehörte, die sich hatten ausziehen müssen. Zusammen mit den anderen betrat ich einen großen Lagerraum. Wir warfen die Kleider auf große kurze Tische.

Da bereits die nächste Gruppe vom Bahnsteig unterwegs war, mußten wir zur ersten Baracke zurück, wo die Geldbörsen und kleinen Gepäckstücke zurückgelassen wurden. Die gleiche Prozedur ging von vorne los. Danach gingen wir wieder hinüber zum Hof, wo sich die Leute ausziehen mußten und warteten, bis das Tor aufging.

Diesmal waren wir etwas früher dran, und wieder bekamen wir mit, wie drüben im Hof irgendein Deutscher eine Art Rede hielt. »Der ›Priester‹ redet gerade«, flüsterte Szmul. Ich spitzte die Ohren. Es sprach jemand erstaunlich entspannt und höflich, ganz anders, als man es von den Nazis kannte. Der Sprecher entschuldigte sich bei den Zuhörern wegen der Unannehmlichkeiten. Aus hygienischen Gründen müßten sie sich ausziehen, ihre Kleidung ordentlich zusammenfalten und anschließend duschen, bevor sie sich in den komfortablen Unterkünften, die sie erwarteten, erholen konnten. Er empfahl ihnen, von den vorbereiteten Postkarten zu nehmen und ihren Familien in Holland ein paar Zeilen zu schreiben, daß sie gesund und munter in Polen angekommen seien.

Die tröstliche Rede des äußerst zuvorkommenden SS-Manns tat seine Wirkung. Es gab Applaus. Ich hörte, wie sich die Leute auf die Gratispostkarten stürzten, ohne zu ahnen, daß diese Postkarten ein Trick waren, um das Märchen von der »Umsiedlung« auch noch für den nächsten Transport glaubhaft zu machen. Hätte man durch den Zaun, der uns trennte, nur hindurchsehen können, hätten sie den noch warmen Kleiderberg ihrer Vorgänger sehen können, der darauf wartete, sortiert und verpackt zu werden.

Plötzlich hörte ich das Brummen eines Verbrennungsmotors. Gleich darauf erscholl ein grauenvoll hoher und zugleich erstickter, kollektiver Schrei – erst war er laut und übertönte das Motorengeräusch, dann, nach einigen Minuten, wurde er allmählich schwächer. Das Blut gefror mir in den Adern. Bestimmt war auch den Leuten beim Ausziehen im Hof nebenan der Schrei nicht entgangen, aber wie hätten sie wissen können, was es damit auf sich hatte? Man hätte das Geräusch, gedämpft durch die Motoren und dicken Wände der Gaskammern, auch für ein fernes Donnergrollen, ein heraufziehendes Unwetter halten können.

Ein mit Maschinengewehr und Peitsche bewaffneter SS-Mann beaufsichtigte uns, und wir standen wartend da, als wäre die Zeit stehengeblieben. Jetzt hatte der »Priester« seine Rede beendet, und wieder gab es Applaus.

Genau wie ihre Vorgänger betraten die Leute nun das, was

die Deutschen sadistisch die »Himmelfahrtstraße« nannten. Dieser Weg führte an einem Stacheldrahtzaun vorbei zur Haarschneide-Baracke und schließlich zu den Gaskammern.

Da nun in diesem Teil des Lagers nichts mehr zu tun war, wählte der SS-Oberscharführer Karl Frenzel willkürlich vier Häftlinge aus, darunter auch mich, und führte uns zur Haarschneide-Baracke, die kaum fünf Meter von den Gaskammern entfernt lag. Dort standen einfache Holzstühle. Josef Wolf, ein kurzer, dunkelhaariger SS-Mann mittleren Alters, stand mitten im Zimmer. Man gab mir eine große Schere und befahl mir zu warten. Langsam kamen die Frauen herein. Ich wußte nicht, was ich tun sollte.

»Schneide einfach schnell und in dicken Strähnen«, sagte mir ein Kamerad. »Du brauchst nicht nah am Kopf schneiden.«

Ich war schrecklich verlegen. Ich hatte noch nie eine nackte Frau gesehen. Wie alle 15jährigen Jungs wollte ich es immer, aber beim Anblick dieser nackten und gedemütigten Frauen war ich peinlich berührt. Ich tat mein Bestes, sie nicht direkt anzusehen, und sie blickten zu Boden und versuchten, ihre Körper zu bedecken.

Nicht alle Frauen reagierten so. Eine der Frauen wehrte sich und wollte nicht weitergehen. Als der Aufpasser sie mit der Peitsche schlug, attackierte sie ihn mit Fäusten und Fingernägeln, aber die Kugeln der Deutschen waren schneller und töteten sie in Sekundenschnelle. Daraufhin resignierten die meisten und fügten sich ihrem Schicksal. Ein junges Mädchen weinte über den Verlust ihres schönen Haars und bat darum, daß man ihr nicht zuviel davon abschnitt.

Nur noch wenige Minuten, und sie würden sterben, ohne daß wir das geringste dagegen tun konnten. Nachdem die Frauen weg waren, füllten wir ihr Haar in Kartoffelsäcke, die dann in einen nahe gelegenen Lagerraum gebracht wurden.

Nach etwa dreistündiger Arbeit und über zweitausend Toten mußten wir auf Befehl der SS-Männer wieder zurück in unsere Baracken. Wir wurden durchgezählt. Alles wurde registriert – wie viele ermordet wurden und auch wie viele noch am Leben waren. Auf dem Rückweg wurden die Scheinwerfer um uns herum nacheinander abgeschaltet. Es war eine sternenklare Nacht.

Als wir auf unsere Baracke in Lager I zukamen, hörten wir aus der Richtung der Gaskammern ein immer wiederkehrendes, dumpfes Geräusch, als würde jemand Steine gegen eine Blechkiste werfen. Später erfuhr ich, was das Geräusch zu bedeuten hatte. Häftlinge im Bereich der Krematorien warfen die Toten auf die schmalspurigen Kippwagen, die die Leichen zu den Verbrennungsöfen beförderten.

Als wir in unserem Gefängnishof ankamen, wurden wir erneut durchgezählt, bevor wir in unsere Baracken zurück und weiterschlafen durften. Am Morgen würde eine andere Gruppe die Beute weitersortieren und zum Verschicken fertigmachen.

Sklave

Ich wurde einer der etwa hundert Sklaven, die neun Stunden pro Tag, sechseinhalb Tage die Woche Kleidung sortierten. Dazu griff ich Kleidungsstücke aus dem Haufen heraus, warf die Hemden nach links, Unterwäsche nach rechts, Pullover hierhin, Hosen dorthin und so weiter. Aber zuerst trennte ich den Judenstern ab. Die neuen Besitzer würden ihn nicht brauchen. Jedes Kleidungsstück wurde durchsucht, und alle Wertsachen kamen in eine Holzkiste, die in der Nähe stand. Sämtliche Fotos, Papiere und Aufnäher wurden auf Decken geworfen und weggeschafft, um anschließend verbrannt zu werden. Nach dem Kleidersortieren mußte man die einzelnen Kleidungsstücke in Zehnerbündel zusammenbinden und in bestimmte, jeweils nach Männer- und Frauenkleidung getrennte Lagerräume tragen.

Etwa einen Monat lang hatte ich Kleidung sortiert, als ich entdeckte, wo die leeren Koffer aufbewahrt wurden. Im Labyrinth der Koffer und Kisten hatte ich eine kleine Ecke gefunden, wo ich mich hinsetzen konnte und meine Ruhe hatte. Ich traf mit dem zuständigen Häftling, den alle immer nur Berliner nannten, ein Abkommen: Ich hatte Lebensmittel, die ich beim Gepäcksortieren mitgehen ließ, konnte mich aber nirgends zurückziehen, um ungestört zu essen; er hatte den Platz, aber keine Möglichkeit, an Eßbares zu kommen. Und so handelten wir einen Tausch aus.

Es war ein sonniger Julitag. Die Lokomotive, die die Schmalspur-Kippwagen zog, hatte den Geist aufgegeben. Zygmund Tuchman, der jetzt Kapo war, mußte drei Häftlinge damit beauftragen, einige mit Konservendosen beladene Wagen zum Tor von Lager III, dem Gaskammer-Bereich, zu schieben. Häftlingen aus anderen Bereichen war es strengstens untersagt, auch nur einen Blick in Lager III hineinzuwerfen. Unter Zygmunds Aufsicht schaffte es die Gruppe bis zum Tor, aber anstatt dem Befehl zu gehorchen und sofort wieder kehrtzumachen, waren sie zu langsam, und das Tor zu Lager III ging vor ihren Augen auf. Die Gruppe durfte nicht in Lager I zurückkehren. Ich sah meinen Freund Zygmund nicht wieder.

Dieser Teil von Sobibór war unser Alptraum. Dorthin versetzt zu werden bedeutete, bis zur vollkommenen Entkräftung in den Krematorien zu arbeiten. Kurze Zeit später kam auch ich zum ersten Mal mit Lager III in Berührung. SS-Oberscharführer Rudolf Beckmann kommandierte mich und zwei weitere Häftlinge dazu ab, ihn zu begleiten. Er führte uns auf ein leeres Feld zwischen den Lagern I und II. Auf der Pritsche eines Lastwagens standen zwei etwa 20jährige Mädchen, von denen eine vollkommen nackt und wahrscheinlich auch verletzt war.

»Ihr da«, sagte er und zeigte auf die anderen beiden Häftlinge, »tragt die Nackte. Und du« – er zeigte auf mich – »gehst mit der anderen. Bringt sie in Lager III.«

Die Mädchen hatten Angst, sagten aber nichts. Ich ahnte, daß sie sich fragten: Was heißt das, Lager III? Beckmann folgte uns mit energischen Schritten.

Beim Gehen flüsterte das Mädchen verzweifelt auf polnisch: »Ich habe Geld. Biete es dem Deutschen an. Hilf mir … tu was!« Sie ahnte nicht, daß die Deutschen ihr wenig später nicht nur ihr Geld wegnehmen, sondern sie auch noch umbringen würden. »Du bist doch auch Jude! Wie kannst du so was tun, hast du kein Gewissen? Hilf uns doch!« Ich wagte es nicht, ihr zu antworten. Beckmann ging direkt hinter mir, und es würde auch für mich den Tod bedeuten.

»Werde ich sterben?« fragte sie. Sollte ich ja sagen? Was hatte es für einen Sinn, die Wahrheit zu sagen? Ich hielt den Mund. Wir kamen ans Tor zum Hof, in dem sich die Gaskammern befanden. Mein Herz raste. Ich hatte entsetzliche Angst. Würde er mich ebenfalls hineinschicken?

»Geh zurück«, befahl Beckmann. Ich drehte mich um und rannte, so schnell ich konnte. Kurze Zeit später hörte ich Schüsse. Die Mädchen waren exekutiert worden. Erschüttert ging ich wieder an meine Arbeit. Ihre verzweifelten Gesichter quälten mich und ließen mir keine Ruhe. Sie waren so jung, so hübsch, und ihr Leben hatte gerade erst angefangen. Und sie waren nur zwei von hunderttausend anderen.

Als ein wenig Zeit vergangen war und ich mit dem System allmählich vertrauter wurde, begriff ich, daß es für die Häftlinge im Lager zweierlei Arbeitsabläufe gab. Einmal ging es darum, in unterschiedlichen Gruppen an festen Arbeitsstellen Kleidung, Schuhe, Wertsachen und so weiter zu sortieren. Der zweite Arbeitsablauf ging in dem Moment los, wenn ein Transport mit Juden eintraf. Dann wurden aus der Menge der Arbeiter Sondergruppen gebildet, um die Neuankömmlinge abzufertigen. Dazu zählten das Bahnhofskommando, das die Juden auf dem Bahnsteig in Empfang nahm; die Gruppe, die für die Durchgangsbaracke und für das Handgepäck zuständig war; die Leute, die die Kleidung zu den Sortiertischen brachten; diejenigen, die den Boden der schmalen »Himmelfahrtstraße« harkten, wenn die Juden hindurchgelaufen waren; und die »Friseure«, die den Frauen die Haare abschneiden mußten. Nachdem die Neuankömmlinge abgeschlachtet worden waren, kehrte wieder »Normalität« ein, und wir Häftlinge widmeten uns wieder unseren früheren Aufgaben.

Es vergingen furchtbare Tage. Am 7. Mai 1943 traf ein neuer Transport aus Holland ein und wurde über Nacht abgefertigt. Wir kehrten in unsere Baracke in Lager I zurück. Es war vier Uhr morgens. Im Lager war es still. Tausende von Juden waren verschwunden, als hätte es sie nie gegeben.

In einer Ecke neben einem Laternenpfahl bemerkte ich etwa dreißig neue junge Leute. Ich fragte mich, warum sie wohl da herumstanden. Alle anderen hatten es eilig, wieder zu ihren Schlafplätzen zu kommen.

Kaum war ich in meiner Baracke, überkam mich die Neugier, und ich mußte herausfinden, was los war. Als ich vor die Tür trat, drang von zwei Seiten fahles Licht durch die Dunkelheit. Im Osten schob sich die Sonne herauf, während der nördliche Himmel von den brennenden Scheiterhaufen erleuchtet wurde.

Kapo Bunio stand am Rand der Gruppe. Er bemerkte mich, sagte aber nichts, obwohl er mich dafür hätte bestrafen können, daß ich mich aus meiner Baracke entfernt hatte. Sichtlich erschöpft unterhielten sich die Neuankömmlinge leise miteinander. Alle waren sehr gut angezogen.

Ein hochgewachsener Mann in dunklem Anzug und Krawatte winkte mich zu sich. Kapo Bunio bekam nicht mit, wie ich mich zu der Gruppe stellte, weil er mit Yosel ins Gespräch vertieft war. Der Mann sagte etwas zu mir, aber ich verstand ihn nicht. Mein Holländisch beschränkte sich auf das, was mir die SS-Leute in der Durchgangsbaracke beigebracht hatten – »Werft euer Handgepäck hier hin« –, und auf die Wörter, die man immer und immer wieder am Tor zur Todesstraße hörte – »Gold, Geld und Uhren beim Kassierer abgeben«. Er versuchte es mit einer anderen Sprache, ich glaube, Französisch, aber noch immer verstand ich kein Wort.

Plötzlich fiel mir ein Zwillingspaar auf, zwei etwa 15jährige Mädchen, die sich fest an den Händen hielten, als hätten sie Angst, einander zu verlieren. Sie sahen mich mit ihren blauen Augen durchdringend an.

»Sprichst du deutsch?« fragte eine von ihnen.

»Ja.«

»Kannst du uns sagen, wo wir hier sind? Ist es Sobibór, wie es am Bahnhof stand?«

»Ja.«

»Könntest du uns später zeigen, in welcher Baracke unser Vater und unser Bruder untergebracht sind?«

Offensichtlich handelte es sich um eine Gruppe, die man direkt aus dem Frühtransport herausgesucht hatte, um diejenigen zu ersetzen, die in den vergangenen Wochen getötet worden waren oder Selbstmord begangen hatten. Anscheinend hatte ein SS-Mann aus einer Laune heraus das Leben der Zwillinge gerettet, zumindest vorübergehend.

Was sollte ich ihnen erzählen? Sie hatten keine Ahnung, wo sie waren. Einige, die Deutsch verstanden, kamen interessiert näher, und allmählich wurde die Situation für mich brenzlig. Ich mußte mich beeilen.

»Wie heißt du?«

»Inge.«

»Ich bin Toivi, ich bin aus Polen ... Bis morgen beim Frühstück. Ich kann jetzt nicht weiterreden. Macht's gut.« Und damit schlüpfte ich wieder in meine Baracke.

Während ich zu meinem Schlafplatz hinaufkletterte, dachte ich darüber nach, wie sehr sie mich an die blonde Rywkele Flajszman erinnerten, ein armes Mädchen, das meiner Mutter gegen Verpflegung im Haushalt geholfen hatte, als ich noch ein Kind war. Im Frühjahr 1942 war Rywkele mit ihren Eltern nach Bełżec gebracht worden. Ich hatte immer Gewissensbisse, weil ich sie beschimpft und mich als Sohn des Hauses aufgespielt hatte. Und jetzt war es zu spät, ihr zu sagen, daß ich sie in Wirklichkeit gern gehabt hatte.

Ich mußte ständig an die Zwillinge denken. Obwohl ich bis elf Uhr schlafen durfte, weil ich wegen der Ankunft eines Transports die Nacht durchgearbeitet hatte, beschloß ich, bis zum Morgenappell aufzubleiben, damit ich sie wiedersehen konnte.

Das Signal ertönte, und ich sprang von meinem Schlafplatz herunter. Ich fragte Podchlebnik, den Aufseher des Waldkommandos, den ich noch aus Izbica kannte und der immer nett zu mir war, wo die Neuankömmlinge seien. Aber er wußte nicht einmal etwas von ihrer Ankunft. Ich ließ meinen Blick über die Leute schweifen, die nach Kaffee Schlange standen, aber die Zwillinge waren nirgends zu sehen.

Da entdeckte mich Kapo Pożycki. Noch ehe ich ihm erklären konnte, daß ich Nachtschicht gehabt hatte und lange schlafen durfte, schlug er mir mit der Peitsche auf den Kopf und die Schultern und schrie mich an, zum Appell zu gehen. Inzwischen kamen die SS-Männer in den Hof, und die Häftlinge mußten sich entweder in Reih und Glied aufstellen oder aus ihrem Blickfeld verschwunden sein. Ich hatte keine Zeit umzukehren. Also marschierte ich nach dem üblichen Appell mit den anderen zur Arbeit.

Zum Glück hatte Berliner, der Gepäcksortierer, nichts dagegen, daß ich mir eine große Kiste suchte und mich bis zur Mittagspause hineinlegte, um ein Nickerchen zu machen.

Inge entdeckte mich während der Essensausgabe. »Tofi!« Ich drehte mich um, und da waren sie, die Zwillinge. »Wir haben nicht gefrühstückt«, sagte eine von ihnen. »Sie haben uns netterweise erlaubt, nach der langen Reise erst mal auszuschlafen.«

Gott! Sie hatten keine Ahnung! Das Wort »netterweise« klang absolut ahnungslos.

»Tofi, bring uns zu unserem Bruder und Vater. Bitte such sie für uns.«

Ich konnte nicht genau sagen, mit welcher von den beiden ich mich in der Nacht zuvor unterhalten hatte. Auch ihre Stimmen klangen gleich. Ich sah, daß sie keine Blechnäpfe hatten und Gefahr liefen, ihre Mahlzeit zu verpassen. Ich bat sie, in der Schlange zu warten, und lief davon, um Geschirr für sie aufzutreiben. Ich ging zum Sohn des Kochs, Cukerman, der ein Bekannter von mir war, und er half mir, zwei Näpfe für die Mädchen zu finden. Wir kamen gerade noch rechtzeitig.

Ich führte sie zu den Tischen. »Eßt«, sagte ich. »Ich erklär' euch später alles.«

Hin und wieder hielten sie beim Essen inne, unterhielten sich leise auf holländisch und warfen mir einen Blick zu, der zu sagen schien: »Was ist denn mit dem los? Kann der nicht mal die einfachsten Fragen beantworten?«

Ich redete oft mit den anderen Häftlingen über Sobibór, und wir scherzten sogar darüber, wie wir wieder rauskommen würden, nämlich als Rauchwolke. Aber das hier war etwas anderes. Ich wünschte, sie würden selbst darauf kommen oder jemand anders würde ihnen die Wahrheit sagen. Warum mußte es ausgerechnet ich sein?

Sie waren so unschuldig und naiv. Die Flammen schossen in den Himmel, der Gestank hing überall in der Luft. Wie konnten sie da noch solche Fragen stellen?

»Inge, wir müssen zurück an die Arbeit. Heute abend sag' ich's euch ganz sicher. Ich warte zwischen den Baracken auf euch, gleich nach dem Abendbrot.« Bis dahin würden sie es wissen … hoffte ich.

Den ganzen Nachmittag lang mußte ich an sie denken. Ich suchte sie in der Baracke, wo die Frauen Kleidung sortierten, aber dort waren sie nicht. Sobald das Tagwerk erledigt war und wir wieder in unseren Hof kamen, steuerte ich den Treffpunkt zwischen den Baracken an.

Sie warteten schon. Bestimmt wußten sie inzwischen Bescheid. Sie waren in einer Arbeitsgruppe. Die anderen mußten es ihnen gesagt haben.

Wir begrüßten uns und ließen uns auf den Holzplanken für die neuen Baracken nieder. Sobibór wurde vergrößert.

»Wo arbeitest du, Inge?«

»In den Hühnerställen.«

Sie arbeiteten allein. Dann wußten sie es also noch immer nicht.

»Inge, frag mich, und ich werde versuchen, dir zu antworten. Was willst du wissen?«

»Tofi, ich will zwei Sachen wissen. Wo finden wir unseren Vater und unseren Bruder, und wie kann ich einen Brief nach Holland schicken?«

Es gab kein Entrinnen. Sie würden es ja ohnehin erfahren. Ich wußte nicht, wie ich anfangen sollte, deshalb verbesserte ich sie erst einmal.

»Inge, ich heiße Toivi, nicht Tofi. Sag mal, als ihr aus Holland weggefahren seid, wo, dachtet ihr, ginge die Reise hin?«

»Es hieß, wir würden umgesiedelt, bis der Krieg zu Ende sei.«

»Und das habt ihr geglaubt?«

»Wieso nicht? Das haben doch sogar die holländischen Wachen und die Leute in den jüdischen Behörden gesagt. Wir haben Karten bekommen von Leuten in früheren Transporten.«

»Aber ist euch hier denn noch gar nichts aufgefallen?«

Sie überlegten. Im selben Augenblick schossen haushohe Flammen von den Krematoriumsöfen hinter dem getarnten Zaun von Lager III in den Himmel, und ich fuhr fort: »Dieses Feuer, zum Beispiel? Der Gestank?«

Ich platzte heraus: »Hört zu, ihr werdet weder euren Vater und euren Bruder wiedersehen noch werdet ihr hier jemals lebend rauskommen. Das hier ist Sobibór. Ein Vernichtungslager.« Sie schwiegen. Sie sahen sich an, noch immer nicht imstande zu begreifen.

»Hört zu«, wiederholte ich, »es ist wahr. Ich bin nicht verrückt. Ihr müßt mir glauben. Der Gestank kommt von den Leichen, die tagelang in der Sonne liegen und darauf warten, verbrannt zu werden. Und in dem Feuer, das ihr da hinten seht, werden sie verbrannt. Wo wir sind, werden Juden vergast und verbrannt.«

In dem schwachen Licht konnte ich ihren Gesichtsausdruck nicht genau erkennen, aber sie blickten mich unverwandt an und faßten sich wieder an den Händen. Dann fingen sie an, sehr schnell auf holländisch zu reden, merkten aber bald, daß ich kein Wort verstand, und wechselten wieder zu Deutsch.

»Das kann nicht sein, Toivi! Sie sind am Leben. Mein Vater und mein Bruder sind jung. Bestimmt arbeiten sie irgendwo!«

Ich hatte den Eindruck, daß sie mir zwar glaubten, aber nicht bereit waren, der Wahrheit ins Auge zu sehen. »Inge, es gibt sie nicht mehr. Wenn ihr erst mal eine Weile hier seid, werdet ihr es verstehen. Ihr werdet sehen.«

Die beiden Schwestern standen ruhig auf und sahen zum Feuer hinüber. Ich wartete auf Tränen, doch es kamen keine. Ich habe nie jemanden weinen sehen in Sobibór. Bevor ich nach Sobibór kam, konnte ich mir den Tod eines Elternteils kaum vorstellen. Ich hätte furchtbar gelitten und mit Sicherheit auch geweint. In Sobibór verlor ich innerhalb von nur einer Stunde meine Familie, aber ich schaltete jeden Gedanken daran aus. Mit den Mädchen war es jetzt genauso. Vielleicht war das eine natürliche Abwehrreaktion. Ich hätte gern meine Arme um sie gelegt. Aber wir standen einfach nur da ... drei verlorene junge Leute.

Unaufgefordert erzählte ich ihnen, was mit den Transporten geschah, und sparte dabei nichts aus. Es sprudelte alles nur so aus mir heraus. Die ganze Zeit über sahen sie hinüber zum Feuer. Ich wußte, daß unsere Einsamkeit, unsere verdrängten Gefühle dieselben waren. Als ich alles gesagt hatte, ließ ich sie allein.

Wir trafen uns oft und erzählten einander aus unserem Leben. Ihre Eltern waren gebildet und wohlhabend, der Vater war ein hoher Justizbeamter in Deutschland gewesen. Als die Nazis an die Macht kamen, war die Familie nach Scheveningen in Holland gezogen, wo sich die Eltern bald scheiden ließen. Vater und Bruder waren mit den Mädchen nach Sobibór gekommen.

Manchmal malten wir uns aus, wie es wäre, den Krieg zu überleben, aber diese Gespräche klangen immer künstlich, wie Märchen, und irgendwann ließen wir es sein.

Es dauerte eine Zeit, bis ich die Zwillinge auseinanderhalten konnte. Inge war neugieriger und hatte ein offeneres Wesen. Als sie einmal dicht neben mir saß, wurde ihr blondes Haar vom Wind in meine Richtung geweht, und ich fing eine Strähne mit meinen Lippen. Als sie das bemerkte, wurde ich verlegen und schämte mich. Obwohl ich, was Mädchen betraf, unglaublich neugierig war und wußte, daß nach Sobibór nichts mehr kommen würde, unternahm ich bei ihr nie wieder irgendeinen Versuch.

Ständig dachte ich an Flucht. Die Deutschen rissen im nahe gelegenen Włodawa einige Gebäude ab. Eine kleine Gruppe Häftlinge fuhr jeden Tag unter der Aufsicht ukrainischer Soldaten und des SS-Oberscharführers Dubois dorthin, um zu arbeiten. Vor dem Morgenappell lungerte ich in der Nähe der Włodawa-Gruppe herum. Vielleicht würde jemand krank werden. Vielleicht würden sie noch jemanden zusätzlich mitnehmen. Ich wartete auf eine Gelegenheit. Innerhalb nur weniger Tage wurde einer der Häftlinge von Wagner so brutal zusammengeschlagen, daß er nicht mehr arbeiten konnte. Ich fragte, ob ich an seiner Stelle mitdürfe, und der Kapo war einverstanden.

Es dämmerte gerade, als wir das Lager in Richtung Dorfbahnhof verließen. Kurz darauf traf ein planmäßiger Zug ein. Die Deutschen stiegen in ein Abteil und stellten vor jede Tür eine Wache, und irgendwann erreichten wir die Stadt. Wir liefen ungefähr anderthalb Kilometer zu Fuß vom Bahnhof zum Stadtzentrum. Unterwegs kam uns auf dem schmalen Gehweg ein Gruppe von Polen entgegen. Einer von ihnen machte nicht schnell genug Platz für unseren deutschen Wachmann. Er schlug den Polen bewußtlos.

An dem Tag bestand unsere Arbeit darin, die Öfen einer jüdischen Bäckerei auseinanderzunehmen. Sobibór brauchte feuerbeständige Ziegelsteine. Obwohl Włodawa offiziell bereits judenfrei war, arbeiteten etwa 150 jüdische Mädchen dort unter örtlicher Aufsicht und sortierten die Ausbeute der verlassenen jüdischen Häuser. Wir sahen sie aus der Ferne und dachten, daß wir ihnen vielleicht helfen könnten. Dafür setzten wir unser Leben aufs Spiel, indem wir Geld und andere Wertsachen nach Włodawa schmuggelten. Wir hofften, die Mädchen würden die Sachen vielleicht finden und benutzen, um falsche Papiere oder Lebensmittel zu kaufen und sich in Sicherheit zu bringen. Aber am Ende landeten die meisten in Sobibór und wurden vergast.

Während wir zur Arbeit und von der Arbeit zurück marschierten, mußten wir singen. Die Polen blieben verwirrt auf der Straße stehen und starrten uns an. Wann hatten sie zum letzten Mal Juden gesehen, dazu noch junge und kräftige Juden, die fröhliche Lieder sangen? Sie wußten nicht, was sie davon halten sollten. Als sie hörten, daß wir aus Sobibór kämen, waren die Straßen in Sekundenschnelle wie leergefegt.

Ein paar Wochen später war die Ziegelbeförderung abgeschlossen. Eine Fluchtmöglichkeit hatte sich nicht aufgetan. Nicht nur die Deutschen hatten uns ständig im Blick, auch die Häftlinge ließen einander nicht aus den Augen. Wir wußten, daß alle dafür verantwortlich gemacht würden, wenn einer von uns entkam. Und eine Massenflucht mitten in einer Stadt voller Nazi-Kollaborateure war ohnehin zum Scheitern verurteilt.

Mir fiel auf, daß es von Nachteil war, wenn Häftlinge immer nur an einem Platz arbeiteten, denn die zuständigen SS-Leute merkten sich ihre Gesichter. Schon die kleinste Abweichung vom normalen Tagesablauf würde sofort auffallen.

Inzwischen hatte man begonnen, das Lager zu vergrößern; der Anbau wurde Lager IV oder auch Lager Nord genannt. Bunkerähnliche Räume wurden hochgezogen. Es ging das Gerücht, daß dort sowjetische Munition sortiert werden sollte. Aus Gesprächen mit Häftlingen, die dort arbeiteten, erfuhr ich, daß an der Peripherie des erweiterten Geländes Wachtürme standen, die sich noch im Bau befanden, und daß einige Waldstücke noch immer nicht eingezäunt worden waren. Die ukrainischen Wachen dort waren zwar grausam, doch das Gebiet schien nicht sonderlich streng bewacht zu werden. Vielleicht würde sich eine Fluchtmöglichkeit auftun!

Ich packte die Gelegenheit am Schopfe. Einige Häftlinge aus Lager I waren dabei, in Lager Nord eine Straße zu bauen, und ich meldete mich freiwillig zu dieser Arbeit.

Die Aufsicht hatte der Scharführer Arthur Dachsel. Mit 55 Jahren war Dachsel der älteste SS-Mann in Sobibór. Er war außerdem einer der weniger brutalen; des öfteren schützte er sogar »seine« Häftlinge vor den Schlägen der Wachen, und sei es auch nur, damit wir in arbeitsfähigem Zustand blieben. Ich holzte kleine Bäume ab, hackte die Stämme in fünf Meter lange Stücke und legte sie anschließend zur Seite; sie sollten als Fundament für die neue hölzerne Straße dienen. Dachsel bemerkte, daß ich mich nicht schmutzig machte und immer aufrecht ging.

Als alle kleineren Bäume in der unmittelbaren Umgebung abgeholzt worden waren, sollte ich eine Gruppe von Arbeitern anführen, die tiefer im Wald mit dem Abholzen von großen Bäumen beschäftigt war. Es war eine leichte Aufgabe. Die Männer mußten sich in Reih und Glied stellen, dann ließ ich sie losmarschieren wie beim Militär: »Links zwei drei vier … links zwei drei vier …« Wir wurden ausschließlich von Ukrainern bewacht, und ich ließ die Männer derbe ukrainische Lieder singen, um die Wachen bei Laune zu halten und dadurch Prügel zu vermeiden. Meine Methode funktionierte.

Als ich eines Tages mit meiner Gruppe gerade zur Arbeit marschierte, tauchte plötzlich der SS-Mann Karl Frenzel auf.

»Halt!« brüllte er.

»Abteilung ... halt!« Ich hielt meine Gruppe an.

»Bück dich!« Er versetzte mir einen Hieb.

»Warum habe ich dich wohl geschlagen, Kleiner?«

Ich hatte keine Ahnung, was ich falsch gemacht hatte. Ich war verstört und antwortete ihm nicht. Frenzel schlug mich wieder. Noch einmal fragte er mich, ob mir klar sei, wie ich zu dieser Strafe käme. Verzweifelt sah ich Kapo Bunio an, der neben mir stand.

Der Kapo wiederum sah Oberscharführer Frenzel an, um seine Erlaubnis einzuholen. Frenzel nickte ihm zu.

»Du warst nicht im Gleichschritt«, sagte der Kapo mit eisiger Stimme.

Sofort nahm ich wieder Haltung an und befahl meiner Gruppe: »Abteilung vorwärts, marsch!« Diesmal war ich mit den anderen im Gleichschritt. Frenzel hatte gute Laune. Er schmunzelte und ging davon.

Ich holzte ein Gebiet mit jungen Bäumen ab und arbeitete mich fast bis zum Zaun vor, der Lager III umgab. Erst dachte ich, der Zaun wäre bloß einer von vielen in diesem Wald. Als ich aber auf der anderen Seite des Zauns, jenseits der Bäume, den Aufruhr und die durchdringenden Schreie von Menschen in Todesangst hörte, da wußte ich, daß ich mich genau hinter den Gaskammern befand.

Als wir ein paar Tage später die Bäume markierten, die noch abzuholzen waren, befahl uns die Wache zu singen. Die polnischen Juden kannten ukrainische oder polnische Lieder, die die Wachen verstehen konnten, die holländischen Juden aber nicht. Die »mangelnde Kooperation« der Holländer brachte die Ukrainer in Rage. Sie fingen an, die holländischen Häftlinge zu quälen und zu schlagen. Die meisten waren verletzt und bluteten. Der SS-Mann Dachsel, den ich wahrscheinlich hätte bitten können einzuschreiten, befand sich auf der anderen Seite des Lagers, und so war ich machtlos. Dachsel war ein relativ kontrollierter Mensch. Er wurde nie laut, und obwohl er eine Peitsche trug wie die anderen auch, hat er sie meines Wissens nie benutzt.

Am selben Tag, nach dem Appell, suchte ich die Sektion auf, wo die Holländer untergebracht waren. Ich hatte mich mit vielen von ihnen angefreundet, und sie taten mir schrecklich leid. Für sie war es ein unbeschreiblicher Schock, in Sobibór zu sein. Denn während die Polen schon viele Jahre der Erniedrigungen und des Leidens hinter sich hatten, kamen die Holländer buchstäblich über Nacht aus ihrer relativen Sicherheit in diese Hölle. Und die meisten hielten nicht lange durch. Man konnte schon von draußen ihr leises Stöhnen hören. Als am nächsten Morgen die ersten Sonnenstrahlen ins Zimmer fielen, hatten sich mehrere von ihnen erhängt.

Mir wurde bald klar, daß das Waldgebiet zwar teilweise nicht umzäunt war, wir aber von einer ganzen Reihe von Wachen beobachtet wurden und eine Flucht unmöglich sein würde. Es war also das beste, sich allmählich wieder aus Lager IV auszuklinken. Am nächsten Tag riskierte ich es und bat Dachsel, mich aus der Waldarbeiter-Truppe zu entlassen. Er war einverstanden und gab mir die Aufsicht über den Bautrupp, der die neue Straße anlegen sollte. Wir mußten lange schmale Gräben für die langen Baumstämme ausheben, die als Fundament der hölzernen Straße dienen würden. Sie sollte etwa 300 Meter lang sein und durch Lager IV führen.

An der Stelle, wo die Straße eine Linkskurve machen sollte, unterlief mir ein technischer Fehler. Ich hatte die Anweisungen Dachsels nicht verstanden und baute die Kurve flach anstatt mit einem leichten Gefälle. Der verärgerte, aber noch immer beherrschte SS-Mann entließ mich aus meiner »leitenden Position«, und so gehörte ich bald wieder zu den einfachen Arbeitern. Wenig später war die Straße fertig, und ich kehrte wieder in Lager II zurück.

Danach beschloß ich, das Waldkommando auszuprobieren. Dieser Trupp arbeitete ebenfalls außerhalb der Stacheldrahtzäune des Lagers. Die Leute vom Waldkommando waren dafür zuständig, Holz für die Krematorien zu beschaffen, indem sie Bäume abholzten und die dazugehörigen Wurzeln ausgruben. Der Bereich wurde zwar streng bewacht, aber immerhin konnten uns die Männer in den Wachttürmen nicht sehen. Vielleicht gab es irgendeine Möglichkeit, von hier aus zu fliehen. Ich wartete nämlich schon seit einer Weile auf diese Gelegenheit, um die Gegend auszukundschaften.

Eines Morgens fragte ich den Vorarbeiter Podchlebnik um Erlaubnis, mich seiner Gruppe anzuschließen. Er war einverstanden. Die Gruppe bestand aus zwanzig polnischen und zwanzig holländischen Juden. Jeden Morgen marschierten wir in ein Waldstück, das knapp fünf Kilometer vom Lager entfernt war.

Wie sich herausstellte, wurden wir auf Schritt und Tritt bewacht; auf zwei Häftlinge kam eine Wache. Wir hatten zwar »Waffen« – Äxte und Sägen, um die Bäume abzuholzen –, doch die Ukrainer hatten eine besonders wirksame Bewachungsmethode. Sie hielten relativ großen Abstand, um uns alle ständig im Blick zu haben, und hatten immer die Waffen im Anschlag. Die Arbeit war eine einzige Qual, zudem wurden wir von den brutalen SS-Männern Hubert Gomerski und Werner Dubois beaufsichtigt. Mit dem Einverständnis des Vorarbeiters tauschte ich bald wieder mit einem Häftling aus einer anderen Arbeitsgruppe.

Am 18. Juni 1943 traf ein Transport aus Lwów ein. Wie ich später von einem Freund beim Bahnhofskommando erfuhr, waren beim Öffnen der Viehwaggontüren die Leichen nackter Männer, Frauen und Kinder auf den Bahnsteig gerutscht. Manche waren so aufgedunsen und verwest, daß einzelne Körperteile abfielen, als die Toten auf die Kippwagen geladen wurden. Von 1500 Menschen war nur noch ein Bruchteil am Leben, und diese Leute hatten schon fast den Verstand verloren vor Hunger und Erschöpfung. Normalerweise dauerte die Reise höchstens drei Tage, aber dieser Transport war über eine Woche unterwegs gewesen.

Ende desselben Monats befahl man uns plötzlich während des Mittagessens, in unsere Baracken zu gehen. Die Türen wurden hinter uns verriegelt. Ein streng bewachter Zug fuhr im Bahnhof von Sobibór ein. Diesmal wurden weder das Bahnhofskommando noch die Friseure und Kofferträger gerufen. Wenn die SS so viele Sicherheitsvorkehrungen traf, mußte es mit diesem Transport wohl etwas Besonderes auf sich haben.

Während die Neuankömmlinge zu den Gaskammern geführt wurden, wurde ihnen offenbar klar, was mit ihnen geschehen sollte, denn sie attackierten die Deutschen und liefen in verschiedene Richtungen auseinander. Sie wurden im Weglaufen erschossen. Sie hatten genau das getan, worüber wir schon oft geredet hatten. Ein schneller Tod durch eine Kugel war immer noch besser als das lange, qualvolle Ende in den Gaskammern.

Aus dem Inhalt der Zettel, die wir in den Kleidern der Toten fanden, schlossen wir, daß es sich um Häftlinge aus dem Vernichtungslager Bełżec gehandelt hatte. Das Schreckenslager war Ende 1942 geschlossen worden, die Aufräumungsarbeiten und das Verbrennen von Leichen aber gingen weiter. Den Häftlingen hatte man versprochen, sie kämen zum Arbeiten in ein ähnliches Lager. Damit sie nicht mißtrauisch wurden, hatte man sie in geräumigen Viehwaggons untergebracht und hatte ihnen zu essen und zu trinken gegeben. Auf einem der Zettel stand:

»Wir kommen aus Bełżec, wo wir ein Jahr lang arbeiten mußten. Es hieß, sie würden uns nach Deutschland bringen. In den Waggons gibt es Tische. Wir haben für drei Tage Brot bekommen, Konserven und Wodka. Wenn das eine Lüge ist, solltet ihr wissen, daß ihr auch sterben werdet. Traut den Deutschen nicht. Nehmt Rache.«

Ein paar Tage später suchte Oberscharführer Wagner mitten in der Nacht nach Freiwilligen. Da ich immer nach Fluchtwegen Ausschau hielt, meldete ich mich, obwohl Wagner vor allem während nächtlicher Unternehmungen als unberechenbarer Mörder galt. Eine Gruppe von zwanzig Juden mußte sich in Zweierreihen aufstellen. Wagner führte uns zum Haupttor. Von dort aus, streng bewacht von Ukrainern, marschierten wir aus dem Lager. Es war eine wunderschöne Nacht. Im Mondschein konnte ich den Dorfbahnhof sehen und die benachbarten Häuser. Alles war so friedlich. Wäre da nicht die Silhouette des großen SS-Manns und die schußbereiten Waffen der Wachen gewesen, hätte man meinen können, wir würden einen kleinen Abendspaziergang machen. Wagner führte uns etwa fünf Minuten lang an den Bahnschienen entlang, bis wir schließlich vor einem Haufen ordentlich aufeinandergestapelter Ersatzschienen stehenbleiben mußten. Hinter den strengen Wachen schien der Wald mit seinen dunklen Baumreihen überaus verlockend. Aber eine Flucht wäre unmöglich gewesen.

Jetzt mußten wir eine Bahnschiene vom Boden hochheben. Das Tor ging wieder auf, und schon befanden wir uns wieder in der Hölle. Wir marschierten direkt in Richtung Lager III und legten die Schienen neben dem Tor ab. So einfach war es, die durchgebrannten Roste der Scheiterhaufen zu ersetzen. Ich fragte mich, wozu sich die SS eigentlich die Mühe machte, die Schienen mitten in der Nacht zu klauen. Aber ich nehme an, Wagner wollte sich auf diesem Wege den bürokratischen Aufwand ersparen.

Flucht und Vergeltung

Es gab keinen Weg, Sobibór zu verlassen, außer, wie es immer hieß, »durch den Schornstein«. Dennoch gelang einigen Häftlingen ein überaus gewagter Fluchtversuch.

Es war eine dunkle, regnerische Nacht. Wir hatten lange kein solches Unwetter gehabt. Normalerweise schläft man tief und fest bei solchem Wetter, aber in jener Nacht lagen einige von uns wach. Morgens fand die übliche Prozedur statt: Waschen, Frühstück, fertigmachen zum Appell. Aber dann verbreitete sich die Nachricht auf einmal wie ein Lauffeuer: »Sie haben die Zäune durchgeschnitten ... sie sind geflohen ... wir wissen nicht, wie viele ... Der Appell wird's zeigen.«

Nervös liefen die Kapos los, um den Deutschen Bescheid zu sagen. Ich schlich mich hinter die Männerbaracke und sah den zerschnittenen Stacheldraht. Ich wußte, daß wir mit Vergeltungsmaßnahmen rechnen mußten, aber ich konnte diesen

Häftlingen ihre Flucht nicht vorwerfen. Statt dessen war ich neidisch.

Die SS traf sofort ein, und obwohl es nicht die übliche Zeit dafür war, wurde auf der Stelle ein Appell abgehalten. Es stellte sich bald heraus, daß zwei Häftlinge fehlten – Josel Pelc aus Tyszowice und ein Maurer aus Chełm, dessen Namen ich vergessen habe. Wagner war gerade im Urlaub, daher fällte Frenzel das Urteil. Zur Strafe würden zwei Juden aus jeder Arbeitergruppe hingerichtet werden.

»Achtung! Abteilung kehrt!« Jetzt ging es also los. Meistens beneideten wir diejenigen, die schon tot waren, und doch sorgte irgendein primitiver Überlebensinstinkt dafür, daß wir alle so stramm standen wie nur möglich, damit Frenzel nicht auf uns aufmerksam wurde. Wir wußten, daß die Nazis immer die Schwachen und Kranken zuerst nahmen.

Frenzel ging langsam an der ersten Gruppe vorbei und wählte willkürlich Häftlinge aus. Diese mußten zur Seite treten; immer mehr Opfer kamen zusammen. Unter ihnen befand sich auch mein Freund Hersz aus Grabowiec. Er lächelte in sich hinein und schüttelte voller Selbstmitleid den Kopf, als wollte er sagen: »Endlich ist es soweit.« Frenzel kam auf meine Gruppe zu. Ich hatte schreckliche Angst. Ich war klein und sehr dünn. Erst wenige Tage zuvor war ich ausgepeitscht und mit einem Stock fast zu Tode geprügelt worden, weil ich mich bei der Arbeit nicht genug beeilt hatte.

Da sich jede Gruppe in Doppelreihen aufgestellt hatte, nahm er einen Mann aus der vorderen Reihe, ging dann hinten herum zur zweiten Reihe und suchte sich ein weiteres Opfer aus. Ich stand da und zitterte vor Angst. Seine Schritte kamen näher. Frenzel war ein dicker Mann, und ich hörte sein schweres Schnaufen. »Gott, hilf mir«, betete ich im stillen, »laß ihn nicht mich nehmen.«

Ein Stück weiter unten in meiner Reihe stand ein entfernter Verwandter aus Izbica, Yczy Mojsze Waks. Er hatte einen Verband am Bein, und das war es, was den Ausschlag gab. Der Deutsche berührte ihn mit seiner Peitsche und befahl ihm vorzutreten. Sein 17jähriger Sohn mußte hilflos zusehen. Als die Selektion zu Ende war, wurden die Verurteilten in Richtung

Lager III geführt. Wir hörten Schüsse, und später brachten die Kippwagen ihre Kleidung zum Sortieren.

Nach dieser Flucht wurden die Sicherheitsvorkehrungen verstärkt. Das Lager war ja bereits mit drei Stacheldrahtzäunen umgeben, und dann gab es noch die Wachen mit ihren Maschinenpistolen, die in den Wachtürmen saßen. Jetzt aber wurden eigens Ingenieure der Wehrmacht bemüht, um ein 15 Meter breites Stück Gelände jenseits der Lagergrenze zu verminen. Maler mußten Schilder anfertigen, auf denen »Vorsicht! Minen!« stand, die dann im ganzen Lager aufgestellt wurden. Zwischen den beiden äußeren Zäunen und Lager I wurde zudem ein Graben ausgehoben und mit Wasser gefüllt. Die Minen und der Wassergraben waren nicht nur dazu da, den Häftlingen die Flucht zu erschweren, sondern auch, um anrückende Partisanen abzuschrecken, die in der Gegend aktiv geworden waren. Schließlich wurden die Barackentüren mit Ketten und Vorhängeschlössern versehen, damit die Häftlinge nachts nicht hinauskonnten.

In der zweiten Junihälfte 1943 hörte man mitten in der Nacht zwei Explosionen. Kurz darauf mußten alle Häftlinge aufstehen, und ungewöhnlich schnell wurde der Appell abgehalten. Manchmal mußten wir zum Appell antreten, wenn eine Mine durch ein Reh oder einen Hasen hochgegangen war und die SS glaubte, es sei jemand geflohen. Aber diesmal war es anders.

Über eine halbe Stunde lang wurden wir durchgezählt. Dann umringten uns die Wacheen in Hufeisenform, und der Halbkreis zog sich immer mehr zusammen. Unsere ordentlichen Reihen wurden aufgelöst, und immer enger wurden wir an die Barackenwand gedrückt. Jetzt waren wir von allen Seiten umzingelt. Einige von uns fingen an zu beten. Endlich war es also soweit – jetzt würden auch wir sterben müssen.

Währenddessen hörte man von der Nordseite des Lagers her das Rattern von Maschinenpistolen. Hoch oben am Himmel erleuchtete der Mond als stiller Zeuge diese surreale Szenerie. Es verging einige Zeit, und nach zwei Stunden schließlich befahlen uns die Deutschen ohne weitere Erklärung, wieder schlafen zu gehen.

Am nächsten Tag erfuhren wir von den ukrainischen Wachen, daß Partisanen in die Nähe der nördlichen Umzäunung vorgerückt waren. Die Deutschen waren jedoch rechtzeitig alarmiert worden und hatten sie in die Flucht geschlagen.

Es war der 20. Juli. Zusammen mit einigen anderen Häftlingen schleppte ich Decken voller Papiere, die vernichtet werden sollten, zu einer brennenden Grube.

»Da!« sagte mein Freund Karolek. Erschrocken zeigte er in Richtung Bahngleise, die erhöht am Lager vorbei und parallel zur getarnten Umzäunung verliefen.

Ich sah, wie einige Leute, die die Hände über dem Kopf hatten, zum Laufen gezwungen wurden. Zuerst dachte ich, es handele sich dabei um Juden, die von benachbarten Bauern im Wald gefangen und zum Lager gebracht worden waren, um eine Belohnung zu kassieren; fünf Kilo Zucker wurden für jeden abgelieferten Juden gezahlt. Aber bei genauerem Hinsehen stellte ich fest, daß ich die Männer kannte. Es waren unsere Leute vom Waldkommando! Irgend etwas mußte vorgefallen sein.

Wenige Minuten später hörte man ein Alarmsignal. Wir alle von Lager I mußten zum Appell antreten. Die Nazis zählten uns nicht nach ihrer üblichen Methode, sondern stellten uns in eine Kolonne, vier nebeneinander, dann führten sie uns unter strengster Bewachung in Richtung Krematorien.

Wir wußten nicht, was geschehen war. Aber was immer es sein mochte, wir waren sicher, daß wir nicht mehr lange am Leben sein würden. Mit jedem Schritt näherten wir uns den Gaskammern. Leise flüsterten wir miteinander. Ist es jetzt soweit? Sollen wir die Deutschen angreifen? Eines war uns jedenfalls klar: Wir würden uns nicht friedlich in den Tod führen lassen.

Schließlich mußten wir anhalten und uns mitten auf der Wiese zwischen Lager II und Lager III im Halbkreis aufstellen. Jetzt sah ich die Männer: sie saßen im Gras und hatten die Hände hinter dem Kopf verschränkt.

Untersturmführer Johann Niemann fing an zu sprechen: »Einige Häftlinge vom Waldkommando haben versucht, zu fliehen. Allein die Holländer haben nichts dergleichen unternommen und haben somit ihren Anstand bewiesen. Zur Belohnung dürfen sie wieder an die Arbeit gehen und werden nicht bestraft. In wenigen Augenblicken werden die polnischen Juden vom Waldkommando, die wieder eingefangen wurden, hingerichtet, und so wird es jedem ergehen, der auch nur im entferntesten an eine Flucht denkt.«

Ein paar Meter hinter den Verurteilten standen zwei ukrainische Helfer, die die Hinrichtungen vornehmen sollten. Paarweise wurden die Häftlinge nach vorn gewinkt. Apathisch bewegten sie sich auf den zugewiesenen Platz zu. Eine Gewehrmündung war das letzte, was sie in ihrem Leben sahen.

Von allen Opfern protestierte nur einer – Podchlebnik, der Vorarbeiter des Waldkommandos. Eine Sekunde vor seiner Hinrichtung spuckte er die Deutschen an und schrie: »Denkt dran, eines Tages werdet ihr dafür büßen.«

Ein anderer Mann aus Izbica, an dessen Namen ich mich nicht mehr erinnere, versuchte seinem Schicksal zu entkommen. Im Bruchteil einer Sekunde vor dem Schuß warf er sich zu Boden, aber das ging natürlich nicht gut; er mußte sich wieder hinstellen, man schoß wieder auf ihn und tötete ihn. Dann ging der SS-Mann Niemann zu denjenigen, die sich noch regten, und beendete ihr Leben mit einem letzten Schuß aus seiner Pistole.

Am nächsten Tag fand wieder eine Hinrichtung statt, nachdem der 17jährige Leon Blatt aus Izbica (keine Verwandtschaft), einer der Flüchtlinge vom Waldkommando, im Wald aufgegriffen worden war. Zur Strafe sollte er zu Tode gepeitscht werden. Um die Sache noch schlimmer zu machen, sollten die Schläge von einem mit Leon befreundeten Häftling exerziert werden, den alle Radio nannten. Die Hinrichtung fand im Hof von Lager II statt, damit sie jeder sehen konnte.

Lange Zeit knallte die Peitsche, während Leon am Boden lag. Er schrie vor Schmerzen und flehte darum, erschossen zu werden. Und weil Radio nicht wußte, wohin er schlagen sollte, um Leons Qualen zu verkürzen, zog sich die grauenhafte Darbietung nur um so mehr in die Länge. Schließlich nahm Radio den geflüsterten Rat der umstehenden Häftlinge zu Herzen und schlug mehrmals kräftig mit dem Peitschenknauf auf

Leons Kopf, bis der Junge das Bewußtsein verlor und starb. Endlich war es vorbei.

Gezwungen gewesen zu sein, diese Marter mit anzusehen, gehört zu meinen schlimmsten Erlebnissen in Sobibór. Ich fragte mich, wie der Tod eines einzigen Menschen so viel unerträglicher sein konnte als das Wissen darum, daß Tausende unter entsetzlichen Qualen vergast wurden? Und die Nazis wußten das – sie wußten, daß sie uns besser in Schach halten konnten, wenn sie uns zwangen, so etwas Furchtbares mit anzusehen.

Erst nach dem Krieg erfuhr ich, was es mit dem Fluchtversuch wirklich auf sich gehabt hatte. Das Waldkommando arbeitete außerhalb des Lagers im Wald; die Leute mußten Holz hacken für die Krematoriumsöfen. Die Arbeit war mühsam, und unter der heißen Sonne waren die Häftlinge sehr durstig. Zwei Männer, Szlomo Podchlebnik (der Cousin des hingerichteten Vorarbeiters) und Josef Kopf gingen jeden Tag um die Mittagszeit in Begleitung einer ukrainischen Wache los, um im nahe gelegenen Dorf Złobek Wasser aus dem Brunnen zu holen. Auf dem Weg sprachen die Häftlinge den Ukrainer an und boten ihm, wie es oft gehandhabt wurde, Gold im Tausch gegen Wodka. Während der Ukrainer das Geld inspizierte, nahmen sie ihm die Waffe ab, erstachen ihn und flohen.

Währenddessen warteten die anderen Waldarbeiter auf ihr Wasser. Als die Gruppe nach angemessener Zeit nicht wieder auftauchte, wurden die Deutschen ungeduldig und beschlossen, nach den Männern zu suchen. Auf halbem Weg ins Dorf fanden sie den toten Ukrainer. Sofort mußten alle zum Appell antreten. Es gab nun keinen Zweifel mehr, daß die beiden Häftlinge geflohen war. Die Leiche des Wachmanns wurde herangeschafft, und die Juden waren sich ihres Schicksals gewiß. Sofort wurden sie von wutentbrannten Wachen umzingelt. In diesem Augenblick fiel ein einziges, folgenreiches Wort.

»Hurra!« rief der junge Leon und schleuderte den SS-Leuten seine Axt entgegen. Dadurch wurden die anderen, die resigniert und ängstlich dastanden, aufgeschreckt. Abgesehen von den holländischen Juden folgten alle Leons Beispiel, bewarfen die SS-Leute mit ihren Äxten und Sägen und liefen davon. Leon schaffte es sogar, aus dem Lager zu fliehen, aber unglücklicherweise verlor er die Orientierung, lief ein paarmal im Kreis und wurde schließlich von der Grenzpolizei festgenommen. Sein langsamer und qualvoller Tod sollte uns als abschreckendes Beispiel dienen.

Verrat

Ich erwachte. Jemand hatte seine Hand auf meine Schulter gelegt und schüttelte mich. Es war Fiszel Bialowicz, der auf dem Platz neben mir schlief. »Die Leute fliehen!« flüsterte er mir aufgeregt zu.

»Was meinst du damit?« murmelte ich im Halbschlaf.

»Hör zu, Toivi ...« Aus dem Schlafbereich der Kapos hörte ich eine Tür in ihren Angeln quietschen, als hätte sie ein Luftzug erfaßt. Irgendwelche Leute in der Baracke flüsterten miteinander, und es waren Schritte zu hören. Ich beschloß, mich bei einem Freund vom Bahnhofskommando zu erkundigen. Vielleicht wußte der, was los war.

Ich kletterte hinunter und schlich mich leise zu den Schlafplätzen des Bahnhofskommandos. Als ich näher kam, hörte ich wieder Geflüster, aber ich konnte keinen einzigen Satz verstehen. Es war eine dunkle Nacht, und ich konnte nur ein paar schwache Konturen erkennen. Ich fand meinen Freund, der ganz vorne rechts lag, indem ich mich durch die Dunkelheit tastete.

»Moniek, was ist hier los?«

Unerwartet bekam ich mit einem harten Gegenstand einen Schlag gegen die Stirn, eine Warnung, daß ich mich nicht einmischen sollte. »Vergiß es, das geht dich nichts an, schlaf weiter«, sagte jemand.

Irgend etwas Merkwürdiges war hier im Gange. Dennoch legte ich mich wieder schlafen, beruhigt, daß das Bahnhofskommando die Sache im Griff hatte. Es würde bald schon dämmern, und vor uns lag wieder ein schrecklicher Tag; ich mußte auf der Hut sein, wenn ich am Leben bleiben wollte.

Am nächsten Tag wußte ich noch immer nicht genau, was eigentlich passiert war. Doch allmählich reimte ich mir aus den

Bruchstücken zusammen, daß eine Gruppe Kapos mit Hilfe einer bestochenen ukrainischen Wache einen Fluchtplan ersonnen hatte. Im letzten Moment jedoch, kurz bevor sie aus dem Fenster zu klettern und im Schutz der Dunkelheit den Stacheldraht durchtrennen wollten, alarmierte jemand das Bahnhofskommando. Es gab Streit, und natürlich wurde der Plan vereitelt.

Unter vielen Häftlingen war der Fluchtversuch der Kapos bereits ein offenes Geheimnis. Wenn sie die Sache durchgezogen hätten und tatsächlich geflohen wären, hätten die Deutschen an uns Vergeltung geübt, und abgesehen davon wäre mit der Flucht bloß einer kleinen Gruppe verhaßter Kapos gedient gewesen.

Am Morgen darauf pfiffen die Kapos wie jeden Tag zum Appell. Wir stellten uns nach Arbeitsgruppen auf und marschierten, nachdem wir wie immer durchgezählt worden waren, zur Arbeit los. Es war ungefähr 10 Uhr. Während ich tat, als würde ich Kleidung sortieren, unterhielt ich mich mit einem Freund und beobachtete dabei etwas Sonderbares. Fast alle Kapos gingen sehr dichtgedrängt und waren umringt von Wachen; an ihrer Spitze lief der Gouverneur (Kapo-Chef) Mojsze Sturm. Langsam liefen sie an uns vorbei und auf die Gaskammern zu. Offensichtlich gingen sie gerade in den Tod.

Sie taten mir leid, vor allem Mojsze. Er war jung, ungefähr 20, drahtig, blond und blauäugig. Er hatte mich zwar gelegentlich geschlagen, aber ich hatte es ihm nie wirklich verübelt. Ich glaube, daß ihn auch die anderen Häftlinge eigentlich ganz gern hatten. In Anwesenheit der Deutschen benutzte er häufig seine Peitsche, um uns bei der Arbeit anzutreiben, aber sobald sie außer Sichtweite waren, sagte er immer, daß wir ruhig langsamer machen sollten.

Allmählich verschwand die Gruppe aus unserem Gesichtskreis. Sofort verbreitete sich das Gerücht, daß irgend jemand die Deutschen von dem Fluchtversuch in Kenntnis gesetzt hatte, aber niemand wußte, wer es gewesen sein könnte. Eine Stunde später war das Rätsel gelöst, als ein neuer Gouverneur in Lager II auftauchte. Es war Berliner, der Gepäcksortierer, der bislang eine eher unwichtige Stellung unter den Lagerhäftlingen eingenommen hatte. Jetzt war er kaum wiederzuerkennen. Im Grunde wirkte er lächerlich: er war über 50, klein und linkisch, doch er trug bereits eine neue Gouverneurskappe, neue Reithosen aus Gabardine, hohe Lederstiefel und eine Peitsche als unmißverständliches Zeichen von Autorität. Er würde uneingeschränkt über Leben und Tod herrschen, soviel war sicher. Ich hatte jetzt Angst vor ihm, und ich war betrübt. Der Verräter wurde für seine Tat belohnt, und die Botschaft der Nazis war eindeutig: »Seht nur, eure Loyalität wird von uns großzügig belohnt!«

Nach der Hinrichtung der Kapos, die an dem Fluchtversuch beteiligt gewesen waren, wurde ihre Kleidung zum Sortieren abgegeben. Beim Mittagsappell wurde Berliner offiziell als der neue Gouverneur vorgestellt. Die große Frage lautete nun: Wie würde er sich uns gegenüber benehmen? Wie würde er mit seiner Macht umgehen?

Wie sich herausstellte, vollzog sich bei ihm ein kompletter Persönlichkeitswandel. Seine Position stieg ihm zu Kopf. Es fing damit an, daß wir ihn beim Strammstehen mit »Herr Gouverneur« anreden mußten, während sein Vorgänger so kulant gewesen war, uns zu erlauben, ihn beim Vornamen zu nennen.

Bis jetzt hatten die Häftlinge, die in Lager II als Sortierer arbeiteten, immer mal wieder die Möglichkeit gehabt, Lebensmittel in Lager I zu schmuggeln. Jetzt aber wurde das zunehmend schwierig. Berliner paßte auf wie ein Schießhund. Oft ordnete er Durchsuchungen an und verprügelte die Häftlinge, die Juden waren wie er selbst. Und mit jedem Tag wurde sein Verhalten schlimmer.

Feuermeister

Nach einer kurzen Unterbrechung trafen wieder Transporte ein. Ich wollte unbedingt irgendwo arbeiten, wo ich wenig Kontakt mit den Deutschen haben würde. Unweit von den Sortierhütten befand sich eine große Grube, wo zwei Jungs, Szmul Wajcen aus Chodorów und Meir Ziss aus Zólkiewka, Dokumente, Fotoalben, Briefe und ähnliches verbrennen mußten. Es war der ideale Arbeitsplatz. Die Grube war tief und immer in dichte Rauchschwaden gehüllt. Die Deutschen kamen nie in die Nähe der Grube, und es gab niemanden, der einen bewachte.

Anfangs warf ich Szmul immer etwas zu essen mit hinunter, wenn ich die vollen Decken aus dem Sortierbereich zum Verbrennen an die Grube brachte. Nach einer Weile freundeten wir uns an, und wenn sich die Papiere allzu hoch türmten, ging ich ihm zur Hand. Die SS-Leute hatten nichts dagegen, da ich mich ja nützlich machte. Auch Szmul störte es nicht, vor allem, wenn Meir gerade irgendwo anders beschäftigt war. Schließlich wurde Meir an einen anderen Arbeitsplatz versetzt, während ich Szmul weiterhin in der Grube zur Hand ging, bis es irgendwann für alle selbstverständlich war, daß ich dort arbeitete. Bei den Kapos und SS-Leuten hieß ich nur noch »Feuermeister«.

Später wurde in einem umzäunten Gebäude eigens ein Ofen gebaut, um zu verhindern, daß brennendes Papier vom Wind davongetragen wurde. Die Grube wurde eingeebnet, und nun waren wir im Innern des Gebäudes ganz für uns. Später wurde Szmul versetzt, und ich allein war zuständig für das Verbrennen der Papiere. Ich bekam einen Helfer zur Seite gestellt, den blinden Karolek, der so hieß, weil er nur noch ein gesundes Auge hatte. Endlich hatte ich einen relativ isolierten Arbeitsplatz gefunden, wo ich leicht an Geld und Lebensmittel herankam.

Meine erste Aufgabe am Morgen bestand darin, die Asche und andere Rückstände zu entfernen. Da einige Sachen, die ins Feuer geworfen wurden, nicht brennbar waren – die Metallteile von Koffern, Metallspielzeug und so weiter –, fiel ein Teil der Asche nicht durch den Rost in die darunter befindlichen Behälter. Mit Hilfe eines Schürhakens säuberte ich den Rost, aber ehe ich das Ganze auf dem sandigen Boden verteilte, siebte ich es mit den Händen durch und suchte nach Gold. Die Häftlinge, die den Abfall aus den Sortierbereichen lieferten, warfen oft Geld oder Schmuck mit in die Decken, anstatt den Nazis die Sachen zu überlassen. Die Geldscheine waren nicht zu retten, aber in der Asche fand man hin und wieder Gold; es war noch völlig in Ordnung, glänzte nur nicht mehr.

Das Ganze war sehr riskant, und ich mußte immer gut aufpassen. Wenn einer der Deutschen irgendwelche Wertsachen in der Asche entdeckte, würde es Karolek und mich mit Sicherheit das Leben kosten. Also mußte man die gefundenen Sachen immer gleich verstecken.

Um Feuer zu machen, legte ich Holz, Ausweise und zerrissene Bücher zusammen und steckte den Haufen an. Der brennende Ofen wurde dann so voll gestopft, wie es nur ging. Die Flammen summten und knisterten durch den hohen Schornstein. Eigentlich sollten die Bücher restlos verbrannt werden, aber ich versuchte immer, hier und da eines aufzuheben, um zwischendurch darin herumzublättern. Ich hatte immer leidenschaftlich gern gelesen, und oft riskierte ich mein Leben, um ein Buch herauszuschmuggeln und es heimlich in der Ecke irgendeiner Baracke zu lesen.

Ein riesiger Transport holländischer Juden wurde in den Krematoriumsöfen verbrannt. Das Gebäude, in dem sich die Verbrennungsanlage befand, war bis oben hin mit Abfall gefüllt. Immer wieder wurden neue prallgefüllte Decken mit Ausweisen zum Verbrennen hereingebracht. Eines Tages, nachdem ich den Ofen gefüllt hatte, schloß ich die Stahltür und lehnte mich an die Wand, um mich kurz von der Anstrengung zu erholen. Ich nahm das Buch zur Hand, das ich zur Seite gelegt hatte – ein deutsches Lexikon. Ich blätterte darin und blieb bei einer interessanten Illustration hängen: Dargestellt war ein Keuschheitsgürtel. Ich wußte schon das eine oder andere über Sex aus Büchern, die ich heimlich gelesen hatte, aber so etwas war mir noch nicht untergekommen. Bald hatte ich alles um mich herum vergessen. Mein Kollege Karolek hatte es auf eine Konservendose unter dem Abfall abgesehen und hielt ebensowenig nach ungebetenen Gästen Ausschau.

Doch in Sobibór durfte man sich nicht einfach ausruhen. Und da fiel mir auf, daß jemand durch das rußige Fenster hereinspähte. Erschrocken ließ ich das Buch ins Feuer fallen. Der SS-Mann Wagner stürmte herein und fragte sofort: »Bist du etwa eingeschlafen, Feuermeister?«

Ich dachte schnell nach. Die Frage, ob ich gerade gelesen hätte, würde ich zweifellos mit ja beantwortet haben, da er mich möglicherweise dabei gesehen hatte. Aber aus seiner Frage wurde mir klar, daß er mich tatsächlich nicht genau gesehen hatte und nicht sicher war, was mich nun wirklich vom Arbeiten abgehalten hatte. Ich stand stramm und sagte erschrocken: »Nein, ich habe nicht geschlafen.«

Er fragte mich wieder und wieder, versuchte meinen Widerstand zu brechen. Aber ich wußte, daß Einschlafen oder selbst Ausruhen während der Arbeit mit dem Tode bestraft wurde, und so beharrte ich auf meiner Antwort. Unzufrieden, aber offenbar unsicher, ob ich schuldig war oder nicht, prügelte Wagner mit dem Schürhaken auf mich ein. Ich versuchte, den Kopf mit meinen Händen zu schützen, und floh hinter den Ofen. Er jagte mich durch das ganze Gebäude. Schließlich schob er mich aus der Tür, zeigte auf eine Tonne und verkündete, daß er Karolek und mich jeweils zu einer Mindeststrafe von 25 Peitschenhieben verurteile. Stumm und ohne zu zögern zog ich die Hosen runter und legte mich über die Tonne.

Beckmann kam gerade vorbei, und die beiden Männer – der eine links, der andere rechts – fingen an, mich auszupeitschen. Ich hatte oft mit ansehen müssen, wie andere Häftlinge geschlagen wurden, und wußte daher, daß ich um jeden Preis bei Bewußtsein bleiben und laut mindestens 25 Hiebe mitzählen mußte – ansonsten würden sie mich womöglich endlos weiterprügeln.

Jeder Schlag schmerzte, als würde ich mit einer heißen Eisenstange geschlagen. Aber ich biß die Zähne zusammen und zählte mit. Nachdem ich »Fünfundzwanzig!« gerufen hatte, stand ich auf, ohne ihren Befehl abzuwarten. Wie selbstverständlich ließen sie mich gehen.

Jetzt aber war Karolek an der Reihe. Erst war er völlig kopflos, dann wie gelähmt vor Angst. Auf ihren Ruf hin blieb er reglos auf dem Sandboden liegen. Also drückte Wagner Karoleks Gesicht mit seinem nagelbesetzten Militärstiefel zu Boden, während er den Jungen auspeitschte. Durch die scharfe Sohle des Stiefels wurde ihm die Haut vom Gesicht gerissen, so daß der Knochen hervortrat.

Als ich das sah, verlor ich die Nerven und flüchtete in eine der nahe gelegenen Sortierbaracken. Aber schon rief jemand

»Feuermeister! Feuermeister!«, und mir war klar, daß Wagner nach mir suchte. Wurde jemand angesprochen und gab keine Antwort, drohte ihm ebenfalls die Todesstrafe. Dasselbe galt für jemanden, der versuchte, einen Mithäftling zu decken. Als einige der Häftlinge darauf drängten, ich solle mich ergeben, da sie um ihr eigenes Leben fürchteten, lief ich außer mir vor Angst zu Wagner zurück.

Als Wagner eine Erklärung verlangte, antwortete ich: »Ich bin in die Apotheke gelaufen, um mir meinen Hintern mit Talkumpuder einzureiben.« Ich hoffte, daß er das irgendwie unterhaltsam finden würde.

Und tatsächlich lachte er auch kurz darüber. Dann aber begann er, mich wieder mit dem Schürhaken zu schlagen. Endlich ließ er den Schürhaken sinken und baute sich vor mir auf. Er verkündete, daß wir zwei Tage Zeit hätten, den ganzen Abfall zu verbrennen, und daß wir uns, sobald wir fertig seien, nach dem Nachtappell bei ihm melden sollten. Dann ging er und ließ mich am Leben. Aber diesmal spielte es keine Rolle. Der Befehl kam einem Todesurteil gleich.

Wir waren ein erbärmlicher Anblick: Karolek, blutend, ein Stück Fleisch aus seinem Gesicht gerissen, und ich mit einer unbrauchbaren Hand. Wir sahen einander verzweifelt an. Wie in aller Welt sollten wir Abfallmengen verbrennen, für die wir normalerweise eine ganze Woche brauchten, und dazu in unserem Zustand? Nur ein Wunder konnte uns retten. Obwohl ich kaum noch Kraft hatte, fing ich an zu arbeiten. Ich befeuerte den Ofen wie ein Heizer in einer Dampflok. Karolek aber war am Ende seiner Kräfte.

Aus dem Nichts tauchte plötzlich Gouverneur Berliner auf. Alle wußten, daß er grausam war und mit den Deutschen gemeinsame Sache machte, und ich erwartete gewiß kein Mitleid, selbst wenn wir uns schon gegenseitig geholfen hatten.

»Das schaffst du doch nie, Toivi«, fuhr mich Berliner an. Offensichtlich wußte er bereits von Wagners Befehl. Ich wußte nicht, was er damit sagen wollte, ob er nur sadistisch war oder wirklich Anteil nahm, also antwortete ich ihm nicht.

»Hörst du mich? Ihr seid so gut wie tot, ihr Scheißkerle!«

Mir war, als hörte ich eine Spur Mitleid heraus. »Ja, ich weiß«, sagte ich resigniert.

Zu meiner Überraschung zog Berliner seine Jacke aus und griff sich eine Schaufel. »Los jetzt. Mach die Ofentür auf.« Für sein Alter hatte er erstaunlich viel Kraft, und so verschwand der Abfall Schaufel für Schaufel im Ofen. Ich konnte es nicht fassen. Und das war noch nicht alles: Am Nachmittag tauchte er mit einem anderen Mann auf, und diesmal arbeiteten sie zu zweit weiter.

Am nächsten Tag ging es mir noch schlechter. Meine Hand war geschwollen, und mir tat alles weh, aber ich nahm mich zusammen und ging wieder zur Arbeit. Karolek lag in der Baracke und konnte sich vor Schmerzen nicht rühren; er hatte sich bereits mit dem Sterben abgefunden. Kurz darauf tauchte Berliner mit demselben Mann auf; sie machten sich sofort an die Arbeit an und unterbrachen sie nur, wenn ein Deutscher in der Nähe auftauchte.

Rätselhafterweise wurde auch deutlich weniger Abfall bei uns abgeliefert. Hatte Berliner angeordnet, die Lieferungen einzuschränken? Ich konnte mir keinen Reim darauf machen. Binnen kurzem war das Ergebnis sichtbar. Glücklicherweise waren gerade keine neuen Transporte eingetroffen. Am Ende des Tages war das Gebäude sauber; alles, einschließlich meiner Bücher, waren dem Feuer übergeben worden.

In der Baracke wartete Karolek schon ungeduldig auf mich, schließlich saß er im selben Boot. Sein Gesicht war geschwollen, aber sauber, und einer seiner Freunde hatte ihm einen Verband gemacht. Mit seinem gesunden Auge sah er mich in schweigender Verbundenheit an.

»Es ist gutgegangen, Karolek. Wir haben's geschafft«, sagte ich beschwichtigend. Und ich erzählte ihm, wie Berliner gearbeitet hatte, bis alles erledigt gewesen war.

Ich war Berliner dankbar, aber ich begriff einfach nicht, warum er es getan hatte. Er hatte schon so viele seiner Freunde hintergangen – warum half er ausgerechnet mir? Dann erinnerte ich mich, wie er mir einmal erzählt hatte, daß er mit einem engen Verwandten in meinem Alter nach Sobibór gekommen sei. Vielleicht hatte er mir deshalb geholfen, weil ich ihn an seinen Verwandten erinnerte, der jetzt nicht mehr am Leben war.

Es war Zeit, zum Appell anzutreten. Wieder einmal ging das Pfeifsignal, und die Häftlinge mußten sich in Reih und Glied aufstellen und strammstehen. Nach dem letzten Appell des Tages wurde den Deutschen immer gemeldet, wer sich eine Strafe eingehandelt hatte. Ich sagte dem Kapo Bescheid, daß ich mich bei Wagner melden müsse. Mein Herz klopfte mir bis zum Hals. Als ich an der Reihe war, stellte ich mich gelassen vor diesen Mörder und meldete ruhig: »Herr Oberscharführer, die Aufgabe in der Verbrennungsanlage ist erledigt.«

Berliner bestätigte es, und so durfte ich abtreten. Es war vorbei. Ich war gerettet, zumindest vorläufig.

Der Tod des Verräters

Als ich im April aus dem Ghetto von Stryj nach Izbica zurückgekommen war, hatte ich zu meiner großen Bestürzung erfahren, daß die Seiten aus meinem Tagebuch, die ich vor meiner Reise in die Obhut meines Lehrers Herrn Śliwa gegeben hatte, bei dessen Deportation nach Auschwitz verlorengegangen waren. So fing ich damals ein neues Tagebuch an und faßte die Ereignisse noch einmal zusammen. Die meisten Einträge waren sehr kurz. Da ich immer eine plötzliche Akcja befürchtete, trug ich sie in meiner Hosentasche mit mir herum, zusammen mit dem Telegramm aus dem jüdischen Krankenhaus von Stryj, das meine Eltern von meinem Tod in Kenntnis setzte. Da wir am 28. April sehr plötzlich zusammengetrieben wurden, hatte ich keine Zeit gehabt, die Seiten zu christlichen Freunden zu bringen, damit sie sie für mich aufbewahrten. Deshalb kamen sie mit mir zusammen nach Sobibór.

Noch immer war ich überzeugt, daß das Tagebuchschreiben sinnvoll war, und nicht einmal Sobibór hielt mich davon ab. Da ich zu jener Zeit für die Abfallbeseitigung zu sorgen hatte, war mein Tagebuch unter dem Haufen Papiere und Dokumente, die ich tagtäglich verbrannte, am sichersten aufgehoben. Aber nachdem alles verbrannt und das ganze Gebäude aufgeräumt worden war, mußte ich das Tagebuch wieder in meiner Hosentasche mit mir herumtragen – zumindest bis der nächste Transport eintraf.

Gelegentlich kam es vor, daß der Brunnen, aus dem die Deutschen ihr Trinkwasser holten, einen eigenartigen Geruch entwickelte. In diesem Fall rief Wagner einige Häftlinge herbei, die den Brunnen leerschöpfen mußten. Wenn man das Pech hatte, zufällig in seinem Blickfeld zu stehen, hatte man keine andere Wahl, als auf ihn zuzulaufen. Dabei spielte es keine Rolle, ob er nun drei oder fünf Häftlinge herbeirief; alle, die in der Nähe standen, kamen angelaufen und blieben verängstigt ein oder zwei Meter vor ihm stehen, damit er nur nicht auf die Idee kam, sie seien faul.

Eines Abends gehörte ich zu den Unglücklichen, die sich gerade im Hof aufhielten, als es wieder einmal ein Problem mit dem Brunnen gab. Zwei an den Enden zusammengebundene Leitern wurden in den Brunnenschacht hinabgelassen, ein paar Eimer wurden hinterhergeworfen, und die Häftlinge mußten hinunterspringen. Andere Häftlinge standen auf der Leiter und gaben die vollen Eimer von einem zum nächsten weiter, während über uns der schlimmste Sadist von allen türmte: Gustav Wagner.

Tauchte der Eimer nicht blitzschnell und in gleichförmigem Rhythmus aus dem Brunnen auf, gab es Ärger. Dann schleuderte Wagner die Metalleimer einfach in den Brunnen, und es war ihm völlig egal, ob sie jemandem am Kopf trafen. Unverzeihlich war es, wenn einem der Eimer aus Versehen aus der Hand fiel und versank. Der Schuldige hatte dann keinen Grund mehr, aus dem Brunnen hochzukommen. Falls er es doch tat, wurde er entweder totgeschlagen oder wieder hinuntergeworfen, wo er schließlich ertrank. Ich arbeitete etwa drei Stunden lang, und zum Glück hatte ich am Ende nur blaue Flecken, blutige Wunden und war völlig erschöpft.

Die Schmerzen waren schlimm, aber darüber hinaus mußte ich feststellen, daß meine Tagebuchnotizen vollkommen durchnäßt und nicht mehr zu gebrauchen waren. Und mit ihnen mein »Versprechen«, meine Garantie – der an meine Eltern adressierte Brief vom Krankenhaus in Stryj mit der Nachricht meines Todes. Ich hörte immer wieder die Worte meines Vaters: »Du wirst den Krieg überleben. Wenn jemand, der noch am Leben ist, aus Versehen für tot erklärt wird, heißt das genau das Gegenteil. Du wirst gesund bleiben und lange leben.«

Im Sommer 1943 trafen regelmäßig Transporte aus Holland ein. Das sortierte Hab und Gut der Opfer wurde regelmäßig auf bereitstehende Züge geladen, um aus dem Lager gebracht zu werden. Während des Beladens bildeten die Deutschen, Ukrainer und Kapos von den Lagerräumen bis zum Zug ein Spalier, durch das die Häftlinge mit Kleiderpaketen auf dem Rücken hindurchrennen mußten.

Es war eine unglaublich anstrengende Aufgabe. Viele von uns brachen zusammen, während Berliner ganz in seinem Element war. Er atmete uns in den Nacken, schlug auf uns ein, während wir mit unseren schweren Paketen vorbeiliefen, und schrie uns an: »Seid ihr vielleicht müde, wollt ihr vielleicht schlafen? Braucht ihr vielleicht Hilfe?« Selbst die Deutschen waren davon beeindruckt und guckten sich bei ihm diese Foltermethode ab. Inzwischen haßten wir Berliner wie die Pest.

Ein paar Wochen später brach in der Gegend eine Hitzewelle aus, und die hohe Luftfeuchtigkeit machte die Situation nur noch schlimmer. Obwohl nur hier und da ein paar Wölkchen am blauen Himmel über Sobibór zu sehen waren, kündeten dunkle Wolken und ein dumpfes Donnergrollen von Osten her von einem aufziehenden Gewitter. Ich war schweißgebadet, denn ich arbeitete ja in der Hitze der Verbrennungsanlage, und ich hatte das dringende Bedürfnis, mich für eine Weile davonzuschleichen und einen Platz aufzusuchen, den ich einmal entdeckt hatte, als ich einen Karren mit Heu beladen mußte. Dort, so dachte ich, würde ich mich ein paar Minuten ausruhen.

Ich glaubte mich gefahrlos verdrücken zu können, da mein alter Partner Szmul Wajcen jetzt wieder mit mir zusammen arbeitete. Er war sehr schlau, und ich baute darauf, daß ihm im Notfall schon etwas einfallen würde, um meine vorübergehende Abwesenheit zu erklären. Wir wußten alle, daß hier im Lager die Verschnaufpausen nichts mit Muße zu tun hatten, sondern lebensnotwendig waren.

Ich kam an den Sortierbaracken vorbei, schlüpfte durch den Zaun in den Entkleidungshof und lief weiter zum Lagerhaus für Lebensmittel. Ich hatte ein bißchen Angst, denn es lag direkt gegenüber von Beckmanns Büro. Nachdem ich mich vergewissert hatte, daß niemand in der Nähe war, schlüpfte ich rasch in das Gebäude. Unmittelbar links vom Eingang befand sich eine schmale Treppe. Ich nahm mehrere Stufen auf einmal und hastete die Treppe hinauf bis zum Dachboden. Alles war still, und es duftete nach Heu. Ein dicker Sonnenstrahl drang durch eine Dachgaube und zerschnitt die Dunkelheit. Ich stand lange da und konnte es kaum fassen, wie herrlich die Landschaft, wie schön es außerhalb von Sobibór war.

Plötzlich hörte ich Schritte. Ich schlüpfte in die Dunkelheit und wartete zitternd. Ich konnte mich nirgends verstecken, und es war ohnehin zu spät. Ich starrte auf die Tür. Es war Berliner. Ich hielt den Atem an. Der Lichtkegel seiner Taschenlampe zuckte durch den Raum, bis er schließlich auf mich fiel.

Wieder standen wir da, von Angesicht zu Angesicht. Ich hatte nicht mehr mit ihm gesprochen, hatte mich nicht einmal bei ihm bedankt, nachdem er mir am Verbrennungsofen geholfen hatte. Er hatte mir seitdem zwar einmal einen Peitschenhieb verpaßt, während ich zusammen mit den anderen Kleiderpakete in den Zug laden mußte, aber da hatte er nur wahllos um sich geschlagen, und die SS war dabei. Würde ihm jetzt der Geduldsfaden reißen?

Er stand vor mir und leuchtete mir mit der Taschenlampe ins Gesicht. Als ob er sich von dem Schrecken erholen müsse, machte er die Taschenlampe aus und flüsterte: »Was ist los mit dir, Toivi? Bist du wahnsinnig, oder willst du unbedingt sterben?«

Ich merkte, daß er noch immer auf meiner Seite war. »Hör zu, Berliner ... ich bin müde. Die Hitze von den Öfen ist unerträglich, und ich muß mich ausruhen, sonst breche ich zusammen.«

»Toivi, ich bin zu alt, mir kannst du nichts vormachen. Ich weiß schon, warum du hierherkommst. Nämlich aus demsel-

Thomas Toivi Blatt im Alter von 17 Jahren

Das Schtetl Izbica

Straße in Izbica

Wohnhaus der Eltern

Haus der Lehrerin

Thomas Blatt vor seinem Haus in Izbica

Juden in Izbica

Jüdische Zwangsarbeiter

Der Judenrat von Izbica

Die Unterkunft der Gestapo

Sobibór

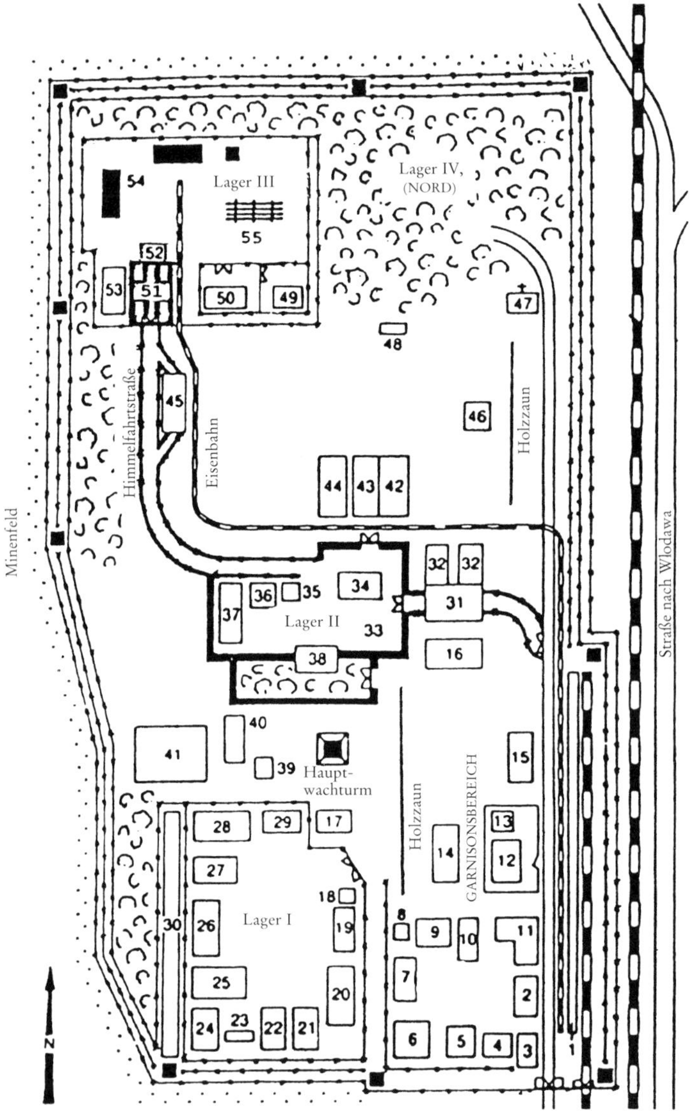

Details nach der Erinnerung von SS-Oberscharführer Erich Bauer und Thomas Blatt

Garnisonsbereich

1. Bahnsteig
2. Zahnarztpraxis der SS und Gefängnis der ukrainischen Wachen
3. Unterkünfte der Wachen
4. Lagerhaus für Kleidung
5. Unterkünfte der SS (»Schwalbennest«)
6. Unterkünfte der SS
7. Wäscherei
8. Brunnen
9. Duschen und Friseur der SS
10. Garage
11. Küche und Kantine der SS
12. Hauptquartier des Kommandeurs (»Der lustige Floh«)
13. Waffenkammer
14. Baracke der ukrainischen Wachen
15. Baracke der ukrainischen Wachen
16. Baracke der ukrainschen Wachen
17. Bäckerei

Lager I

18. Apotheke
19. Schneiderei der SS
20. Schuster und Sattlerei der SS
21. Autowerkstatt
22. Tischlerei
23. Latrine
24. Malerwerkstatt
25. Häftlingsbaracke (Männer)
26. Häftlingsbaracke (Männer)
27. Häftlingsküche
28. Häftlingsbaracke (Frauen)
29. Schuster der ukrainischen Wachen
30. Wassergraben

Lager II

31. Baracken, wo Neuankömmlinge Handgepäck und Geldbörsen zurückließen
32. Sortierbaracke für Handgepäck
33. Entkleidungshof
34. Lebensmittel-Lagerhaus und Veranda, auf der die Begrüßungsrede« gehalten wurde
35. Häuschen, wo Geld und Wertsachen eingesammelt wurden
36. Stromgenerator
37. Stallungen und Scheune
38. Bürogebäude und Lagerraum für Wertsachen
39. Heißmangel der SS
40. Lagerhaus für Schuhe
41. Garten
42. Sortierbaracke für Kleidung und Koffer
43. Sortierbaracke für Kleidung und Koffer
44. Lagerhaus für sortierte Kleidung
45. Haarschneidebaracke
46. Abfallverbrennungsofen
47. »Lazarett« (ehemalige Kapelle), wo anfangs schwerkranke Häftlinge ermordet wurden
48. Latrine

Lager III

49. Baracke der jüdischen Zwangsarbeiter
50. Baracke der jüdischen Zwangsarbeiter, Küche und »Zahnarzt«-Praxis
51. Gaskammern
52. Motorenraum für Gaskammern
53. Umzäunter Hof
54. Gräber
55. Krematorium

Lager IV

Einige bunkerähnliche Gebäudeteile zum Sortieren der erbeuteten sowjetischen Munition.
Niemals fertiggestellt.

Das »Schwalbennest«, die Villa der SS-Kommandantur

Die katholische Kapelle, die für schnelle Exekutionen direkt nach der Ankunft benutzt wurde

Deutsches Bahnpersonal in Sobibór

Depot für die Asche der Ermordeten

Erdloch, das Tomas Blatt nach der Flucht aus Sobibór als Versteck diente

Herr Petla vor seinem Bauernhof

Die Täter von Sobibór

Franz Stangl, 1942

Als erster Kommandant von April bis August 1942 für den Vernichtungsbetrieb in Sobibór verantwortlich.

Franz Stangl, 1970,

nachdem er von Brasilien für seinen Prozeß in Deutschland ausgeliefert wurde.

Johann Niemann

Seit Anfang 1943 stellvertretender Kommandant in Sobibór.

Gustav Franz Wagner, 1940
Direkter Untergebener von Stangl und Reichleitner, hatte die ständige Leitung des Lagers inne.

Gustav Franz Wagner, 1978
Nach seiner Enttarnung durch Simon Wiesenthal in Brasilien. Wagner beging 1980 Selbstmord.

Karl August Wilhelm Frenzel, 1941
Kam im April 1942 als SS-Oberscharführer nach Sobibór.

Karl August Wilhelm Frenzel, 1983

Bei einem Treffen mit Thomas Blatt in Deutschland (siehe Gespräch am Ende des Anhangs).

Erich Bauer,

der sich selbst als »Gasmeister von Sobibór« bezeichnete.

Siegfried Graetschus

In Sobibór Chef der ukrainischen Wachmänner.

Paul Johannes Groth

Als SS-Unterscharführer die ersten Monate Aufseher beim Kleidersortieren im Lager II.

Franz Wolf

Von März 1943 bis zum Aufstand als Unterscharführer in Sobibór. Aufseher in den Sortierbaracken.

Arthur Dachsel

Kam im Sommer 1942 als Wachtmeister nach Sobibór.

Hermann Michel

SS-Oberscharführer. Hielt regelmäßig die Begrüßungsansprache für die Neuankömmlinge, in der er, als Arzt getarnt, auf die notwendigen hygienischen Vorsorgemaßnahmen, nämlich Desinfektion und Reinigung, hinwies und die Opfer dann ins Gas schickte.

Walter Nowak

Führte die Aufsicht in der »Friseurbaracke« und sporadisch beim Waldkommando.

Willi Wendland

Kam im März 1943 nach Sobibór. Aufseher in den Sortierbaracken.

Werner Karl Dubois

Verantwortlicher für die Arbeitshäftlinge des Waldkommandos.

Hans-Heinz Schütt

Saß als Verwaltungsleiter hinter einem Schalter in Lager II, wo er den nackten Menschen ihre Wertgegenstände abnahm.

Hubert Gomerski

Kam Ende April 1942 nach Sobibór. Den Aufstand erlebte er nicht, weil er gerade im Urlaub war. Zuerst Aufseher einer Gruppe ukrainischer Wachmänner, später Aufsicht über Lager III. Neue Transporte wurden von ihm in Empfang genommen. Er selektierte Kranke und Behinderte, um sie sofort zum Exekutionsplatz zu bringen.

Erich Gustav Willi Lachmann

Wahrscheinlich seit Herbst 1942 als Aufseher der ukrainischen Wachmänner in Sobibór. Wurde beim Prozeß 1966 in Hagen freigesprochen, weil die Richter ihn als geistig erheblich minderbemittelt einstuften.

Himmler auf Inspektion in Izbica 1942.

Forderungsnachweis

des Konzentrationslagers, Verwaltung L u b l i n

an Firma Paul R e i m a n n, F r i e d l a n d/Bez. Breslau

für Monat J u n i 1943

Lfd. Nr.	Nr. der Belege	Bezeichnung der Ausgaben	Geldbeträge im einzelnen RM	Rpf	im ganzen RM	Rpf	Bemerkung
		Für vom Konzentrationslager, Verwaltung Lublin, der dortigen Fa. übersandte Haare zur Weiterverwertung werden in Rechnung gestellt:					
		200 kg. Haare a	-.	50	100.	-	
		In Worten: Hundert Reichsmark.					
		Sie wollen den Betrag auf das Postscheckkonto Berlin 1790 der SS-Standortverwaltung zu Gunsten der Verwaltung des Konz.-Lagers Lublin überweisen.					
		Lublin, den 22. Juni 1943					
		Für die Richtigkeit der Berechnung: [Unterschrift] SS-Hauptscharführer.	[Unterschrift] SS-Hauptsturmführer und Leiter der Verwaltung				

SV VA 133 SS-Vordruckverlag W. F. Mayr, Miesbach (Bayer. Hochland) 1:184

Für 200 Kilo Haare wurden 100 Mark in Rechnung gestellt

Der Kommandeur der Ordnungspolizei
im Distrikt L u b l i n
\- Ia -

Lublin, den 15.Okt.1943.

F e r n s c h r e i b e n!

An den B.d.O. - Offizier vom Dienst - K r a k a u -,

....

Sicherungsabschnitt Bug:

b) Am 14.10.43, gegen 17 Uhr, Aufstand der Juden im SS- Lager Sobibor, 40 km nördl. Cholm. Sie überwältigten die Wachmannschaft, setzten sich in Besitz der Waffenkammer und fliehen nach Feuerkampf mit der übrigen Lagerbesatzung in unbekannter Richtung.
9 SS-Männer ermordet, 1 SS-Mann vermisst, 1 SS-Mann verwundet.
2 fremdvölkische Wachmänner erschossen.
Entwichen sind etwa 300 Juden, der Rest ist erschossen bezw. befindet sich im Lager. Truppenpolizei und Wehrmacht wurden sofort verständigt und übernahmen gegen 1 Uhr die Sicherung des Lagers. Das Gelände südlich und südwestl. Sobibor wird von Polizei und Wehrmacht durchkämmt.

Fernschreiben des Kommandeurs der Ordnungspolizei in Lublin an den B.D.O-Offizier vom Dienst in Krakau vom 15. 10. 1943

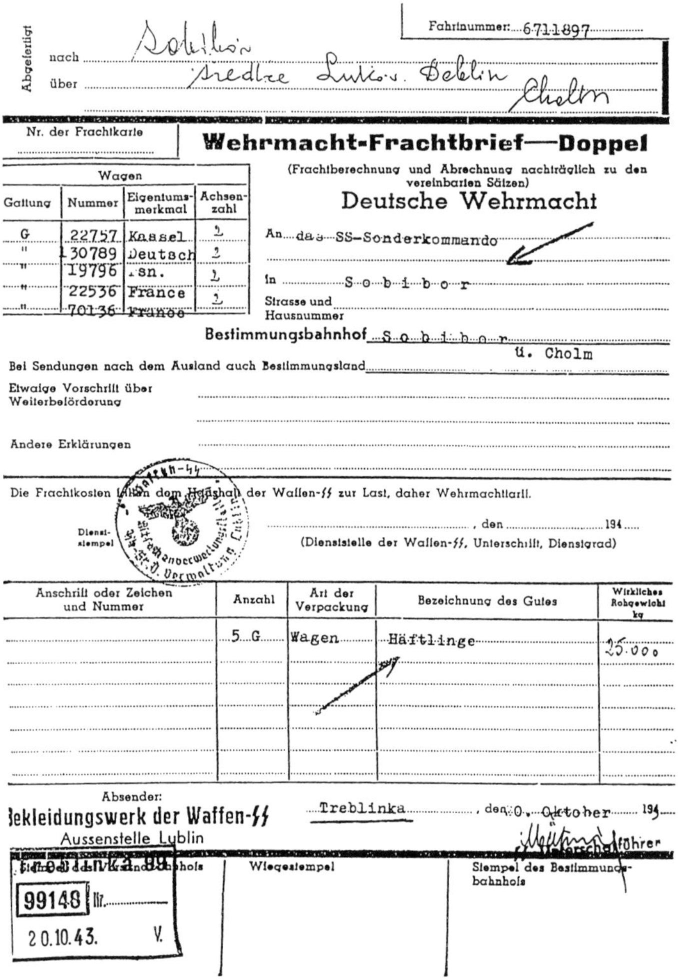

Abgefertigt

Fahrtnummer: 6711897

nach Sobibor

über Siedlce Lukow. Deblin Cholm

Nr. der Frachtkarte

Wehrmacht-Frachtbrief—Doppel

(Frachtberechnung und Abrechnung nachträglich zu den vereinbarten Sätzen)

Deutsche Wehrmacht

Wagen			
Gattung	Nummer	Eigentums-merkmal	Achsen-zahl
G	22757	Kassel	2
"	130789	Deutsch	2
"	19796	.sn.	2
"	22536	France	2
"	70136	France	

An das SS-Sonderkommando

in Sobibor

Strasse und Hausnummer

Bestimmungsbahnhof Sobibor ü. Cholm

Bei Sendungen nach dem Ausland auch Bestimmungsland

Etwaige Vorschrift über Weiterbeförderung

Andere Erklärungen

Die Frachtkosten fallen dem Haushalt der Waffen-SS zur Last, daher Wehrmachttarif.

Dienst-stempel

..., den ... 194...

(Dienststelle der Waffen-SS, Unterschrift, Dienstgrad)

Anschrift oder Zeichen und Nummer	Anzahl	Art der Verpackung	Bezeichnung des Gutes	Wirkliches Rohgewicht kg
	5 G	Wagen	Häftlinge	25.000

Absender:

Bekleidungswerk der Waffen-SS

Aussenstelle Lublin

Treblinka, den 20. Oktober 194[3]

Unterschrift ...führer

Stempel des Versandbahnhofs: Treblinka 99 / 99148 Nr. / 20.10.43. V.

Wiegestempel

Stempel des Bestimmungsbahnhofs

Frachtbrief vom 20. 10. 1943 über den Transport von Insassen des Lagers Treblinka nach Sobibor, die das Vernichtungslager nach dem Aufstand zerstören und alle Spuren verwischen sollten

Opfer und Überlebende

Thomas Blatt und der Anführer des Aufstandes, Alexander Aronowich Pechersky 1979 in Moskau

Leon Feldhendler, der zusammen mit Pechersky den Aufstand organisierte und leitete

Alexander Shubayev (Kali Mali)

Hela Weiss, geb. Felenbaum

Arkady Wajspapier

Zelda Metz, geb. Kelberman

Chaim Lejst

Zyndel Honigman

Szlomo Szmajzner

Josef Herszman

Josef Cuker

Josef Duniec

Abraham Margules

Chaim Powroznik

Ilana Safran

Ajzyk Rotenberg

Mordechai Goldfarb

Jehuda Lerner

Moshe Bahir (Geburtsname Szklarek)

Fiszel Bialowicz

Symcha Bialowicz

Eda Lichtman, geb. Fiszer

Aleksy Wajcen

ben Grund wie ich.« Er sprach mit leiser Stimme, und ich wußte, daß ich außer Gefahr war. Er hatte es erraten. Es war nicht, um heimlich zu essen, es war auch nicht die Stille hier, sondern das kleine Dachfenster, der grenzenlose Himmel darüber, die goldenen, polnischen Weizenfelder und die kleinen Hütten mit den rauchenden Kaminen in der Ferne, das Zwitschern der Schwalben im Gebälk, und die Sehnsucht nach der Zeit vorher. Wir standen Seite an Seite und sahen aus dem Fenster – nicht der gefürchtete und verhaßte Hauptkapo und der verlassene, verschüchterte Sklavenjunge, sondern einfach nur ein älterer Mann und ein 15jähriger Junge, die vom selben Gefühl ergriffen waren.

Wir gingen zusammen hinunter. Er begleitete mich an meinen Arbeitsplatz und ging wortlos davon.

Während der Mittagszeit lag ich auf meinem Schlafplatz und döste vor mich hin, als eine Stimme an mein Ohr drang. Sofort war ich hellwach. Von meinem Platz auf der obersten Plattform sah ich hinunter auf die gorillahafte Gestalt des Kapos Pożycki, der gerade jemandem befahl, eine Bank in die Mitte der Baracke zu schieben.

»Los, hol Berliner!« brüllte er und bedeutete einem Jungen loszulaufen. »Er ist bestimmt in der Frauenbaracke!«

Der Bote rannte los und kam bald wieder, aber allein. »Berliner sagt, er könne nicht kommen. Er sei gerade beim Essen.«

Pożycki wußte, womit er Berliner locken konnte. »Lauf noch mal los«, sagte er stur, »und sag ihm, daß jemand den Hintern versohlt bekommen muß.«

Es klappte. Berliner tauchte auf, grinste und schlug sich die Peitsche gegen den Stiefel. »Und?« sagte er. »Wer ist es?«

Pożycki ging auf ihn zu, packte ihn am Kragen und brüllte: »Du bist es, Schlächter!«

»Nicht im Ernst«, sagte der Gouverneur mit schwacher Stimme und lachte gezwungen.

Pożycki stieß ihn mit dem Fuß zur Bank. »Leg dich hin, sage ich!«

Bestürzt legte sich Berliner über die Bank. Der Halbgott, der über Leben und Tod geherrscht hatte, heulte jetzt zum

Steinerweichen und flehte um Gnade. Liebend gern hätte er alles getan, was wir von ihm verlangt hätten, alles, nur um nicht mit jenem lederumwickelten Metallstab bearbeitet zu werden, derselben Peitsche, die er immer benutzt hatte, um andere Häftlinge zu Krüppeln zu schlagen.

Ein Mann setzte sich auf Berliners Hals, zwang ihn also, auf dem Bauch zu liegen, während ein anderer seine Beine unter der Sitzbank über Kreuz festhielt, damit er sich nicht bewegen konnte. »Zähl bis fünfzig!«

Jeder der drei Kapos (Pożycki, Bunio und ein holländischer Kapo) versetzten ihm fünfzig Peitschenhiebe. Die Zuschauer konnten es erst gar nicht fassen, doch dann packte es sie, und sie beteiligten sich an der Gewaltorgie.

Ich sah von meinem Schlafplatz aus zu. Berliner schrie um Gnade. »Hattest du jemals Mitleid mit uns?« warfen sie ihm vor und imitierten dann seinen ironischen Tonfall: »Bist du müde? Möchtest du schlafen gehen? Können wir dir irgendwie behilflich sein?«

Als es schließlich aussah, als würde er sich nicht mehr bewegen, ließen sie etwas von ihm ab. Aber er war kräftig. Er hatte in Sobibór nie besonders schwer arbeiten müssen, und er hatte gutes Essen bekommen. Überraschend stand er auf und versuchte, sich in sein Zimmer zu schleppen. Wieder wurde er auf die Bank geworfen und gnadenlos weitergeschlagen. Diesmal schlug man ihm mit dem harten Peitschenknauf in die Magengegend, doch er hielt eisern am Leben fest. Auf einmal tauchte Wagner im Hof auf. Ehe der SS-Mann ihn aber entdeckte, wurde Berliner schnell ins Zimmer der Kapos geschafft.

Beim Abendappell meldete Pożycki an Berliners Stelle dem deutschen Kommandeur, daß Berliner krank sei. Dann befahl er Bialowicz, der in der Apotheke arbeitete, ein wirksames Gift zu bereiten, das mit schmackhafter Kascha vermischt wurde. Am nächsten Tag, beim Morgenappell, lag Berliners Leiche vor der Kolonne, eingewickelt in eine graue Decke. Diesmal meldete Pożycki, daß »der Gouverneur an einer akuten Krankheit gestorben« sei. Später sagten einige, der SS-Mann Frenzel, dem die Sache gemeldet wurde, habe Kapo Pożycki zugezwinkert und befohlen, die Leiche sofort zu verbrennen.

Offenbar wußte Frenzel über die ganze Geschichte Bescheid. Eine Sache hatte er Berliner nämlich nie verziehen. Seinen verhängnisvollen Fehler, den Fluchtversuch der Kapos zu verraten. Anstatt die Sache Frenzel zu melden, der für Lager I direkt verantwortlich war, hatte er vielmehr über Frenzels Kopf hinweg Wagner informiert. Aber aus Angst, mit seinem Vorgesetzten in Konflikt zu geraten, hatte Frenzel davon abgesehen, Berliner zu bestrafen.

Außerdem versorgten die Kapos Frenzel mit erfundenen Geschichten über Berliners Arroganz, zum Beispiel, daß er sich damit brüste, wichtiger zu sein als Frenzel. Wie auch immer, es machte alles den Eindruck, als habe Frenzel seine Einwilligung für den Mord an Berliner gegeben.

Die wenigen Kapos, die Berliners Verrat überlebt hatten, übten also Rache. Der Tod des verhaßten Berliner kam sämtlichen Häftlingen gelegen.

Transporte aus dem Osten

Wieder war eine ganze Zeitlang kaum ein Transport in Sobibór eingetroffen. Es gab wenig zu essen, und wir hatten Hunger, denn vorher hatten wir uns zusätzlich von den Lebensmitteln ernährt, die wir im Gepäck der Neuankömmlinge fanden. Dann aber hieß es auf einmal, wir sollten uns auf einen Transport einstellen, der am nächsten Tag eintreffen würde. Irgendwo auf den fernen Bahngleisen Polens rollte ein Zug der Verdammten in Richtung Sobibór.

Karolek wandte sich zu mir und sagte: »Morgen gibt's ein Festessen.«

Ich dachte: Sind wir noch Menschen?

Wieder nahm Sobibór Tag und Nacht seine Opfer in Empfang. Jetzt stammten die langen Züge vor allem aus den Ghettos von Ostpolen und der Sowjetunion. Im September kamen allein aus den Gegenden um Wilno, Lida und Minsk knapp 14000 Menschen. Diese Juden hatten kein Gepäck dabei, sondern bloß kleine Lebensmittelpakete – meistens Brot und Zwiebeln.

Vier Tage lang trafen diese Züge ein. Es gab unglaublich viel Arbeit; wir hatten nicht einen Moment zum Nachdenken. Wieder waren die Lagerräume bis zur Decke gefüllt, und der Himmel über Sobibór war schwarz und rauchverhangen.

Eines Morgens, am 23. September 1943, hielt einer dieser Züge am Bahnsteig von Sobibór. Ich war neugierig und wollte sehen, was los war, also nahm ich die Hacke, mit der ich das brennende Material auflockerte, und ging in Richtung Lager I. Wenn man mich aufhielt, würde ich einfach sagen, ich hätte die Erlaubnis des Kapos, meine Hacke beim Schmied gegen eine neue einzutauschen, da sie unten schon ganz verkohlt war.

Normalerweise kam man nach Lager I, wenn man sich westwärts hielt, doch statt dessen lief ich langsam am östlichen Zaun entlang, der parallel zu dem in Sichtweite befindlichen Bahnsteig verlief. Ich war noch nie am Bahnsteig gewesen, wenn ein Transport eintraf, und ich wollte wissen, wie so etwas ablief. Auf halbem Weg blieb ich stehen und tat, als würde ich einen Stein aus meinem Schuh entfernen.

Sämtliche Nazis befanden sich auf dem Bahnsteig. Ich war zu weit weg, um ihre Gespräche zu verstehen, konnte aber Frenzels und Gomerskis laute und herrische Befehle hören. Die anderen Nazis hatten ihre Gewehre und Maschinenpistolen im Anschlag und umringten die Juden. »Zimmermänner und Bauarbeiter, vortreten!« brüllte Frenzel.

Sie brauchten neue Arbeiter für das Lager. Nur Gott allein wußte, wann das endlich ein Ende haben würde. Wie in dieser Situation üblich, witterten die Häftlinge sofort ihre Chance. Es war immer besser, gebraucht zu werden. Es entstand ein wildes Durcheinander, als sie begannen, sich nach vorne zu drängen, genauso wie damals, als ich in Sobibór angekommen war. Das ging den Deutschen mit ihrem Ordnungssinn gegen den Strich. Gomerski schwang seine Peitsche und schlug auf die Leute ein. Schließlich wurde eine Gruppe Juden, von denen ein Großteil in irgendeiner Art Uniform steckte, herausgeholt. Der Rest begab sich wie üblich langsam nordwärts – zu den Gaskammern.

Plötzlich verließ Frenzel den Bahnsteig und kam in meine Richtung. Zum Verschwinden war es zu spät, und ich tat, als wäre ich mit meiner Hacke beschäftigt.

»Was machst du hier?«

»Ich habe vom Kapo den Befehl, zum Schmied zu gehen und die Hacke auszutauschen.«

»Ich habe dich doch da stehen sehen.«

»Nur, um mir einen Stein aus meiner Sandale zu holen.«

Frenzel starrte mich an, überlegte einen Augenblick, dann griff er nach einem Holzpflock. Ich warf die Hacke weg und bedeckte meinen Kopf mit den Händen, doch der Schlag traf mich auf meiner rechten Seite unterhalb der Rippen. Ich bekam keine Luft, und da mir klar war, daß der nächste Hieb wahrscheinlich tödlich sein würde, rannte ich auf das Tor von Lager I zu. Ich weiß es nicht mehr ganz genau, aber vermutlich rannte ich an der verdutzten Wache vorbei und auf meine Baracke zu; als ich drin war, ließ ich mich auf die unterste Etage fallen.

Kurt, der Dienst hatte, befand sich gerade in der Baracke. Ich brachte kein Wort heraus, warf ihm einen flehenden Blick zu. Kurt sagte nur: »Er kommt. Gott steh dir bei.«

Frenzel stand vor mir, noch immer den Pflock in der Hand. Das ist das Ende, dachte ich; und ich war darauf vorbereitet. Am falschen Platz zu sein, bedeutete in Sobibór den Tod, und es war undenkbar, vor einem SS-Mann einfach wegzulaufen. Wie aus einer fernen Welt hörte ich eine Stimme, die zu mir sagte: »Wie geht es dir?«

Ich hörte, wie ich sagte: »Es tut weh.«

»Ruh dich aus, Kleiner. Dann aber zurück an die Arbeit.« Und damit ging er.

Kurt stand einen Augenblick lang fassungslos da, dann verschwand er und kam kurze Zeit später mit einem Becher kalten Wassers zurück. Obwohl mir die Seite weh tat, waren meine Knochen noch heil, und bald fühlte ich mich kräftig genug, um die Baracke wieder zu verlassen. Es war zu riskant, sich während der Arbeitszeit dort aufzuhalten. Ich betrat Szlomo Szmajzners Schmiede, und während er eine neue Hacke anfertigte, erzählte ich ihm von der Selektion auf dem Bahnsteig.

Nach kurzer Zeit traf die neue Gruppe ein, und man brachte sie in den Hof. Kurt nahm sein Notizbuch zur Hand, schrieb ihre Namen auf und wies ihnen ihre Plätze in einer riesigen, neu errichteten Baracke zu.

Ich beäugte die Neuankömmlinge mißtrauisch. Wer waren sie? Einige trugen Uniform. Ihre Mäntel waren aufgeknöpft, und auf ihren Mützen waren Abdrücke von den fünfzackigen Sternen der Sowjets.

Bald verließen sie die Baracke und zogen in Grüppchen über den Hof. Noch immer war ich neugierig, daher blieb ich unerlaubterweise in der Schmiede und wartete auf Neuigkeiten. Kurt war der einzige, der bisher mit ihnen zu tun gehabt hatte. Als Szlomo seinen Namen rief, wandte er sich um und kam in die Schmiede.

»Was sind das für Leute, Kurt?« fragte Szlomo.

Da er aus der Tschechoslowakei stammte, verstand Kurt ausgezeichnet Russisch, dennoch hatte er nur dürftige Informationen. Bei den »Russen« handelte es sich um jüdische sowjetische Kriegsgefangene, die ins Ghetto von Minsk und später, zusammen mit anderen Juden, nach Sobibór gekommen waren.

Inzwischen war es beinahe Mittagszeit; in einer halben Stunde sollten wir zum Appell antreten, und man würde mich vermissen. Ich mußte zurück an meinen Arbeitsplatz am Ofen. Innerhalb kürzester Zeit war ich wieder dort, ausgestattet mit einer neuen Hacke.

Die Nazis von Sobibór machten einen Fehler, der ihnen später zum Verhängnis werden sollte: Während niemand von den jüdischen Häftlingen in Sobibór beim Militär gewesen war, befanden sich unter den neu ausgewählten Männern sowjetische Soldaten, einschließlich einiger hochrangiger Offiziere. Diese Männer hatten zwar im Ghetto gelebt, doch ihr Kampfgeist war noch immer ungebrochen. Viele von ihnen hatten von der deutschen Niederlage bei Stalingrad gehört und davon, daß sich die Deutschen aus den sowjetischen Gebieten zurückzogen, und sie wußten, daß der Feind nicht unbesiegbar war.

Am selben Abend sahen die neuen Häftlinge mit Schrecken die Flammen in den Himmel schießen. Jetzt wußten auch sie Bescheid.

Am nächsten Tag befahl Kapo Pożycki etwa hundert Häftlingen, in die neue Baracke zu den »Russen« zu ziehen. Ich gehörte dazu und suchte mir den erfahrungsgemäß besten Platz aus – in einer Ecke auf der obersten Etage, weit weg von der Eingangstür, wo die Häftlinge hereinplatzenden Deutschen oder Kapos unmittelbar ausgesetzt waren. Dort lernte ich zum erstenmal einen russischen Juden kennen, einen Mann, der den Spitznamen Kali Mali trug. Er war klein und dunkelhaarig, hatte ein schmales Gesicht mit ausdrucksvollen schwarzen Augen und sprach ausschließlich Russisch. Er war mindestens zehn Jahre älter als ich. Er erinnerte mich an meinen Onkel Jankel, der immer Geschichten erzählte.

Die meisten Polen konnten zwar kein Russisch schreiben, aber es fiel ihnen relativ leicht, sich in anderen slawischen Sprachen zu verständigen. Als ich bemerkte, daß die »russische« Gruppe auf sehr karg ausgestatteten Schlafplätzen lag, ging ich auf Kali Mali zu und fragte ihn, ob er vielleicht eine Decke brauche und ob er nicht den Platz neben mir beziehen wolle. Erst zögerte er, dann aber, nachdem wir uns eine Weile unterhalten hatten, sagte er choroscho [gut]. Also versprach ich dem benachbarten Häftling Wodka, wenn er sich woanders hinlegte. Er willigte ein, und so bekam der Russe den Platz neben mir.

Kali Mali war ein Dichter und Träumer. Sein richtiger Name war Alexander Shubayev; er war Eisenbahningenieur aus dem Donbass in der Ukraine. Wir unterhielten uns bis tief in die Nacht. Ich erzählte ihm alles über Sobibór, und obwohl er bereits über die Vorgänge im Lager Bescheid wußte, erschütterten ihn die Einzelheiten. Erschöpft schlief ich in jener Nacht ein.

»Toivi ...« Jemand rief leise meinen Namen. Selbst bei völliger Übermüdung war ich immer sofort hellwach; das war der Überlebensinstinkt.

»Was gibt's, Kali?«

»Du hast doch gesagt, daß viele Handwerker ihr Werkzeug mitbringen.«

»Ja?«

»Was passiert damit?«

»Manches davon benutzen wir hier. Den Rest schicken sie weg.«

»Kannst du mir eine Balalaika besorgen, Toivi? Es sind doch bestimmt auch schon Musiker hierhergekommen?«

»Eine Balalaika ist mir bisher noch nicht untergekommen, Kali, aber ich kann dir eine Gitarre von den holländischen Transporten besorgen.«

»Tu das.«

Während der nächsten Tage hatte ich jetzt einiges zu erledigen: eine Gitarre und Wodka beschaffen. Obwohl die Sortiergruppen gelegentlich unter dem Hab und Gut der Opfer auch Wodka fanden, kam er natürlich nie bis zu meinem Ofen.

Jedesmal wenn ein Transport eintraf, klauten wir vom Lebensmittelproviant der Opfer. Außerdem riskierten einige Häftlinge ihr Leben, indem sie mit den ukrainischen Wachen Geschäfte machten und Goldschmuck (den sie beim Sortieren der Kleidungsstücke der Opfer fanden) gegen Wurst und Wodka eintauschten. Es klingt vielleicht sonderbar, aber derlei riskante Spielchen hatten für manche Leute einen positiven psychologischen Effekt, wie ich am eigenen Leib erfahren hatte.

Nachdem der nächste Transport durch die »Himmelfahrtstraße« zu den Gaskammern gegangen war, schnappte ich mir eine Harke und schloß mich einer kleinen Häftlingsgruppe an, die die Aufgabe hatte, den Dreck wegzukehren. Ich war bisher immer nur nachts und sehr schnell durch diesen Bereich hindurchgetrieben worden, nämlich auf dem Weg zur Haarschneide-Baracke und zurück.

Ich hatte die »Himmelfahrtstraße« noch nie bei Tageslicht gesehen. Es war schrecklich. Jeder Fußabdruck im Sand erzählte eine Geschichte der Verzweiflung. Hunderte von Fußabdrücken, die mit jedem Zug der Harke dem Boden gleichgemacht wurden, die großen Fußabdrücke der Erwachsenen und die kleinen der Kinder; Abdrücke von Gebrechlichen, die nur ein Bein benutzen konnten und von Freunden gestützt wurden; die Spur von jemandem, der mitgezogen worden war, vielleicht von einem Krüppel, dessen Prothese im Entkleidungshof hatte zurückbleiben müssen, oder von jemandem, der ohnmächtig geworden war.

Und mitten im Abfall waren einige kleine, zerrissene, rote und grüne Papierschnipsel, die immer wieder durch die Zargen der Harke rutschten. Ich bückte mich, um die Fetzen aufzuheben. Es war Geld. Das rote Papier schien von sowjetischen Scheinen zu stammen, das grüne von amerikanischen Dollars.

Die Menschen hatten sich keine Illusionen gemacht. Vielen war klar, daß dies ihr Ende war, und ihre letzte Handlung war eine des Widerstands gewesen. Nackt und machtlos, wie sie waren, hatten sie systematisch das Wenige, was ihnen am Ende geblieben war, zerstört, damit es den Deutschen nicht in die Hände fiel. Ich konnte ihre Gefühle und Gedanken sehr gut nachvollziehen. Auf ihre Art waren sie Helden.

Aber es gab auch Zeichen der Hoffnung. Aus den Zähnen meiner Harke zog ich einige Papierschnipsel hervor. Auf einem stand: »Leute, ich heiße Perlmutter und komme aus Wilno. Sagt meinem Bruder, daß Natasza hier war.« Ähnliche Botschaften warfen die Leute aus den Waggons der Transporte, die kreuz und quer durch Polen in die Vernichtungslager fuhren, in der vergeblichen Hoffnung, ihre Familien könnten so von ihrem Schicksal erfahren.

Um keinen Verdacht zu erregen, sammelte ich beim Zaun ein bißchen Abfall ein, ehe ich mich in die Nähe einer der ukrainischen Wachen bewegte. Ich hatte noch nie vorher mit einem Aufseher zu tun gehabt, und ich beschloß, lieber mit einem, der mich nicht kannte, mein Glück zu versuchen, weil ich hoffte, daß er mich nicht sofort erschießen, oder noch schlimmer, verraten würde. Er schien zu verstehen, was ich von ihm wollte, und kam mir entgegen.

»Können Sie mir eine Flasche Wodka und Wurst beschaffen?« fragte ich.

Er antwortete nur: »Unter dem Busch hier ... wenn ein Transport ankommt.« Er sprach fast ohne die Lippen zu bewegen.

»In Ordnung«, sagte ich und ging weiter.

Auf dem Weg zurück zum Ofen ging mir auf, daß wir uns

gar nicht auf einen Preis geeinigt hatten, aber es wäre zu gefährlich gewesen, noch einmal zur Gasse zurückzugehen, wenn die Arbeit dort erledigt war.

Als ich zu meinem Ofen zurückkam, sah ich, daß alles seinen normalen Gang genommen hatte. Dunkle Rauchwolken drangen aus dem Schornstein. Szmul war inzwischen an einen anderen Arbeitsplatz versetzt worden, aber Karolek hielt das Feuer in Gang – der Beweis, daß wir bei der Arbeit waren, und so gab es keinen Anlaß, hier aufzutauchen.

Eine Stunde vor Arbeitsschluß ging ich los, um Josef Duniec zu besuchen. Josef war ein polnischer Jude, der nach Frankreich ausgewandert und in einem französischen Transport nach Sobibór gebracht worden war. Auch er war später am Aufstand beteiligt. Er war zwar kein Kapo, aber eine Zeitlang war er für eine Gruppe von Arbeitern in Lager II verantwortlich. Wir hatten anfangs zusammen als Sortierer gearbeitet, und ich hielt ihn für einen anständigen Menschen. Ich fand ihn im Lagerhaus für Männerkleidung und rief ihn zu mir.

»Josef, wäre es vielleicht möglich, eine Gitarre für Lager I zu beschaffen?«

»Bist du verrückt, Toivi? Eine Gitarre?«

»Es gibt ein paar Musiker bei uns. Sie wollen abends Musik machen. Was ist denn so verkehrt an einer Gitarre, Josef?«

»Aber nur, wenn es die Deutschen erlauben!«

»Josef, die Deutschen würden sich doch gar nicht daran erinnern, ob sie eine Gitarre erlaubt haben oder nicht. Ich habe sie einem der Russen versprochen. Sag mir einfach, wo die Instrumente aufbewahrt werden.«

»Also gut, ich bringe dich dorthin, aber dann will ich nichts mehr davon wissen.« Ich bedankte mich und folgte ihm. Gleich hinter dem Lebensmittellager befand sich ein abgeteilter Bereich. Dort hingen Geigen und Gitarren von der Decke, und auf dem Boden standen Kisten mit Mundharmonikas, Akkordeons und vielen anderen Instrumenten. Ich suchte mir eine Gitarre aus, die in einigermaßen gutem Zustand war und so ähnlich aussah wie die meiner Großmutter. Dann bat ich das Mädchen, das dort arbeitete, die Gitarre für mich zur Seite zu legen.

Ich hatte einen Plan. Sobald der nächste Transport eintraf, würde ich mich der Gruppe anschließen, die die Schuhe aus dem Entkleidungshof in das entsprechende Lagerhaus zwischen Lager I und Lager II hinüberschafften. Dann würde ich weitersehen.

Zwei Tage später, als ein Transport von etwa 1000 Menschen eintraf, war es soweit. Im Ofengebäude schob ich den Abfallhaufen zur Seite und griff nach einer versteckten Pappschachtel. In dieser Schachtel hatte ich ein paar goldene Uhren, Münzen und Schmuck aufbewahrt. Ich zog eine neue goldene Uhr hervor, steckte sie in meine Hosentasche und wartete, bis wir mit unseren Harken in die Gasse gerufen wurden. Dort näherte ich mich schließlich dem Busch, wo ich die Beute des ukrainischen Wachmanns in Empfang nehmen sollte. Diesmal war es ein anderer Wachmann, aber er zwinkerte mir wissend zu; offenbar wußte er Bescheid.

»Es ist alles da«, sagte er leise und schlenderte davon.

Ich tat, als wollte ich ein bißchen Abfall aufheben, griff mit der Hand hinein und spürte, daß dort eine Flasche und eine Wurst lagen. Die Wache drehte mir den Rücken zu, damit mich niemand sehen konnte, und ich steckte die Flasche und die Wurst unter meinen Gürtel. Dafür legte ich die goldene Uhr unter den Busch.

Ich war aufgeregt und fühlte mich ganz eigenartig. Der Wachmann, der ja mein Feind war und vor dem ich eigentlich hätte Angst haben müssen, war offenbar ganz menschlich. Ich merkte ihm an, daß er sogar noch mehr Angst hatte als ich. Während ich versuchte, meinen Tod hinauszuzögern, war er frei. Aber jetzt war er mit mir auf einer Stufe – einen kurzen Moment hatten wir ein und denselben Gegner. Ich hatte das Gefühl, Macht über meine Peiniger zu haben, und es war ein gutes Gefühl. Ich war nicht nur ein »nasser Sack«, wie sie uns immer nannten; ich war jemand, mit dem man rechnen mußte.

Bald darauf war die »Himmelfahrtstraße« fertig gekehrt. Mein Hemd hing über der Hose, und von der Fracht, die unter meinem Gürtel klemmte, war nichts zu sehen. Ich ging hinüber zu den Sortierern und holte eine Decke voll Lebensmittel ab, die im Lagerhaus abgeliefert werden sollte.

Zu dieser Zeit befanden sich die Deutschen meistens auf dem Bahnsteig, um das Entladen des Zuges zu überwachen, und an ihrer Stelle führten die Kapos die Aufsicht. Wenn die Deutschen nicht in der Nähe waren, hatten die Kapos ein bißchen mehr Nachsicht, solange niemand trödelte. Als ich also die Lebensmittel abgeliefert hatte, betrat ich den Teil des nahe gelegenen Lagerhauses, in dem die Musikinstrumente aufbewahrt wurden, und verstaute die Gitarre in der leeren Decke.

Ich hatte keine Zeit zu verlieren. Ich mischte mich unter die Schuheinsammler, suchte die herumliegenden Schuhe zusammen und warf sie in die Decke zu der Gitarre. Als die Decke voll war, hievte ich sie auf meinen Rücken und machte mich zusammen mit den anderen auf den Weg zum Schuh-Lagerhaus. Dort legte ich die Schuhe zum Sortieren auf einen Stapel. Die Gitarre behielt ich weiterhin in der Decke.

Hinter den Baracken lagen haufenweise Töpfe und Pfannen. Erst hatte ich vorgehabt, das Instrument dort zu verstecken, bis sich eine Möglichkeit auftat, es abzuholen. Aber dann dachte ich: Wozu das alles Schritt für Schritt machen, erst den Wodka und die Wurst und später dann die Gitarre? Wenn sie mich dabei erwischten, wäre es mein Todesurteil. Warum sollte ich mein Leben mehrfach aufs Spiel setzen? Also lud ich einen Haufen Töpfe und Pfannen auf die Decke und machte mich auf zur letzten und gefährlichsten Etappe meiner Schmuggelaktion. So unauffällig wie möglich spazierte ich an der Wache am Tor von Lager II vorbei.

»Was hast du da?«

»Ich bringe Töpfe in die Küche.« Er warf einen Blick auf die Töpfe und Pfannen, die aus der Decke ragten, und ließ mich durch.

Als ich in der Küche ankam, fragte Cukerman: »Was soll das?«

»Das sind zusätzliche Töpfe für die sowjetischen Neuankömmlinge.«

»In Ordnung, lad sie im hinteren Teil der Küche ab, bis es Zeit ist fürs Abendbrot.«

So weit war es gutgegangen. Jetzt durfte es nicht allzu

schwierig sein, meine Beute in der Baracke zu verstecken. Wir hatten einen Sandboden, und ich würde den Wodka und die Wurst einfach vergraben können. Die Gitarre hingegen versteckte ich unter der Decke auf meinem Schlafplatz. Für heute war sie in Sicherheit.

Nach dem Abendappell lieferte ich Wodka und Wurst bei meinem ehemaligen Nachbarn Mojsze ab. Das war schon mal erledigt. Kali Mali hatte ich in der Frauenbaracke gesehen. Er war mit einer Frau ins Gespräch vertieft gewesen, und ich wollte ihn nicht stören. Ich wartete an meinem Schlafplatz auf ihn. Um 9 Uhr abend tauchte er schließlich auf.

»Ich habe deine Gitarre«, sagte ich und zog das Instrument hervor.

»Unglaublich!«

An ein Plektron hatte ich nicht gedacht, doch er benutzte statt dessen seine Fingernägel und entlockte ihr einige Töne. Es war unbequem auf den Schlafplätzen, also ließen wir uns auf dem Boden nieder. Irgend jemand brachte einen Stuhl, und Kali Mali fing an zu spielen.

Ich erinnere mich noch immer an die Lieder, die er sang – »Schwarze Augen«, und Lieder, in denen es um Soldaten ging, die sich nach ihren Liebsten sehnen. Noch heute gehören die Schallplatten mit diesen vertrauten Melodien zu meinen größten Schätzen. Nach so vielen Jahren sehe ich noch immer sein trauriges Gesicht vor mir und habe seine schöne Stimme im Ohr.

> Traurigkeit umgibt mich,
> Ein kummervoller Weg liegt vor mir,
> Die Vergangenheit scheint wie ein Traum,
> Der mein armes Herz quält.
> Es gab nur Lügen und Enttäuschungen.
> Fort sind die Träume und der Frieden.
> Aber die Schmerzen unverheilter Wunden
> Werden mich stets begleiten.
> Kutscher, treib die Pferde nicht so an.
> Ich habe keine Eile.

Als hätte es nicht genug Grausamkeiten gegeben, rief Wagner das berüchtigte »Strafkommando« ins Leben. Für jeden Fehler wurden Häftlinge zu drei Tagen Strafkommando verurteilt. In Wirklichkeit aber war das nichts anderes als ein Todesurteil – die Häftlinge starben nur langsamer und qualvoller. Häftlinge im Strafkommando hatten immer rote Striemen auf Brust und Rücken. Sie mußten 18 Stunden am Stück arbeiten. Sie hatten einige Minuten Pause, aber sie durften sich nicht hinsetzen, und es gab nichts als Wasser und Brot. Die wenigen Stunden, die die Häftlinge schlafen durften, wurden durch ständige Appelle unterbrochen.

Die Arbeit war furchtbar und völlig sinnlos. Die Häftlinge mußten laufen, bis sie nicht mehr konnten, und dabei schwere Steine von einem Platz zum andern schleppen. Die ganze Zeit über wurde erbarmungslos auf sie eingeprügelt. Selbst die schlimmsten Kapos hatten Mitleid mit den Unglücklichen. Obwohl immer wieder neue Häftlinge dem Strafkommando unterstellt wurden, nahm die Gesamtzahl nie zu, denn niemand, der zu diesen 72 Stunden verurteilt wurde, überlebte.

Trotz unserer unmenschlichen Arbeits- und Lebensbedingungen an einem Ort, der von Gott verflucht und verlassen schien, erlebte ich, wie sich Leute ineinander verliebten, wie sich tiefe Freundschaften entwickelten, wie sich Eifersuchtsszenen und all die »ganz normalen« Gefühle zwischen Männern und Frauen abspielten.

Dann gab es Menschen, die sich ganz ihrem Glauben zuwandten. Sie durchsuchten das Gepäck der Opfer nach Gebetsbüchern, hielten täglich Gottesdienste ab und versuchten so weit wie möglich nach dem jüdischen Gesetz zu leben. An Feiertagen versammelten sich kleine Gruppen frommer Juden. Ein Kantor aus Turobin versteckte sich hinter Kleiderbergen und Koffern, um täglich mit den anderen zu beten, und kümmerte sich nicht im geringsten darum, daß man sie dabei erwischen könnte. Ein paar Häftlinge hatten Kopf und Kragen riskiert, um Reis für die traditionelle Mahlzeit nach dem Jom-

Kippur-Fasten aufzutreiben. Am Abend des Jom Kippur kamen sie zu mir und baten mich, den Reis in meinem Ofen für sie zu kochen.

In unserer Abgeschlossenheit dürsteten wir nach zuverlässigen Neuigkeiten aus der Außenwelt. Die sowjetischen Juden hatten uns Mut gemacht und Hoffnung, daß Hitlers Niederlage bevorstand. Auch wenn wir sicher waren, daß wir sie nicht erleben würden, war es gut zu wissen, daß das Ende der Nazis kommen und jemand in unserem Namen mit ihnen abrechnen würde.

Es gab immerhin Indizien für eine bevorstehende Niederlage: Oberscharführer Graetschus, Kommandeur der ukrainischen Wachen, kam mit einer Handverletzung aus dem Heimaturlaub zurück, nachdem er auf dem Weg zurück nach Sobibór in einen Luftangriff geraten war.

Einige meiner Mithäftlinge wußten außerdem vom letzten Transport aus Izbica, daß es im Warschauer Ghetto einen Aufstand gegeben hatte, bei dem die Juden gegen deutsche Panzer vorgegangen waren, woraufhin die Wehrmacht den Rückzug angetreten hatte. Dann hörten wir von der Niederlage der Deutschen an der Ostfront in nur 550 Kilometer Entfernung; wir glaubten immer stärker an den Sieg der Alliierten über Hitler.

Es war mittlerweile Ende September 1943. Die Nazis in Sobibór ahnten, daß sich ihre Situation zuspitzte, unter ihnen begann sich eine leise Nervosität auszubreiten, während wir Häftlinge immer zuversichtlicher wurden. Eines Tages sollten wir singen, aber statt der üblichen deutschen Soldatenlieder stimmten die russischen Juden ein Lied der sowjetischen Flieger an, und die meisten anderen sangen mit. Die ukrainischen Wachen wurden fuchsteufelswild. »Halt!« riefen sie. Dann befahlen sie uns in kurzer Abfolge: »Hinlegen!«, »Aufstehen!«, »Hinlegen!«, »Kriechen!«, »Aufstehen!«, »Laufen!« Diese Strafübung ging so lange weiter, bis wir völlig außer Atem waren. Offenbar hatten wir sie an einer empfindlichen Stelle getroffen.

Der Strom neuer Transporte begann zu versiegen. Doch die Flammen zischten Tag und Nacht, um die Leichenberge zu verbrennen. Eines Tages nach dem Mittagessen, kurz bevor es zurück zur Arbeit ging, mußten wir auf einmal stehenbleiben. Jenseits des Stacheldrahtzauns, im Abstand von etwa zehn Metern, stand eine ukrainische Wache mit dem Gewehr im Anschlag. Aus jedem Wachturm zeigte eine Gewehrmündung auf uns. Stundenlang ließen sie uns dort stehen. Es war äußerst sonderbar.

Gegen 15 Uhr hörten wir aus Lager III zwei Schüsse fallen. Erst dachten wir nicht weiter darüber nach, doch als die Schießerei 20 Minuten lang ununterbrochen weiterging, wurde uns klar, was los war. Die Häftlinge auf dem Krematoriumsgelände wurden hingerichtet! Jetzt war der Tag gekommen. Wir würden die nächsten sein! Reglos standen wir da, bewacht von der SS mit ihren Maschinenpistolen.

Schließlich hörte das Schießen auf. Noch immer unter strengster Bewachung mußten wir zu unserer Arbeit zurückkehren. Am selben Abend noch wurden unsere Befürchtungen bestätigt: die Kleidung der Hingerichteten wurde zum Sortieren gebracht.

Den Gerüchten nach, die wahrscheinlich von den Nazis selber in die Welt gesetzt worden waren, um uns einzuschüchtern, hatten einige Häftlinge versucht, einen unterirdischen Tunnel zu graben. Das sei der Grund für ihre Hinrichtung gewesen. Bald darauf suchten sie sich von unseren Leuten 30 Häftlinge aus, um die 150 in Lager III zu ersetzen.

Der organisierte Widerstand

Wir wußten, was auf uns wartete. Wir wußten, daß wir uns in einem Vernichtungslager befanden und daß es unser Schicksal war, zu sterben. Wir wußten, daß selbst ein plötzliches Ende des Krieges vielleicht die Insassen eines »normalen« Konzentrationslagers retten würde, aber nicht uns. Nur eine Verzweiflungstat konnte uns aus diesem Zustand retten und vielleicht die Möglichkeit zu fliehen eröffnen. Der Wille zum Widerstand war in uns gereift. Was unsere Befreiung betraf, machten wir uns keine Illusionen; wir hofften vor allem, das Lager zerstören, und auf jeden Fall wollten wir lieber erschossen als vergast werden. Wir wollten es den Deutschen nicht leichtmachen.

Dies war die Situation, in der sich eine Handvoll Häftlinge zusammenschloß, um einen Aufstand zu planen. Der Initiator war Leon Feldhendler, ein 33jähriger Mühlenarbeiter, der Sohn eines Rabbis und ein ehemaliges, führendes Mitglied des Judenrats von Zólkiewka, einer kleinen Stadt in Ostpolen.

Obwohl ich nicht von Anfang an zum engsten Kreis der Eingeweihten gehörte, wußte ich immer über alles Bescheid. Szmuls älterer Bruder war einer der Organisatoren; er hielt ihn auf dem laufenden, und Szmul wiederum gab alle Neuigkeiten an mich weiter.

Nach der Ankunft der Transporte aus dem Osten ergriff Leon die Gelegenheit, ausgebildete Offiziere für den Widerstand zu rekrutieren. Sein Augenmerk fiel auf einen großen, 35jährigen Mann, der noch die Leutnantsuniform der Roten Armee trug. Der Mann hieß Alexander (Sascha) Aronowitsch Pechersky und stammte aus Rostow am Don. Nach einer Phase der Beobachtung nahm die Gruppe mit Sascha Kontakt auf.

Am 29. September traf ein Transport aus Białystok ein, doch der Zug konnte in Sobibór nicht einfahren, weil der Bahnsteig mit einem Güterzug voller Ziegelsteine besetzt war, die vermutlich für den Ausbau des Lagers verwendet werden sollten. Einige Häftlinge mußten sich schnell in einer Reihe aufstellen, die einzelnen Ziegelsteine von Hand zu Hand weiterreichen und auf ein 200 Meter entferntes Gelände schaffen. Wie immer wurden die Arbeiter gedemütigt und willkürlich mit Peitschenhieben traktiert. Ein Stein rutschte dabei jemandem aus der Hand und fiel meinem Freund Mendl so unglücklich aufs Bein, daß er einen Knochenbruch erlitt. Wagner erschoß ihn, als wäre er ein nutzloses Pferd.

Am selben Abend sah ich, wie sich Leon und Sascha vor der Frauenbaracke scheinbar beiläufig miteinander unterhielten.

Am 7. Oktober suchte Sascha unter dem Vorwand eines Rendezvous mit der hübschen 18jährigen Luka die Frauenbaracke auf und erhielt von Leon detaillierte Informationen über die Sicherheitsmaßnahmen, den Tagesablauf, die Topographie und das Personal des Lagers. Sascha stellte seine Ideen für die Unternehmung vor. Man erörterte verschiedene Möglichkeiten und entwarf Pläne. Von nun an wurden in schneller Abfolge die unterschiedlichsten Fluchtprojekte diskutiert.

Es gab den Vorschlag, unter dem Stacheldrahtzaun und den Minenfeldern hindurch einen Tunnel zu graben, der unter dem Herd in der Tischlerei beginnen und etwa im Abstand von 35 Metern draußen enden sollte. Nach einigem Hin und Her aber wurde dieser Plan verworfen. Es sprach zu viel dagegen, und es schien ausgeschlossen, daß 550 Menschen mitten in der Nacht unbemerkt durch einen schmalen Tunnel ins Freie kriechen sollten. Es gab noch jede Menge andere Vorschläge, die schließlich alle abgelehnt wurden.

Am 9. Oktober sagte mir Szmul, daß Leon Feldhendler nach der Arbeit mit mir sprechen wolle. Wir hatten nur hin und wieder ein paar Worte gewechselt; obwohl Leon mit meinem Vater in Izbica, wo er eine Zeitlang gelebt hatte, befreundet gewesen war, hatte ich nie viel mit ihm zu tun gehabt.

Als ich mich an jenem Abend mit Leon traf, nahm er mich beiseite, und nach einigen höflichen Floskeln kam er zur Sache. Er wollte von mir wissen, ob ich etwas für mich behalten könne. Ich bejahte. Dann erklärte er die aktuelle Situation und fragte mich nach dem Grundriß des Abfallverbrennungshofes. Er bat mich, am nächsten Tag während der Arbeit Abfall vor den Fenstern aufzuschichten, damit keiner hineinsehen und Kali Mali das Gebäude jederzeit betreten konnte.

Der Plan

Am Abend des 10. Oktober traf sich der Kern der Organisatoren in der Tischlerei. Trotz einiger Einwände war es notwendig, die Kapos Pożycki und Bunio in die Verschwörung einzuweihen, besonders deshalb, weil Pożycki ohnehin schon Verdacht geschöpft hatte. Zudem konnte der Plan mit ihrer Hilfe viel leichter ausgeführt werden. Ihre Position würde es den einzelnen Gruppen ermöglichen, in verschiedenen Lagerbereichen die notwendigen Vorbereitungen zu treffen.

Eine leise Diskussion war im Gange. Damit keiner mithören konnte, lief im Hintergrund eine Schallplatte mit alten russischen Volksliedern. Die Organisatoren bildeten eine feste Kommandantur, und obwohl Leon der Initiator und Anführer der Verschwörung war, übertrug er Sascha die technische Planung sowie alle militärischen Fragen. Der entscheidende Punkt war strengste Geheimhaltung, nicht nur um zu verhindern, daß die Deutschen, sondern auch daß Mithäftlinge von der Sache Wind bekamen. Wir kalkulierten vor allem mit der Dreistigkeit der Deutschen, ihrem machtbesessenen Umgang mit den scheinbar gefügigen Juden, ihrem immergleichen Tagesrhythmus, ihrer eisernen Pünktlichkeit und ihrer Gier. Kurz gesagt, der Plan sah die heimliche Ermordung so vieler Nazis wie möglich innerhalb einer Zeitspanne von höchstens einer Stunde vor und dann einen offenen Aufstand.

Die wenigen Häftlinge, die dort arbeiteten, wo die für den Plan entscheidenden Schritte stattfinden sollten, trugen eine immense Verantwortung. Die »Putzer« (junge Häftlinge, die als persönliche Diener der Nazis fungierten) und die Mädchen, die in Lager IV die konfiszierte sowjetische Munition sortierten, hatten die Aufgabe, Munition zu klauen. Drei-Personen-Kampftruppen wurden aufgestellt, einschließlich einer Sondertruppe für den geplanten Angriff auf die Waffenkammer. Diese Truppen sollten mit Messern und Äxten bewaffnet sein, die eigens von den Tischlern und Schmieden angefertigt wurden. Die Waffen würden unauffällig unter den Gürteln und Jacken getragen werden. Man würde die Deutschen mit dem Versprechen ködern, daß einige besonders schöne Ledermäntel und Stiefel eingetroffen seien. Die Leute aus den Schneider- und Schusterwerkstätten würden die Nazis zu sorgfältig abgestimmten Terminen hintereinander zum Anprobieren in die Werkstätten bestellen, und dann würden alle paar Minuten Hinrichtungen stattfinden.

Das Tor von Lager II, wo die meisten Häftlinge arbeiteten, würde für alle bis auf die Eingeweihten gesperrt werden. Das ganze Lager bei der Flucht in Brand zu stecken wurde zwar von einigen in kleiner Runde erörtert, doch aus naheliegenden Gründen kam das nicht ernsthaft in Frage.

Zum Zeitpunkt des Ausbruchs würden sich die Häftlinge in Lager I aufhalten und gerade dabei sein, sich zum Appell fertigzumachen. Um die Ermordung der SS bis zur letzten Minute geheimzuhalten, durfte sich nichts Ungewöhnliches abspielen.

Schritt 1 würde zwischen 15.30 Uhr und 16 Uhr beginnen. In dieser Zeit sollten Vorbereitungen getroffen werden, die voraussichtlich nicht allzu riskant sein würden. Man würde etwa eine halbe Stunde Zeit haben. Die Messer und Äxte würden verteilt werden, und die Hinrichtungskommandos würden sich unter der Leitung der Kapos Poźycki und Bunio im Hinterhalt postieren.

Schritt 2 sah die eigentliche Eliminierung der SS vor. Dieser Schritt würde sechzig entscheidende Minuten andauern, nämlich von 16 Uhr bis 17 Uhr. Während dieser Zeit würden alle anwesenden Deutschen heimlich getötet werden. Alles hing von der unauffälligen und zügigen Hinrichtung ab. Es war üblich, daß die SS-Männer, die die jeweiligen Arbeitsgruppen beaufsichtigten, während dieser Zeit frei hatten. Daher würde sich ein SS-Mann, der seinen – bereits ermordeten – Kameraden nicht an seinem Posten vorfand, zunächst keine weiteren Gedanken machen. Die Hinrichtung der Nazis mußte so leise wie möglich vonstatten gehen. Um das Unternehmen geheimzuhalten, durfte man in dieser Phase auf gar keinen Fall zu den Pistolen greifen, die man den ermordeten Deutschen würde abgenommenen haben. Vor allem war es entscheidend, daß alles so weiterlief wie jeden Tag. Leon drängte sogar die Kapos, wie üblich von ihren Peitschen Gebrauch zu machen. Man verständigte sich darauf, daß ein Mithäftling, der den reibungslosen Ablauf des Aufstands gefährdete, getötet werden durfte. Wenn alles gutging, würden die Kapos ihre Häftlingstrupps wie jeden Tag um 17 Uhr zurück in Lager I bringen.

Das Ergebnis von Schritt 3 – der Aufstand – würde davon abhängen, wie viele Nazis getötet und wie viele Waffen zur Verfügung stehen würden. Außerdem würde man abwarten müssen, wie geistesgegenwärtig die Wachen im Lager und in den Wachttürmen tatsächlich sein würden.

Wenn schließlich alle wieder in Lager I wären, sollten schnell die anderen informiert und zum Kampf aufgerufen werden. In der Zwischenzeit würde der Elektriker Walter Schwarz, ein deutscher Jude, den Generator des Lagers außer Betrieb setzen.

Selbst eine einzige Minute der Verzögerung nach 17.45 Uhr könnte den Plan zunichte machen. Spätestens jetzt, wenn die SS-Leute allmählich zum Abhalten des Appells im Hof eintrafen, würde die Abwesenheit eines Kollegen auffallen. Die restlichen Deutschen würden sofort merken, daß ein Teil der Belegschaft aus unerklärlichen Gründen nicht aufgetaucht war.

Kapo Pożycki würde etwas früher als üblich zum Appell pfeifen. Die Häftlinge würden sich in Reih und Glied aufstellen, aber statt auf die Deutschen zu warten, würden sie von den Kapos zum Haupttor geführt werden. Die Abwesenheit der wichtigen SS-Leute würde die Wachen glauben machen, die Deutschen hätten uns den Befehl gegeben, zu irgendeiner Arbeit loszumarschieren. So würde es den Häftlingen gelingen, so nah wie möglich an das Haupttor zu kommen, ohne Verdacht zu erregen.

An der Waffenkammer würde sich eine bestimmte Gruppe vom Rest der Häftlinge entfernen und die Kammer stürmen. Dann sollte ein paar Meter weiter das streng bewachte Haupttor gestürmt und die Wachen überwältigt werden. Während des Gefechts sollten die Ukrainer davon überzeugt werden, nicht zu schießen, sondern statt dessen mit uns zu fliehen, da Stalins Sieg bevorstünde.

Im Falle eines unvorhergesehenen Problems würde improvisiert werden müssen. Würde die Verschwörung frühzeitig aufgedeckt, sollte sofort gekämpft werden. Um den verminten Bereich zu meiden, schlug Pechersky vor, die Zäune in der Nähe der Unterkünfte der Deutschen zum Hauptfluchtweg zu erklären. Zu Recht ging er davon aus, daß dieser Abschnitt nur mit Signalminen bestückt sei. Auf jeden Fall sollten erst Stöcke und Steine in die Minenfelder geworfen werden, um die Minen hochgehen zu lassen. In der Tischlerei wurden einige Leitern bereitgestellt, um damit über die Zäune zu klettern.

Im Hinblick auf die früheren gescheiterten Fluchtversuche und vor allem Berliners Verrat wurde die Anzahl der Eingeweihten auf ein absolutes Minimum beschränkt. Von insgesamt etwa 550 Juden, die zu jener Zeit im Lager lebten, wußten weniger als zehn Prozent von dem Vorhaben. Zum Leidwesen der Organisatoren gab es überhaupt keine Möglichkeit, mit Lager III in Verbindung zu treten, wo zirka dreißig Häftlinge arbeiteten. Diese würde man zurücklassen müssen. Der Tag unserer Flucht wurde auf den 13. Oktober festgelegt.

Am 11. Oktober traf ein weiterer kleiner Transport aus dem Osten ein, und bald hörte man Schüsse und Schreie aus Lager III. Wir durften weder unsere Arbeitsplätze verlassen noch hinaussehen. Wenig später erfuhren wir, daß die neuen Opfer erkannt hatten, was mit ihnen passieren sollte, Widerstand geleistet hatten und nackt auf die Zäune zugerannt waren. Viele wurden im Laufen niedergeschossen; der Rest wurde hingerichtet.

Am selben Tag kehrte Frenzel aus dem Heimaturlaub zurück und inspizierte gleich die Baracken. Ein paar Häftlinge lagen krank auf ihren Schlafplätzen. Ihre »Faulenzerei« brachte ihn in Rage, und er jagte sie mit seiner Peitsche in den Hof und führte sie anschließend in die Gaskammern. Aus irgendeinem Grund verschonte er die einzige Frau, Selma Wijnberg, und befahl ihr, zurück an die Arbeit zu gehen.

Einer der Verdammten war ein junger Holländer, dessen Mutter, eine Wienerin, bei den SS-Männern des Lagers besonders beliebt war. Wagner, selbst Österreicher, war nämlich von ihren Jodelkünsten sehr angetan. Als sie sah, daß ihr Sohn weggeführt wurde, warf sie sich vor ihn, schrie und beschimpfte die Nazis als Mörder und Abschaum. Da sie sich weigerte, ihn im Stich zu lassen, stützte sie ihren geschwächten Jungen bis in Lager III, wo sie zusammen umkamen.

Hauptsturmführer Reichleitner und Gomerski waren einige Tage lang nicht im Lager gewesen. Jetzt, da Frenzel zurück war, konnte Wagner seinen Urlaub nehmen, und schon am nächsten Tag, dem 12. Oktober, reiste er mit vollgestopfen Koffern ab. Wagners Abreise stärkte unsere Kampfmoral ganz enorm. Er war grausam, aber dabei auch überaus intelligent. Ständig lief er umher und konnte urplötzlich an den unerwartetsten Orten auftauchen. Immer mißtrauisch und neugierig, ließ er sich nur schwer hinters Licht führen. Zudem war er von massiger Statur, und mit unseren primitiven Waffen hätten wir kaum etwas gegen ihn ausrichten können. Wir waren heilfroh, daß er aus dem Weg war.

Dann kam der 13. Oktober, der Tag unserer Rache. Nachdem die Arbeit begonnen hatte, schlich ich mich ins Lagerhaus für Männerkleidung und stattete mich mit dicker Unterwäsche und einem warmen Mantel aus; dann wartete ich aufgeregt, bis irgend etwas passierte. Kurz vor Mittag hörte ich Pfeifen und Lärm aus dem Bereich der Nazi-Garnison. Ich hatte schreckliche Angst. Jemand hat uns verraten, alles ist verloren, dachte ich.

Bald erfuhr ich jedoch, daß überraschend eine Gruppe deutscher Soldaten aus dem nahe gelegenen Arbeitslager Osowa eingetroffen waren. Erst dachten wir, unsere Verschwörung sei aufgeflogen, doch als Gelächter und der Gesang Betrunkener zu uns herüberdrangen, wurde uns klar, daß die Soldaten den Sobibór-Nazis bloß einen freundschaftlichen Besuch abstatteten. Nichtsdestotrotz wurde das Unternehmen erst einmal abgeblasen. Die Gäste könnten zusätzliche Gegner darstellen, und außerdem würde es nicht gelingen, ausgerechnet jetzt die Deutschen in die Werkstätten zu bestellen. Rasch wurde mit den Werkstätten vereinbart, die Termine mit den wichtigsten SS-Leuten auf den nächsten Tag zu verschieben. Glücklicherweise ging alles glatt.

Bei der Krisensitzung an diesem Abend wirkten die Verschwörer deprimiert und angespannt. Sie betrachteten den Vorfall als böses Omen, hinzu kam, daß am nächsten Tag Laubhüttenfest, ein Feiertag, war. Doch Leon, der Sohn eines Rabbis, beschloß, daß die Sache auf keinen Fall weiter aufgeschoben werden dürfe. Der Aufstand würde am nächsten Tag nach Plan vonstatten gehen. Messer, Beile, kleine Äxte und warme Kleidung wurden verteilt.

Es war der 14. Oktober 1943. Langsam ging die Sonne über dem Horizont auf. Ein warmer Tag kündigte sich an. Oberscharführer Bauer brach nach Chełm auf, um Vorräte einzukaufen. Die anderen Nazis im Lager gingen ihren üblichen Beschäftigungen nach. Allein eine kleine Gruppe Häftlinge wußte, daß dies ein schicksalhafter Tag sein würde.

Nach dem Mittagsappell nutze Kapo Poźycki wie geplant seine privilegierte Position, um einige der Verschwörer – Sascha Pechersky, Siemion Rosenfeld, Boris Cybulski, Kali Mali und Arkady Wajspapier – von ihren normalen Arbeitsplätzen zu entfernen und sie in Lager I zu versetzen. Sie versammelten sich in der Tischlerei und schlugen dort ihr Hauptquartier auf.

Gegen 14 Uhr tauchte Unterscharführer Walter Ryba mit einer Maschinenpistole bewaffnet in Lager I auf und nahm vier Häftlinge mit, einschließlich Kapo Poźycki. Hatte uns jemand verraten? Kurz darauf erschien Kapo Bunio und berichtete, daß Poźycki und die anderen nur vorübergehend in Lager IV gebracht worden seien, um dort Holzscheite zu stapeln. Ryba sei deshalb so schwer bewaffnet gewesen, weil er die Arbeiter ganz allein habe beaufsichtigen müssen.

Um genau 16 Uhr war es soweit. Alles würde nun von einem kühlen Kopf, Selbstvertrauen und einer großen Portion Glück abhängen. Da Kommandeur Reichleitner nicht da war, hatte Untersturmführer Niemann das Kommando. Er sollte als erstes getötet werden. Shubayev und Jehuda Lerner warteten in der Schneiderei; ihre Äxte lagen bereit.

Ein paar Minuten früher als bestellt kam Niemann auf seinem wunderschönen Schimmel angeritten. Dreszer, der zwölfjährige Putzer, lief ihm entgegen, um die Zügel des Pferdes zu halten. Niemann betrat die Schneiderei. Mundek, der Schneider, hielt die neue Uniform schon bereit. Nichtsahnend nahm der Deutsche seinen Gürtel mitsamt Pistole und Halter ab und warf ihn achtlos auf den Tisch.

Wie es Schneider zu tun pflegen, klopfte Mundek an Niemann herum und drehte ihn hin und her, wie es ihm gerade paßte. Schließlich bat er Niemann stillzustehen, während er mit seiner Kreide ein paar Striche für die Änderungen zog. Dann fiel von hinten die Axt. Wie ein abgeholzter Baum stürzte Niemann mit gespaltenem Schädel zu Boden.

Eine Sekunde lang stand Lerner mit der blutigen Axt in der Hand da, dann schlug er noch einmal zu. Da verlor auf einmal der Hutmacher, der dabeistand, die Fassung. Hysterisch fing er an, mit seiner Schere auf die Leiche einzustechen und die Namen seiner Frau und Kinder zu schreien, die in Sobibór ermordet worden waren. Als es niemandem gelang, ihn zum Schweigen zu bringen, wurde er geknebelt und in einen Schrank eingeschlossen. Niemanns Leiche wurde in ein Nebenzimmer gezogen, und der blutige Fußboden wurde mit Lumpen saubergewischt. Das Pferd wieherte, als spürte es, daß irgend etwas nicht stimmte, und Dreszer führte es zum Stall. Shubayev rannte zu Sascha, um ihm die erste Pistole zu übergeben. Jetzt gab es kein Zurück.

Währenddessen betrat Oberscharführer Siegfried Graetschus, Kommandeur der ukrainischen Wachen, die Schusterwerkstatt, um seinen Befehl entgegenzunehmen. Jitzhak Lichtman, der Schuster, bot ihm einen Stuhl an und half ihm, die Stiefel auszuziehen, damit er ein Paar neue anprobieren konnte. Während Jitzhak das Bein des Nazis fest im Griff hielt und dabei an seinem Stiefel zog, schlüpften Wajspapier und Rosenfeld aus dem Hinterzimmer und spalteten auch Graetschus mit der Axt den Schädel. Kaum hatten die Schuster die Leiche versteckt, da kam auch schon sein Stellvertreter, der Ukrainer Klatt, herein, um seinen Vorgesetzten ans Telefon zu holen. Er wurde auf gleiche Weise überwältigt, und wenig später lag er neben dem toten Graetschus am Boden. Jetzt, da die beiden wichtigsten Kommandeure tot waren, hatten die Nazis keinen Anführer mehr.

Ich bereitete im Abfallverbrennungsgebäude in Lager II alles so vor, wie es mir Leon einige Tage zuvor aufgetragen hatte. Ich schaufelte haufenweise Papier vors Fenster, damit niemand hineinsehen konnte.

Da ich ungeduldig die Ankunft der Attentäter erwartete, warf ich einen Blick aus der offenen Tür. Plötzlich sah ich, wie

Kapo Bunio in Begleitung von Cybulski, einem 35jährigen Lastwagenfahrer aus dem Donbass und einem weiteren, mir unbekannten Mann aus Lager I kam. Ich wunderte mich, als die Gruppe am Verbrennungsgebäude vorbei und weiter in Richtung Lagerhäuser ging. Kurz darauf tauchte Sender, ein hochgewachsener Jude aus Łódź, bei mir auf und eröffnete mir, daß in letzter Minute der Plan geändert worden sei. Das Verbrennungsgebäude lag zu nahe am Zaun und an den Wachtürmen. Selbst wenn die Ermordung der SS-Männer ohne Zwischenfälle verlief, könnten die Männer in den Wachtürmen stutzig werden, wenn über längere Zeit hinweg keiner der Deutschen zu sehen war. Statt dessen befahl mir Sender, am Tor zwischen Lager I und Lager II Position zu beziehen, um Nicht-Eingeweihte daran zu hindern, ihren Arbeitsplatz zu verlassen. Wenn mich jemand nach dem Grund fragte, sollte ich sagen, das sei ein Befehl der Deutschen. Die Stelle war überaus heikel, weil das Lagerhaus, wo die SS-Männer getötet werden sollten, ganz in der Nähe lag und es jede Menge Leute gab, die etwas mitkriegen und in Panik geraten könnten.

Aus dem Abfall grub ich ein wunderschönes großes Klappmesser aus, das ich dort versteckt hatte. Der Griff war aus Perlmutt und hatte die hebräische Inschrift »Koscher l'Pessach« (koscher fürs Passahfest), offensichtlich ein ritueller Gegenstand. Im Gepäck der Holländer fand man des öfteren solche Gegenstände. Ich zog die Klinge heraus und steckte das Messer unter meinen Gürtel. Danach grub ich unter dem Abfallhaufen die Wertsachen aus, die ich in Vorbereitung auf unsere Flucht versteckt hatte – ein Vermögen in Form von Diamanten, Gold und Papiergeld.

Ich ging also los, um meine Aufgabe zu erfüllen, und sah dabei, wie der 14jährige Fibs vor Unterscharführer Wolf strammstand und ihm meldete, daß ein nagelneuer Ledermantel, genau in seiner Größe, im Lagerhaus für Männerkleidung für ihn zurückgelegt worden sei. Der kleine, dunkelhaarige Unterscharführer ließ sich ködern, ging schnurstracks zum Lagerhaus hinüber und verschwand schließlich im Innern der riesigen Holzbaracke.

In einer Abteilung des Lagerhauses hatten einige Häftlinge

den Auftrag, zusammengeschnürte Päckchen zu je zehn Kleidungsstücken gegen die Wand zu schichten. Der Köder – der Mantel – lag daneben.

Wolf kam herein. »Achtung!« schrie Kapo Bunio. Die Sklaven hielten inne. »Helft dem Herrn Unterscharführer in den Mantel!« befahl der Kapo.

Ein Häftling holte den Mantel und hielt ihn dem Deutschen hin. Der SS-Mann steckte den Arm in einen Ärmel, und im Bruchteil einer Sekunde änderte sich das Szenario komplett. Cybulski schlug mit seiner Axt zu, und der Feind sank zu Boden. Sie stachen mit Messern auf ihn ein, bis er tot war, dann versteckten sie die Leiche unter den Kleiderbergen der Opfer. Das Blut auf dem Fußboden wurde mit Sand bedeckt. Als das erledigt war, begannen die Hinrichtungen in Lager II. Die nächste Falle stand schon bereit.

Ich bezog meine Stellung am Tor gegenüber dem Lagerhaus. Bald tauchte auch schon der erste Häftling auf, der durch das Tor wollte. Als ich ihn aufhielt, fing er an, mit mir zu streiten. Ich sah, daß Sender in der Nähe war, und rief ihn herüber, damit er mir half. Sender übernahm die Diskussion, und ich lief los, um weitere SS-Leute zu suchen.

Während dieser Zeit war ein Zug mit Kippwagen voller Lebensmittel unterwegs in Lager III. Ich winkte den Fahrer, Scharführer Vallaster, heran und sagte ihm, daß Wolf ihn dringend sprechen müsse. Er wurde ins selbe Lagerhaus geführt und dort getötet.

Jetzt standen die Kippwagen in der Nähe des Lagerhauses bewegungslos auf den Gleisen, und ich stopfte meine Taschen mit Konserven voll. Mein Freund Karolek sagte mit Erstaunen: »Du mußt dir ja ziemlich sicher sein, daß du überlebst, Toivi.« Ich nickte zur Bestätigung.

Den Nachrichtendienst übernahmen unauffällige junge Kuriere. Sie meldeten den Organisatoren, wie die Sache in Lager I und II voranging. Als perfekte Beispiele von Pünktlichkeit und Disziplin kamen die meisten SS-Männer auf die Minute genau zu ihrer Verabredung mit dem Tod. Alle anderen wurden in die Falle gelockt. Soweit ging alles nach Plan.

Jetzt wurde Beckmann ins Lagerhaus bestellt. Ich sah ihn

ankommen. Am Eingang der riesigen Baracke blieb er stehen, zögerte, als ahnte er etwas, drehte sich dann um und ging stumm auf das Verwaltungsgebäude zu, in dem sich sein Büro befand.

Nachdem Sascha über diese Panne informiert worden war, bereitete eine zweite Notfall-Einsatzgruppe – die aus Leon Feldhendler, Chaim Engel und Kapo Poźyckis jüngerem Bruder bestand – den Angriff auf Beckmann vor. Beckmanns Büro war klein, und er war alleine. Dennoch mußte auch er überrumpelt werden. Poźyckis Bruder klopfte an die Tür und bat um die Klärung irgendeiner Sache. Er wurde hereingebeten, und die Gruppe folgte ihm. Beckmann hatte nur mit einem Besucher gerechnet und wurde nervös. Innerhalb von Sekunden setzten die Angreifer ihren Plan in die Tat um. Da Beckmann tatsächlich überrascht worden war, hatte er keine Zeit mehr, zu reagieren. Poźycki nahm ihn in die Zange und hielt ihn fest, dann rammte ihm Chaim mehrmals sein Messer in die Brust. Einmal rutschte er ab, als er Beckmann das Messer zwischen die Rippen stoßen wollte und verletzte sich dabei an der Hand. Beckmann versuchte, wieder die Oberhand zu gewinnen, und obwohl er schwer verletzt war, schaffte er es noch, einen lauten Hilfeschrei auszustoßen. Dann starb er. Poźycki nahm ihm den Revolver ab. Zusammengesunken auf seinem Stuhl ließen sie ihn zurück. Im Büro nebenan wurde anschließend Scharführer Steubel getötet.

Kurz vor 17 Uhr kam Cybulski zurück ins Lager I und meldete Sascha die erfolgreiche Beseitigung von vier SS-Männern in Lager II: Wolf, Beckmann, Vallaster und Steubel. Shubayev berichtete außerdem, daß die Telefonleitung gekappt worden sei.

Hinten im Garnisonsbereich hatte Ryba zufällig die Autowerkstatt betreten. Die Häftlinge, die dort arbeiteten, hatten die Gelegenheit ergriffen und ihn sofort getötet. Das beunruhigte die Organisatoren, denn die Autowerkstatt stand offen, lag inmitten des Bürobereichs, und die Leiche hätte vorzeitig entdeckt werden können.

Währenddessen nahm Szlomo Szmajzner in Lager I ein paar Ofenrohre und machte sich auf den Weg in die Baracken der

Wachen. Ein Teil der ukrainischen Wachen hatte Dienst und bewachte die Arbeiter, aber der Rest, der frei hatte, würde sich hoffentlich gerade mit den polnischen Prostituierten amüsieren, die aus den nahe gelegenen Ortschaften ins Lager kamen. In dem Fall würden sie sich in der Baracke ein wenig außerhalb des Lagers aufhalten. Alle wußten, daß Szlomo der Blechschmied war und für die Reparatur der Dächer, Öfen und so weiter zuständig war, also würde er keinen Verdacht auf sich lenken. Er hatte zwar Angst, doch gleichzeitig war er wild entschlossen. »Heute ist der Tag«, hörte man ihn immer wieder vor sich hin murmeln.

Er legte die Rohre zur Seite und kletterte aufs Dach der Baracke, damit es so aussah, als überprüfe er den Schornstein. Anschließend betrat er die Baracke, vergewisserte sich, daß keiner da war, und durchsuchte das Zimmer des Gruppenführers. Szlomo sah ein paar Maschinenpistolen an der Wand hängen, doch sie waren zu groß, als daß man sie in den Rohren verstecken konnte. Im Nebenzimmer entdeckte er Gewehre und Patronengürtel mit nur wenigen Patronen. Das war ihm recht, und er versuchte, die Gewehre in die Ofenrohre zu schieben. Wegen der entsicherten Gewehrbolzen war das jedoch schwierig. Für jemanden, der sich mit Waffen ausgekannt hätte, wäre es eine Sache von Sekunden gewesen, die Gewehrbolzen zu sichern, aber Szlomo hatte zum ersten Mal in seinem Leben ein Gewehr in der Hand. Aber er gab nicht auf und schaffte es, zwei Gewehre in sein Ofenrohr zu schieben. Anschließend wickelte er das Rohr zusammen mit einem weiteren Gewehr in eine Decke. Er schulterte die Ladung und ging unauffällig und ohne daß etwas passierte, an der ukrainischen Wache vorbei und durchs Tor von Lager I.

Aus dem Hauptturm ertönte das Signal, das das Ende des Arbeitstages verkündete. Die Kapos versammelten sich jetzt mit ihren Arbeitstrupps in den verschiedenen Bereichen des Lagers und marschierten mit ihnen, wie immer in militärischen Formationen, zurück nach Lager I. Das Echo ihrer Marschlieder auf jiddisch, deutsch, polnisch, holländisch, ukrainisch und russisch hallte bis weit hinter die Stacheldrahtzäune und den Wald von Sobibór.

Alles machte den Eindruck eines ganz normalen Tages. Im Hof standen ahnungslose Häftlinge Schlange und warteten auf ihre Ration Kaffee und Brot. Schon bald sollte sich entscheiden, ob sie leben oder sterben würden! Das ganze Unternehmen hatte bis jetzt wie am Schnürchen geklappt. Abgesehen von ein paar Leuten hatte die überwiegende Mehrheit der Lagerinsassen keine Ahnung, was in den letzten Stunden abgelaufen war.

Nichtsahnend betrat Unterscharführer Friedrich Gaulstich den Hof. Szlomo Leitman behielt die Nerven und bat ihn sogleich, zur neu errichteten Baracke mitzukommen, wo er arbeitete, weil es mit den Schlafetagen Probleme gebe. Der Nazi fiel darauf herein, doch der mißtrauische Kapo Schmidt folgte ihm. Poźycki, der mit seiner Gruppe aus Lager IV zurückgekommen war, griff ein. Scheinbar zufällig ging er von hinten auf Schmidt zu und flüsterte ihm ins Ohr: »Laß es, halt dich da raus.« Als er ihm dann noch zur Bekräftigung sein Messer an den Rücken hielt, fügte sich Schmidt. Von nun an wurde Schmidt nicht mehr aus den Augen gelassen. Gaulstich betrat die Baracke und wurde von einer Angriffstruppe überwältigt. Im Schnitt war seit 16 Uhr alle sechs Minuten ein Deutscher hingerichtet worden.

Die Tür zur Schmiede stand sperrangelweit offen. Drinnen wartete ich auf Szlomo Szmajzner; einige russische Juden standen in einer Ecke und unterhielten sich leise. Dann kam Szlomo mitsamt seiner Ladung. Er schwitzte und keuchte. Als er die Decke öffnete, fielen drei Gewehre heraus. Er schaffte es gerade noch rechtzeitig, sich eines davon zu schnappen, denn die Russen stürzten sich auf die beiden anderen. Jetzt schaute ein junges Mädchen namens Zełda Metz herein und legte ein bißchen Munition auf die Bank, die sie während ihrer Arbeit in Lager IV gestohlen hatte. Auch Sascha war da und bastelte an einem Revolver herum, der einem der Deutschen abgenommen worden war. Kurz darauf kam auch Walter Schwarz vorbei und meldete, daß der Strom sabotiert worden sei.

Zur selben Zeit war eine verzweifelte Suche nach Frenzel im Gange. Auf Pecherskys Befehl hin wartete Siemion Rosenfeld noch immer mit einer Axt in der Tischlerei, aber Frenzel war wie vom Erdboden verschluckt. Die entscheidenden Minuten vergingen, und noch immer gab es keine Spur von ihm. Ein Großteil der Hinrichtungen in Sobibór gingen auf sein Konto, und er war ein sehr gefährlicher Mann.

Um 18 Uhr würde wie gewöhnlich das deutsche Personal eintreffen, um den Abendappell abzuhalten. Zu diesem Zeitpunkt würde man die Abwesenheit der anderen SS-Leute bemerken und Alarm schlagen. Die meisten Häftlinge ahnten noch immer nichts von dem, was um sie herum geschah. Sie standen Schlange, um sich noch einen Becher Kaffee zu holen, oder aßen oder spülten ihre Näpfe aus. Es war jetzt 17.30 Uhr. Auf Saschas Befehl hin blies Pożycki zum Abendappell. Es war eine Viertelstunde zu früh, doch die Autorität der Kapos wurde nie angezweifelt. Die Häftlinge fingen an, sich aufzustellen.

Jetzt verbreitete sich die Nachricht wie ein Lauffeuer. Während ich in Formation stand, sah ich, wie einige fromme Juden zurück zur Baracke liefen, um ihre dort versteckten Gebetsschals zu holen. Sie versammelten sich in der Nähe der Küche, sprachen das Kaddisch und bewegten ihre Oberkörper vor und zurück. Da sie keine Hoffnung auf Rettung sahen, sprachen sie das Totengebet – für sich selbst. In ihrer Überzeugung, daß alles in der Hand Gottes läge, leisteten sie mit diesem offenen Glaubensbekenntnis Widerstand gegen ihre Peiniger.

Ein älterer Schneider lief händeringend hin und her und klagte: »Wozu das Ganze? Wir könnten noch ein paar Wochen leben. Das hier aber wird das Ende sein.« Ein paar junge Männer saßen in der Nähe der Baracken auf einem Haufen Baumaterial. Ich erkannte einen meiner Kumpel, der eine Decke um die Schultern trug. Er war die letzten zwei Tage krank gewesen, also waren die anderen, die bei ihm saßen, womöglich auch krank. Es war offensichtlich, daß sie sich entschlossen hatten dazubleiben: sie schienen sich mit ihrem Schicksal abgefunden zu haben. Andere wiederum verabschiedeten sich von ihren Freunden und sahen sich nach geeigneten Waffen um. Und so kamen immer mehr Häftlinge im Hof zusammen.

Als Sascha gerade versuchte, die Leute in einer Kolonne aufzustellen, um mit ihnen zum Haupttor zu marschieren, von dem aus der Weg ins Freie führte, hörte er Schüsse und begriff, daß irgend etwas schiefgelaufen war. (Bauer war aus Chełm zurückgekehrt. Als er den toten Beckmann entdeckte, fing er an, auf die beiden Häftlinge zu schießen, die seinen Lastwagen entluden.) Sascha beschloß, sofort zu handeln. Er sprang auf einen Tisch, sah hinunter und hielt eine kurze Rede auf russisch, in seiner Muttersprache. Er hatte eine durchdringende, gut hörbare Stimme, und er sprach langsam und deutlich. Er sagte den Leuten, daß die meisten Deutschen getötet worden seien und daß es kein Zurück gebe. Ein schrecklicher Krieg verwüste die Erde, und es sei an jedem einzelnen, zu kämpfen. Er rief ihnen ins Gedächtnis, wie mächtig sein Vaterland, die Sowjetunion, sei, und versprach, daß wir, ob lebend oder tot, Vergeltung üben und der Tragödie ein Ende setzen würden. Er sagte zweimal, wenn jemand durch ein Wunder tatsächlich überleben würde, so wäre er Zeuge dieses Verbrechens. Er schloß mit dem Schlachtruf: »Vorwärts, Kameraden! Tod den Faschisten!«

Von den Wachtürmen wurde nicht geschossen. Die Wachen dachten wahrscheinlich, der hektische Betrieb sei normal. Vor einem Appell wurden schließlich die geringsten Versäumnisse hart bestraft. Außerdem waren sie zu weit weg, um akustisch irgend etwas mitzubekommen.

Die Menge der Häftlinge, die aus einem Großteil der europäischen Nationen mit den unterschiedlichsten Sprachen stammten, begriff jetzt, was geschehen war. Aus den versammelten Juden erhob sich auf einmal eine einzige, eigenartige und ungeduldige Stimme. »VORWÄRTS! HURRA! HURRA!« Die anderen stimmten sofort ein, und schnell erwiderte das gesamte Lager den Schlachtruf. Die meisten Juden teilten sich spontan in zwei Gruppen. Eine kleine Gruppe stürmte die Zäune von Lager I, riß wie besessen mit Äxten und Schaufeln den Stacheldraht nieder, ohne einen Gedanken an den Wassergraben und die Minen zu verschwenden. Einige warfen Holzplanken hinüber, um die Minen hochgehen zu lassen. Die zweite, größere Gruppe, die verschiedene Waffen bei sich trug, bahnte sich ihren Weg zum Ausgang von Lager I, um zum Haupttor zu gelangen.

In dem Moment fuhr ein Kommandeur der Wachen, der Volksdeutsche Schreiber, auf seinem Fahrrad durch den Eingang. Er begriff nicht, was geschehen war, und brüllte: »Warum drängelt ihr denn wie eine Viehherde? Lauft in einer Reihe!« Als er merkte, was los war, war es schon zu spät. Er wurde sofort umzingelt, vom Fahrrad geworfen und erstochen. Die Pistole wurde ihm abgenommen. Ganz in der Nähe sah ich einen anderen Wachmann, der sichtlich unter Schock stand. Er drehte sich, als hätte man ihn aufgezogen, unentwegt um die eigene Achse und hielt dabei mit ausgestrecktem Arm sein Gewehr.

In diesem Augenblick kam eine Gruppe Häftlinge, zumeist russische Juden, in Begleitung von Scharführer Wendland und einiger ukrainischer Wachen verspätet von der Arbeit auf dem Bau in Lager IV zurück, und es fielen Schüsse. Beim Anblick der fliehenden Häftlinge war ihnen sofort klar geworden, daß ein Aufstand im Gange war. Sie attackierten die Wachen und überwältigten sie, doch dann gerieten sie in einen Kugelhagel, der aus dem Hauptturm kam. Die Häftlinge, die nicht umgekommen waren, rannten mit ihrem Werkzeug – Schaufeln, Sägen und Äxten – und den Gewehren ihrer soeben getöteten Bewacher zum Tor und schlossen sich der Menge an, die bereits dabei war, die Waffenkammer zu stürmen.

In der Waffenkammer gab es kaum komplette Gewehre. Die meisten waren zum Säubern auseinandergenommen worden. Der diensthabende SS-Mann Dubois wurde mit einer Axt zu Boden geschlagen. Während er zu fliehen versuchte, schoß ihm jemand in die Brust. Die Häftlinge schnappten sich alles, was sie an Waffen finden konnten, und eilten wieder hinaus in den Kampf.

Ohne mich um die Schüsse zu kümmern, rannte ich weiter. Zu meiner Rechten sah ich Wendland, der sich an die Wand der Kantine drückte. Langsam zog er sich hinter die Ecke zurück und nahm die fliehenden Häftlinge unter Beschuß.

Ich sah auch, wie Frenzel wieder, mit seiner Maschinenpistole bewaffnet, auf der Bildfläche erschien. Zusammen mit Bauer mobilisierte er die ukrainischen Wachen, die wie gelähmt dastanden. Diese blockierten daraufhin den Weg zum Haupttor, wo viele Häftlinge gerade getötet wurden. Gewehrkugeln sausten dicht an meinem Ohr vorbei. Vor mir starb ein Freund, dann stürzten weitere Häftlinge zu Boden.

Die Häftlinge ganz vorn in der ersten Reihe waren zurückgefallen. Ich blieb stehen, mein langes Messer nützte mir jetzt nichts mehr. Ich entfernte mich etwa 15 Meter von der Menge und lief rechts an den Unterkünften der Deutschen vorbei, als sich eine erneute Welle wild entschlossener Kämpfer todesmutig auf das Haupttor zubewegte. Eine kleine Gruppe, Sascha, Szlomo, Sender, ich selbst und ein weiterer Mann mit einer Axt, landete schließlich zwischen den Zäunen im Korridor an der Peripherie des Lagers, durch den normalerweise die Wachen ihre Kontrollgänge machten. In dem ganzen Durcheinander waren wir auf diesen Korridor zugelaufen, und so mußten wir nicht mehr an den beiden Stacheldrahtzäunen und dem Graben vorbei; die lagen bereits hinter uns. Vor mir lagen nur noch ein einziger Stacheldrahtzaun und ein etwa 15 Meter breites Minenfeld. Ich blieb stehen. Irgend jemand versuchte, mit einer Schaufel eine Öffnung in den Zaun zu schlagen. Sascha, der eine Pistole in der Hand hatte, stand da und wartete, wie auch Sender und ich mit unseren Messern. Nur Szlomo Szmajsner beschoß seelenruhig den Wachtturm. Ich weiß noch, wie ich über seine Selbstbeherrschung staunte. Innerhalb kürzester Zeit kamen weitere Häftlinge angelaufen.

Ein Kugelhagel ging auf uns nieder. Die Häftlinge kletterten nicht einer nach dem anderen durch die Öffnung, sondern stiegen gleich über den Zaun. Obwohl wir vorgehabt hatten, die Minen mit Backsteinen und Holz zum Detonieren zu bringen, taten das nur die wenigsten; dafür war einfach keine Zeit. Es war uns lieber, auf der Stelle zu sterben, als noch einen Augenblick länger in dieser Hölle zu bleiben. Die Leute drängten mit aller Kraft in die Freiheit. Auf halbem Weg durch den Zaun brach er zusammen und stürzte auf mich nieder. Erst dachte ich, das sei mein Ende. Statt dessen rettete mir dieser Zwischenfall wahrscheinlich das Leben, denn während ich im Stacheldraht festhing und die Menge über mich hinwegtrampelte, sah ich, wie die Minen explodierten und die Menschen in der Luft zerrissen wurden. Hätte ich mich nicht im Zaun verfangen, wäre ich mit ihnen umgekommen.

Überall lagen Leichen. Die Gewehrsalven, die explodierenden Minen, die Granaten und das Rattern der Maschinenpistolen dröhnten mir in den Ohren. Die Nazis schossen aus der Entfernung auf uns, und wir hatten nichts als primitive Waffen. Irgendwann war die Menschenmenge über mich hinweggestiegen. Jetzt war ich allein, lag inmitten der Toten. Ich versuchte, mich zu befreien, aber es war schwierig. Mein dicker Ledermantel, den ich in letzter Minute aus dem Lagerhaus mitgenommen hatte, hing im Stacheldraht fest. »Soll es das gewesen sein?« dachte ich mir. »Ich will nicht sterben!« Plötzlich hatte ich eine Eingebung, und dann ging alles relativ leicht: Ich schlüpfte einfach aus dem Mantel und ließ ihn dort. Ich rannte durch die Minenlöcher, sprang über einen einzigen Draht, der das Ende des Minenfelds markierte, und schon befand ich mich außerhalb des Lagers. Jetzt mußte ich es nur noch in den Wald schaffen, der vor mir lag.

Es war so nah ... Ich sah die letzte Flüchtlingsgruppe vor mir. Ein paarmal fiel ich hin und dachte, ich sei angeschossen worden. Aber jedesmal stand ich auf und rannte weiter ... hundert Meter ... fünfzig Meter ... noch zwanzig Meter ... und endlich war ich im Wald. Hinter uns war nichts als Blut und Asche. In der Dämmerung des heraufkommenden Abends schossen die Männer in den Wachtürmen mit ihren Maschinenpistolen die letzten Opfer nieder. Die dreißig Juden aus Lager III, noch immer ahnunglos, waren zurückgelassen worden.

Die Illusion der Freiheit

Ich lief, so schnell ich konnte. Diese ersten Stunden würden für das Gelingen unserer Flucht ausschlaggebend sein; in der Nacht würden sich die Deutschen nicht in den Wald wagen, und je weiter ich kam, desto besser standen meine Chancen. Ich hörte auch nicht auf zu laufen, als ich den Wald erreicht hatte. Ich stolperte über Zweige und Wurzeln und rannte und rannte. Ich war zu allem bereit. Ich würde mich mit Zähnen und Klauen verteidigen, wenn jemand versuchte, mich aufzuhalten.

Ich weiß nicht, wie lange ich rannte. Die Umrisse vor mir wurden allmählich langsamer. Endlich blieben wir schwitzend und keuchend auf einer Lichtung stehen. Der Wald empfing uns wie ein alter Freund, verbarg und schützte uns vor den Gewehrsalven des Feindes. Wir hatten es geschafft!

Natürlich waren wir noch nicht außer Gefahr, aber das Gefühl der Freiheit, selbst momentaner Freiheit, war überwältigend. Ich konnte es kaum glauben. War ich wirklich diesem verfluchten Ort entkommen, oder träumte ich nur?

Plötzlich fiel mir auf, daß meine rechte Hand wie durch ein Wunder noch immer das Messer umklammert hielt, das ich mir aus dem Gepäck des letzten holländischen Transports genommen hatte. Ich sah mich um. Immer mehr Flüchtlinge gesellten sich zu uns. Der Mond war die einzige Lichtquelle, unter der die erschöpften Überlebenden im Wald zusammentrafen. Nach dem Durchzählen stellte sich heraus, daß wir rund 40 Mann waren. Wir machten eine Bestandsaufnahme und stellten fest, daß wir vier Pistolen und ein Gewehr, aber sehr wenig Munition sowie ein paar Äxte und ein Dutzend Messer hatten. Sascha war bei uns. Groß und aufrecht in seiner Roten-Armee-Uniform war er unverkennbar unser Anführer.

»Hört zu«, wies er uns an, »von jetzt an lauft ihr hintereinander. Dann hinterlassen wir keinen so heruntergetrampelten Weg wie diesen hier. Und seid in Gottes Namen leise und laßt das Rauchen! Wenn ihr irgendwo einen Lichtschein seht oder wenn auf uns geschossen wird, werft euch einfach zu Boden.«

Nach kurzer Verschnaufpause lief unsere Gruppe nach Süden weiter. Der Wald endete dort, und wir betraten eine Ebene mit Feldern und Wiesen. Auf einem Stück Weideland kamen wir an einen tiefen, drei Meter breiten Bewässerungsgraben. Wir gingen an dem Graben entlang auf der Suche nach einer seichteren Stelle, um auf die andere Seite zu gelangen. Es war eine neblige Nacht, und wir konnten vielleicht 30 Meter weit sehen. Plötzlich flüsterte jemand von vorne: »Pssst! Die Deutschen! Nicht weitergehen! Legt euch hin!« Ich ließ mich zu Boden fallen. Jetzt konnte ich sie sehen – schemenhaft tauchten ein paar Gestalten auf, die von der anderen Seite des Grabens her auf uns zukamen. Sie kamen immer näher, es gab für uns kein Entkommen. Es war zu spät. Mir brach der kalte Schweiß aus. Waren es die Deutschen? Wenn ja, würden sie uns bestimmt nicht lebendig mitnehmen! Sie bemerkten uns aber nicht und kamen näher. Offensichtlich hatten sie vor, von der anderen Seite den Graben zu überqueren. Jemand von weiter vorne stand auf und rief: »Es sind unsere Leute ... unsere Leute!«

Noch ein Gruppe Sobibór-Flüchtlinge! Wir standen alle auf und liefen auf beiden Seiten entlang des Grabens weiter, bis wir eine schmale Stelle fanden, an der wir uns endlich treffen konnten. Jeder suchte nach bekannten Gesichtern. Ich entdeckte Szmul Wajcen, Karolek und Kali Mali ... aber ich hielt mich zurück. Wie die meisten stand ich unter Schock. Jozek Bresler, den Sohn des Arztes, mit dem ich wirklich gut befreundet war, hatte ich nirgends gesehen. Auch die holländischen Zwillinge fehlten. Ich wußte nicht einmal, ob sie versucht hatten zu fliehen. Als Eingeweihter war ich verpflichtet gewesen, niemandem von dem Fluchtplan zu erzählen – und ich hatte mich daran gehalten. Ich fragte mich, ob sie es wohl geschafft hatten. Sie mußten wohl in der anderen Gruppe gewesen sein. Ich hatte einige holländische Mädchen weglaufen sehen, also bestand noch Hoffnung.

Sascha freute sich sehr, Kali Mali zu treffen, der etwa zwanzig Flüchtlinge anführte. Es gab einige herzliche Begrüßungen und Umarmungen, ehe wir weiterzogen. Jetzt zählten wir fast

60 Mann mit vier Gewehren und acht Pistolen. Als große Gruppe waren wir noch mehr gefährdet, aber immerhin hatten wir drei Gewehre und einige Revolver hinzugewonnen.

15. Oktober. Im Morgengrauen erreichten wir einen anderen Wald und ruhten uns im dichten Unterholz aus. Die Vögel erwachten, und der ganze Wald schien zu zwitschern. Es war Herbst und kalt dort in der Marsch. Meine Stiefel waren durchnäßt, und ich fror erbärmlich, aber ich war erfüllt vom großen Gefühl der Freiheit.

Gegen Mittag hörten wir ein schwaches Summen, das allmählich lauter wurde. Zwischen den Baumwipfeln sah man ein Flugzeug, das tief über dem Wald kreiste. Wir waren unter dem dichten Laub gut geschützt, und obwohl ich wußte, daß uns der Pilot unmöglich sehen konnte, drückte ich mich gegen einen Baum und hielt den Atem an. Kurz darauf flog das Flugzeug weiter. Wir hielten den ganzen Tag über unter dem Schutz der Bäume Wache und zogen erst in der Nacht weiter.

Als es dunkel wurde, waren wir wieder unterwegs. Sascha ging voran, während Arkady Wajspapier das Schlußlicht bildete. Es war unsere zweite Nacht; die Luft war kalt und der Himmel klar. Wir ließen den Wald hinter uns und stiegen auf eine kleine Anhöhe. Kali Mali lief neben der Schlange auf und ab, um nachzusehen, ob alles in Ordnung war. Als er mich bemerkte, blieb er stehen. Ich konnte sehen, daß der Knauf einer deutschen Luger aus seinem Gürtel guckte.

»Das ist Wolfs Pistole«, bemerkte er, als hätte sie ihm ein Freund geborgt. »Aber irgendwie klemmt das Magazin, und ich kann sie nicht laden.«

»Laß mal sehen«, sagte ich. Ich hatte schon einmal eine Waffe in der Hand gehabt – diejenige, die ich mir damals in Izbica gekauft, aber nie benutzt hatte. Und einmal in Izbica hatte ich zugeguckt, wie zwei betrunkene deutsche Polizisten mehrmals eine Luger geladen hatten. Vielleicht schaff ich's ja, dachte ich. Aber ich hatte kein Glück. »Tut mir leid, Kali«, sagte ich und gab sie ihm wieder. Und ich dachte dabei, wie eigenartig, hatte ich doch tatsächlich die Pistole eines Sobibór-Nazis in der Hand gehalten, eines Nazis, der von einem Juden getötet worden war.

Wir zogen weiter. Kurz bevor wir oben waren, sah ich zurück und erschrak fürchterlich beim Anblick der vielen Menschen, die eine riesige Schlange bildeten. Ich wußte, daß es auf Dauer unmöglich sein würde, nicht einem der Suchtrupps in die Arme zu laufen. Da beschloß ich, mich bei der nächstbesten Gelegenheit von den anderen abzusetzen.

16. Oktober. Als die Morgendämmerung heraufkam, legte die vordere Gruppe einen Schritt zu. Vor mir ging ein ungefähr 20jähriger französischer Jude. Er war schwach, atmete schwer und konnte die Geschwindigkeit nicht halten. Der Abstand zwischen uns und den vorderen Leuten wurde immer größer. Wir liefen zwischen Felsen hindurch, und es gab keine Möglichkeit, ihn zu überholen. Die Leute hinter mir wurden ungeduldig und wollten ihn aus dem Weg haben. Nervös schubste ich ihn, und er fiel hin. Dann liefen wir schnell weiter.

Der französische Junge, der offensichtlich am Ende seiner Kräfte war, ging mir einfach nicht aus dem Kopf. Ich hatte ein schlechtes Gewissen, ihn zur Seite geschubst und dort liegengelassen zu haben. Ich trat aus der Schlange heraus, setzte mich auf einen Stein und wartete auf ihn. Die letzten Leute gingen vorbei, aber von dem Jungen war nichts zu sehen. Ein paar Minuten später kam er langsam und unsicher auf mich zu. Er setzte sich neben mich auf den Stein.

»Ich schaffe es nicht ... ich bin zu schwach. Das ist mein Ende«, sagte er auf jiddisch.

»Los, komm jetzt. Du darfst nicht hierbleiben. Es ist viel zu nahe an Sobibór«, drängte ich.

»Ich kann nicht. Ich will sterben ... es hat keinen Sinn.« Ich stand einen Augenblick lang traurig da, dann ließ ich ihn wortlos zurück. Jetzt mußte ich schnell laufen, um die verlorene Zeit wieder aufzuholen. Aus der Ferne spürte ich das Beben eines vorbeifahrenden Zuges. Wir blieben stehen, und da wir noch immer nicht wußten, wo wir waren, beschlossen wir, unser Lager aufzuschlagen.

Zum ersten Mal sah ich mir die Gesichter der Leute in unserer Gruppe an. Es waren sieben Frauen dabei. Die meisten von uns waren jung, in unseren Zwanzigern; der Älteste – Kapo

Poźyckis Vater, der im Lager als Flickschuster gearbeitet hatte – war fast 60.

17. Oktober. Nachdem wir die ganze Nacht hindurch über die Wiesen marschiert waren, kamen wir an eine Lichtung, auf der vereinzelt einige hohe Bäumen standen. Wieder kreiste der Tiefflieger mehrmals über unseren Köpfen.

Wir trafen zwei weitere Flüchtlinge. Sie erzählten uns, daß eine große Anzahl Deutscher an den Flußübergängen des Bug Stellung bezogen hätten.

Die bewaffneten Männer zogen sich zurück und unterhielten sich leise; wir anderen saßen in der Nähe herum und warteten ab. Szlomo, der kaum größer war als sein Gewehr, wurde nicht miteinbezogen. Anschließend verkündete Sascha: »Wir müssen herausfinden, wo wir sind. Ein paar von uns gehen das Gelände erkunden, außerdem brauchen wir Geld für Lebensmittel.« Dreszer bekam eine Kappe in die Hand gedrückt, um bei denjenigen Leuten Geld einzutreiben, die so vorausschauend gewesen waren, in Vorbereitung auf die Flucht Goldschmuck und Geldscheine zu verstecken. Kurz darauf kam ein russischer Jude auf Szlomo zu und wollte sein Gewehr haben, aber Szlomo weigerte sich standhaft, die Waffe herzugeben.

Die anderen waren beunruhigt darüber, daß sich Sascha sämtliche bewaffneten Männer in seine Gruppe geholt hatte, und sie umringten ihn unter lautem Protest. Endlich wurde ein Kompromiß geschlossen: Szlomo durfte sein Gewehr behalten und sollte bei uns bleiben, und Sascha versprach hoch und heilig, so schnell wie möglich zurückzukommen.

Ich war entmutigt. Wie die anderen hatte ich das Gefühl, daß dieser Erkundungsgang nur eine Ausrede war, um sich davonzumachen, und ich war sicher, daß wir unsere Anführer nicht wiedersehen würden. Ängstlich sahen wir zu, während Sascha, Kali Mali, Cybulski, Wajspapier, Ickowicz, Mazurkiewicz und zwei andere Männer davonzogen.

Es verging einige Zeit. In der Ferne bellten Hunde. Eine Stunde verstrich, dann noch eine. Wir saßen im Gras, manche allein, andere in Grüppchen, hielten die Augen auf und suchten die Landschaft nach unserem Spähtrupp ab. Es verging noch eine Stunde. Der Tau kroch uns in die Kleider. Noch immer war Sascha nicht zurück. Die aufgehende Sonne glühte wie ein Feuerball am Horizont. Wir gaben die Hoffnung auf. Er hatte sein Versprechen nicht gehalten. Sie hatten uns unser Geld und unsere Gewehre abgenommen und waren abgehauen. Oder war ihnen vielleicht irgend etwas zugestoßen?

Wir hatten weder Anführer noch Waffen, abgesehen von dem einen Gewehr. Unsere Gruppe wurde langsam unruhig. Es war gefährlich, noch länger hier zu bleiben. Traurig zogen wir los in Richtung Waldrand.

Wir teilen uns auf

Wir waren Menschen unterschiedlichster Herkunft und Altersgruppen, und wir sprachen verschiedene Sprachen, aber wir kamen alle aus den Tiefen der Hölle und waren fest entschlossen, bis zum letzten Atemzug zu kämpfen. Wir würden den Deutschen nicht noch einmal lebend in die Hände fallen! Mit den Waffen, die dagewesen waren, hätte man eine ganz passable Kampfeinheit zusammenstellen können. Wie auch immer, Sascha war nicht wieder aufgetaucht, und vom heutigen Standpunkt aus kann man es ihm wohl auch nicht vorwerfen.

Unter den verbleibenden Leuten aber begann sich eine richtige Tragödie abzuspielen. Je nach Alter, Herkunft und Freundschaften begannen sich einzelne Grüppchen zu zwei oder drei Leuten herauszubilden. Es gab Streit. Die Älteren und weniger Selbständigen beschwerten sich und flehten die rasch aufbrechenden Gruppen an, sie nicht im Stich zu lassen, doch niemand wollte sich ihrer annehmen.

Mir wurde klar, wie schwierig das Überleben für eine so große Anzahl Menschen sein würde. Ende 1943 gab es keine offenen jüdischen Orte mehr, an die die Gejagten zurückkehren konnten. Die einst so lebendigen jüdischen Schtetl und Dörfer waren jetzt leer; die meisten Häuser waren geplündert und zerstört worden. Zwar waren wir dem Tod in den Gaskammern entronnen, aber noch waren wir alles andere als in

Sicherheit – das Gespenst des Todes war nur ein wenig zurückgewichen. Wohin sollten wir gehen? Was sollten wir tun? Ließ man sich als Jude in der Öffentlichkeit blicken, bedeutete das unter dem Gesetz der Nazis das Todesurteil.

Der Wald bot einem auch nicht genügend Schutz. Die verschiedensten Plünderer und Partisanen zogen durch die Gegend und raubten Zivilisten aus, um zu überleben. Darunter waren polnische Nazi-Gegner, Kommunisten und anti-kommunistische Splittergruppen; oder ukrainische Gruppierungen, die mit den Nazis zusammenarbeiteten und gegen die polnischen und sowjetischen Partisanen kämpften. Trotz ihrer Unterschiede hatten sie eine wesentliche Gemeinsamkeit: Abgesehen von den sowjetischen und einigen linksgerichteten polnischen Partisanen töteten sie jeden Juden, der ihnen über den Weg lief, und raubten ihn aus. Unbewaffnet hatten nur besonders findige Leute eine kleine Überlebenschance.

Ich hatte es mir in den Kopf gesetzt, auf eigene Faust loszuziehen, allerdings nicht ganz allein. Also schlenderte ich zwischen den Grüppchen umher und ging schließlich auf Szmul Wajcen zu. »Szmul, sollen wir nicht zusammen gehen? Es sind 50 Kilometer bis zu meiner Heimatstadt Izbica. Ich kenne dort jeden Winkel und habe polnische Freunde.«

»Ist gut, Toivi«, antwortete Szmul sofort. Neben ihm stand sein Freund Fredek Kostman, ein großer, gutaussehender Junge.

Karolek, der in der Nähe stand, wollte sich uns anschließen. »Ich komme mit euch, Jungs«, konstatierte er. Dann sagte er völlig aus dem Blauen: »Sag mal, Toivi, hast du noch irgendwas zu essen übrig?«

Ich grinste über das ganze Gesicht und sagte: »Ich habe noch eine Dose Fischpastete!«

Kurz vor der Flucht hatte ich ein paar Konservenbüchsen aus dem Kippwagen genommen und eingesteckt. Karolek hatte sich über mich lustig gemacht und gesagt: »Du denkst wohl, du gehst auf ein Picknick, was? Ich glaube kaum, daß du noch eine Gelegenheit haben wirst, das Zeug zu essen!« Aber da hatte er sich geirrt. Mit Hilfe meines Messers öffnete ich die Büchse, teilte den Inhalt brüderlich, und wir hatten unser köstliches »Picknick«.

Dann kam der kleine Dreszer auf Szmul zu. Im Lager waren die beiden eng miteinander befreundet gewesen. »Szmul, du nimmst mich mit …« Der Satz war halb Frage, halb Feststellung. Unwillig erklärte sich Szmul dazu bereit. Am Schluß waren wir zu siebt anstatt zu zweit.

Wir kannten einander mehr oder weniger gut. Zu unserer Gruppe gehörten der kräftige, etwa 25jährige Mendl, der in Sobibór als Bäckermeister gearbeitet hatte; Fredek Kostman aus Krakau, 21; der deutsche Elektriker, Walter Schwarz, 35; der 13jährige Dreszer aus Zołkiewka; Szmul Wajcen aus Chodorow, 17; der »blinde« Karolek, 19; und ich selbst, 15.

Heimlich sonderten wir uns von den anderen ab, überquerten ein paar Felder und erreichten ein Waldstück. Dort wollten wir den Rest des Tages sitzen bleiben. Plötzlich fing Mendl, der sich schon von Anfang an merkwürdig benommen hatte, zu zittern an und schrie, daß sie uns bestimmt finden und dann foltern würden. Daraufhin verkündete Schwarz, er verlasse die Gruppe. Er war der älteste und ziemlich stark, man fühlte sich irgendwie sicher in seiner Nähe. Wir durften ihn nicht verlieren. Also hefteten wir uns von da an seine Fersen.

Ein paar Stunden später waren wir müde und legten uns ins Dickicht, um ein Nickerchen zu machen. Im Halbschlaf merkte ich, wie mich jemand am Ärmel zupfte. Es war Dreszer. »Toivi, Schwarz und Karolek verlassen uns!« Ich öffnete die Augen und sah, wie sich die beiden davonstahlen. Auch Szmul und Fredek waren aufgewacht, und innerhalb von wenigen Minuten hatten wir die beiden wieder eingeholt. Es gab eine heftige Auseinandersetzung.

Schwarz wollte nur Karolek mitnehmen, so daß Fredek, Szmul, Mendl, Dreszer und ich eine zweite Gruppe hätten bilden sollen. Was sollten wir mit Dreszer machen, der ja noch ein Kind war? Und was mit Mendl, der kurz vor dem Nervenzusammenbruch stand, zitterte, stotterte und wie ein kleines Kind vor sich hin jammerte?

Ich diskutierte mit Szmul und Fredek darüber, und am Schluß hatten wir unserer Meinung nach die Gruppe gerecht aufgeteilt. Wenn Schwarz Mendl mitnahm, würden wir Dreszer mitnehmen. Leider wollte Schwarz aber nur Karolek, sonst niemanden. Wir kamen einfach nicht überein. Wir legten uns hin und ließen Schwarz nicht aus den Augen aus Angst, er könne sich davonschleichen und uns alle im Stich lassen.

18. Oktober. Mendl weckte uns. Schwarz wollte wieder verschwinden. Wir holten ihn ein und stoppten ihn. »Was soll denn das?« fragten wir ihn.

Er sah wütend aus. Am liebsten wäre er uns an die Gurgel gegangen. Er war zwar stark, aber wir waren in der Mehrzahl und hatten Messer. Schließlich sah er keinen anderen Ausweg und willigte in unseren früheren Vorschlag ein.

Er würde mit Karolek und auch Mendl losziehen. Jetzt bestand seine Gruppe aus einem erfahrenen älteren Mann, einem starken jungen Mann und einem Risikofaktor. In meiner Gruppe blieben Fredek, Szmul und unser Risikofaktor Dreszer. Und so trennten sich unsere Wege.

Nach etwa fünf Minuten tauchte Mendl plötzlich zwischen den Bäumen auf. »Was ist los? Wo sind Schwarz und Karolek?« fragten wir ihn.

»Sie haben mich weggejagt«, schluchzte er.

Es war klar, daß Schwarz noch nicht weit gekommen sein konnte. Wir rannten los und holten ihn ein. Wir stellten ihm ein Ultimatum: Entweder nahm er Mendl mit, oder wir würden alle zusammenbleiben – niemand würde die Gruppe verlassen! So nahm er Mendl wohl oder übel mit, und wir trennten uns und gingen in entgegengesetzte Richtungen.

Nach weniger als einer halben Stunde hörten wir in der Ferne laute Schreie. Gut möglich, daß es Mendl war. Wir wußten zwar nicht, was die Schreie zu bedeuten hatten, aber wir befürchteten, daß irgend etwas Schreckliches passiert war. (Tatsächlich erfuhr ich nach dem Krieg von anderen Überlebenden, daß sie Mendl mit einem gebrochenen Bein im Wald hatten liegen sehen.) Wir gingen der Sache nicht weiter auf den Grund, und niemand von uns sagte ein Wort. Wir wußten genau, daß wir keine Chance hatten, wenn wir ihn retteten und dann mit einem Unzurechnungsfähigen weiterzogen.

Wir schleppten uns durch den ganzen Wald. Inzwischen war der Tag angebrochen. In der Ferne kräuselte Rauch aus den Schornsteinen der kleinen Bauernhäuser. Doch so hungrig wir auch waren, wir hatten schreckliche Angst, jemanden um etwas zu essen zu bitten. Man konnte schließlich nie wissen, was für Leute in den Häusern wohnten.

Der kleine Dreszer faßte sich ein Herz. Er ging direkt auf eines der Bauernhäuser zu. Wir beobachteten ihn aus der Ferne und warteten. Stunden vergingen, doch er kam nicht zurück. Vielleicht fühlte er sich überflüssig, vielleicht dachte er, daß er allein bessere Chancen haben würde. Vielleicht hatte sich irgendeine gute Seele bereit erklärt, ihm Unterschlupf zu bieten, vielleicht wurde er aber auch festgehalten, um den Deutschen ausgeliefert zu werden. Wir konnten nichts tun, und ehrlich gesagt waren wir irgendwie auch froh, daß wir jetzt nur noch zu dritt waren.

Der »Heimweg«

Nachdem wir ein oder zwei Stunden mühsam weitergewandert waren, kamen wir an eine einsame Hütte, die etwa 200 Meter vom Waldrand entfernt war. Es war jetzt weniger der Hunger, der uns plagte, als der Wunsch zu erfahren, wo wir nun waren.

Vorsichtig schlichen wir uns zur Tür und klopften an. Es schien keiner dazusein. Wir betraten das Haus. Im Innern war es gemütlich warm. Ich sah mich um. Es gab einen Tisch, zwei Stühle und ein Bett. Auf dem Bett lag eine Federdecke, auf der sich ein Kater zusammengerollt hatte. Was hätte ich dafür gegeben, mich in dieses Bett zu legen und einfach an nichts mehr zu denken, dieses ständige Gefühl der Angst endlich abzulegen. Ach, wie gerne wäre ich dieser Kater! Das wäre einfach himmlisch, dachte ich.

Ich sah meine Begleiter an. Auch sie waren ganz benommen davon, wie friedlich es hier war. Es war ein einfaches Haus, typisch für diese armen Gegenden Ostpolens. Obwohl die Menschen und das Vieh unter einem Dach lebten, schien uns dieses Haus mit seinem Lehmboden wie ein Palast.

Eine Frau kam von nebenan aus der Scheune ins Haus. Offensichtlich war sie noch jung, aber sie wirkte erschöpft, das Gesicht zerfurcht von der Entbehrung. Schweigend ging sie auf das Bett zu und weckte einen kleinen Jungen auf, der uns gar nicht aufgefallen war, da er ganz versteckt unter der Decke gelegen hatte.

»Guten Morgen«, sagten wir, nachdem sie sich ruhig zu uns umgedreht hatte.

»Guten Morgen, meine Herren.«

»Wir würden Ihnen gern ein paar Lebensmittel abkaufen. Würden sie uns etwas verkaufen?«

»Wie ihr seht«, antwortete sie, »bin ich arm. Ich bin ganz allein auf diesem Hof, ohne Mann, aber ich werde euch geben, was ich kann.«

Sie brachte Brot und frische Milch. Wir aßen und tranken und baten sie, uns noch mehr zu bringen. Sie füllte die restliche Milch aus dem Eimer in Flaschen und behielt nur ein kleines bißchen davon für sich selbst. Schnell aßen wir unser Brot. Als wir wieder aufbrechen wollten, holte Fredek einen goldenen Ring aus seiner Tasche und bot ihn der freundlichen Frau an, aber sie wollte davon nichts wissen.

»Für was? Fürs Essen? Ihr hattet Hunger, und ich habe gegeben, was ich konnte, aber nicht für Geld.« Wir drängten sie, das Geld dennoch anzunehmen, aber sie weigerte sich strikt: »Jesus sagt: Denn ich bin hungrig gewesen, und ihr gabt mir zu essen, und ich bin durstig gewesen, und ihr gabt mir zu trinken.«

Kurz bevor wir gingen, sah uns die Frau an und sagte: »Ich nehme an, ihr Jungs seid aus Sobibór, wo Menschen verbrannt werden. Gestern haben sie das Nachbardorf durchsucht. Ihr solltet so schnell wie möglich von hier verschwinden.«

Wir waren fassungslos. Da hatten wir solche Angst gehabt, der Frau zu sagen, woher wir kamen – wir dachten, sie würde sich nicht nur vor uns fürchten, sondern auch vor den Deutschen, die uns auf den Fersen waren. Von Sobibór sprach man immer nur im Flüsterton; die meisten Leute versetzte das Wort in Angst und Schrecken. Und doch redete sie so gelassen, so selbstverständlich darüber – »Sobibór, wo Menschen verbrannt werden«. Wir standen einen Augenblick lang verdutzt da.

Dann stellte ich die Frage, vor der ich am meisten Angst hatte: »Wie weit ist es von hier bis zum Lager?«

»Sobibór«, sagte sie und dachte kurz nach, »muß ungefähr anderthalb Kilometer von hier entfernt sein. Bei guter Sicht kann man den großen Turm sehen.«

Mir wurde ganz flau. Seit Tagen befanden wir uns nun schon auf der Flucht, und wo waren wir gelandet? Gerade einen Kilometer vom Lager entfernt! Wir mußten im Kreis gelaufen sein!

Da ich aus der Gegend stammte und mich, anders als meine Begleiter, in diesem Teil Polens ganz gut auskannte, ergriff ich die Initiative. »Wo geht's nach Lublin?« fragte ich. Sie zeigte in die entsprechende Richtung und wünschte uns viel Glück. Wir dankten ihr nochmals und verabschiedeten uns. In Wirklichkeit gingen wir in die entgegengesetzte Richtung, aber wir wollten unser wahres Ziel geheimhalten, falls sie von den Deutschen verhört werden sollte. Sobald wir wieder im Wald waren, versteckten wir uns im Dickicht und warteten auf die Dunkelheit. Die Nacht war unsere Verbündete.

19. Oktober. Wir hatten uns darauf geeinigt, uns bis nach Izbica durchzuschlagen und christliche Freunde meiner Eltern um Hilfe zu bitten. Im Wald fühlten wir uns zwar einigermaßen sicher, aber da wir die Orientierung verloren hatten, kamen wir nur langsam voran. Wir hatten Angst, uns wieder zu verlaufen und plötzlich direkt vor dem Lager zu stehen, also wanderten wir die offene Landstraße hinunter. Das war zwar sehr riskant, aber wir dachten, daß uns im Schutz der Dämmerung schon nichts passieren würde. Lange Zeit waren wir die einzigen auf der Straße. Dann aber, als wir irgendwann nach Mitternacht an eine scharfe Kurve kamen, tauchte ein Mann vor uns auf. Wir gingen immer weiter geradeaus. Immerhin war er allein, und wir waren zu dritt. Als wir aneinander vorbeigingen, taten wir, als hätten wir den Fremden gar nicht gesehen, und auch er beachtete uns nicht weiter. Wir erfuhren nie, wer der Mann gewesen war. Vielleicht war er auch ein Flüchtling aus Sobibór, oder ein Partisan. Jedenfalls lehrte uns dieser Zwischenfall, auf offener Landstraße vorsichtiger zu sein.

Bald lichtete sich der Wald zu beiden Seiten der Straße, und vor uns tauchten Felder auf. Wir liefen schneller, rannten beinahe. Als wir ein Auto hörten, versteckten wir uns im Straßengraben, bis es mit den im Krieg vorgeschriebenen abgeblendeten Scheinwerfern vorbeigefahren war. Einmal entdeckten wir ein Schlagloch in der Straße, das mit Regenwasser gefüllt war. Was für ein Glück! Wir legten uns auf den Boden und tranken aus der Pfütze. Das Wasser schmeckte unglaublich erfrischend! Bei Tagesanbruch versteckten wir uns wieder im Wald und schliefen.

Bald senkte sich erneut die Dunkelheit; die Oktobertage waren kurz. Wir kamen an einsamen Häuschen vorbei und näherten uns gerade einer Kreuzung, als plötzlich ein paar Männer vor uns auftauchten. Offensichtlich waren sie betrunken, sie torkelten herum, sangen und gaben unsinniges Zeug von sich. Wir gingen einfach weiter geradeaus.

»Halt!« rief einer.

Sofort warfen wir uns zu Boden, robbten in die Büsche und rührten uns nicht. Es verging einige Zeit, aber es kam uns niemand nach. Vorsichtig standen wir auf und stellten erleichtert fest, daß sie verschwunden waren. Es hatte sich wohl um ein paar betrunkene Polen gehandelt, die sich einen Scherz erlauben wollten, indem sie uns befahlen anzuhalten. Als wir uns aber statt dessen wie Soldaten zu Boden warfen, dachten sie wahrscheinlich, daß wir bewaffnet seien und auf sie schießen würden.

20. Oktober. Wir waren jetzt in der Nähe von Piaski. Im Morgengrauen kamen wir an ein kleines Bauernhaus und fragten wieder bei einem Bauern, ob wir ihm Lebensmittel abkaufen könnten. Der Bauer beäugte uns mißtrauisch. Da er befürchtete, daß wir schwer bewaffnet seien, war er sehr höflich und brachte uns Roggenbrot und Pökelfleisch. Wir gaben ihm etwas Geld und machten uns davon in Richtung Wald, um dort für den Rest des Tages zu schlafen.

Nach einiger Zeit hörten wir jemanden von der angrenzenden Straße her laut rufen: »He, ihr Juden, kommt da raus! Es wird euch nichts passieren, wenn ihr freiwillig kommt!« Wir hatten uns in die Büsche gelegt und hatten die Straße gut im

Blick. Dort stand ein einsamer Zivilist mit einem Gewehr in der Hand und brüllte in die Richtung, in der er uns vermutete. Offenbar wagte er sich nicht alleine in den Wald. Als nichts passierte, drehte er sich schließlich um und verschwand.

Nach Einbruch der Dunkelheit setzten wir unsere Reise fort und kamen an der Bezirksstadt Krasnystaw vorbei. Bei Tagesanbruch schleppten wir uns todmüde die Hügel hinab bis zur Hauptstraße. Endlich tauchte vor uns das Schild »Izbica 12 km« auf – meine Stadt, mein Zuhause. Hier kannte ich mich aus wie in meiner Westentasche.

21. Oktober. Kurz vor Izbica kamen wir in einem Dorf namens Wólka an den Hof der Familie Zawada, wo ein herrlicher, riesengroßer Heuhaufen stand! Wir sprangen über den Zaun und liefen darauf zu. Gestützt auf einen Holzstab, halfen wir einander auf den rutschigen Heuhaufen und gruben uns etwa einen Meter tief hinein. Dort entdeckten wir etwas: Es handelte sich wohl um ein paar zugenagelte Holzkisten. Wir vermuteten, daß der Bauer seine Wertgegenstände im Heu versteckt hatte, um sie vor Plünderern zu schützen, die durch die Gegend zogen. Wir machten es uns bequem. Und gerade rechtzeitig, denn es fing an zu regnen. Ein paar Stunden lang war alles ruhig, dann aber bellte plötzlich laut ein Hund und sprang am Heuhaufen hoch. Erst hörten wir, wie draußen die Tür aufging, dann näherten sich Schritte.

»Ist da jemand?« rief Bauer Zawada.

Wir antworteten nicht. Das Gebell wurde immer lauter. Ich hörte, wie sich der alte Zawada mit seinem Sohn beratschlagte. Schließlich wurde eine Leiter an den Heuhaufen gelehnt, und ich hörte, wie ein schwerer Mensch heraufkletterte. Wir guckten hoch. Über uns stand der Bauer, bewaffnet mit einer Mistgabel.

»Was macht ihr hier?«

»Wir sind Juden, Herr Zawada. Ich bin der Sohn von Leon Blatt.«

Nach kurzem Schweigen sagte er: »Kommt da runter.«

Wir rutschten den Heuhaufen hinunter. Unten stand Zawadas Sohn mit einer Axt in der Hand. Der Bauer spähte erst einmal ins Heu, wahrscheinlich um sich zu vergewissern, ob sein Schatz noch da war. Dann kletterte er ebenfalls herunter.

Er deutete auf das Bauernhaus und sagte: »Kommt mit rein.«

Wir hatten nicht die geringste Ahnung, was uns erwartete. Aber er meinte es gut mit uns. Er gab uns zu essen, wollte uns aber auf keinen Fall verstecken, nicht einmal bis es dunkel wurde. Er hatte zu große Angst.

Inzwischen war der Hof zum Leben erwacht. Die Kuhhirten hatten die Kühe schon auf die Weiden gebracht. Man würde uns sehen können. Wir mußten schnellstens verschwinden. Also rannten wir über die Felder und hinein in den Orlówer Wald.

Da ich in dieser Gegend aufgewachsen war, kannte ich mich ziemlich gut aus. Wir versteckten uns im Gebüsch und warteten, bis es Nacht wurde. Es war nicht mehr weit bis Izbica; wir waren fast am Ziel. Wir beschlossen, daß ich in die Stadt laufen und mit Frau Bazylkowa reden würde, um sie zu bitten, uns gegen eine großzügige Summe bei sich aufzunehmen. Sie war mit meiner Familie eng befreundet gewesen, und sie hatte damals geholfen, meinen Bruder zu verstecken. Außerdem hatten meine Eltern ihr einiges in Verwahrung gegeben. Als sich unsere Familie zum ersten Mal getrennt hatte, hatten wir in dem Wissen, womöglich bald die Stadt verlassen zu müssen, sämtliche Wertsachen zu ihr gebracht.

Über eine Sache hatten wir drei Jungs uns stillschweigend geeinigt: man durfte keinem Menschen trauen – nicht einmal einander –, denn zuviel Gutgläubigkeit konnte einem das Leben kosten. Da nur ich mich in der Gegend um Izbica auskannte, wollten die anderen beiden sichergehen, daß ich sie nicht im Stich ließ. Ich mußte mein ganzes Geld und den Schmuck als Pfand bei meinen Freunden hinterlassen. Also gab ich ihnen alles, was ich hatte.

Ich klappte mein Messer auf, damit es aussah wie eine Pistole, schlug den Kragen des Mantels hoch, den mir Fredek geliehen hatte, um mein Gesicht zu verbergen, und machte mich in der grauen Abenddämmerung auf den Weg.

Es war Oktober 1943, lange nachdem Izbica »judenfrei« erklärt worden war. Ich betete, daß man mich für einen Polen halten würde. Bestimmt würde niemand darauf kommen, daß es sich bei einem Jungen wie mir, der einfach so durch die Stadt lief, in Wahrheit um einen Juden handelte.

Am Stadtrand kam ich an einem bekannten Gebäude vorbei und lief weiter in Richtung Zentrum. Dort blieb ich verblüfft stehen. Die Stadt, in der ich geboren war und die ich in- und auswendig kannte, war kaum wiederzuerkennen! Wo früher jüdische Häuser gestanden hatten, waren plötzlich nur noch Baulücken, so gründlich waren die Gebäude von christlichen Nachbarn auf der Suche nach versteckten Wertsachen geplündert und auseinandergenommen worden. Schließlich erreichte ich Frau Bazylkowas Haus.

»Wer ist da?«

»Ich bin's, Toivi.«

»Großer Gott, geh weg! Ich habe Angst.«

Ich flehte sie an, doch nur für einen kurzen Augenblick die Tür aufzumachen. Der Schlüssel quietschte im Schloß, und die Tür ging einen Spaltbreit auf. Mit ängstlichem Gesicht spähte sie heraus.

»Was willst du?«

Da ich wußte, daß sie große Stücke auf meinen Vater hielt, log ich sie an, er sei bei mir, und bot ihr ziemlich viel Geld an.

»Ich will davon nichts wissen«, weinte sie. »Ich kann euch nicht helfen ... ich habe Angst. Geh bitte weg.« Sie schloß langsam die Tür.

»Geben Sie uns wenigstens etwas zu essen«, bettelte ich. »Bitte, wir haben Hunger.«

Es entstand eine längere Pause. »Warte«, sagte sie.

Kurz darauf kam sie zurück und hatte ein kleines Stück Brot mit Butter in der Hand. Ich wollte es in die Tasche stecken, um es meinen Freunden mitzubringen.

»Iß es hier«, befahl sie mir, »oder gib es mir zurück.«

Ich gehorchte. Sie hatte Angst, daß mich jemand mit dem Stück Brot sehen und ich verraten würde, woher ich es hatte. Sie kannte die Gesetze der Nazis allzu gut, und nach diesen Gesetzen war es für Christen unter Todesstrafe verboten, einen Juden bei sich aufzunehmen oder ihm in irgendeiner Weise zu helfen.

»Bitte, verstecken Sie uns«, bat ich inständig.»Wir können nirgends hin, und der Winter steht vor der Tür.«

»Nein, Toivi, das kann ich nicht! Du weißt doch selbst, daß sie meinen Mann nach Auschwitz gebracht haben. Meine Tochter ist als Kind ertrunken. Ich habe nur noch meinen Sohn, und ich will ihn nicht auch noch verlieren. Ich will davon nichts wissen, ich weigere mich.« Ich konnte ihrem angsterfüllten Gesicht ablesen, daß wir für sie eine tödliche Seuche, den Schwarzen Tod des zwanzigsten Jahrhunderts darstellten.

Sie schlug mir die Tür vor der Nase zu. Entmutigt machte ich mich auf den Rückweg zu meinen Freunden. Es war jetzt vollkommen dunkel. Irgendwo in der Nähe fiel ein Schuß. Panisch rannte ich los. Als ich eine halbe Stunde später zu unserem Treffpunkt kam, stieß ich wie verabredet einen leisen Pfiff aus. Ich bekam keine Antwort. Ich ging ein Stück zurück, noch immer pfeifend. Ich hatte schreckliche Angst, daß sie nicht mehr da waren.

Diesmal jedoch rief jemand leise aus den Büschen am Straßenrand: »Toivi, Toivi!« Wahrscheinlich hatten sie mich absichtlich vorbeilaufen lassen, um sich zu vergewissern, daß mich niemand verfolgte. Ich erzählte ihnen, was vorgefallen war. Allmählich verließ uns der Mut.

Wir wußten keinen Rat. Der Wald war genauso gefährlich wie die Stadt. Sich auf die Suche nach sympathisierenden Partisanen zu machen war viel zu riskant; höchstwahrscheinlich würden wir doch nur einer feindlichen Meute in die Hände fallen und ermordet werden. Wir bräuchten schon unglaubliches Glück, jemanden aufzutreiben, der bereit wäre, sich unser anzunehmen.

Während wir so am Waldrand saßen, bemerkten wir ein flackerndes Licht im Fenster eines Bauernhauses, das etwa 200 Meter jenseits der Straße stand. Wir beschlossen, das Risiko einzugehen und nach Lebensmitteln zu fragen. Wir verließen den Wald und gingen auf den einsamen Hof zu. Ein Hund bemerkte uns und fing wütend an zu bellen. Wir nahmen unseren Mut zusammen und betraten das Haus. Der Raum wurde vom Schein einer Öllampe erhellt. Es war niemand zu sehen; dafür übte die dampfende Suppenschüssel auf dem Tisch eine geradezu hypnotische Wirkung auf uns aus. Allerdings wagten wir es nicht, sie anzurühren. Wir gingen hinaus, blieben vor der Scheune stehen, dann vor dem Stall. Schließlich riefen wir laut: »Ist da jemand?« Es kam keine Antwort.

Wir gingen zurück in die Hütte und fielen im Stehen über die Suppe her. Dann wurde Fredek aber nervös und drängte darauf, lieber wieder zu gehen, solange noch niemand aufgetaucht war. Es könnte gefährlich sein, vielleicht sei das eine Falle. Noch immer bellte der Hund und sprang wie verrückt im Hof umher. Irgendwo in der Ferne sahen wir den Lichtkegel einer Taschenlampe.

»Gospodarzu! [Bauer!]« rief ich, woraufhin ein etwa zwölfjähriger Junge aus dem Gebüsch kam. Da er uns sofort als Juden erkannte, rief er seiner Familie, die sich in den Feldern versteckt hatte, zu, daß alles in Ordnung sei. Als sie das Bellen des Hundes gehört und uns aus dem Wald hatten kommen sehen, hatte uns die Familie offenbar für Räuber gehalten und war davongelaufen.

Dann geschah etwas Überraschendes. Wie sich herausstellte, hieß der Bauer Bojarski; seine Tochter war früher mit mir zur Schule gegangen. Wir erkannten uns wieder, und die Stimmung hellte sich sofort auf. Bojarski bat uns, mit seiner Familie zu Abend zu essen. Es war unsere erste heiße Mahlzeit. Wir konnten unser Glück kaum fassen. Wir saßen in einem warmen, sauberen Bauernhaus und aßen uns zum ersten Mal seit langer Zeit richtig satt. Ich fragte ihn, ob er uns aufnehmen würde, und bot ihm eine großzügige Geldsumme. Zur Bekräftigung gaben wir seiner Frau einen goldenen Ring und seiner Tochter ein Paar goldene Ohrringe. Er bat uns, zurück in den Wald zu gehen, während er sich das Angebot durch den Kopf gehen ließ. Wir gingen hinaus in den Wald und legten uns schlafen.

Aber irgend etwas ließ mir keine Ruhe. Verblichene Bilder aus der Vergangenheit tauchten vor meinem inneren Auge auf.

Damals war ich in der zweiten Klasse, ich muß wohl sieben gewesen sein. An einem Freitag nach dem Abendbrot, die Sabbatkerzen flackerten fröhlich, saß ich bei meinem Vater auf dem

Schoß und spielte mit seinem Bart, als es an der Tür klopfte. Im selben Augenblick wurde sie auch schon aufgerissen, und herein kam ein großer Mann in einem langen Schafsfellmantel, wie ihn die Kutscher auf dem Land tragen. Offenbar war er betrunken.

Aus dem Gespräch ging hervor, daß dieser Mann damit beauftragt worden war, den Laden meines Vaters mit Wodka zu beliefern. Das Lagerhaus befand sich in Zamość, und einmal die Woche schickte mein Vater diesen Mann los, um Vorräte zu holen. Oft hatte mein Vater geklagt, daß er wegen seines unzuverlässigen Lieferanten Verluste mache. Immer wenn er die neue Lieferung in Empfang nahm, fand er ein paar kaputte Flaschen in den Kisten. Merkwürdigerweise war zwar das Verpackungsmaterial naß, roch aber nicht nach Alkohol.

Daß unterwegs ein bißchen Wodka verschwand, wurde immer mit einkalkuliert, aber diesmal schien es, als hätte der Kutscher nicht nur von dem Wodka getrunken, sondern auch welchen nach Hause geschafft. Mein Vater hatte das Nachsehen, vor allem, weil die Preise behördlich festgelegt wurden und er seinen Verlust nicht auf die Kunden umlegen konnte.

Deswegen sprach mein Vater den Kutscher darauf an. Dieser antwortete erst mit Flüchen und Beschimpfungen, dann mit Drohungen und rassistischen Äußerungen. Dann trat er einen Stuhl um und ging. Ich zitterte am ganzen Leib. Noch nie zuvor hatte ich etwas so Bedrohliches erlebt.

Ungefähr zehn Minuten später fing draußen jemand an zu schreien: »Es brennt!!! Es brennt!!!« Wir rannten hinaus. Drei Türen weiter drang Rauch aus dem Haus. Die Leute rissen die Ziegel vom Dach und schleppten Wassereimer herbei.

Am nächsten Tag hieß es, ein Bauer habe versucht, Blatts Laden in Brand zu stecken. Irgend jemand hatte draußen den Streit mitbekommen und beobachtet, wie der Kutscher aus unserem Haus kam, den Vorbau unserer Nachbarn betrat und ein Streichholz anzündete. Die Schreie des Zeugen hatten den Mann vertrieben und Leute alarmiert, so daß das Feuer rechtzeitig gelöscht werden konnte.

Die Absichten des Kutschers waren klar. Die wenigen Häuser auf unserer Seite waren alle miteinander verbunden. Wäre das

Feuer nicht sofort erstickt worden, hätte sich die ganze Straße in einen Schutthaufen verwandelt. Der Name des Kutschers war Bojarski.

Ich war verzweifelt. Sollte ich ihnen erzählen, was es mit diesem Mann auf sich hatte? Dabei wirkte er jetzt so wohlhabend, so freundlich und voller Anteilnahme. Und es schien, als hätte sich seine Tochter wirklich gefreut, mich wiederzusehen. Es waren seitdem so viele Jahre vergangen. Vielleicht war das unsere Chance. Im Wald wurde es jeden Tag kälter, bald war Winter. Wo sollten wir sonst hin?

Der hölzerne Käfig

22. Oktober. Sehr früh am nächsten Morgen weckten mich Fredek und Szmul. Sie hörten sich meine Geschichte an, doch wir beschlossen trotzdem, zum Haus zurückzugehen. Wir bekamen Eier, Speck, Brot und Milch zum Frühstück, und anschließend bat uns der Bauer, bis zum Abend im Heuhaufen zu warten. Zwischendurch brachte er uns sogar ein Mittagessen – Kohl mit ein paar Stückchen Schweinefleisch und Kartoffeln. Als die Nacht hereinbrach, bat er uns ins Haus, wo wir uns waschen durften und ein Abendbrot bekamen.

Nach einem längeren Gespräch breiteten wir einen Teil unseres Schatzes vor ihm auf dem Tisch aus: Diamanten und Goldschmuck, deutsche, amerikanische, russische, französische und holländische Geldscheine sowie einige Goldmünzen. Es war nur ein Bruchteil unseres Besitzes, aber für die Leute in dieser Gegend stellte das allein ein unfaßbares Vermögen dar.

Die Augen des Bauern leuchteten. Seine Frau nahm eine wunderschöne goldene Halskette in die Hand, die wir ihr schließlich schenkten. Doch Bojarski hatte noch immer Bedenken und kam zu keiner Entscheidung. Er vertröstete uns noch einmal. Zumindest mußten wir zum Übernachten nicht zurück in den Wald, sondern durften im Heuhaufen auf seine Antwort warten.

Um Mitternacht kam er heraus. »Ich habe mich entschlossen,

euch aufzunehmen«, sagte er. »Ich weiß, daß die Russen bald hiersein werden. Morgen richte ich euch ein besseres Versteck ein.« Glücklich sagten wir einander gute Nacht und schliefen in unserem Heuhaufen ein.

23. Oktober. Wir bekamen ein Frühstück gebracht und am Mittag ein bißchen Suppe. Als es endlich dunkel und der Hund losgemacht worden war, durften wir ins Haus kommen. Nach dem Abendbrot gaben wir Bojarski reichlich Geld, Gold und Diamantschmuck.

Dann ging er mit uns hinaus und auf eine Ecke der Scheune zu, die gegenüber von dem Heuhaufen lag. Er drehte an einem kleinen, gebogenen Nagel, schob ein Brett zur Seite, und zum Vorschein kam eine dichtgepackte Wand aus Stroh. Auf der Erde war ein Loch von ungefähr einem halben Meter Durchmesser.

»Rein mit euch«, sagte er. Ich ging vor, dann kamen Szmul und Fredek. Drinnen war es stockfinster.

»Herr Bojarski«, sagte ich, »geben Sie uns doch bitte eine Kerosinlampe, bis wir uns hier eingerichtet haben.« Er ging weg und tauchte kurze Zeit später wieder mit einer Sicherheitslampe auf, wie sie sich polnische Bauern hinten an ihre Kutschen hängen, wenn sie nachts übers Land reisen. Mit einem Klicken rastete das Brett wieder ein.

Uns fiel ein Stein vom Herzen. Endlich waren wir in Sicherheit. Zumindest befanden wir uns an einem Platz, wo niemand zu uns sagen würde: »Geht weg, ich habe Angst.« Es gab tatsächlich noch gute Menschen auf dieser Welt.

Wir sahen uns um in unserer Gruft und stellten fest, daß wir uns offenbar unter einem großen Tisch befanden, der vielleicht 2,50 Meter lang, 1,50 Meter breit und 1,50 Meter hoch war. Die Seitenwände bestanden aus gepreßten, alten Zementsäcken, trockenem Laub und Stroh, um den kleinen Raum gegen den kalten polnischen Winter zu isolieren.

Kurze Zeit später trafen auch unsere Haushaltsgegenstände ein: Zwei Decken, die nach Pferd rochen, und ein 5-Liter-Topf aus Metall. Das in Streifen gerissene Zeitungspapier darin gab uns eine Vorstellung davon, welchen Zweck der Gegenstand erfüllen sollte. Der Bauer versprach, uns dreimal am Tag etwas zu essen zu bringen und uns jeden Abend nach Anbruch der Dunkelheit ins Freie zu lassen, damit wir frische Luft schnappen und uns die Beine vertreten konnten.

Also waren wir wirklich den Deutschen entkommen und endlich an einem sicheren Ort. Gott wachte über uns, und wir waren überaus dankbar.

Die ersten paar Tage ging alles glatt, selbst wenn unsere Welt auf einmal auf dreieinhalb Kubikmeter beschränkt war. Doch nach wenigen Wochen stellte sich heraus, daß sich der Bauer nicht an sein Versprechen hielt, uns dreimal am Tag etwas zu essen zu bringen, und wir mußten uns mit weitaus weniger begnügen.

Unsere Tage im Unterschlupf liefen etwa nach folgendem Muster ab: Sobald der Hahn krähte, wußten wir, daß es Morgen war; dann unterhielten wir uns über alle möglichen und unmöglichen Dinge, um uns die Zeit zu vertreiben; sobald Bojarskis Sohn aus der Schule kam, wußten wir, daß es Mittag war; danach warteten wir auf die Nacht und unsere inzwischen einzige Mahlzeit.

Erst hörten wir, wie jemand vorsichtig um das Versteck herumlief. Der Bauer wollte sich vergewissern, daß alles in Ordnung war, bevor er an dem kleinen Nagel drehte und das Brett vor dem Eingang zur Seite schob. Nacht für Nacht wechselten wir uns ab, am Eingang zu warten. Derjenige, der dort Posten bezogen hatte, durfte den Topf mit Essen in Empfang nehmen; gleichzeitig reichte er den anderen Topf hinaus, damit er ausgewechselt wurde.

Nach dem Essen kam der Bauer wieder, schob wieder das Brett zur Seite und rief uns heraus. Einer nach dem anderen krochen wir ins Freie. Wir atmeten erst einmal tief die frische Luft ein, dann folgten wir dem Bauern. In Begleitung seines Wachhundes umrundete Bojarski mit uns seine Scheune. Er sagte währenddessen kein Wort; wenn der Hund wegen eines vorbeihoppelnden Kaninchens anschlug, blieben wir wie angewurzelt stehen. Nach ungefähr einer Viertelstunde mußten wir zurück in unser Loch. Eine Woche lang ging das so, bis sich

Bojarski auf einmal weigerte. Es sei draußen zu gefährlich, sagte er. Wir stimmten ihm zu.

Die Nächte waren meist kalt und dunkel, und eine friedliche Stille umgab uns. Jeden Tag legte Fredek wieder einen Strohhalm in die Streichholzschachtel – das war unser Kalender. Ein Monat war bereits vergangen. Anfangs taten wir uns schwer mit den Schlafenszeiten, denn man legte sich einfach hin, wann man Lust hatte, und verlor dadurch jegliches Zeitgefühl. Oder es war so, daß einer reden, die anderen aber lieber schlafen wollten. Dem wirkten wir entgegen, indem wir eine strenge Regelung einführten. Demnach durfte vom ersten Hahnenschrei bis zum Abendbrot niemand schlafen. Schon nach kurzer Zeit ging es uns damit sehr viel besser.

Ich weiß noch, daß ich mich irgendwann fragte, wie ich wohl inzwischen aussah, denn wir hatten keinen Spiegel. Doch wenn ich mir meine Freunde ansah, wußte ich, daß wir wohl alle gleich aussahen: Halbnackt, unrasiert, ungekämmt und verwahrlost.

Als eines Tages das Kerosin ausging, weigerte sich Bojarski, neues zu kaufen. Er befürchtete, wir würden die Scheune in Brand stecken, sagte er. Jetzt kamen wir uns wirklich vor wie in einer Gruft; wir waren ganz und gar auf unseren Tastsinn angewiesen. Wir aßen und schliefen in völliger Dunkelheit.

Als ich einmal im Stockfinstern den Topf entgegennahm, verbrühte ich mich an der heißen Suppe. Ich hatte Verbrennungen an Hand und Bauch, und es bildeten sich schlimme Brandblasen.

Der Herbst neigte sich bereits seinem Ende zu, doch die Blätter und das Stroh waren ein guter Kälteschutz, und wir hatten es immer ziemlich warm in unserem Versteck. Fredek, der einzige Raucher unter uns, kam ohne Zigaretten nicht aus. Er riß rauhe Papierfetzen von den alten Zementsäcken, zerbröselte trockenes Eichenlaub von unserem Bettenlager und drehte sich daraus Zigaretten. Sie stanken erbärmlich, aber er konnte es einfach nicht lassen.

Da wir uns sicher fühlten, waren wir entspannt und guter Dinge. Fredek und Szmul erzählten von ihrem Elternhaus, ihrer Heimatstadt und ihrem Leben vor dem Krieg. Ich hörte staunend zu. Ihre Geschichten klangen wie ausgedacht. Obwohl ich einmal an Lwów (Lemberg) mit seinen großen Gebäuden vorbeigefahren war, hatte ich noch nie so ein großes Bauwerk von innen gesehen, außer vielleicht damals in Stryj, als ich ins Gefängnis mußte.

Sie erzählten mir von den großen Bahnhöfen mit ihren vielen Bahnsteigen, die man nur über lange Tunnel erreichen konnte, durch die man hindurchlief, während über einem die Züge vorüberdonnerten, und man mußte gar keine Angst haben, daß die Tunnel über einem zusammenstürzten. Sie redeten über Autos, von denen ich noch nie gehört hatte, Simca und Citroën. Ich hatte immer gedacht, es gäbe nur zwei Automarken – denn Herr Lind, der Arzt in Izbica, hatte einen Opel und Schultz einen Fiat.

Ich konnte es kaum fassen, als sie erzählten, daß sich die Toiletten im Innern der Wohnungen befänden – mit Wasserspülung! Aus Izbica kannte ich nur die öffentlichen Toiletten; eine davon befand sich mitten auf einem Feld in der Nähe der Schule, eine hinter der Synagoge, eine in der Nähe der Mikwe, des Reinigungsbades, und einige andere, die über die Stadt verteilt waren. Sie waren ständig verstopft und kaum zu betreten. Hin und wieder wurden sie entleert. Dann konnte man eine Pferdekutsche einen tröpfelnden Behälter mit Fäkalien hinter sich herziehen sehen. Die meisten Leute zogen es aber vor, sich einen abgelegenen Platz draußen in den Feldern zu suchen. Als Kind hatte ich eine Lieblingsstelle: eine Grube auf einem Hügel mit einer herrlichen Sicht auf die Stadt – das heißt, wenn ich es rechtzeitig hinauf schaffte. Nachts benutzte man einen Nachttopf. Kurz vor Kriegsbeginn hatte sich ein örtlicher Fabrikant namens Pomp ein neues Haus gebaut und tatsächlich eine Toilette mit Wasserspülung installiert. Sie war eine Riesenattraktion. Die halbe Stadt und sogar Leute von außerhalb standen Schlange, um das Wunderwerk mit eigenen Augen zu sehen. Für mich hatte sich leider nie die Gelegenheit ergeben.

Ich hatte ständig das Gefühl, sie wollten mir einen Bären aufbinden, und ich sagte es ihnen. Da ging ihnen auf, daß sie einen »Bauerntrottel« in ihrer Runde hatten, und von nun an brachten sie eine Menge Zeit damit zu, sich über mich lustig zu machen. Die beiden kamen aus der Stadt und hielten natürlich zusammen. Da ich mit meiner Heimatstadt Izbica nicht viel Eindruck machen konnte, versuchte ich es mit der Geschichte, wie ich mir damals eine Pistole anschaffte, nach Ungarn fliehen wollte und statt dessen im Gefängnis landete.

Szmul glaubte mir kein Wort, und als ich meine Geschichte beendet hatte, sagte er: »Bist du fertig, Toivi?«

»Ja«, sagte ich.

»Dann zieh die Spülung.«

Ich brauchte einen Moment, um darauf zu kommen, was er meinte. Was hatte das mit meinen Erlebnissen zu tun? Aber bald dämmerte es mir. Also hatte ich Scheiße erzählt. Ich war sehr verletzt. Hier saßen wir nun – nach der Hölle von Sobibór, nach allem, was wir zusammen durchgestanden hatten – und sie hielten mich für einen Lügner.

Ich konnte nicht einschlafen, so sehr ärgerte ich mich. Die einzige einleuchtende Erklärung für ihre Reaktion war, daß sie im Frühjahr 1942 direkt aus dem Ghetto nach Sobibór gebracht worden waren, das heißt, sie waren nie mit der feindlichen Außenwelt in Berührung gekommen waren. Als ich aber genauer darüber nachdachte, hatte selbst ich damals nach meiner Rückkehr aus Stryj im Jahr 1943 meine Zweifel gehabt, als Gerüchte aufkamen, daß die wenigen Juden, denen die Flucht in den Wald oder in die Nachbardörfer gelungen war, von Polen ermordet oder verraten worden seien. Ebensowenig hatte ich glauben wollen, daß sich so viele verschiedene Gruppierungen so eifrig an der Ausrottung der Juden beteiligten.

Mir ging auf, daß die Häftlinge in Sobibór in gewisser Weise fast sicherer waren als diejenigen Juden, die sich falsche Papiere verschafft hatten, im Wald oder im Versteck lebten, froren und verzweifelt nach Eßbarem suchten und denen jeder weitere Tag, den sie am Leben blieben, wie ein Wunder vorkam. In Sobibór wußten wir, was auf uns zukam. Sobibór war das Ende. Sobibór hieß, auf den Tod zu warten, sich aufs Sterben einzustellen. Draußen hingegen herrschte ein erbitterter Kampf ums Überleben.

Die Wochen vergingen, und unser Leben im Unterschlupf wurde zur Routine. Nacken und Rücken taten uns weh, weil wir immer nur zusammengekauert dasaßen in unserem beengten Raum, zudem hatten wir schon lange kein Tageslicht mehr gesehen – aber was machte das schon. Wir wußten ja, daß das alles früher oder später ein Ende haben würde, und bis dahin waren wir in Sicherheit. Noch lieber hätten wir uns zwar einer Partisanengruppe angeschlossen, aber Bojarski ließ es nicht zu, daß wir mit irgendwem Kontakt aufnahmen. Er behauptete stur, niemanden zu kennen, dem man vertrauen konnte. Er fürchtete die bewaffneten Banden, die durch die Gegend zogen, und vielleicht hatte er auch Angst, wir würden uns ihnen nur anschließen, um zurückzukommen und ihn unter Gewaltandrohung zur Rückgabe des Geldes zu zwingen.

Und so lebten wir in unserem Loch vor uns hin. Die Grenze zwischen uns und dem Rest der Welt bestand aus einem schmalen Brett, hinter dem wir aber sicherer gefangen waren als in jedem Gefängnis.

Eines Nachts bat Bojarski Fredek, ihm seine Stiefel zu borgen, er brauchte ein paar Schuhe, um zur Kirche zu gehen. So ging es los. Danach mußten wir ihm immer wieder dieses und jenes »ausborgen«, bis wir eines Tages nur noch in Unterwäsche dasaßen und uns eine Latzhose und einen einzigen Pullover teilen mußten. Aber das machte uns nichts aus. Wir klagten nicht. Hauptsache, wir waren am Leben.

Das Leben im Unterschlupf

Dann passierte etwas Schlimmes. Eines Nachts fing der Hund an, wie wild zu bellen. Draußen hörte man Stimmen, die immer näher kamen. Irgend jemand betrat die Scheune. Wir hörten, wie jemand im Stroh herumwühlte und Gegenstände umwarf. Wer konnte das nur sein? Dann sagte eine Stimme auf polnisch: »Raus damit, wo hast du die Juden versteckt?«

»Hören Sie doch, bitte, hier gibt's keine Juden, hier ist niemand außer uns.«

»Und wie kommt es, daß es dir so gut geht, daß du so gut angezogen bist in letzter Zeit? Wer hat dir die Sachen bezahlt? Die Leute sind schließlich nicht blind. Du kannst ihnen nichts vormachen. Los jetzt, zeig uns, wo du die Juden versteckt hast. Erst machen wir sie kalt, dann teilen wir uns das Gold, wie es sich gehört.«

Bojarski fing an zu schluchzen. »Ich schwöre bei Gott, daß ich niemanden versteckt habe. Hier gibt's keine Juden!« Er wußte genau, wenn die Banditen uns fänden, würden sie uns umbringen, aber vor allem würden sie Bojarski zwingen, das Geld und den Schmuck herauszurücken.

Die Eindringlinge schienen ihm nicht zu glauben, denn sie schnüffelten weiter in der Scheune herum. Mit Stöcken stocherten sie hier und da im Stroh herum, aber unser Versteck war zu tief unten. Wir hockten da, beteten leise und hielten bei jedem Stochern und Rascheln die Luft an. Endlich gingen sie wieder. Vorerst war die Gefahr vorüber. In jener Nacht kam Bojarski ganz aufgebracht in unser Versteck. »Seht ihr, das habe ich jetzt davon! Es hätte nicht mehr viel gebraucht, und ihr wärt dran gewesen. Was machen wir jetzt bloß?«

Natürlich hatte er recht, aber wir versuchten ihn zu beruhigen und sagten, die Räuber würden ihn bestimmt in Frieden lassen, da sie doch jetzt von seiner Unschuld überzeugt seien.

Bojarski drehte sich um und ging. Was sollten wir tun? Die Vorstellung, den Unterschlupf verlassen zu müssen, und die Unsicherheit waren zermürbend. Draußen rasselte eine Kette, und der Hund wurde frei gelassen. Bald darauf senkte sich nächtliche Stille über den Hof. Wir legten uns schlafen.

»Toivi, Szmul, hört zu, der Bauer will Geld. Darum geht's doch. Wir geben ihm noch etwas, ja?«

»Gut«, sagte Szmul nach kurzem Zögern. »Wir geben ihm alle gleich viel.«

»Szmul«, sagte Fredek. »Ich habe nicht viel, nur noch die paar Dollar, die mir mein Freund in letzter Minute zugesteckt hat.«

»Das ist mir egal«, gab Szmul kurz angebunden zurück.

Von uns dreien hatte Szmul die meisten Wertsachen. Ein Großteil meines Schatzes war in dem Mantel geblieben, den ich bei der Flucht im Stacheldrahtzaun hatte zurücklassen müssen. Fredek besaß kaum etwas, da er erst in letzter Sekunde vom Aufstand erfahren hatte. Dennoch bestand Szmul auf drei gleichen Anteilen. Fredek kramte ein bißchen Geld hervor und warf es auf die Decke. Ich fügte noch einmal fünfhundert Dollar hinzu, und dann Szmul. Von jetzt an kühlte die Freundschaft zwischen Fredek und Szmul deutlich ab. Nie wieder verbündeten sich die beiden gegen mich.

Am darauffolgenden Tag hatte Szmul schlechte Laune. Fast eine Stunde lang sagte er kein Wort, sondern durchsuchte geschäftig seine Taschen und scharrte im Stroh herum.

Fredek war neugierig geworden. »Was machst du denn da, Szmul?«

Die Antwort überraschte uns. »Ihr Jungs habt mein Geld geklaut«, sagte er wütend. Ich hatte nichts gestohlen, und Fredek sicherlich auch nicht. Wahrscheinlich war ihm das Geld am Tag zuvor aus seinem kleinen Stoffbeutel gefallen, als er seinen Anteil für Bojarski herausgenommen hatte. Wir halfen ihm bei der Suche. In der Ecke, wo der Nachttopf stand, fühlte ich etwas Metallisches. Es war ein Ring und ein paar Münzen. Ich griff nach Fredeks Hand und ließ ihn fühlen. Dann wartete ich auf seine Reaktion.

»Glaubst du im Ernst, wir hätten dich beklaut, Szmul?« fragte Fredek sachlich. Offensichtlich wollte Fredek erst einmal Szmuls Antwort abwarten.

»Hier ist ja wohl sonst niemand außer uns dreien.«

Fredek behielt das Gold in der Hand. Es blieb unser Geheimnis. Doch von diesem Zeitpunkt an war nichts mehr so wie vorher. Obwohl uns das Schicksal und die Umstände zusammengeworfen hatten, blieben wir grundverschiedene Menschen. Der 17jährige Szmul sah zwar gut aus mit seinem hellbraunen Haar, den grünen Augen und dem schlanken Körper, aber er war ein Egoist. Fredek hingegen, um die 20, blauäugig, groß und dünn, ein Großstadtjunge aus Krakau, war ruhig und friedlich. Und ich, der Jüngste, war eben nur ein Junge vom Land. Immer wieder mokierte sich Szmul über meine Unbildung und Provinzialität.

Dennoch war ich es gewesen, der bei unserer gemeinsamen Flucht durch den Wald immer genau wußte, was zu tun war. Als ich damals, noch bevor uns Sascha im Stich ließ, meinen Blick über die lange Schlange Flüchtlinge im Wald schweifen ließ, war mir bereits klar gewesen, daß ich allein losziehen würde. Ich hatte selbst die Verantwortung übernommen, war nicht den Großen nachgelaufen, sondern hatte mir meine Begleiter ausgesucht und selbst die Richtung bestimmt.

Eigentlich hätte uns unsere Situation zusammenschweißen müssen. Aber dem war nicht so. Ich hatte das Gefühl, wenn wir morgen frei wären, würden wir wahrscheinlich auseinandergehen und nie wieder ein Wort miteinander wechseln. Wir hatten ja auch ununterbrochen miteinander zu tun, lebten Tag und Nacht, wochen- und monatelang, auf engstem Raum zusammen. Die Angst war unser gemeinsamer Nenner, doch menschlich gesehen blieben wir uns fremd.

Jetzt ließ uns Bojarski überhaupt nicht mehr aus dem Versteck. Er bezeichnete das als Sicherheitsmaßnahme. Nur einmal am Tag brachte er uns etwas zu essen – ein Abendbrot, das aus einer Schüssel Suppe und einem Kanten Brot bestand. Im Grunde verschlechterte sich die Lage kontinuierlich. Wir versuchten, mit Bojarski zu reden. »Ich dachte, es wäre nur für kurze Zeit«, klagte er. »Ich hatte mit ein paar Wochen, allenfalls zwei Monaten gerechnet, aber es nimmt ja gar kein Ende.«

»Bitte, Herr Bojarski«, flehten wir. »Geben Sie uns unsere Kleider zurück und lassen Sie uns nachts raus, wir brauchen dringend Bewegung. Wir haben schon seit Monaten nicht mehr aufrecht gestanden!«

»Das geht nicht«, antwortete er. »Was ist, wenn ihr von Partisanen geschnappt werdet und mich verratet? Wenn ich gewußt hätte, daß es so lange dauern würde, ich hätte euch niemals aufgenommen, das könnt ihr mir glauben«, wiederholte er. Wir guckten uns an, gaben ihm noch etwas Gold und baten ihn zumindest um besseres Essen. Jetzt gab er bereitwillig sein Versprechen.

Es war Mitte Dezember. Einige Tage lang hörte man irgendwo aus der Ferne dumpfe Detonationen. Als er uns abends unser Essen brachte, flüsterte Bojarski begeistert: »Die Front rückt näher – bald ist alles vorbei. Jungs, jetzt halte ich zu euch, egal was passiert. Ich behalte euch hier, bis die Russen da sind. Sie haben ihre Offensive gestartet. Wenn alles gutgeht, sind sie in zwei Wochen da. Ihr bereut doch nicht etwa, mir euer Geld gegeben zu haben?«

Keinesfalls, versicherten wir ihm. Er war sehr zufrieden. In Anbetracht der Tatsache, daß er uns so vernachlässigt hatte, wolle er auch auf das Haus meiner Eltern verzichten, das ich ihm vor einiger Zeit angeboten hatte. Wir beteuerten, daß wir ihm nicht böse seien; wir wüßten ja, was für Opfer er und seine Familie bringen mußten, um uns zu helfen, und daß die paar Kleinigkeiten, die er nicht für uns getan hatte, doch gar nicht ins Gewicht fielen. Er verließ uns gutgelaunt und voller Hoffnung, und auch wir fühlten uns besser.

Wenig später brachte er uns wieder eine Nachricht, die unser Herz höher schlagen ließ. Jan Schultz, der Bürgermeister von Izbica, war auf dem Weg nach Krasnystaw von Partisanen überfallen und getötet worden. Endlich hatte es ihn also erwischt. Die anderen Volksdeutschen waren gerade im Begriff, aus Izbica zu fliehen. Bald würden die Russen hiersein. Nach diesem Gespräch kamen regelmäßig dreimal am Tag unsere Mahlzeiten, und Fredek erhielt Zigaretten und Streichhölzer. Aber noch immer saßen wir im Dunkeln.

Die Tage vergingen. Langsam verebbte das Rattern der Maschinenpistolen, und es hieß, die Volksdeutschen seien zurückgekehrt. Wir erfuhren, daß die Auseinandersetzungen nicht zwischen den deutschen Besatzern und der regulären Sowjetarmee, sondern zwischen den Nazis und einer größeren Gruppe sowjetischer Partisanen stattgefunden hatten. Bojarski wurde wütend, und wir waren die Leidtragenden.

Im Grunde konnte man an der Qualität unserer Mahlzeiten die politische Situation ablesen. Gab es reichlich und gutes Essen, wußten wir, daß die Lage an der Front eine positive Entwicklung nahm; fiel das Essen mager aus, wußten wir, daß das Gegenteil der Fall war.

Ein paar Tage vor Weihnachten quetschte sich Bojarski zu uns ins Versteck und klagte, daß er es nicht mehr aushalte. Die Russen ließen noch immer auf sich warten, und er habe Angst.

»Großer Gott«, sagte er, »was brächte ich für Schande über meine Familie, sollte jemand erfahren, daß ich hier Juden verstecke!«

Im fahlen Licht seiner Kerosinlampe hatte ich einen Blick auf das große Kruzifix an seinem Hals erhascht, auf dem die Buchstaben INRI eingraviert waren. »Glauben Sie an Jesus?« fragte ich ihn ruhig.

»Aber natürlich.«

»Wissen Sie, was die Buchstaben auf Ihrem Kruzifix bedeuten?«

Er sah mich verärgert an und schwieg.

»Jesus von Nazareth, König der Juden. Jesus war selbst Jude. Das Bild, das in Ihrem Haus an der Wand hängt, zeigt ihn beim Abendmahl mit seinen Jüngern. Alle zwölf Jünger waren Juden.«

Das faßte er als Beleidigung auf. Er wurde wütend und abweisend. Wir wußten, daß er mehr Gold wollte. Schweigend reichten wir es ihm. Schließlich waren wir froh, daß er uns immerhin auf diese Weise unser Geld abnahm, anstatt uns einfach umzubringen und anschließend zuzugreifen, wie es offenbar unter anderen Bauern üblich war. Dabei hätten die meisten wohl nicht für alles Gold in der Welt ihr Leben aufs Spiel gesetzt, wie Bojarski es tat. Natürlich waren die Umstände besonders günstig: Er lebte sehr einsam, fern von der Stadt und ohne unmittelbare Nachbarn. Dennoch hätten die Deutschen, wäre es herausgekommen, ihn und seine ganze Familie umgebracht.

Weihnachten 1943

Jedesmal, wenn uns Bojarski unsere dünne Suppe und ein Stück Brot hereinreichte, schloß er sorgfältig den Eingang. Wir hatten ständig Hunger, und so versprach ich meinen Freunden, daß ich, sollte das Brett einmal nicht richtig zugemacht worden sein, aus dem Versteck kriechen und zu Platto (meinem früheren Chef in der Autowerkstatt) laufen würde, um bei ihm Lebensmittel zu besorgen. Am 24. Dezember war es schließlich soweit.

Langsam ging es auf Weihnachten zu, und wir freuten uns schon auf das gute Festessen. Vielleicht würden wir sogar ein Stück Kuchen bekommen! Ganz bestimmt würde Bojarski an uns denken. In so einer Nacht, vor eintausendneunhundertdreiundvierzig Jahren, war Jesus geboren worden. Bojarski war doch bestimmt ein guter Christ …

Die Stunden verstrichen, aber niemand kam, um uns etwas zu essen zu bringen. Während wir uns ausmalten, was wir wohl von der Festtafel abbekommen würden, wurden wir immer hungriger. Draußen pfiff der Wind und kündigte einen Schneesturm an, und endlich hörten wir Schritte.

Das Brett wurde zur Seite geschoben; irgend jemand schob einen Topf Suppe herein, wartete aber nicht einmal darauf, den anderen Topf in Empfang zu nehmen. Szmul, der am Eingang den Suppentopf entgegengenommen hatte, sagte, es sei der Sohn des Bauern gewesen. Wir beugten uns über den Topf. Normalerweise brachte er uns etwa dreieinhalb Liter Graupensuppe. Diesmal aber bekamen wir nicht einmal halb soviel Kohlsuppe, also weniger und schlechteres Essen als sonst, und dazu ohne das übliche Brot! Sollte das etwa unser Festessen sein? Als Erklärung fiel mir ein, daß ihn bestimmt sein Gewissen plagte, weil er an einem so wichtigen christlichen Feiertag Juden, also »Christusmördern«, zu essen gab. Und dann schoß mir ein Gedanke durch den Kopf.

»Szmul«, rief ich. »Sieh doch mal nach. Vielleicht hat er in seiner Eile vergessen, den Eingang richtig zu verschließen.« Szmul prüfte das Brett und stellte fest, daß ich recht hatte. Endlich konnte ich los!

Bojarski hatte uns, als sich die politische Lage zu bessern schien, einen Teil unserer Kleider zurückgegeben. Mit allem, was wir zu dritt besaßen, war ich einigermaßen warm angezogen. Ich schlüpfte aus unserem Versteck, klappte wieder mein Taschenmesser aus, damit es wie eine Pistole aussah, und machte mich in der Abenddämmerung auf den Weg in die Stadt. Es war ein Schneesturm aufgekommen, und der Wind heulte und pfiff durch die Bäume. Ich stapfte durch tiefe Schneewehen, kam am Hof der Familie Maliniec vorbei und stieg dann die Hügel hinab bis zu Plattos Haus, das in der Nähe des Bahnhofs lag.

Aus dem Innern des Hauses drangen Stimmen. Das Zimmer war hell erleuchtet, aber ich konnte wegen der Vorhänge nicht sehen, wer drin war. Ich ging herum zur Vorderseite des Hauses. Die Tür war verschlossen. Ich klopfte leise, aber im Flur bellte wütend ein Hund. Panisch lief ich davon. Damals war der deutsche Bahnhofsvorsteher bei Platto einquartiert worden, und der hatte einen Hund gehabt! Ich stürzte in einen Graben und verstauchte mir dabei den Knöchel. Seit drei Monaten war ich nicht mehr gerannt, und jetzt konnte ich mich kaum noch bewegen. Mühsam und unter Qualen schleppte ich mich wieder bergauf und versuchte, auf schnellstem Wege zu Bojarskis Hof zurückzulaufen.

Es war eine sehr dunkle Nacht, und der Sturm trieb die Schneewehen vor sich her. Der Wind blies so stark, daß ich nur von der Stelle kam, indem ich mich krümmte und Schritt für Schritt vorarbeitete. Auf diese Weise gelangte ich zur Straße, die durch die Schlucht verlief und direkt auf Bojarskis Hof zuging. Jetzt kam ich etwas besser voran. Der Wind brach sich an den Felswänden, und der Schnee brannte mir nicht mehr so in den Augen.

Es vergingen Stunden. Ich hätte eigentlich schon längst dasein müssen, doch vor mir ging die Straße immer weiter und weiter. Ich kam an eine kleine hölzerne Brücke. Ich sah mich um und stellte fest, daß ich mitten im Wald war.

»Wo bin ich nur?« fragte ich mich. Dann dämmerte es mir. Ich befand mich auf der »Roten Brücke« im Wald von Kulik! Aufgrund der frisch verschneiten Straßen und der schlechten Sicht war ich an der falschen Stelle abgebogen.

Allmählich konnte ich nicht mehr. Die eisige Kälte zog durch meine Kleider. Ich war entsetzlich müde und wollte nichts lieber als schlafen, aber ich dachte an die jüdischen Hausierer, von denen mir mein Onkel erzählt hatte. Im Winter zogen sie durch die Dörfer und boten ihre Waren zum Verkauf, doch immer wieder hatte sich einer draußen verirrt, war erschöpft eingeschlafen und erfroren. Ich wußte instinktiv, daß ich auf keinen Fall aufgeben und mich hinlegen durfte, daß ich nicht kapitulieren durfte, andernfalls wäre alles vorbei.

Mit all meiner Willenskraft schaffte ich es weiterzulaufen.

Schließlich fand ich die richtige Straße durch die Schlucht. Ich würde es nicht bis zu unserem Unterschlupf schaffen, soviel war klar. Erschöpft hielt ich nach dem Heuhaufen Ausschau, der mir auf dem Hinweg aufgefallen war. Ich wußte, daß er irgendwo in der Nähe sein mußte. Als ich auf die Felder kam, verließ ich mich auf meinen Orientierungssinn. Ganz verschwommen sah ich durch den Schneesturm hindurch etwas Graues. Es war der Heuhaufen! Mechanisch, mit allerletzter Kraft grub ich mich hinein. Überraschenderweise fand ich darin eine Art Höhle und ein paar Lumpen. Wer weiß, wer hier schon gelegen hatte.

Trotz meiner immensen Erschöpfung schlief ich nicht richtig ein. Ich wußte, daß ich bei Morgengrauen zurück sein mußte, bevor meine Abwesenheit auffiel, also steckte ich hin und wieder den Kopf aus dem Heuhaufen. Endlich war der Schneesturm vorbei; die Felder waren so weich und weiß wie Daunen. Ich kletterte heraus und rannte los.

Ich brauchte länger, als ich dachte. Bojarski lief schon im Hof herum. Ich versteckte mich hinter dem Zaun. Was würde er wohl tun, wenn er von meinem Ausflug erfuhr? Als er wieder im Haus verschwand, rannte ich in die Scheune und schob das Brett vor dem Versteck zur Seite. Meine Freunde zogen mich hinein. Da mich der Hund inzwischen kannte, kümmerte er sich nicht weiter um mich. Die Jungs waren enttäuscht, weil ich nichts Eßbares mitgebracht hatte. Meine Füße waren geschwollen, ich fühlte mich elend und hungrig. Hinzu kam, daß sie mein Stück Brot aufgegessen hatten, weil sie ja damit gerechnet hatten, daß ich etwas zu essen mitbringen würde.

Wir stellten uns vor, wie es bei der Befreiung sein würde. Den ersten Soldaten würden wir küssen und jubelnd auf den Schultern durch die Stadt tragen.

Und so verging die Zeit, ohne daß irgend eine Veränderung eintrat. Unsere Jugend und unser Lebenswille wirkten Wunder, denn trotz unserer beengten und unnatürlichen Lebensumstände wurden wir kein einziges Mal krank.

Es war inzwischen Februar 1944. Mehrere Monate waren vergangen, seitdem wir zum letzten Mal aufrecht gestanden hatten, im Freien gewesen waren oder Tageslicht gesehen hatten – abgesehen von meinem Ausflug zu Platto im Dezember. Irgendwann hatten wir wieder einmal genug von der endlosen Warterei und Untätigkeit, und wir baten Bojarski, uns alle Kleider zurückzugeben, uns im Haus rasieren zu lassen, uns einen Revolver zu verkaufen und uns endlich gehen zu lassen. Er versprach alles bis auf den Revolver, doch schon am nächsten Tag wollte er nichts mehr davon wissen. Er hatte einen neuen Plan.

»Jungs«, sagte er, »ich lasse euch nicht im Stich. Wenn sie uns kriegen, dann zusammen. Aber es gibt da etwas, das mir Sorgen macht. Die Deutschen durchkämmen die Gegend nach Partisanen; sie durchsuchen alle Höfe in der Nähe des Waldes. Ich habe Angst, daß sie auch zu mir kommen. Also werde ich euch in ein sichereres Versteck bringen, das ich schon seit einer Weile vorbereite.«

Die Hinrichtung im Unterschlupf

Ein paar Tage später ließ er uns aus dem Versteck. Es war Nacht, als wir aus dem Unterschlupf krochen und von Bojarski hinter die Scheune zu einer Art Terrasse geführt wurden, wo ein paar landwirtschaftliche Geräte standen. Mir fiel eine Schubkarre auf; darin lag ein großer, runder, grauer Gegenstand.

Er griff uns unter die Arme und ließ uns durch ein schmales Loch in der Erde in eine Grube hinab. Wir baten um eine Kerosinlampe, damit wir uns in unserer neuen Unterkunft einrichten konnten. Wortlos gab er sie uns und verschloß den Eingang, indem er ihn mit Stroh verstopfte.

Ich sah mich um. Wir befanden uns in einem kleinen Erdloch, das etwa 1,30 Meter lang, 1 Meter breit und 1 Meter hoch war. An der »Decke« befand sich eine dicker Ast aus Kiefernholz und mehrere dünnere Äste, und alles war mit Stroh und Zweigen bedeckt. Darüber muß wohl Erde gewesen sein. Der kleine, runde Eingang in der Ecke war jetzt mit Stroh verstopft.

Noch während wir uns fragten, wo denn die Belüftung sei, hörten wir leise Schritte und dann, wie jemand etwas Schweres rollte. Kurz darauf fiel der Gegenstand mit einem dumpfen Aufschlag zu Boden, direkt über unseren Köpfen. Die Stütze fing langsam an, in der Mitte auseinanderzubrechen und sich zu einem flachen V zu formen.

Szmul stemmte sich sofort mit den Schultern gegen die Decke, damit sie nicht einstürzte. Ich versuchte, das Stroh aus der Öffnung zu ziehen, um dem Bauern Bescheid zu sagen. Es war unmöglich. Dann fing ich an, große Büschel Stroh herauszuziehen, und stellte fest, daß da noch etwas anderes war, das den Eingang versperrte!

»Was ist denn?« rief Szmul.

»Der Eingang ist irgendwie blockiert!« keuchte ich.

Die Kerosinlampe fing an zu flackern und ging schließlich aus. Bloß keine Panik, sagte ich mir, bloß keine Panik. Ich versuchte, die Lampe wieder anzustecken. Das Streichholz brannte kurz, bevor es wieder ausging. »Warum brennt es nicht, verdammt?« schrie ich in Gedanken. Dann wurde mir klar: wir hatten zu wenig Sauerstoff.

Wir bekamen keine Luft mehr. Im Dunkeln konnten wir einander nicht sehen; wir hörten nur unser schweres Atmen. Ich war kurz davor durchzudrehen, ich rang nach Luft, und mir brach der Schweiß auf der Stirn aus.

»Laß mich mal probieren«, sagte Fredek.

Wir tauschten die Plätze. Immerhin war er der Stärkste von uns ... vielleicht würde er es schaffen. Aber es gelang ihm nicht, sein Gleichgewicht zu halten und gleichzeitig zu schieben. Er war zu groß. Es war stockdunkel und sehr eng. Wegen des Sauerstoffmangels waren wir erschöpft, und es fehlte nicht mehr viel, bis wir das Bewußtsein verlieren würden. Wir zitterten vor Angst.

Dann aber schaffte es Fredek mit einer schier übermenschlichen Anstrengung, den schweren Gegenstand vor dem Eingangsloch ein kleines Stück zur Seite zu schieben. Ein Schwall frischer Luft belebte uns schnell wieder, und wir quetschten uns hinaus!

Während wir dastanden, schoß es mir durch den Kopf, daß

irgend etwas anders war als vorhin. Die Schubkarre befand sich jetzt zum Teil über unserem neuen Versteck. Die Wanne war umgestürzt, und die Griffe ragten in die Luft. Daneben lag ein schwerer Mühlstein. Wir überlegten gar nicht erst, was das wohl zu bedeuten hatte. Fredek ging sofort los, um Bojarski von dem Zwischenfall zu erzählen. Eine Minute später war er wieder da.

»Bojarski zieht sich an und kommt gleich«, sagte er. Dann fügte er grinsend hinzu: »Und stellt euch vor, als ich vor ihm stand, hat er mich angestarrt, als wäre ich ein Geist. Dann hat er sich an den Kopf gefaßt und zu sich gesagt: ›Wie seid ihr da nur wieder rausgekommen?‹«

Wir lachten. Es war uns noch immer nicht aufgegangen, daß er tatsächlich versucht hatte, uns lebendig zu begraben, daß die Schubkarre mit dem Mühlstein absichtlich dort stand, damit wir uns nicht befreien konnten. Die plötzliche Wucht des umgefallenen Mühlsteins hatte die Decke einknicken lassen; dadurch hatte sich der Stein in einer Schieflage befunden und sich verrücken lassen. Nur dadurch waren wir dem Tod entronnen. Bei einer geraden Decke hätten wir es niemals geschafft.

Bojarski war eigentlich ein interessanter Fall. Erst viele Jahre später, als ich älter war und über diese Ereignisse in Ruhe nachdenken konnte, versuchte ich, seine Beweggründe zu verstehen. Ich bin noch immer überzeugt, daß er uns aufgenommen hat, weil er anfangs wirklich die Absicht hatte, unser Leben zu retten. Dafür spricht, daß er immerhin fünf Monte lang das Risiko auf sich nahm, uns zu verstecken. Da er und seine Familie ständig befürchten mußten, entdeckt und getötet zu werden, gewöhnte er sich möglicherweise nach und nach an den Gedanken, uns aus dem Weg zu schaffen. Wir waren ja schließlich nur Juden, »Christusmörder«, wie er es jeden Sonntag in seiner Dorfkirche zu hören bekam. Irgendwann schließlich war der Punkt erreicht. Vielleicht konnte er der Versuchung nicht widerstehen, sich unser restliches Geld und unseren Schmuck einzuverleiben. Vielleicht fürchtete er auch, daß wir uns später für seine schlechte Behandlung rächen würden. Vielleicht war es eine Kombination aus alledem, die ihn von einem wohlwollenden Menschen zum Mörder werden ließ.

Damals jedoch hatten wir keine Zeit für irgendeine Art von psychologischer Analyse. Bojarski kam mit einer Kerosinlampe auf uns zu. Wir sahen, wie seine riesige, barfüßige Gestalt im diffusen Licht immer größer wurde. »Tja, Jungs«, sagte er. »Zu dumm, da müßt ihr wohl erst mal wieder in euer altes Loch zurück. Ich werde mir was Neues überlegen.«

Erst als wir wieder sicher in unserem alten Versteck unter dem Tisch saßen, kamen uns Zweifel. Da er die Suchtrupps der Deutschen fürchtete, war es in der Tat merkwürdig, daß er nicht, wie angekündigt, draußen auf den Feldern, weit weg vom Hof, ein Versteck gegraben, sondern uns statt dessen in dieses Loch hinter der Scheune gesteckt hatte, das man doch viel leichter entdecken konnte. Und doch wollten wir der Wahrheit nicht ins Auge sehen. Wir versuchten, solche Gedanken zu verdrängen, und redeten uns ein, daß es bestimmt nur ein Unfall gewesen sei. Hatte er uns schließlich nicht schon seit Monaten Schutz geboten? Und so legten wir uns die Sache zurecht, dort in unserem kleinen Gefängnis.

Fünfeinhalb Monate waren vergangen seit jener kalten Herbstnacht, in der wir zum ersten Mal an Bojarskis Tür geklopft hatten. Es war jetzt der 23. April 1944. Ich hatte furchtbare Hungerattacken und konnte nicht schlafen. Wie damals im Gefängnis mußte ich ununterbrochen an frisch gebackenes Brot denken. Ich konnte es förmlich riechen. Es war schon 9 Uhr, und noch immer hatten wir kein Essen bekommen. Ich gab die Hoffnung auf.

Wir machten uns fertig zum Schlafengehen. Fredek und Szmul lagen in einer Ecke und ich in der anderen in der Nähe des Eingangs. Heute war ich an der Reihe, das Essen in Empfang zu nehmen. Da mir kalt war, legte ich mich zwischen die beiden, wie wir es immer während der kalten Wintermonate getan hatten. »Ich mag das nicht, das ist mir zu eng«, sagte Fredek und legte sich auf meinen Platz an den Eingang.

Still lagen wir da, unseren Gedanken überlassen, bis wir hörten, daß jemand um die Scheune herumschlich. Am Schritt erkannten wir, daß es Bojarski war. Vielleicht war er doch nicht so übel, wie wir gedacht hatten; sicher wollte er uns doch noch etwas zu essen bringen. Wir hörten ihn vor dem Eingang stehenbleiben.

Obwohl ich eigentlich unser Essen in Empfang hätte nehmen sollen, war nun Fredek dem Eingang am nächsten. Deswegen war er es, der sich auf den Bauch legte und durch die Öffnung im Stroh robbte bis zu dem Brett, das jeden Moment zur Seite geschoben würde; dann würden wir endlich etwas zu essen bekommen. Wir hörten, wie es klick machte und sich das Brett bewegte.

Plötzlich durchbrach ein Lichtblitz und ein Gewehrschuß die Stille. Fredek wand sich hin und her, dann schrie er: »Du Arschloch … die Deutschen …« Der Rest war ein Murmeln, dann ein unartikuliertes Gurgeln.

Das Brett wurde wieder zurückgeschoben. Es war jetzt nur noch Fredeks heiseres Keuchen zu hören. Szmul und ich saßen mit dem Rücken gegen die Wand. Fredek zuckte hin und her und war blutüberströmt. Als wir den ersten Schock überwunden hatten, sahen wir, daß er tot war, und wir wußten, daß wir die nächsten sein würden. Dennoch konnten wir es nicht fassen: es war wie in einem Alptraum. Doch Fredeks Blut war nur allzu real. Diese wenigen Minuten kamen uns vor wie Stunden. Wieder hörten wir Schritte und Stimmen.

Um uns durch den Eingang zu erreichen, mußten sie sich flach auf den Bauch legen und kriechen. Vielleicht hatten sie jetzt Angst bekommen weiterzumachen – vielleicht hatten sie Angst, wir würden uns wehren. Wir hörten, wie das Stroh über dem Eingang zu unserem Unterschlupf entfernt wurde. Wir wußten, daß wir nicht mehr lange zu leben hatten. In die Enge getrieben und unbewaffnet, fühlten wir uns wie Ratten in der Falle.

Die letzten Strohbüschel wurden herausgezerrt. Szmul kroch in die andere Ecke, wo er sich im frischen Stroh eingrub. Ich folgte seinem Beispiel. Wir warteten. Jetzt wurde der große Tisch herausgezogen; zurück blieben ein leerer rechteckiger Raum und eine Masse Stroh.

»Die sind hier nicht«, sagte eine überraschte Stimme.

Dann wurde die dünne Strohschicht entfernt, hinter der ich hockte. »Ich hab' ihn!« rief ein junger Kerl. Er leuchtete mir mit seiner Kerosinlampe in die Augen. Dann zielte er mit seiner Pistole auf meinen Kopf.

»Bitte nicht schießen«, flehte ich ihn an. »Bring mich bitte nicht um!«

Er war knapp einen halben Meter von mir entfernt. Er war jung, ungefähr 17 Jahre alt, dünn und blond; ich hatte ihn noch nie vorher gesehen. Entsetzt sah ich die Mündung seiner rostigen alten Waffe vor mir. Er sah mir voller Verachtung direkt in die Augen. Ich konnte nicht mit seiner Gnade rechnen. »Wo ist der erste?« fragte er ruhig, eiskalt, sadistisch.

»Er ist tot.«

»Und wo ist der zweite?«

»Neben mir«, antwortete ich, verängstigt und verzweifelt. Noch immer hatte er seine Waffe auf mich gerichtet.

Ich hörte einen Schuß und spürte das scharfe Stechen einer Kugel in meinem Kiefer. Mir dröhnten die Ohren. Automatisch holte ich tief Luft, machte die Augen zu und rutschte nach unten.

Es vergingen einige Sekunden. Ich spürte keinen Schmerz. Ich stellte fest, daß ich noch bei Bewußtsein war. Ich wußte aber nicht genau, ob ich lebte oder ob dies das Leben nach dem Tod war. Als ich ein kleines Kind war, hatte mir mein Onkel eine merkwürdige Geschichte erzählt. Noch drei Tage nachdem man gestorben sei, könne man hören und fühlen, und die Haare und Fingernägel würden wachsen, aber man könne auf die Außenwelt nicht reagieren. Vielleicht ist es ja das, dachte ich.

Ich versuchte vorsichtig, ein Auge zu öffnen. In dem fahlen Licht konnte ich den Mann sehen, der auf mich geschossen hatte. Er sprach leise mit jemandem. Also bin ich am Leben! Dann kam mir der Gedanke, ob ich ihn nicht vielleicht bitten sollte, noch einmal auf mich zu schießen. Wenn er mich mit einer Kugel im Kopf hier liegen ließ, würde ich nur unnötig leiden und am Ende doch sterben. Oder er würde mich lebendig begraben. Ich rang fast unerträglich lange mit mir, ob ich mich ergeben sollte oder nicht, blieb jedoch die ganze Zeit über unbeweglich liegen.

Ich spürte, wie jemand eine Schlinge um meine Füße befestigte. Ich wurde nach draußen gezogen; offensichtlich lag ich ihnen im Weg, denn sie waren ja auch noch hinter Szmul her. Nachdem sie mich eine Weile hinter sich hergezogen hatten, wurde ich in den Schlamm geworfen. Es war eine kalte Nacht. Ich hatte nur Unterwäsche an, und es regnete. Ich machte die Augen auf und beobachtete im Dunkeln die verschwommenen Schatten der Männer, die vor unserem Versteck herumliefen.

Meine Gedanken rasten durcheinander. Sollte ich versuchen zu fliehen? Ich setzte mich aufrecht in den Schlamm. Ich hörte Schritte und legte mich wieder hin. Die Männer kamen näher, blieben stehen, und einer sagte: »Wäre vielleicht besser, ihm noch eine zweite Kugel zu verpassen.« Ich erstarrte, denn ich erkannte Bojarskis Stimme. Ich war fassungslos. Also war es tatsächlich Bojarski!

Wir hatten uns so sehr an das Leben auf Bojarskis Bauernhof gewöhnt, daß wir jede Veränderung bemerkten. Jetzt wurde mir klar, warum ihm seine Kinder an dem Abend noch »Gute Nacht« gewünscht hatten und anschließend zu ihrem Onkel in Izbica gefahren waren. Wahrscheinlich wollte Bojarski verhindern, daß sie etwas von seinen Plänen mitbekamen. Und es gab auch noch einen anderen Anhaltspunkt, der mir vorher entgangen war. Kurz bevor Fredek getötet wurde, hörte ich, wie der Hund jaulte, als sträubte er sich, ins Haus gezerrt zu werden. Wenn Besuch erwartet wurde, brachte ihn Bojarski immer hinein, damit er nicht bellte.

Das alles schoß mir durch den Kopf, bis sich mein Überlebensinstinkt meldete und ich mich totstellte. Ich hatte beobachtet, daß bei Toten irgendwann die Leichenstarre eintritt, wußte aber nicht, wie schnell das normalerweise ging. Ich hoffte, daß auch die Mörder es nicht wußten, und gab mir alle Mühe, so steif wie möglich zu wirken. Draußen am Boden war es so kalt, daß ich am ganzen Körper unkontrolliert zitterte. Aber es war so dunkel, daß wohl niemand etwas davon mitbekam.

In diesem Augenblick beugte sich jemand über mich. Ich riß mich zusammen und schaffte es mit äußerster Anstrengung, nicht zu zittern. Der Mann hielt seine Hand über meinen Mund. Meine Augen war leicht geöffnet; ich hatte gesehen, wie sich der Schatten seiner Hand über mein Gesicht senkte, und hielt die Luft an. Als ich überzeugt war, daß meine Lungen gleich platzen würden, nahm er die Hand wieder weg. Dann betastete er im Dunkeln meine Finger nach Ringen und sagte schließlich zu Bojarski: »Laß uns nicht noch eine Kugel verschwenden. Der ist schon steif.«

Kaum war er weg, wurde ich von Schüttelkrämpfen übermannt. Jetzt dachte ich nicht mehr daran wegzulaufen. Im Hof gingen Leute umher. Darunter erkannte ich die rundliche Silhouette von Frau Bojarski.

Plötzlich hörte ich Szmul schreien: »Nicht schießen! Nicht schießen! Ich will leben! Ich will mein Leben lang euer Sklave sein. Aber bringt mich nicht um!« Es fiel ein Schuß, dann ein zweiter. Wieder schrie Szmul. Dann fiel ein dritter Schuß, und alles war still. Sekunden vergingen ... ein letzter, erstickter Schuß, dann Grabesstille.

Sie kamen wieder zu mir, zogen mich in die Scheune und ließen mich mit dem Gesicht nach unten auf der Erde liegen. In dieser Lage verlor ich noch schneller Blut, aber ich konnte mich natürlich nicht umdrehen. Währenddessen durchwühlten die Mörder aufgeregt das Stroh und stellten den Tisch auf den Kopf. Sie suchten nach unserem verstreuten Schmuck und freuten sich wie Kinder, wenn sie eine Uhr oder einen Ring fanden. Als sie nichts mehr entdecken konnten und die Scheune verließen, sagte einer zum anderen: »Laßt uns drinnen noch die Kleider der Juden durchsuchen und dann Schluß machen für heute. Wir begraben sie morgen, bis dahin sind sie noch nicht verwest. Außerdem können wir morgen bei Tageslicht noch mal gründlicher das Stroh durchsuchen.«

Lauf, dachte ich jetzt, lauf weg, bevor es zu spät ist! Aber plötzlich mußte ich an Fredek denken. Ich lebte, also lebte er vielleicht auch noch. Im Dunkeln stolperte ich über seinen Körper. Ich berührte ihn und flüsterte: »Fredek ... bist du noch am Leben?« Aber es kam keine Antwort. Ich hatte ja nur meine Unterwäsche an; die Hose mitsamt einem Teil meiner Tagebuchnotizen hatten sie mir schon abgenommen. Ohne weiter zu überlegen, zog ich Fredek die blutüberströmte Latzhose aus und schlüpfte hinein.

Dann erinnerte ich mich, daß Szmul seinen kleinen Beutel mit Schmuck in der Hosentasche hatte. Ich wollte sehen, ob ich den Beutel irgendwo finden konnte. Ich wußte, daß die Männer ihm noch nicht die Kleider ausgezogen hatten, womöglich, weil er ganz hinten an der Wand lag und so tief unter dem Stroh vergraben war. Ich dachte, daß ich durch ein Wunder am Leben geblieben war und weiterhin um mein Leben kämpfen wollte.

Ich kroch zurück in den Strohtunnel, den Szmul gegraben hatte, und sah ihn dort liegen. Diesmal fragte ich nicht, ob er am Leben sei. Nach vier Schüssen schien mir das völlig unmöglich. Um an seine Hosentasche zu kommen, würde ich ihn umdrehen müssen. In dem Augenblick merkte ich, daß er ganz schwach atmete.

»Szmul, bist du am Leben?«

»Bist du's, Toivi? Ich dachte schon, du wärst einer der Mörder!«

»Kannst du dich bewegen?«

»Ja. Ich bin nicht schwer verletzt. Ich habe nur eine einzige Kugel abgekriegt.«

»Hast du den Schmuck?«

»Nein, ich habe den Beutel auf den Boden unter das Stroh geschmissen, damit sie ihn nicht finden. Er müßte aber hier irgendwo sein.«

Er wühlte eine Weile im Stroh herum, bis er schließlich den Beutel fand. Wir krochen zurück zu dem nunmehr losen Brett vor dem Versteck. Szmul stemmte sich hinaus und mußte mich hinterherziehen, weil ich so schwach auf den Beinen war.

Das Bauernhaus lag so nah an der Scheune, daß man fast jedes Wort verstehen konnte. Jetzt, dachte ich, lauf weg von hier, lauf in Gottes Namen, so schnell du kannst, sonst ist es zu spät!

Wir rannten in Richtung Wald. Kaum hatten wir den Rand des lichten Waldes erreicht, da spürte ich einen stechenden Schmerz in beiden Fußgelenken. Ich fiel zu Boden und hatte keine Ahnung, was mit mir los war. Ich konnte nicht weitergehen. Jeder Schritt bereitete mir unerträgliche Schmerzen. Konnte es sein, daß mein verstauchtes Fußgelenk seit Weihnachten nicht richtig verheilt war? Oder kamen die Schmerzen daher, daß ich so viele Monate lang nicht mehr gelaufen war?

»Szmul«, sagte ich. »Tut mir leid, aber ich kann nicht weiterlaufen. Wenn wir so weitermachen, kriegen sie uns in Null Komma nichts. Hier gibt's zu wenig Bäume, um uns zu verstecken, und bis wir tiefer im Wald sind, haben sie uns längst gefunden. Hier suchen sie doch als erstes. Geh du alleine weiter. Du kannst schnell laufen und bist bald tief im Wald. Ich suche mir ein anderes Versteck.«

Szmul wollte mich aber nicht im Stich lassen. »Wenn wir sterben, dann zusammen«, antwortete er.

Wir beschlossen, uns nach Izbica aufzumachen. Unweit vom Hof der Maliniecs stand eine verlassene Ziegelei. Ich erinnerte mich, wie ich dort als Kind oft Räuber und Gendarm gespielt und mich in den zerfallenen Öfen versteckt hatte. Das würde unser Ziel sein. Bojarski würde nie darauf kommen, daß wir uns aus dem sicheren Wald direkt in die Stadt wagen würden.

Nach einer halben Stunde waren wir verzweifelt. Ich konnte mich überhaupt nicht mehr bewegen. Ich war auf jede erdenkliche Art und Weise weitergerobbt, auf allen vieren gekrochen und hatte mich sogar rollen lassen wie ein Faß, um nur nicht auftreten zu müssen, denn jedesmal durchzuckte mich ein fürchterlicher Schmerz. Szmul versuchte, mich zu tragen, aber er war auch geschwächt und mußte bald aufgeben. In einer Stunde hatten wir nicht einmal 500 Meter zurückgelegt.

Wir hörten Stimmen und drehten uns um. Auf der Landstraße waren Leute mit flackernden Kerosinlampen zu sehen. Sie gingen auf den Wald zu. Sie suchten schon nach uns!

Wir liefen weiter. Wir waren schon seit fünf Stunden unterwegs, obwohl es nur zweieinhalb Kilometer bis zum Ziel waren. Allmählich brach die Dämmerung herein, und endlich tauchte der Umriß der alten Ziegelei vor uns auf; unser Ziel und unsere ganze Hoffnung lag dort auf dem kleinen Hügel vor uns. Wir beteten, daß niemand die beiden seltsamen Gestalten bemerken würde, von denen einer abwechselnd auf allen vieren kroch und sich über die Felder rollen ließ. Ich vergaß meine Schmerzen und konzentrierte mich voll auf unser Ziel.

Gott sei Dank schafften wir es irgendwann. Die Öffnungen der Öfen, in denen wir uns verstecken wollten, lagen auf der Außenseite des Gebäudes. Jetzt waren sie mit allem möglichen Schutt verstopft, und es wäre zu riskant gewesen, den Schutt am hellichten Tag zu entfernen. Also betraten wir die Ruine. Wir hatten Angst, entdeckt zu werden, doch im Moment gab es keine Alternative.

Die ganze Fabrik war zerfallen: es gab kein Dach mehr, nur noch die Mauern. Nach dem Regen hatte sich der Himmel aufgeklärt. Hier und dort wuchsen Grasbüschel aus dem Boden. Draußen stand eine Trauerweide. Ich wurde auf einmal furchtbar traurig. Der Baum stand kurz vor der Blüte und sah so schön aus, aber wir brauchten dichtes Laubwerk, um uns zu schützen. Wo sollten wir von hier aus bloß hin? Der Wald war im Frühling kein besonders behaglicher Ort für Flüchtlinge.

Es raschelte, aber es war nur eine vorbeihuschende Katze. Wieder war ich neidisch, neidisch auf das sorgenfreie Leben dieser Katze. Zum ersten Mal saß ich da und dachte darüber nach, was geschehen war. Ich sah Szmul an, und erst jetzt fiel mir auf, daß seine Hand verletzt war. Er sah meinen Blick und erklärte: »Nachdem sie dich rausgezogen hatten, kamen sie, um mich zu suchen. Anscheinend haben sie sich nicht getraut, mich aus dem Stroh rauszuholen, denn sie sind durch den Tunnel hinter mir hergekrochen. Ich habe geschrien und sie um Gnade angefleht, aber sie haben dreimal geschossen. Die Schüsse gingen alle daneben. Dann fiel mir plötzlich ein, daß es besser wäre, sich totzustellen, also habe ich nichts mehr gesagt. Ein Mann mit einer Taschenlampe quetschte sich in den Tunnel und sah mir direkt in die Augen. Ich hatte solche Angst, daß ich mir die Hand vor den Mund hielt, um nicht zu schreien. Aus geringer Entfernung hat er dann noch mal auf mich geschossen. Als mich die Kugel traf, hatte ich schreckliche Panik. Aber auch diesmal habe ich nicht geschrien. Ich habe mich überhaupt nicht bewegt. Der Kerl war überzeugt, ich sei tot. Dann kroch er wieder raus.«

Er zeigte mir seine rechte Hand. Er konnte seinen Zeigefinger nicht bewegen. Man sah, wie die Kugel im Gelenk steckte. Dadurch wurde mir wieder bewußt, daß auch ich verletzt war. Vor lauter Schmerzen in den Knöcheln hatte ich die Wunde in meinem Gesicht ganz vergessen. Ein Rinnsal getrockneten Blutes erstreckte sich von meinem Kiefer bis zu meiner Latzhose, wo es sich mit Fredeks Blut vermischt hatte. Behutsam tastete ich meinen Kiefer ab. Ich dachte erst, es hätte mich ziemlich erwischt, doch alles, was ich spürte, war ein kleines Loch. Ich kam zu dem Schluß, daß die Kugel von meinem Kiefer abgeprallt sein mußte.

Es war gegen Mittag, als eine Frau die alte Ziegelei betrat, um sich zu erleichtern. Sie wollte gerade wieder gehen, da bemerkte sie uns. Sie schämte sich und war wütend. Ich kannte die Frau, sogar sehr gut. Es war Ola, meine Amme. Wieder erkannte sie mich nicht, doch sie begriff sofort, daß wir Juden waren.

»Kommen Sie aus Tarnogóra?« fragte ich.

»Warum willst du das wissen?« antwortete sie abweisend.

»Ich kenne Sie ... ich bin der Sohn von Leon Blatt.«

Sie traute ihren Augen nicht. Es war genau ein Jahr her, als sie mich zum letzten Mal gesehen hatte, damals, als mein Vater sie bezahlt hatte, um nach Stryj zu fahren und mich zu suchen. Offensichtlich war ich kaum wiederzuerkennen.

»Können Sie uns etwas zu essen bringen? Wir bezahlen Sie gut, und bitte sagen Sie niemandem, daß wir hier sind«, bat ich inständig. Sie zeigte keine Regung und stellte keine Fragen. Sie versprach, uns etwas zu essen zu besorgen, und ging davon. Ich sah sie nie wieder.

Jede Minute schien wie eine Ewigkeit. Ich betete um Gnade, betete, daß bloß niemand vorbeikommen und uns finden würde.

Endlich wurde es dunkel, und wir gingen hinaus. Am Fuß der Mauer befanden sich die halbkreisförmigen Öffnungen der Ziegeleiöfen. Wir achteten darauf, keinen Lärm zu machen, und räumten das Innere eines der Öfen aus. Es war anstrengend und kraftraubend und dauerte eine ganze Weile. Wir warfen alle Ziegelsteine hinaus bis auf zwei, die wir als Kopfkissen benutzen wollten. Mit den Steinen, die wir hinausgeworfen hatten, tarnten wir den Eingang. Endlich war alles erledigt, und wir legten uns schlafen.

Ich war so schwach, daß ich schon keuchte und Herzklopfen bekam, wenn ich mich nur auf den Ellenbogen aufstützte. Diese Nacht und den darauffolgenden Tag lagen wir einfach nur in unserem Versteck und ruhten uns aus. Gegen Mittag hörten wir eine Gruppe von Kindern, die um die Ziegelei herumtobte.

»Juden! … Wo seid ihr, Juden?« riefen sie. Zum Glück waren wir gut versteckt. Konnte es sein, daß Ola geplaudert und uns verraten hatte? Nach einer Weile wurden die Stimmen leiser, und wir entspannten uns wieder.

Drei Tage lang blieben wir im Versteck. Wir hatten Hunger. Mit meinen Beinen ging es schon besser, aber sie waren noch immer stark geschwollen. Als es dunkel wurde, beschloß ich, zum Haus meines früheren Grundschullehrers Herrn Podgórski zu gehen. Ich hatte immer den Eindruck, ich sei einer seiner Lieblingsschüler gewesen, weil er mir oft die ehrenvolle Aufgabe übertragen hatte, in die Stadt zu laufen und ihm Zigaretten zu holen. Vielleicht kam ich aber auch auf ihn, weil er im Laden meines Vaters immer etwas umsonst bekommen hatte.

Durch die Risse im Gemäuer sahen wir, wie es allmählich Nacht wurde. Ich schichtete die Ziegelsteine vor dem Eingang zur Seite um und kroch hinaus. Ich konnte mich auf den Beinen halten, merkte aber, daß ich noch immer nicht normal gehen konnte, weil mir die Knöchel zu sehr weh taten. Immerhin schaffte ich es aber, kleine seitliche Schritte zu machen, um die Fußgelenke zu schonen. Ich mußte vorangehen, denn Szmul kannte sich in der Gegend ja nicht aus. Irgendwann erreichten wir Podgórskis Haus am Stadtrand von Izbica. Voller Hoffnung klopfte ich an die Tür.

»Komm rein«, sagte jemand. Es war nicht Podgórski, sondern ein fremder Mann. Wir hatten ein ungutes Gefühl. Podgórski selbst saß neben dem Ofen. »Toivi«, sagte er beim Aufstehen überrascht. Er hatte sich kaum verändert, war noch immer derselbe große, dunkelhaarige, dünne Mann. Seine Frau kam ins Zimmer und gab uns Brot und Milch. Sie waren sehr freundlich zu uns. Später durften wir uns mit warmem Wasser waschen.

Nur der andere Mann war uns nicht geheuer. Und als der Fremde auch noch anfing, ukrainisch zu sprechen, bekamen wir es mit der Angst zu tun. Er sah es uns an und sagte beschwichtigend: »Ihr braucht keine Angst haben, Jungs. Ich verrate euch nicht. Ich bin ein guter Freund von Podgórski.« Wir glaubten es ihm wohl oder übel. Erst spät nachts kamen wir wieder in der Ziegelei an. Ich konnte immer nur seitwärts einen Schritt vor den nächsten setzen, und so wurde es eine lange, beschwerliche Reise.

Während die Tage vergingen, versuchten wir, noch anderweitig Lebensmittel zu beschaffen – diesmal bei Podgórskis Nachbarn, Herrn Pasternak, der das städtische Postamt leitete. Spätabends klopften wir an Pasternaks Haustür. Auch seine Familie war verwundert, dennoch durften wir ins Haus kommen. Dort traf ich eine ehemalige Klassenkameradin, Wanda, die sich über unser Wiedersehen zu freuen schien. Pasternak war uns gegenüber sehr herzlich und aufgeschlossen. Er versorgte uns mit Verbandzeug, Wasser und einem Abendbrot. Wir kauften ihm seine Speisekammer leer, einschließlich Räucherspeck und Wodka. Er verlangte das Zwanzigfache des Wertes, und wir zahlten es. Wir vereinbarten, daß er uns einmal die Woche Lebensmittel verkaufen würde. Als wir an der Terrasse im Garten vorbeigingen, klaute ich zwei alte Kartoffelsäcke, um etwas Warmes zum Anziehen zu haben, und noch einen zerschlissenen Hut, um mir den Kopf zu bedecken wie ein anständiger jüdischer Junge, selbst wenn ich es noch nicht einmal bis zur Bar Mizwa gebracht hatte.

Jetzt wollte ich unbedingt auch noch bei Platto vorbeischauen. Sein Haus stand in der Nähe des Bahnhofs, also mußten wir sehr vorsichtig sein, denn es war unklar, ob nicht noch immer deutsche Eisenbahnbeamte bei ihm zur Untermiete wohnten. Vorsichtig schlichen wir in den Hof, wo in einer überdachten Ecke ein Schuppen stand. Die Tür war mit einem Holzstift versperrt. Wir machten sie auf, und der Geruch von warmem Mist schlug uns entgegen.

Dort stand eine alte Bekannte von mir, die Ziege Báska. Da sie mich wiedererkannte, ließ sie uns zu sich in die Box. Wir legten uns unter ihr Euter und ließen ihre Milch direkt in unsere Münder fließen. Vielleicht wußte sie noch, wie ich sie vor zwei Jahren auf Plattos Drängen hin quer durch die Stadt gezogen hatte, um sie zu paaren. Ich hatte die Mission damals sogar erfolgreich abgeschlossen.

Sehr früh am Morgen beschlossen wir, hinauszugehen und uns auf das Dach des Schuppens zu legen. Dort waren wir vor Blicken geschützt und konnten beobachten, wer über den Hof ging; vielleicht würden wir einen Bekannten sehen, dem man Bescheid sagen konnte.

Die Leute schliefen alle noch. Unmittelbar hinter Plattos Haus lag der Bahnhof, wo wir einen Teil eines Militärtransports sehen konnten. Dort standen einige mit Planen bedeckte Artilleriegeschütze, die von Soldaten bewacht wurden.

Schließlich kam Plattos siebenjährige Nichte aus dem Haus. Wir sahen ihr beim Ballspielen zu, und sie bemerkte uns und rannte sofort zurück ins Haus. Kurz darauf tauchte Herr Kociuba auf, der beste Fußballspieler weit und breit. Er legte eine Leiter an den Schuppen und kletterte zu uns herauf.

»Wer seid ihr? Was wollt ihr hier?«

»Ich bin's, Herr Kociuba, Toivi Blatt. Erinnern Sie sich denn nicht mehr an mich?«

»Ach, ich habe dich gar nicht erkannt. Du hast dich aber verändert.«

»Herr Kociuba, könnten Sie Platto sagen, daß ich hier bin?«

»Hör zu, Blattschek, weißt du denn nicht, wie gefährlich es hier ist, so nahe am Bahnhof, direkt vor der Nase der deutschen Soldaten? Wenn sie uns finden, bringen sie nicht nur euch um, sondern uns gleich mit. Ist euch überhaupt klar, wieviele von diesen Verbrechern hinter euch her sind? Bleibt hier und ruht euch aus, solange es hell ist. Geht heute abend zu Goldbergs Sägewerk am Waldrand und wartet da.«

In der Abenddämmerung fanden wir uns am Treffpunkt ein. Szmul war argwöhnisch. Vielleicht war es ja eine Falle, vielleicht wollte uns jemand umbringen. Er traute der Sache nicht, dennoch wich er nicht von meiner Seite.

Im Halbdunkel hörten wir Schritte. Vorsichtig sah ich hinaus und erkannte Plattos Schwager, Heniek Królikowski, der mich damals in Izbica versteckt hatte, als wieder einmal die Juden zusammengetrieben worden waren. Er trug ein Päckchen in der Hand. In dem Moment verlor Szmul die Nerven und rannte auf den Waldrand zu; er hatte einfach zu viel Angst. Ich aber ging hinaus, und wir begrüßten einander. Er fragte mich, wie es meiner Familie gehe, und reichte mir zwei frische Brote.

»Toivi, sollten sie dich schnappen, dann paß auf, daß du uns nicht verrätst. Ich habe die Etiketten von dem Brot entfernt, so kommt niemand darauf, daß sie aus der Bäckerei meiner Mutter stammen.«

»Danke, Herr Heniek. Wo ist Platto? Könnte er mich nicht vielleicht verstecken?«

»Du solltest mit ihm sprechen. Heute geht's nicht, aber komm morgen um diese Zeit zum Haus von Herrn Haltuk, dem Wächter des Sägewerks. Gute Nacht. Mach's gut.«

»Gute Nacht.«

Szmul wartete im Gebüsch auf mich. Wir aßen das Brot und zogen schließlich weiter, weil wir Angst hatten, zu lange an einem Platz zu bleiben.

Am nächsten Abend gingen wir zu dem Treffpunkt. Die Straße, die zu Haltuks Haus führte, war noch viel gefährlicher, weil Haltuk direkt gegenüber vom Bahnhof wohnte. Ohne Zwischenfälle erreichten wir das Haus, aber wieder war Platto nicht da. Wahrscheinlich hatte er zu große Bedenken, mich zu treffen.

Haltuk bot uns etwas zu essen an. Meine Kieferverletzung tat zwar nicht weh, aber ich hatte Schluckbeschwerden, weil meine Lymphdrüsen stark geschwollen waren. Jeder Schluck war eine Qual, so daß ich nur ein wenig Milch zu mir nehmen konnte.

Wir beschlossen, uns auf der anderen Seite der Stadt eine weitere Lebensmittelquelle zu suchen. In der Nacht zogen wir über die Felder und durch den Wald. Szmul wartete jedesmal geduldig auf mich, während ich mich langsam Schritt für Schritt vorantastete. Irgendwann befanden wir uns nördlich von Izbica. Vor uns lag ein einsamer Bauernhof. Wir mußten es wagen. Ich klopfte an die Tür, und sie ging auf.

»Kommt rein«, sagte der Mann.

Wir betraten das Haus. Die Küche war klein. Neben dem Mann standen eine Frau und ein Kind. Da ich wußte, daß mein Vater viele Bekannte hatte, stellte ich mich als Leon Blatts Sohn vor und fragte, ob wir ihnen wohl ein paar Lebensmittel abkaufen könnten. Sie schienen keine Angst zu haben und wollten mehr über uns wissen. Die Bauersfrau lud uns zu einem warmen Abendbrot ein.

Beim Essen erzählten wir ihnen von Sobibór, vom Aufstand und unserer Flucht – und sparten wohlweislich die Bojarski-Episode aus, denn diese Bauern gehörten ein und derselben Gemeinde in Tarnogóra an. Sie schienen weder schockiert noch empört, als wir von den Gaskammern sprachen, und sie fragten nicht nach Einzelheiten; sie hörten uns einfach nur zu.

Der Mann verkaufte uns Brot, Wodka, Käse und auf mein Bitten hin ein Schulheft. Wir vereinbarten, daß wir ihm eine bestimmte Geldsumme zahlen würden, damit er uns einmal wöchentlich mit Schweinefleisch und Brot – und Wodka zum Warmhalten – versorgte.

Die Gejagten

Ich fing ein neues Tagebuch an; diesmal bestand es zumeist aus kurzen Notizen ohne Namen oder Ortsangaben. Wir kamen zu dem Schluß, daß unser Versteck in der Ziegelei zu riskant war. Das Gebäude war wie schon zu meiner Zeit ein beliebter Kinderspielplatz, also bestand immer die Gefahr, daß uns aus Versehen jemand entdeckte.

Als es Nacht wurde, zogen wir in dieselbe alte Mühle, in die ich damals jenen Nazi unter dem Vorwand gelockt hatte, daß dort ein Goldschatz versteckt sei.

Ohne Zwischenfälle erreichten wir die Mühle. Jetzt hing ein

großes Vorhängeschloß am Tor. Wir versuchten gar nicht erst, das Schloß aufzubrechen. Statt dessen kletterten wir durch die breiten Fenster hinein; abgemagert, wie wir waren, paßten wir ohne weiteres durch die bereits leicht auseinandergebogenen Eisenstangen. Wir zogen einfach unsere Kleider aus und rieben uns mit Speck ein. War erst einmal der Kopf durch, war der restliche Körper eine Kleinigkeit. Im Mondlicht erkannten wir irgendwelche ausrangierten Maschinen, und in einer Ecke fanden wir einen Strohhaufen. Glücklich gruben wir uns hinein und waren sehr froh über unser neues Versteck.

Von nun an ging es uns einigermaßen gut. Wir wurden regelmäßig mit Lebensmitteln versorgt. Sonntags besuchten wir den Bauern im Norden der Stadt und versteckten uns anschließend drei Tage lang in der Mühle. Danach besuchten wir den Postmeister Pasternak auf der Südseite der Stadt, holten dort unsere Lebensmittel ab und zogen uns wieder für drei Tage in die Mühle zurück. Wir nahmen hauptsächlich dunkles Brot, Speck und Wodka zu uns. Wenn wir Wasser brauchten, quetschten wir uns durch die Gitterstäbe und schöpften es aus dem Brunnen neben dem Sägewerk.

Wir hofften, hier bis zum Ende des Krieges auszuharren, aber wie sich herausstellte, mußten wir auch dieses Versteck bald wieder verlassen. Wir stellten nämlich fest, daß ein Mann das Sägewerk als Strohscheune benutzte. Jeden Tag war er mit seiner Mistgabel zugange, so daß der Strohhaufen immer mehr schrumpfte. Eines Tages zerschlug der Mann aus Versehen mit seiner Mistgabel unsere Wasserflasche. Offenbar dachte er sich nichts dabei, denn er arbeitete einfach weiter, aber für uns war es das Zeichen, daß es Zeit war zu gehen. Der Wald war inzwischen dicht belaubt und schien uns jetzt sicherer. Manchmal versteckten wir uns in Bauernhäusern, die von geflohenen Dorfbewohnern verlassen worden waren, manchmal auch in Heuhaufen. Und so lebten wir von einem Tag zum anderen.

Bei einem nächtlichen Besuch bat ich Podgórski, ein paar Notizen in seine Obhut zu nehmen, wozu er auch bereit war. Wir nahmen unsere Lebensmittel in Empfang und gingen wieder. Unter der Treppe an der Seite seines Hauses blieben wir stehen, um zu überlegen, welche Richtung wir einschlagen sollten. Da hörten wir plötzlich Stimmen. Wir versteckten uns hinter ein paar Fässern. Nach einigen Minuten tauchte schemenhaft jemand in der Gasse auf, die auf die Hauptstraße führte. Kurz darauf hörten wir Schritte in der Dunkelheit und Stimmen, die polnisch sprachen.

»Das Losungswort?«

»Gewehr«, kam die Antwort. »Dein Losungswort?«

»Abzug.«

Auf der Straße ging, im Dunkeln kaum erkennbar, eine Gruppe auf den Bahnhof zu. Kurz darauf fielen Schüsse, und wir hörten deutsche Befehle. Zwei Lichtblitze erhellten kurz den Himmel. Man hörte das Rattern schwerer Maschinenpistolen. Es gab einen Schußwechsel, dann war der Kampf auf einmal zu Ende. Irgend jemand stöhnte und fluchte auf polnisch. Jetzt wurde uns klar, daß wir zufällig mitten in eine Operation geraten waren: Eine Partisanengruppe hatte einen deutschen Militärtransport am nahe gelegenen Bahnhof angegriffen.

Zufällig hatten wir das geheime Losungswort der Partisanen für die Operation mitbekommen; im Notfall könnten wir es benutzen. Vor den Deutschen hatten wir keine Angst; sie waren mittlerweile nur noch selten nachts unterwegs. Die größte Gefahr bildeten polnische Partisanen aus der Gegend. Ich wußte inzwischen einiges über die verschiedenen Gruppierungen. Gut möglich, daß diese spezielle Gruppe mit den Juden sympathisierte, aber wie hätte man das feststellen sollen? Fragen konnten wir sie schließlich nicht. Wir waren wirklich in eine brenzlige Situation geraten.

Wieder liefen ein paar Gestalten durch die Dunkelheit. Die Schießerei ging wieder los und dauerte etwa fünf Minuten, dann war es still. Wir warteten noch kurz, dann liefen wir los.

Wenige Tage später nahmen wir einen umständlicheren, aber dafür sichereren Weg durch den Wald zu Pasternaks Haus. »Guck mal da«, flüsterte Szmul und zeigte auf einen Schatten am Waldrand. Wir blieben stehen, um uns zu vergewissern, daß es keine Einbildung war. War es ein Busch oder ein Mensch? Regungslos standen wir da und strengten unsere Augen an. Schließlich bewegte sich der Schatten. Es war ein Mann mit einem Gewehr! Ein Glück, daß wir durch den Wald gekommen waren und nicht über die Felder, wo er uns mit Sicherheit entdeckt hätte. Wir robbten weiter und erreichten Pasternaks Haus über die Hauptstraße.

Als wir unsere Lebensmittel abholten, fragte ich Pasternak, ob er uns vielleicht ein paar Schuhe besorgen könnte. »Wartet mal«, sagte er, »für einen von euch habe ich ein paar Holzschuhe.« Er stellte sie vor uns hin. Szmul nahm sie und reichte ihm etwa hundert amerikanische Dollar. Er wandte sich zu mir. »Nächste Woche besorge ich euch das zweite Paar«, sagte er. Er war kurz angebunden und unruhig. »Hört zu«, sagte er. »Ich mache mir Sorgen. Es gibt bewaffnete Männer, die wissen, daß ihr hier in der Gegend seid, und Ausschau nach euch halten. Ihr seid in Gefahr.«

Allmählich wurde diese Gegend wirklich zu gefährlich. Unser endgültiger Beschluß, von hier wegzugehen, wurde durch einen weiteren Zwischenfall in der Nähe von Pasternaks Haus beschleunigt.

Es war Juni 1944, ein Montag, acht Monate seit unserer Flucht aus Sobibór. Pasternak war an der Reihe, uns mit Lebensmitteln zu versorgen. Es war eine dunkle Nacht, und wir bewegten uns vorsichtig, horchten auf jedes noch so kleine Geräusch. Wir liefen von einer Wiese aus auf sein Haus zu. Dann fiel auf einmal vom Waldrand her der lange Lichtkegel einer Taschenlampe auf uns. »Halt, keine Bewegung!« rief jemand.

Wir reagierten sofort. Szmul rannte los, aber ich wußte, daß ich wegen meiner Beine keine Chance hatte, also hockte ich mich hilflos ins Dickicht am Zaun. Zwei Leute tauchten auf, sie kamen aus dem Waldstück hinterm Haus; sie streiften mich in der Dunkelheit, ohne es zu bemerken. Sie waren hinter Szmul her. Kurz darauf kam Pasternak heraus in den Garten, und ich hörte, wie er und seine Frau miteinander redeten. Ich erhob mich aus meinem Versteck.

»Herr Pasternak.«

»Mein Gott, sie haben dich nicht erwischt?«

»Nein, sie haben mich gar nicht gesehen. Aber sie sind Szmul auf den Fersen.«

»Warte im Garten, bis es vorbei ist. Vielleicht kommt Szmul wieder.« Und Pasternak ging wieder in sein Haus; er hatte Angst, mich mitzunehmen. Nach einer Weile fielen mehrere Schüsse. Pasternak tauchte wieder im Garten auf.

»Hast du das gehört?« fragte er mich. »Jetzt haben sie ihn bestimmt erwischt.« Und im selben Atemzug fügte er hinzu: »Ich habe eure Lebensmittel, die Schuhe und die Pistole. Jetzt gib mir 200 amerikanische Dollar.«

»Tut mir leid«, sagte ich, »aber ich habe im Moment nichts dabei. Szmul hat das ganze Geld.« Stumm drehte sich Pasternak um und verschwand im Haus. Ich wartete, aber er kam nicht zurück.

Es war eiskalt. Ich war am Boden zerstört, aber dennoch fest entschlossen, bis zum Morgengrauen im Garten zu warten. Vielleicht würde Szmul durch irgendein Wunder zurückkommen. Ich war überzeugt, daß er noch lebte.

Es wurde langsam hell, aber kein Szmul weit und breit. Wo sollte ich ihn nur suchen? Nach einiger Überlegung beschloß ich, unseren anderen Bauern auf der anderen Seite der Stadt aufzusuchen, einfach deshalb, weil wir dort im voraus bezahlt hatten. Wenn Szmul am Leben war, würde ich ihn bestimmt dort finden.

Resigniert lief ich langsam und unter Schmerzen über die Wiesen und durch den Wald. Endlich erreichte ich unsere zweite Versorgungsstelle. Der Bauer sah mich durchs Fenster auf das Haus zukommen und kam schreiend herausgelaufen.

»Hau ab, du Drecksjude, willst du mich umbringen? Bist du denn wahnsinnig, am hellichten Tag hier aufzukreuzen? Hau ab, sonst hole ich höchstpersönlich die Deutschen.«

Das reichte mir, um wieder zur Vernunft zu kommen. So schnell, wie mich meine geschwollenen Füße trugen, stolperte ich seitwärts davon und versteckte mich im Wald. Ich glaubte nicht wirklich daran, daß er mich den Deutschen ausliefern würde. Ich wußte, daß er mir deshalb so gedroht hatte, weil er Angst hatte, die Nazis würden ihn und seine Familie bestrafen. Es war dumm von mir gewesen, dort hinzugehen. Ich war außer mir gewesen, und vor lauter Einsamkeit und Verzweiflung hatte ich etwas getan, was man auf keinen Fall tun durfte, und sein Leben damit in Gefahr gebracht.

Sobald es dunkel wurde, wollte ich noch einmal zurück zu dem Bauern, aber als ich Schüsse und verdächtige Geräusche in der Nähe hörte, beschloß ich, lieber an Ort und Stelle zu bleiben und in den geklauten Kartoffelsäcken zu schlafen. Einen Sack zog ich mir über den Kopf, den anderen über die Beine. So war ich vor dem Frost geschützt, und ich rollte mich zusammen wie ein Hund und schlief ein.

Wie immer war ich sogar im Schlaf wachsam. Es war noch dunkel, aber das leise Vogelgezwitscher sagte mir, daß die Sonne bald aufgehen würde. Plötzlich drang ein vertrautes Pfeifen an mein Ohr, dann wieder. Dann hörte ich einen Ruf, der anders klang als das Pfeifen.

»Toiviii ... Toiviii ... Toiviii.«

Ich fuhr hoch. Da war es wieder: »Toiviii ...«

Nein, das war kein Vogel, dachte ich. Ich wußte ganz genau, was es zu dieser Jahreszeit im Wald für Geräusche gab. Ich zog den Sack vom Kopf, um zu horchen, und wartete. Aber abgesehen vom Zwitschern der Vögel war nichts zu hören. War das Szmul gewesen?

Ein paar Sekunden später nahm ich meinen ganzen Mut zusammen und rief: »Szmul! Szmul!«

Es kam keine Antwort. Dabei war ich überzeugt, daß er es gewesen war.

Ich rannte los. Völlig außer Atem erreichte ich den Bauernhof und betrat das Haus, ohne zu klopfen.

»War er hier?«

»Ja«, sagte der Bauer ungeduldig, »und ich soll dir von ihm ausrichten, daß er am üblichen Ort auf dich wartet.«

Jetzt war alles klar. In meinem Kopf rekonstruierte ich den Ablauf des Geschehens. Szmul war in den Wald geflohen. Die Räuber hatten auf ihn geschossen, im Dunkeln aber nicht getroffen. Zur selben Zeit muß er gedacht haben, sie hätten mich geschnappt, also hatte er gar nicht erst nach mir gesucht. Am nächsten Abend war er zu unserem zweiten Lebensmitteldepot gelaufen. Der Bauer muß ihm erzählt haben, daß ich tagsüber dort gewesen, aber zurück in den Wald gelaufen sei.

Offenbar hatte Szmul die ganze Nacht in der Scheune des Bauern auf mich gewartet (wo wir öfters heimlich übernachtet hatten) in der Hoffnung, ich würde dorthin zurückkommen. Am nächsten Morgen hatte er mich im Wald gesucht in der Annahme, ich hätte dort übernachtet. Er hatte den Teil des Waldes gefunden, wo er mich vermutete, und hatte ein Vogelzwitschern imitiert. Das war unser verabredetes Zeichen. Da ich aber nicht geantwortet hatte, war er schnell weiter in den Wald gelaufen; wir hatten nämlich abgemacht, so schnell wie möglich davonzulaufen, falls wir einmal unnötig Lärm gemacht hatten. Ich war sicher, daß es so gewesen sein mußte. Leider hatte es zu lange gedauert, bis ich wach geworden war und seinen Ruf erwidert hatte. Er war schon zu weit weg gewesen.

Ich wußte nicht, wo ich ihn suchen sollte. Er hatte dem Bauern gesagt, daß er »am üblichen Ort« auf mich warten würde. Das konnten aber fünf verschiedene Orte sein. Der erste Ort war der, wo ich mich gerade befand; der zweite war der Orlówer Wald; der dritte war die verlassene Mühle; der vierte war ein verlassenes Bauernhäuschen in einem Tal in der Nähe von Bojarskis Hof; und der fünfte war Pasternaks Hof, aber der war ja schon abgehakt.

Ich versuchte es mit der Wiese im Orlówer Wald. Dort wartete ich drei Stunden, aber er tauchte nicht auf. Danach lief ich trotz des Risikos bei hellichtem Tag über die Felder zur Mühle.

Ich war so deprimiert, daß mir alles egal war. Ich hatte entsetzliche Angst vor der Einsamkeit. Mehr als alles andere wollte ich Szmul wiederfinden. Ich konnte nicht mehr warten. Man kann sich gar nicht vorstellen, wie einsam ich mich fühlte, tagsüber und nachts alleine in der verlassenen Mühle, in den Feldern und im Wald, ohne eine Menschenseele, mit der ich reden konnte, und jeder Schatten ein möglicher Feind.

Auf dem Weg zur Mühle lag die Rote Brücke, bei der ich mich damals im Winter verlaufen hatte. Ich wollte nicht über die Brücke gehen, denn sie war sehr exponiert inmitten der Landschaft; statt dessen kletterte ich den Hang hinunter.

Als ich auf der anderen Seite wieder hochkletterte, fiel mir auf, daß mich der uniformierte Bahnhofsvorsteher von Izbica die ganze Zeit über beobachtet hatte. Neben ihm stand ein

Mädchen in meinem Alter. Wir kannten uns. Früher waren wir uns oft am Bahnhof begegnet, als ich die Zeitungen abgeholt hatte. Ich witterte Gefahr, ging aber trotzdem so beiläufig wie möglich weiter. Sie verfolgten jeden einzelnen meiner Schritte.

Der Bahnhofsvorsteher konnte von unten sehen, wie ich die Scheune oben auf dem Hügel ansteuerte, von wo man das ganze Tal überblicken konnte. Er sah, wie ich die Scheune betrat, doch sobald ich außer Sichtweite war, robbte ich aus der anderen Tür wieder hinaus. Nach etwa 25 Metern konnte ich nicht weiter, weil ein paar Bauern auf dem Feld arbeiteten, die mich leicht hätten abfangen können. Die Bauern waren gerade dabei, Ton für die Backsteinherstellung auszugraben, und hinterließen überall große Löcher in der Erde. Ich kletterte in eines dieser Löcher und wollte dort warten, bis es dunkel wurde. Kurze Zeit später kamen Stimmen aus der Nähe der Scheune.

»Ich schwöre bei Gott, daß ich ihn gesehen habe. Ich sag's Ihnen, ich habe ihn mit eigenen Augen dort hineingehen sehen.«

Ich hoffte und betete, daß sie in der Scheune nachsehen, dann aber die Suche aufgeben würden. Mein Herz schlug wie verrückt, und wenige Sekunden später wurde ich auch schon entdeckt.

»Hände hoch!«

Ich streckte die Hände in die Luft und drehte mich um. Über dem Loch stand ein Junge, der vielleicht 16 oder 17 Jahre alt war. Er hatte ein Gewehr auf mich gerichtet.

»Steh auf!«

Ich kroch aus dem Loch und setzte mich ins Gras, wo ich auf einmal von mehreren anderen Jungs umzingelt war.

»Steh auf und lauf in den Wald!« befahl er.

»Ich kann nicht. Meine Füße sind verletzt.« Ich blieb sitzen, wo ich war.

»Hau ab«, sagte er, »oder ich schieße.«

»Ich kann nicht laufen, und inzwischen ist mir sowieso alles egal.«

Er versetzte mir einen Tritt in den Bauch. Ich schnappte nach Luft und stöhnte.

»Steh auf!«

Mühsam rappelte ich mich hoch und lief unter Schmerzen seitwärts nach vorne. Ich ließ die Kartoffelsäcke und meine Wasserflasche zurück. Ich war sicher, daß sie mir nichts mehr nützen würden. Ich wurde auf eine Wiese gebracht, die mitten im Wald lag. Dort lungerte eine Gruppe junger Leute herum; es waren polnische Partisanen. Einer von ihnen, offenbar der Anführer, war ein guter Bekannter von mir, Tadek Nowosadzki, ein katholischer Pole. Er erkannte mich gleich.

»Warum so trübsinnig, Toivi?«

Ich fragte zurück: »Wenn du wüßtest, daß du sterben mußt, wärst du dann glücklich?«

»Beruhige dich, Toivi, hab keine Angst. Es ist alles in Ordnung. Setz dich doch«, sagte er herzlich. »Erzähl mir, was du hier machst.«

Eine relativ große Gruppe versammelte sich um mich. Ich kannte sie alle; einige gaben mir sogar die Hand. Ich erzählte ihnen nicht von der Sache mit Bojarski; ich hatte das Gefühl, es könnte mir nur schaden. Wenn sie die Wahrheit erführen, würden sie mich womöglich doch nur erschießen, um Bojarski, der schließlich auch Katholik war, einen Gefallen zu tun. Ich log sie an und erzählte, ich sei aus Sobibór in die Ukraine geflohen, wo mir ein paar Polen geholfen hatten. Aber ich sei gezwungen gewesen, hier in diese Gegend zurückzukommen, weil die nationalistischen ukrainischen Banden dort angefangen hatten, die polnische Bevölkerung auszurotten. Sie glaubten mir. Ich meinte sogar, bei dem einen oder anderen ein bißchen Anteilnahme zu spüren.

Es war ein langes Gespräch. Sobibór interessierte sie ganz besonders, denn obwohl es ganz in der Nähe lag, wußte man noch immer nichts Genaues über das Lager. Sie hatten von den Vernichtungslagern für Juden gehört, aber Informationen aus erster Hand waren selten und faszinierend. Es gab keinerlei Mitleidsbekundungen; sie hörten mir einfach nur zu, als würde ich ihnen eine spannende Abenteuergeschichte erzählen.

Ich vermutete, daß sie, was mich betraf, auf einen Befehl von oben warteten. Nach etwa zwei Stunden wurde Tadek von jemandem zu sich gerufen, der gerade aus der Stadt gekommen war. Nachdem sich die beiden ein paar Minuten lang im Flüsterton unterhalten hatten, befahl Tadek den anderen abzutreten. Die Partisanen gingen auseinander. Wachposten, die oben in Bäumen gesessen hatten, kletterten herunter und gingen davon. Jetzt standen nur noch Tadek und ich auf der Wiese.

Tadek war schwer bewaffnet. Stolz zeigte er mir seine Pistole, eine Pistole der deutschen Wehrmacht. An seinem Gürtel hingen deutsche Handgranaten mit langen Holzgriffen sowie ovale russische Handgranaten. Nicht ohne Stolz erzählte er, daß er erst 18 und schon Truppenführer bei den Partisanen sei.

»Leider kann ich dich nicht in meiner Einheit der A. K. [Armee im Lande] aufnehmen. Jeder weiß, daß du Jude bist, und wir nehmen grundsätzlich keine Juden auf, verstehst du?«

»Warum habt ihr mich überhaupt verschont?« fragte ich geradeheraus.

»Ein korrekter Angehöriger der Armee im Lande bringt keine Juden um«, sagte er, »es sei denn, sie sind bewaffnet. Es gibt allerdings immer wieder Polen, die vorgeben, bei der A. K. zu sein, und dann Juden ausplündern und umbringen.«

Mir liefen kalte Schauer über den Rücken. Ein Glück, dachte ich, daß Pasternak sich geweigert hatte, mir die Pistole auszuhändigen, weil ich kein Geld dabeigehabt hatte. Das wäre mein Tod gewesen. Meines Wissens hatte die A. K. auch schon unschuldige Juden umgebracht, aber ich sagte nichts mehr.

Tadek stand auf und machte den Mantel zu, der sich über seinen vielen Waffen ausbeulte. »Warte hier. Ich bringe dir was zu essen.«

Ein paar Stunden später kam er wieder, diesmal in Begleitung seines Bruders. Er brachte mir Brot, Speck und in Wodkaflaschen abgefüllten Borschtsch. Ich verschlang das Essen. »Ich würde an deiner Stelle diese Gegend hier meiden«, sagte er. »Geh nach Osten zu den sowjetischen Partisanen. Die sind weniger streng, was die Aufnahme von Juden angeht. Da hast du sicherlich bessere Chancen.« Ich hörte aufmerksam zu, als er mir noch ein paar Tips gab, woran man feindliche Gruppierungen erkennen konnte. Wir gaben einander die Hand, er wünschte mir Glück, und wir verabschiedeten uns.

Dieser heikle Zwischenfall holte mich wieder auf den Boden der Tatsachen zurück. Ich würde in Zukunft viel vorsichtiger sein müssen. Sehr behutsam machte ich mich auf den Weg zurück zur Gegend um die Mühle. Dort setzte ich mich ins Gebüsch und wartete, bis es Nacht wurde.

Ich hatte eine herrliche Sicht auf Izbica. Rechts befanden sich die Häuser von Freunden und Bekannten, wo inzwischen Fremde wohnten; zu meiner Linken lag grünes Weideland.

Bei Einbruch der Dunkelheit erreichte ich die Mühle. Diesmal schlüpfte ich mühelos und sogar ohne mich einzufetten durch die Gitterstäbe. »Szmul«, rief ich leise. Keine Antwort. Im flachen Stroh fand ich eine Flasche. Ich ging damit zum Brunnen und bückte mich, um sie mit Wasser zu füllen.

Als ich hochblickte, stand dort ein Mann und beäugte mich. Ich kannte ihn, sein Name war Karaszczuk. Ich erschrak furchtbar. Es war zu spät, um wegzulaufen. Er begriff, daß ich Jude war, erkannte mich aber nicht.

»Wer bist du?«

»Toivi Blatt. Ich bin der Sohn von Leon Blatt.«

»Ach ja, Toivi. Du hast bestimmt Hunger. Warte hier, ich bringe dir was zu essen.«

Da ich inzwischen schon einigen gefährlichen Situationen entronnen war, konnte ich inzwischen schon besser einschätzen, wem man vertrauen konnte und wem nicht. Ich wartete, und kurze Zeit später kam er wieder und brachte Brot und Zucker. Er erwähnte, daß sich ein jüdischer Junge irgendwo in der alten Ziegelei versteckt hatte. Ohne sich darüber im klaren zu sein, meinte er wahrscheinlich mich.

Ich beschloß, mich wieder auf die Suche nach Szmul zu machen. Mir fiel nur noch ein einziger Ort ein, wo Szmul auf mich warten könnte, und da wollte ich hin. Ich machte mich auf in Richtung Süden und näherte mich nach einem langen Marsch der städtischen Brauerei. Hier bog ich nach links ab, dann ging es ein Stück bergauf. Schließlich kam ich an einen verlassenen Bauernhof, der versteckt im Tal lag.

Das Tor zum Hof war verschlossen, aber ich kletterte über den Zaun und stieg mit Hilfe einer Leiter auf den Dachboden. Enttäuscht, daß er nicht dort war, beendete ich schweren Herzens meine Suche und schlief dort oben auf dem Dachboden ein.

Am nächsten Morgen bastelte ich mir ein Paar Schuhe, indem ich mir einige Lumpen, die ich fand, als Verband um die Füße wickelte. Bestimmt sah ich genauso aus wie der Hauptdarsteller aus dem »Kosakenlied«, einem Film über einen polnischen Gefängnishäftling in Sibirien, den ich mir kurz vor Kriegsbeginn im Kino angesehen hatte. Ich öffnete die Tür des Dachbodens und sah hinaus. Die Sonne schien, und die Landschaft war üppig und grün. Ich wollte unbedingt am Leben bleiben.

Inzwischen hatte ich mich von den Wirren des vergangenen Tages erholt und überlegte nun, wie ich die nächste Zeit überstehen sollte, vor allem, da ich ja überhaupt kein Geld besaß. Die Leute, die mich bisher regelmäßig mit Lebensmitteln versorgt hatten, würden es ohne Bezahlung künftig nicht mehr tun. Ich war wirklich in einer verzweifelten Lage. Ich saß da und ging im Kopf die Alternativen durch. Ich hatte keine. Ich war aufs Betteln angewiesen. Drei Tage lang lebte ich nur von Wasser. Aber zuletzt wurde der Hunger einfach zu groß. Wenn ich nicht aß, würde ich bald nicht einmal mehr genug Kraft haben, um den Dachboden zu verlassen.

In der Abenddämmerung kletterte ich hinunter und lief an den Stadtrand, um mein Glück bei Frau Kowalczyk zu versuchen, einer ehemaligen Lehrerin und herzensguten Frau. Ohne Zwischenfälle erreichte ich ihr Haus, das mitten auf einem Feld stand, und klopfte an. Eine große, dünne Frau machte die Tür auf; sie war es, meine alte Lehrerin.

»Frau Kowalczyk, bitte, ich habe schon seit drei Tagen nichts gegessen. Könnte ich etwas Brot bekommen?« fragte ich.

Sie dachte einen Augenblick nach. »Toivi«, sagte sie dann, »ich würde dir ja gerne helfen, aber ich habe Angst. Erst vor wenigen Tagen haben sie den Juden Wang erwischt. Er war durchgedreht und aus seinem Versteck gekommen.« Ihre Stimme war voller Anteilnahme. »Sie haben ihn gefoltert, und er hat die Namen der polnischen Leute verraten, die ihm geholfen haben. Und kurz danach haben die Deutschen eine Frau verhaftet, die jetzt bestimmt hingerichtet wird … Toivi, ich habe Mitleid, aber ich kann nicht … das mußt du verstehen.« Ich hatte mich schon zum Gehen gewandt, als ich hinter mir ihre Stimme vernahm.»Warte.« Sie kam mit einem großen Laib Brot auf mich zu. Sie war über ihren Schatten gesprungen, um mir zu helfen.

Ich zog mich wieder auf den Dachboden zurück. Niedergeschlagen, wie ich war, nahm ich mir vor, einfach zu verhungern. Als ich aber am nächsten Tag wieder Hunger hatte, überlegte ich es mir anders. Ich beschloß, das Risiko auf mich zu nehmen: entweder sie töteten mich, oder ich schaffte es irgendwie, an Lebensmittel heranzukommen. Ich kletterte die Leiter hinunter, wusch mir im Brunnen das Gesicht und machte mich auf den Weg.

Wenn Vater nicht gewesen wäre …

Podgórskis Haus lag ganz in der Nähe, aber es wäre mir nicht im Traum eingefallen, noch einmal bei hellichtem Tag dort vorbeizuschauen. Sein Hof lag schließlich weithin sichtbar an der Landstraße. Mir blieb nicht viel übrig, als quer über die Weide zu laufen, bis ich an eine kleine weiße Hütte kam. Dort wohnte ein Bauer namens Janeczek. Vor einiger Zeit hatte mich Podgórski vor ihm gewarnt, aber ich sagte mir, daß ich nicht viel zu verlieren hatte: Entweder sie machten meinem Leiden ein Ende, oder sie gaben mir etwas zu essen. Und an diesem Punkt wäre mir das eine so recht gewesen wie das andere. Aber als die Hütte vor mir auftauchte, siegte die Angst, und ich machte kehrt, um irgendwo anders hinzugehen.

Doch es war zu spät. Sie hatten mich schon bemerkt. Ein etwa zwölfjähriger Junge war aus dem Haus gekommen und fuhr auf seinem Fahrrad auf mich zu. Sie beobachteten mich; ich konnte jetzt unmöglich verschwinden. Ich drehte mich also wieder um und betrat den Hof. Janeczek stand in der Tür.

»Gott sei mit Ihnen«, grüßte ich, wie es auf dem Lande üblich war.

»In Ewigkeit, amen«, gab er zurück.

Noch immer brachte ich es nicht über mich, nach Eßbarem zu betteln, also bat ich nur um einen Schluck Wasser.

»Komm rein, ich gebe dir zu trinken.«

Nur zu gern hätte ich auf diese Einladung verzichtet. Sie klang nämlich eher wie ein Befehl. Aber es gab jetzt kein Zurück mehr. Ich betrat das Haus.

Ein hagerer Mann reichte mir frische Milch und ein kleines Stück Kuchen. Mein Instinkt sagte mir, daß ich mich wieder einmal, und dazu auch noch freiwillig, in eine sehr unangenehme Lage hineinmanövriert hatte. Währenddessen kamen noch ein paar andere Männer ins Zimmer und musterten mich. Am Tisch saß ein junger Mann mit einem verbundenen Bein.

Janeczek schlüpfte aus seinen Pantoffeln und zog sich ein Paar Stiefel an. Dann nickte er in meine Richtung und sagte zu dem verwundeten Mann: »Paß du mal eben auf, ich bin gleich wieder da.«

Mir war klar, daß ich jetzt unmöglich fliehen konnte. Ich mußte abwarten, was als nächstes geschah. Ich beschloß, mich erst einmal dumm zu stellen. Der Verwundete fing ein Gespräch mit mir an.

»Fährst du gern Fahrrad?« fragte er.

»Ja.«

»Na, dann sollst du ruhig mal eine kleine Tour machen.« Er grinste verschlagen. Natürlich war mir längst klar, daß diese Tour beim lieben Gott enden würde. Mit grausamer Genugtuung machte er noch mehr solche Anspielungen auf das, was mich erwartete, und wahrscheinlich fragte er sich, wie man nur so naiv sein konnte. Offenbar amüsierte er sich dabei köstlich. Ich wußte nur allzu gut, mit was für einem Menschen ich es hier zu tun hatte, aber ich spielte weiterhin den Ahnungslosen.

Im Verlauf des Gesprächs fragte er mich, ob denn mein Vater, der in dieser Nachbarschaft als »reicher Mann« galt, irgendwo Wertsachen versteckt habe. Ich sah einen kleinen Hoffnungsschimmer. Um ihn weiter anzuspornen, gab ich zu: »Ja, einen ganzen Sack Goldmünzen, die auf einem Dachboden in der Stadt liegen. Wenn Sie mir helfen, können wir uns den Schatz ja teilen.« Ich war mir sicher, daß er angebissen hatte, und wenn ja, würde ich es vielleicht schaffen zu fliehen.

Draußen im Garten quietschte das Gatter. Es war Sonntag, und die Bauersfrau war gerade aus der Kirche wiedergekommen. Als sie mich sah, blieb sie verblüfft stehen. Sobald sie sich wieder gefangen hatte, wandte sie sich an den Verwundeten und fragte: »Wo habt ihr ihn gefunden?«

»Er ist von ganz allein gekommen.«

Die Frau fing an, das Mittagessen vorzubereiten, schüttelte angewidert den Kopf und murmelte: »Eine Schande ist das, so kurz vor Kriegsende. Habt doch Mitleid mit dem Jungen, auch wenn er ein Jude ist.«

Kurz darauf tauchte Janeczek wieder auf. Als erstes fragte er mich, ob ich noch hungrig sei, und reichte mir ein paar Brötchen. Sollte das ein Witz sein? War das meine Henkersmahlzeit? Was sollte ich tun? Ich sah nur noch eine Möglichkeit und fragte unschuldig, wo ich mich erleichtern könne. Ich wollte losrennen, sobald ich weit genug weg war.

Er antwortete nicht, sondern führte mich in den Hof. »Los«, sagte er. »Lauf in den Wald von Biała Podlaska. Dort sind sympathisierende russische Partisanen, die dich aufnehmen werden.«

In der Nähe, gegen einen Baum gelehnt, stand Podgórski. Ich hatte keine Ahnung, wo er plötzlich hergekommen war. Vielleicht wollte er beobachten, was sie mit mir anstellten, um so das Schlimmste zu verhindern. Ich konnte mir keinen Reim darauf machen.

Offenbar ließen sie mich tatsächlich gehen. Ich bedankte mich für das Essen und ging langsam davon.

Diese beiden Zwischenfälle und ihr glückliches Ende gaben mir zu denken. Ich wußte genau, daß in dieser Gegend reihenweise Juden ermordet worden waren. Warum hatte ausgerechnet ich so ein Glück? Warum haben sie nicht auch mich umgebracht?

Jedenfalls wollte ich es nicht noch einmal darauf ankommen lassen. Früher oder später würde die Sache mit Bojarski ans Licht kommen, und dann würde niemand mehr Mitleid mit mir haben. Spätestens dann würden sie mich umbringen, damit Bojarski nicht zu befürchten brauchte, später für das, was er getan hatte, zur Rechenschaft gezogen zu werden. Es war höchste Zeit, endgültig von hier zu verschwinden.

Es war 1944. Die Niederlage der Deutschen zeichnete sich ab. Die einst so großspurigen Nazis ließen sich inzwischen schon kaum noch in den ostpolnischen Dörfern blicken, und wenn doch, dann nur im Konvoi. Meine Füße waren so gut wie verheilt, aber ich brauchte dringend ein Paar Schuhe, und da mir gerade etwas besser zumute war, beschloß ich, nach Izbica zu gehen und Heniek Królikowski um Hilfe zu bitten.

Wieder einmal bahnte ich mir vorsichtig einen Weg durch die Stadt, vorbei an Wohnhäusern und durch die Trümmer der ehemals jüdischen Häuser hindurch, bis ich endlich am Ziel war. Ich mußte nur noch die Hauptstraße überqueren. An dieser Stelle war die Straße schnurgerade, zu beiden Seiten mit Wohnhäusern gesäumt, und die Chancen, jemandem aufzufallen, waren groß. Zum einen sah ich ziemlich verdächtig aus, und zum anderen kannten mich hier sämtliche Kinder und wußten, daß ich Jude war. Entmutigt wollte ich schon wieder kehrtmachen. Aber dann dachte ich, bis jetzt war das Glück auf meiner Seite. Mein Leben mußte wohl unter einem glücklichen, wenn auch jüdischen Stern stehen. Die Dämmerung setzte ein, und scheinbar beiläufig überquerte ich die Straße.

Kurz darauf stand ich vor der Bäckerei der Królikowskis. Als ich aber die Stimme des Bäckereigehilfen Piasecki vernahm, hatte ich Angst hineinzugehen. Statt dessen betrat ich den Flur und klopfte an die Wohnungstür der Królikowskis.

Die Tür ging auf. »Toivi! Komm rein!« sagte Henieks Mutter. Die ältere Frau hatte keine Angst und erwies sich als überaus hilfsbereit. Da es zu gefährlich war, im Zimmer sitzen zu bleiben, durfte ich mich hinter den Ofen der Bäckerei legen. Dort war es warm und trocken. Bald schlief ich ein. Im Morgengrauen rüttelte mich Henieks Mutter aus dem Schlaf.

»Steh auf, Toivi. Es ist schon spät. Unsere Bäcker werden gleich da sein. Sie dürfen dich hier nicht sehen. Du mußt gehen.«

»Frau Królikowski, könnten Sie mir etwas zum Anziehen geben? Ich kann so nicht gehen.«

»Ich habe nichts, was dir passen könnte«, sagte sie. Aber dann sah sie an mir herunter und sagte: »Aber du gehst ja barfuß und hast ganz geschwollene Füße. Vielleicht passen dir ja Henieks Sandalen.«

Nun hatte ich also endlich Schuhe! Auf diesen Moment hatte ich seit meiner Flucht von Bojarskis Hof gewartet! Jetzt waren meine Füße vor Nässe und Kälte geschützt und würden in Ruhe verheilen können! Ich dankte ihr, verabschiedete mich und ging.

Anstatt mich auf den Weg in den Wald zu machen, versteckte ich mich einfach im Schuppen der guten Frau Królikowski und blieb dort bis zur Abenddämmerung. Dann stahl ich mich auf den Dachboden und blieb ein paar Tage dort oben, im Herzen des Städtchens, das vor langer Zeit schon »judenfrei« erklärt worden war.

Jeden Abend klopfte ich bei Frau Królikowski an und bat sie um etwas zu essen. Sie fragte nicht nach, wo ich geschlafen hätte, aber ich merkte ihr an, daß sie es wußte. Ich hatte wieder ein paar Tage gewonnen, und meine Knöchel verheilten langsam, aber sicher. Ich konnte wieder normal laufen, wenn auch unter Schmerzen. Nichtsdestotrotz würde ich nicht weit kommen. Wenn mich jemand entdeckte, saß ich in der Falle. Es war gefährlich hier. Frau Królikowski wurde allmählich nervös und ungeduldig. Es war Zeit, auch diesen Ort wieder zu verlassen.

Früh am nächsten Morgen zog ich los; ich achtete darauf, niemandem zu begegnen, und vermied es, über öffentliche Plätze zu gehen. Da ich sämtliche Abkürzungen und versteckten Gäßchen kannte, gelang es mir, die bewachten Bahnschienen, die durch die Stadt liefen, unbemerkt zu überqueren. Jetzt lagen dreihundert sehr riskante Meter vor mir. Rechts befand sich die Polizeiwache, links das Rathaus und das städtische Gefängnis. Also scherte ich weiträumig nach rechts aus und machte einen großen Bogen um die Wache, indem ich quer über das Fußballfeld rannte.

Schließlich erreichte ich mein Ziel, das Haus meines ehemaligen Schuldirektors Herrn Sztajndel. Ich erinnerte mich noch gut, wie er am Tag unserer Deportation nach Sobibór mit gesenktem Kopf am Marktplatz vorbeigegangen war. Ich beschloß, ihn um Hilfe zu bitten.

Er machte die Tür auf und sagte überrascht: »Komm rein und setz dich!« Er gab mir etwas zu essen, fragte mich nach meinen Eltern und meinem Bruder und wollte wissen, was mit uns passiert war. Ich erzählte ihm von Sobibór, von dem Aufstand und wie ich mich seitdem durchgeschlagen hatte. Ich merkte, wie sehr es ihn berührte. Sztajndels Sohn war nach Auschwitz gebracht worden, aber darüber sprachen wir nicht. Seine Frau, die schon lange Jahre krank war, lag im Bett und beobachtete mich; sie war freundlich, konnte sich aber überhaupt nicht bewegen. Sie versuchte, meine Hand zu nehmen und mit mir zu sprechen, aber man konnte sie nicht verstehen. »Tut mir leid, Toivi, ich kann dir nicht helfen. Ich wünschte, ich könnte dich hier verstecken, aber es geht nicht«, sagte Sztajndel traurig.

Vor mir lag das Dorf Tarnogóra an der Wieprz. Westlich davon lagen unter anderem die Dörfer Ostrzyca und Mchy. Ich erinnerte mich nur schwach an die Straße, die dorthin führte. Ein- oder zweimal hatte mich mein Vater auf seinen Geschäftsreisen in diese Gegend mitgenommen. Ich war kurz davor, die Brücke zu überqueren, um zum anderen Flußufer zu gelangen, da sah ich einen deutschen Soldaten. Er bewachte das Tor zum Gutshof des Grafen Smorczewski, wo sich jetzt das Hauptquartier der Wehrmacht befand. Er entdeckte mich und rief mir etwas hinterher. Ich sprang ins Schilf am Ufer und schwamm durch den Fluß. Dann marschierte ich weiter. So wie ich über die Felder lief, braungebrannt, in Latzhose und mit aufgerollten Hemdsärmeln, hätte man mich wohl kaum für einen Juden auf der Flucht gehalten, sondern eher für einen polnischen Jungen aus der Stadt, der ins Dorf unterwegs war, um Lebensmittel zu kaufen oder Arbeit zu suchen. Leider verirrte ich mich und landete nicht wie geplant in Ostrzyca, sondern auf irgendeiner Weide. Rechts und links lagen tiefe Sümpfe, in denen man ohne weiteres hätte versinken können, und weiter vorne graste eine Herde Kühe. Man konnte nur in eine Richtung gehen. Ich sprach den Kuhhirten an und bat ihn um einen Schluck Milch. Ich hatte Hunger. Von der ständigen Suche nach geeigneten Verstecken abgesehen war der Hunger mein größtes Problem. Der Kuhhirte, ein freundlicher älterer Mann, merkte sofort, daß ich Jude war. Er gab mir Milch, und nach einem kurzen, verhaltenen Gespräch zog ich weiter. Es war mitten am Tag, und vor mir lagen nichts als Maisfelder. Ich ging in eines hinein und bog behutsam die Stengel wieder zurecht, um keine Spuren zu hinterlassen. Die Sonne brannte vom Himmel, und ich schwitzte wie verrückt. Erschöpft und hungrig lief ich weiter, bis es Abend wurde, dann legte ich mich schlafen.

Früh am nächsten Morgen und nach langem Suchen fand ich Ostrzyca. Ich wußte noch aus meiner Kindheit, daß ein Freund meines Vater namens Nizioł dort wohnte, aber ich hatte keine Ahnung, welches sein Haus war. Es liefen ein paar Leute durchs Dorf, aber ich hatte Angst, sie zu fragen. Schließlich war ich hier fremd, und sie könnten darauf kommen, daß ich Jude war. Dann aber entdeckte ich einen etwa fünfjährigen Jungen.

»He du, weißt du, wo die Niziołs wohnen?« rief ich.

»Da drüben«, sagte er und zeigte auf das dritte Haus in der Straße.

Herr Nizioł und seine Frau machten mir auf. Sie erkannten mich und sahen sich nervös um. »Es hat mich niemand gesehen«, sagte ich, »seien Sie unbesorgt.« Sie ließen mich ins Haus. »Was ist mit deiner Familie, deinem Vater, deiner Mutter und deinem kleinen Bruder?« Ich erzählte ihnen die ganze Geschichte. Als ich von Sobibór sprach, waren sie überhaupt nicht erstaunt. Sie hatten davon gehört, wenn auch bisher noch nicht aus erster Hand, und sie hörten mir mit kühlem Interesse zu. Am Schluß bat ich sie, mich bei sich zu verstecken.

Den Rest des Tages und die Nacht durfte ich in ihrer Scheune bleiben. Ich schlief ein, wachte zwischendurch von lauten Schritten auf und schlief dann wieder ein.

Am nächsten Morgen holte mich die Bauersfrau zum Frühstück. Sie wirkte irgendwie angespannt und ängstlich. Ihr Mann brach schließlich das Schweigen.

»Du mußt von hier verschwinden, Toivi. Es tut mir leid. Letzte Nacht ist ein Trupp Deutsche und Ukrainer durch unser Dorf marschiert. Sie waren unterwegs ins Nachbardorf. Dort haben sie einige Bauern in einen Wagen gepfercht und ins Konzentrationslager gebracht. Alle hier in unserer Gegend mußten den Deutschen einen Anteil ihrer Ernte abliefern, und ein paar Bauern haben sich geweigert. Gestern hat ein Strafkommando der Nazis das Dorf niedergebrannt.«

Ich schwieg.

»Wir hatten großes Glück, Toivi«, unterbrach ihn seine Frau. »Sie hätten dich genausogut auch entdecken können. Ich darf gar nicht daran denken. Du mußt jetzt wirklich gehen. In Mchy hatte dein Vater noch einen anderen Freund, Herrn Petla. Vielleicht hilft er dir.«

Ich dankte ihnen und verabschiedete mich. Nach einem längeren Fußmarsch fand ich das Dorf, das knapp zwei Kilometer entfernt war. Petla war ein wohlhabender Bauer. Das sah man schon an seinem stattlichen Haus. Das Hoftor stand offen, und ich ging hinein. Ein Hund bellte laut, und da kam der Bauer auch schon aus dem Haus gelaufen.

Ich erkannte Petla sofort wieder. Er war oft bei uns zu Hause zu Gast gewesen. Ich stellte mich vor, erzählte ihm meine Geschichte und bat ihn, mir zu helfen. Er nahm mich herzlich auf und stellte mich, ohne weiter zu überlegen, als Kuhhirt ein.

Früh aufstehen war für mich immer eine Qual gewesen. Vor dem Krieg hatte ich mich besonders auf Samstage, Sonntage und Feiertage gefreut, wenn schulfrei war und ich ausschlafen durfte. Aber das war vorbei. Jetzt war ich um 5 Uhr morgens auf den Beinen, um die Kühe auf die Weide zu bringen.

Die Leute aus Mchy und der Gegend ringsum waren Juden gegenüber besonders hilfsbereit. Außer mir gab es hier noch drei jüdische Männer und zwei jüdische Frauen: der Schneider Dawid Berend und seine Frau Baiła, Chuna Lipszyc; der Sattler Stefan Akerman und seine Verwandte Syma Unach. Der Schneider hatte es am besten, denn es fand sich immer ein Bauer, der seine Dienste in Anspruch nehmen wollte. Die Bauern zankten sich sogar darum, wer ihn verstecken durfte.

Dann gab es noch zwei jüdische Brüder aus Piaski, die irgendwo in der Nähe Unterschlupf gefunden hatten und hin und wieder nachts ins Dorf kamen. Sie holten sich bei den Bauern ein paar Lebensmittel und verschwanden dann wieder mehrere Tage lang. Als sie einmal bei den Petlas auftauchten, unterhielt ich mich kurz mit ihnen. Es ging ihnen nicht gut, und ich merkte ihnen an, daß sie mich beneideten. Die Petlas hatten auch anderen Juden geholfen, hatten ihnen gegeben, was sie konnten – Ratschläge, Essen und Kleidung oder was immer gerade benötigt wurde.

Chuda, meine Retterin

Petla hatte nur drei Kühe: die rotbraun und weiß gefleckte Laciata; die schwarze Czarnula; und die magere Chuda. Die Kühe waren gutmütig und machten überhaupt keinen Ärger. Nur Chuda tat mir leid. Aus irgendeinem Grund wollte sie seit einiger Zeit nicht richtig fressen, und der Bauer hatte ein schweres Stück Holz an ihrem Hals befestigt, um sie zum Fressen zu bringen. Das Gewicht drückte ihren Kopf nach unten ins Gras, aber es half alles nichts. Sie hatte es ziemlich schwer damit und kam nur langsam vom Fleck.

Man konnte gut anderthalb Kilometer weit bis ins Nachbardorf sehen. Ich würde also rechtzeitig bemerken, wenn Gefahr im Verzug war, und im Osten lag ein Wald, in den ich notfalls fliehen konnte. Im Moment ging es mir gut, alles war ruhig und friedlich, und ich sehnte mich nach einem Buch. Alles, was ich hatte, war das Neue Testament, eine Leihgabe von Petla. Ich kannte es so gut wie auswendig, dennoch blieb es mir fremd. Es war ihr Buch, das Buch meiner Peiniger.

Schon bald kamen die anderen Jungs, die auf den angrenzenden Wiesen Kühe hüteten, zu mir herüber. Sie freundeten sich mit dem zerlumpten Fremdling an und akzeptierten seine Geschichte, er sei Pole, ein Flüchtling aus Ostpolen. Und als Petlas Sohn Romek ihnen heimlich erzählte, ich sei verwandt mit dem Hausangestellten des ehemaligen polnischen Präsidenten Ignacy Moscicki, begegneten sie mir sogar mit Respekt. Es waren lauter Jungs zwischen acht und 16, und sie nahmen mich bereitwillig in ihrer Runde auf. Ich traf sie jeden Tag, erzählte ihnen Geschichten, hörte mir ihre an und machte mit bei ihren Streichen und Spielen. Wie alle Kinder spielten wir die unterschiedlichsten Spiele, und auch das zu dieser Zeit besonders beliebte »Szukaj Zyda« (Fang den Juden).

Bei diesem Spiel suchte sich die Gruppe ein Opfer aus und rief dann: »Jude! Jude kaputt!« Derjenige wußte dann, was auf ihn zukam, und versuchte wegzulaufen, wurde aber meistens gefangen. Dann lief das Spiel immer nach demselben Muster ab. Mit strenger Stimme, die deutsche Autorität vorgeben sollte, fragten sie ihn: »Jude?« Wenn der Gefangene zugab, Jude zu sein, mußte er sich auf den Boden setzen, während seine Freunde um ihn herumliefen, ihre Stöcke wie Gewehre angelegt. »Jude! Christusmörder! Peng! Peng! Jude! Christusmörder! Peng! Peng! Peng!« riefen sie. Daraufhin fiel der »Jude« um und war »tot«, und das Spiel war zu Ende.

Manchmal jedoch, wenn der »Jude« nicht zugeben wollte, daß er einer war, kam die Probe aufs Exempel: ob er beschnitten war oder nicht. Dabei zwangen ihn die anderen zu Boden. Es endete damit, daß das Opfer mit heruntergezogener Hose auf dem Rücken lag, damit alle den untrüglichen Beweis seines »arischen Blutes« in Augenschein nehmen konnten. Danach wurde er endlich freigelassen.

Dieses naive Kinderspiel war für mich der absolute Alptraum. Ich mußte ständig auf der Hut sein. Wann würde ich an die Reihe kommen? Wann würde Franek mit dem Finger auf mich zeigen und »Fang den Juden!« rufen? Es war nur eine Frage der Zeit. Und dann war es eines Nachmittags soweit, als die Kühe gefressen hatten und faul auf der Weide lagen.

»Szukaj Zyda!« rief er und zeigte auf mich. Ich erstarrte. Aber ich hatte eine Chance. Ich konnte gleich zugeben, daß ich Jude war. Sie würden mich ins Gras werfen, mich bespucken und beschimpfen und am Schluß »erschießen«. Aber ich sah auf einmal keine Kinder mehr vor mir, sondern Nazis. Ihre Stöcke waren richtige Gewehre, und ihre Beschimpfungen waren echt. Ich sah um mich und wollte nur noch fliehen. Die Jungs fingen an, mich langsam zu umzingeln, aber noch gab es einen kleinen Durchgang, und ich sauste durch sie hindurch.

Jetzt jagten alle hinter mir her. Barfuß schlug ich Haken wie ein Hase, um meine Verfolger auszutricksen. Ich durfte auf gar keinen Fall die Kühe im Stich lassen; womöglich würde mich Petla sonst wegschicken. Aber genauso durfte ich mich auf keinen Fall fangen lassen; womöglich hing mein Leben davon ab. Im Laufen machte ich einen Knoten in die Schnur, die meine Hose – ein Geschenk von Petla – hielt.

Plötzlich tauchte das einzige Mädchen, Kasia, aus dem Nichts auf, versperrte mir den Weg und stellte mir ein Bein. Sofort warfen sich die Jungen auf mich. »Wir haben ihn! Jetzt wird sich zeigen, ob er ein Jude ist!« schrien sie voller Freude. Ihre Hände zogen an meiner Hose.

»Laß mich los! Ich bin ein Jude! Glaubt mir doch! Erschießt mich! Erschießt mich!« schrie ich und tat, als wäre ich furchtbar schüchtern. Mein Gott, warum hörten sie nicht endlich auf! Aber je verzweifelter ich meinen Hosenbund umklammerte, desto mehr lachten sie und zerrten an mir herum. Wenn sie sahen, daß ich beschnitten war, würden sie mein gefährliches Geheimnis erfahren – daß ich Jude war, und zwar ein richtiger Jude.

Es half nichts, daß ich es längst zugegeben hatte. »Glaubt ihm nicht!« kreischte Kasia. »Der ist kein Jude! Zieht ihm die Hose runter, dann werdet ihr schon sehen!« Aus Rache für meine Beharrlichkeit stürzten sich jetzt alle auf mich. Dann hörte man, wie Stoff zerriß. Mein Ärmel war abgerissen. Sie erschraken und hielten einen Moment inne. Hemden waren kostbar. Ich nutzte die Gelegenheit, um mich aufzurappeln und wegzulaufen.

Wieder hefteten sie sich an meine Fersen. Dann aber rutschte ich auf einem von Chudas Kuhfladen aus und landete mittendrin. Die anderen blieben stehen und prusteten los. Ich war so verdreckt, daß mich niemand mehr anfassen wollte, und deswegen ließen sie mich in Ruhe. Danke, Chuda.

Ein ungewöhnlicher Deutscher

Es war Juni 1944. Petla hatte mir einen halben Tag freigegeben. Ich machte mich auf den Weg ins Dorf, wo der Sattler Stefan Akerman im Versteck lebte und gegen Verpflegung und Unterkunft das Pferdegeschirr der Bauern reparierte. Es waren drei Kilometer bis in dieses Dorf, und ich lief ohne besondere Vorsichtsmaßnahmen los. Mich kannte hier niemand, und ich sah aus wie ein ganz normaler Dorfjunge. Ich fand Stefan im Hof. Er saß auf einem besonderen Sitz mit einem hölzernen

Schraubstock, den die Sattler benutzen, um das Leder einzuspannen, bevor es genäht wird.

»Hallo, Tomek«, sagte er.

»Guten Morgen, Stefan.«

Wie die meisten Juden im Versteck benutzten wir das polnische Gegenstück zu unseren jüdischen Namen.

»Wie geht's Syma, Tomek?« Er meinte seine Verwandte, die für einen der Rosoliński-Brüder als Dienstmädchen arbeitete.

Ich fing an zu flüstern: »Hör zu, Stefan, der Bauer steigt ihr ständig nach, und außerdem hat es seine Frau inzwischen mitgekriegt.«

Das war auch der Grund für meinen Besuch bei Stefan. Er wußte, daß Syma in Schwierigkeiten war. Sie hatte mich gebeten, ihm ihre Situation zu schildern, denn sie war in einer äußerst unangenehmen Lage. Sie wollte unbedingt dort weg, wußte aber nicht, wohin. Der Bauer nutzte ihre Situation schamlos aus, und der erste Ehekrach hatte nicht lange auf sich warten lassen. Es war klar, daß die Sache nicht mehr lange gutgehen würde.

Dann wurde es Zeit, daß ich mich auf den Heimweg machte. »Ich begleite dich noch ein Stück, dann können wir frei reden«, sagte Stefan. Wir verließen den Hof und bogen in die Sandstraße ein, die immer geradeaus bis in mein Dorf führte. Noch immer diskutierten wir über die Sache mit Syma, so daß wir den drei Männern auf ihren Fahrrädern, die uns entgegenkamen, wenig Beachtung schenkten. Drei Radfahrer waren im Grunde auch nichts Ungewöhnliches, denn es war Sonntag, die Leute waren unterwegs in die Kirche, und manche fuhren mit dem Fahrrad. Bis uns jedoch auffiel, daß die Männer die grünen Uniformen der deutschen Militärpolizei trugen. Zum Weglaufen war es zu spät. Also taten wir unbekümmert und gingen einfach weiter. Mein Herz klopfte schneller, und ich betete im stillen, daß Gott uns gnädig sein würde. Tatsächlich radelten sie an uns vorbei, und ich atmete auf.

Doch dann hieß es auf einmal »Halt!« Wir blieben wie angewurzelt stehen und warteten. Sie kamen zurück, drehten sich um und richteten ihre Waffen auf uns.

»Partisanen?« fragte einer von ihnen auf polnisch.

»Nein, wir sind keine Partisanen«, gab ich zurück.

»Juden?«

»Nein.«

Hatte jemand den Deutschen verraten, daß sich in diesem Dorf Juden versteckten? Oder war das nur ein dummer Zufall? Sie klopften unsere Hosen nach versteckten Waffen ab und fragten uns nach unseren Papieren.

Ganz in der Nähe lagen die Weiden. Meine Freunde, die anderen Kuhhirten, waren neugierig geworden und wollten sehen, was los war. Ich hatte schreckliche Angst. Dann aber, als ich es am wenigsten vermutete, kam mir jemand zu Hilfe. Es war Kasia.

»Panie Niemiec [Herr Deutscher], das ist einer von unseren Jungs, er ist von hier, ein Pole. Lassen Sie ihn doch gehen.« Die Soldaten schenkten mir keinerlei Beachtung, und ich machte einen Schritt zur Seite, um mich zu den anderen zu stellen. Aber niemand setzte sich für Stefan ein. Kasia sah Stefan an. Es war genauso wie bei »Fang den Juden« »Ziehen Sie ihm die Hosen runter«, sagte sie, »dann wissen Sie's.«

»Hosen runter«, befahl einer der Soldaten. Als Stefan tat, als verstünde er ihn nicht (alle Juden aus der Gegend konnten Deutsch), zog ihm der Deutsche selbst die Hose runter. Jetzt gab es keinen Zweifel mehr. Ich war wütend und hatte Angst. Aber das behielt ich für mich. Ich mußte aufpassen, daß ich mich nicht verriet. Im Zug auf meiner gescheiterten Reise nach Ungarn hatte ich gelernt, daß man immer so aussehen mußte, als wäre man sich seiner Sache sicher. Ich mußte den anderen Jungs in die Augen sehen und so tun, als wäre ich einer von ihnen. Dabei tat mir Stefan unendlich leid. Uns trennte eine unsichtbare Wand. Dennoch bin ich mir sicher, daß Stefan mein Verhalten verstand.

Der Deutsche wandte sich jetzt an uns. »Na, wollt ihr ihn nicht erschießen?« sagte er. »Hier ist das Gewehr. Er gehört euch.« Die Jungs starrten ihn an. Das war ein echtes Gewehr, kein Stock. Wir schüttelten alle den Kopf und liefen davon. Aus der Ferne konnten wir sie sehen; sie standen da und redeten miteinander. Der Älteste packte Stefan schließlich am Kragen und führte ihn ein paar Meter weg in ein Gebüsch. Die anderen Deutschen blieben solange auf der Straße stehen und hielten das Fahrrad ihres Kameraden fest. Derjenige, der polnisch sprach, rief zu uns herüber: »Wißt ihr, ob sich irgendwo noch andere Juden versteckt haben?«

»Nein!« riefen wir.

In der Nähe fielen zwei Schüsse. Automatisch drehten wir uns in die Richtung, aus der sie gekommen waren. Wenige Augenblicke später kam der Deutsche wieder aus dem Gebüsch, schob seine Pistole in den Halter, nahm sein Fahrrad und radelte zusammen mit seinen Kameraden wortlos davon.

»Los!« sagte Wojtek und rannte auf die Büsche zu, wo wir Stefan zuletzt gesehen hatten.

»Los, kommt!« rief ein anderer. »Juden haben immer viel Geld dabei. Und dieser hatte auch noch gute Schuhe an!«

Ich rannte mit ihnen los. Ich mußte das Spiel weiterspielen. Wir suchten die ganze Gegend ab. Es wurde langsam dunkel, doch wir konnten seine Leiche nicht finden.

Ich war erschüttert über Stefans Tod und wollte für mich sein, deshalb zog ich mich in einen der Heuhaufen zurück. Sobald ich dort zur Ruhe kam, wurde ich furchtbar traurig. Für Kasia war es nur ein kleiner Zwischenfall gewesen; sie hatte die Sache bestimmt schon wieder vergessen. Ich aber hatte das Gefühl, schuld an Stefans Tod zu sein. Wenn ich nicht gewesen wäre, würde er jetzt noch leben; ohne mich hätte er keinen Grund gehabt, diese Straße entlangzugehen. Wie sollte ich es bloß Syma sagen? Erschöpft schlief ich ein.

Im Halbschlaf hörte ich die Stimme eines Mannes. »Tomek, wo bist du denn? Es gibt Essen.« Ich hatte glatt das Abendbrot verschlafen. Aber es war merkwürdig, daß der Bauer nach mir suchte. Das war bisher noch nie vorgekommen. Warum ausgerechnet heute? Ich kletterte aus dem Heuhaufen. »Ich komme schon, Herr Petla!«

Petla war nervös. Er hatte bereits von Stefans Tod erfahren. Dieselben drei Deutschen waren am Morgen im Dorf gewesen, um Eier und Butter zu kaufen. Er hatte Angst, sie könnten wieder auftauchen.

»Du mußt gehen, Tomek. Aber ich helfe dir«, sagte er. »Ich suche dir einen anderen Platz.«

Ich wollte nicht gehen. Bei den Petlas gehörte ich zur Familie. Jeden Tag saßen wir alle um den Holztisch herum, auf dem eine Holzschüssel voll Kartoffelbrei mit Schweinefett und eine zweite Schüssel voll saurer Sahne standen. Jeder konnte so viel essen, wie er wollte. Bei den Petlas wurde ich wie ein Mensch behandelt. Ich saß mit den anderen am Tisch, und das bedeutete mir noch viel mehr als das Essen. Das war es, was mich glücklich machte und mir Hoffnung gab, daß ein anderes Leben noch möglich war.

»Herr Petla, ich gehe schlafen. Ich bin müde. Gute Nacht.« Die frische Luft und die Ruhe hier auf dem Land wirkten beruhigend, und ich fühlte mich geborgen.

Doch auf einmal hörte ich ein Geräusch. »Pssst ... Tomek!« flüsterte jemand. Im Hühnerstall stand jemand. Ich wußte sofort, wer es war.

»Stefan! Du lebst! Das gibt's doch nicht! Bist du's wirklich?«

»Nicht so laut, Tomek!« Die Hühner waren aus dem Schlaf geschreckt worden und fingen an zu gackern.

»Stefan, bist du verletzt? Komm mit in die Scheune, da kannst du übernachten. Es gibt sogar noch eine Decke. Du mußt morgen nur ganz früh weg, bevor dich der Bauer sieht.«

»Toivi«, sagte er und nannte mich bei meinem jüdischen Namen, »ich hatte mer masl wi sejchel [mehr Glück als Verstand].« Er setzte sich hin. »Du hast ja gesehen, wie mich der Deutsche ins Gebüsch führte. Er hatte mich fest am Kragen gepackt, und ich war sicher, daß das mein Ende war. Dann fragte er mich, ob ich rauchte. Ich nickte, und er gab mir eine Zigarette. Ich hatte schon davon gehört, daß sie einem noch eine letzte Zigarette geben vor der Hinrichtung, und ich hatte schreckliche Angst. Aber er sagte: ›Junge, du brauchst nicht so zu zittern, ich bringe dich schon nicht um.‹ Dann gab er mir Feuer und sagte ›Lauf!‹ Er nahm seine Pistole und schoß in die Luft. ›Lauf!‹, sagte er noch mal. Das muß ein Traum sein, dachte ich immer wieder, das muß ein Traum sein. Dann wurde mir klar, daß ich noch immer dastand. Der Deutsche war verschwunden. Mit letzter Kraft schleppte ich mich ins nächste Kornfeld, dann brach ich zusammen.«

Am nächsten Tag gingen wir früher als üblich zusammen los; ich mit den Kühen auf die Weide und Stefan über eine Abkürzung zurück in sein Dorf. Bald tauchten auch meine Freunde auf. Kasia ging mir den ganzen Tag über aus dem Weg. Doch abends wartete sie auf mich, und wir gingen zusammen zurück ins Dorf. Sie hatte irgend etwas auf dem Herzen.

»Tomek, glaubst du, daß es meine Schuld war, daß sie den Juden gestern umgebracht haben?«

Ich schwieg.

»Du weißt, daß die Juden Christus gekreuzigt haben?« fuhr sie fort.

»Christus wurde nicht von den Juden umgebracht«, antwortete ich sofort, als müßte ich mich verteidigen.

»Von wem denn sonst?«

»Von den Römern. Das Kreuz war ihre übliche Hinrichtungsmethode.« Das hatte ich zu Hause einmal bei einer Diskussion aufgeschnappt, auch wenn ich nicht genau wußte, ob es stimmte.

»Woher weißt du das?« fragte sie aufgebracht. »Wieso bringen sie die Juden dann alle um?«

Dann stellte sie sich vor mich hin. »Tomek, wieso verteidigst du sie eigentlich die ganze Zeit?«

Ich sagte nichts und schob sie zur Seite.

»Warte doch, Tomek. Sag mal, wieso kannst du eigentlich lesen?« Sie zeigte auf die Zeitung, die ich in meine Hosentasche gestopft hatte.

»Was meinst du damit?«

»Na du weißt schon. Du bist ständig am Lesen, du liest alle kleinen Papierfetzen, die auf der Straße liegen. Du liest ja sogar auf dem Klo. Ich hab's gesehen.«

Hatte sie einen Verdacht? War das irgendein Spiel? Sie war ein Bauernmädchen, das höchstens drei Jahre zur Volksschule gegangen war. Sie hatte typisch slawische Gesichtszüge, blonde Haare und runde, rosige Wangen. Sie war zwar nicht gerade hübsch, aber irgendwie reizvoll und schon ziemlich entwickelt für ihre 15 Jahre. Und sie war mutig, eine richtige Göre, die unter uns Kuhhirten einige Achtung genoß – im Grunde war sie das Gegenteil von mir, der ich eher schüchtern war. Sie hatte nie mit mir über Sex geredet. Nur einmal, als eine Kuh eine andere bestieg, hatte sie mir zugerufen: »Guck dir diese blöde Kuh an! Die denkt bestimmt, sie wäre ein Bulle!« Ich war rot geworden und hatte mich schleunigst wieder zu meinen Kühen gesellt.

»Tomek, ich warte heute abend auf dich in der Tabakscheune. Ich habe ein Buch für dich. Liest du's mir vor?«

»Kasia, da drin ist es viel zu dunkel zum Lesen, das geht nicht.«

»Ich rate dir, zu kommen.«

Zu Hause auf dem Hof wartete Petla auf mich. »Tomek, nach dem Abendbrot wirst du deinen neuen Chef kennenlernen.«

Schweigend aßen wir zu Abend. Ich wußte, daß sie mich gut leiden konnten. Ich war gewissenhaft und verdiente mir wirklich jeden Tag mein Brot. Ihr Sohn Romek, der so alt war wie ich, mochte mich besonders, den Jungen aus der »großen Stadt«, der alles wußte und so viele interessante Geschichten auf Lager hatte. Sie waren gute Christen, und ich fühlte mich wohl bei ihnen. Wir waren noch beim Essen, als Herr Stryjek zur Tür herein kam.

»Gott segne euch.«

»In Ewigkeit, amen«, antworteten wir.

Er setzte sich auf eine Bank und zog eine Halbliterflasche Samogon (illegal gebrannter Wodka aus Zuckerrüben) aus der Tasche – auf dem Land war das die übliche Art und Weise, ein Geschäft abzuschließen. Stryjek klopfte mir auf die Schulter. Offenbar war die Entscheidung schon gefallen.

»Tomek, ich habe schon viel von dir gehört. Du bist tapfer und ein guter Arbeiter. Ich brauche Hilfe. Ich habe nämlich selbst keine Kinder.« Dann beugte er sich an mein Ohr und flüsterte: »Ich kannte Leiba.« Das war der jüdische Name meines Vaters. »Er war ein richtiger Patriot. Solange du bei mir bist, brauchst du keine Angst haben.«

»Laß uns jetzt trinken«, unterbrach ihn Petla.

»Na sdorowje.« [Auf die Gesundheit].

»Na sdorowje.«

Wir stießen mit hohen, halbvollen Gläsern an und tranken den Wodka in einem Zug. Seit meinem Tauschgeschäft mit der Wache in Sobibór trank ich Alkohol, mittlerweile auch größere Mengen Wodka, wie es hierzulande üblich war. Aber dieses Zeug hätte mich fast umgehauen. Mir brannte die Kehle, und meine Augen fingen an zu tränen. Aber ich hustete nicht, fluchte nicht und sprang nicht auf; ich hatte mich völlig unter Kontrolle. Das war der hier übliche Männlichkeitsbeweis. Die beiden hatten ihre Augen die ganze Zeit auf mich gerichtet. Dann sagte Stryjek nur: »Er ist unser Mann.« Ich hatte den Test bestanden.

Plötzlich fiel mir wieder meine Verabredung mit Kasia ein. Sie wartete bestimmt schon auf mich. Kasia hatte es mir irgendwie angetan. Ich war 16 und hatte noch nie ein Mädchen geküßt, geschweige denn umarmt. Nicht einmal in Sobibór, im Angesicht des Todes, war es mir gelungen, gegenüber den holländischen Zwillingen meine grenzenlose Schüchternheit zu überwinden und meinen Gefühlen freien Lauf zu lassen. Jetzt, ein Jahr später, konnte es noch immer von einem Tag auf den anderen mit mir vorbei sein. Ich wollte unbedingt wissen, was es mit Liebe und Sex auf sich hatte, aber Kasia machte mir zugleich auch angst. Sie hatte, ohne zu zögern, einen Juden ans Messer geliefert. War sie nicht in Wirklichkeit meine Feindin? Sie gehörte in eine andere Welt, in die arische Welt, und doch schien sie sich für mich zu interessieren. Ich war zwar noch unerfahren, aber ich ahnte, was sie mit ihrer Einladung in die Tabakscheune bezweckte.

»Tomek, woran denkst du?« fragte Romek.

Ich sprang auf. »Herr Stryjek, ich muß los. Bis morgen früh.«

Der Riegel vor der Scheunentür war zurückgeschoben. Im Innern der Scheune hingen Tabakblätter in langen Reihen zum Trocknen herab, und es war warm. Ich mochte den Duft des Tabaks. Kasia saß auf einem Haufen Tabakblätter neben der Schneidemaschine. Mondlicht fiel durch das einzige Fenster hoch oben an der Wand. Bis auf das Zirpen der Grillen war alles still.

»Komm her, Tomek. Ich beiß' dich schon nicht.« Ich machte einen kleinen Schritt auf sie zu, stand aber noch einige Meter von ihr entfernt.

»Tomek, warum bist du nicht so wie die anderen Jungs? Du redest ganz anders. Ich habe dich noch nie fluchen hören. Woher kommst du?«

»Du weißt doch, daß ich aus Ostpolen komme«, sagte ich abwehrend. »Da redet man nun mal so. Wir haben eben andere Sitten.«

»Tomek, ich wollte dich nicht verletzen. Ich mag dich doch.« Sie streckte den Arm aus, als ob sie mir die Hand geben wollte, doch statt dessen zog sie mich zu sich hinunter. Ich fiel auf sie in die weichen Blätter. Sie legte ihre Arme um meinen Rücken und drückte mich sanft an sich. Ihr Körper war warm und duftete nach Seife. Ich hatte Herzklopfen. So nah war ich noch keinem Mädchen gekommen. Ich ließ sie die Initiative ergreifen; offenbar hatte sie Erfahrung. Plötzlich aber holte mich die Wirklichkeit wieder ein. »Tomek ... du bist Jude ...«, sagte sie, aber sie klang überhaupt nicht wütend. Sie zog mich sogar noch näher an sich heran. Aber mir blieb fast das Herz stehen. War das eine neue Variante von »Fang den Juden«? Ich sprang auf.

»Ja, Kasia. Ich bin Jude. Tut mir leid. Ich fass' dich nie wieder an. Vergib mir.« Und damit drehte ich mich zur Tür.

Während ich über die Schwelle trat, hörte ich ihr sanftes Flüstern. »Hab keine Angst, Tomek. Ich verrate dich nicht.«

Krupas Scheune

Stryjek holte mich am nächsten Morgen ab und nahm mich mit auf seinen Hof. Diesmal arbeitete ich bei einem Bauern, der Tabak anpflanzte. Obwohl ich fleißig und gewissenhaft war, beschwerte sich seine Frau andauernd über mich und beschimpfte mich völlig grundlos als »Drecksjuden« Ich sagte ihrem Mann nichts davon; er bekam es zufällig selbst mit. Daraufhin stritten die beiden, und er entschuldigte sich bei mir. Dennoch zog ich bald darauf weiter, weil ich fürchtete, daß die

Frau sich an mir rächen würde. Mir war damals vor allem wichtig, die Zeit unbeschadet zu überstehen, denn Tag für Tag, Stunde für Stunde näherten wir uns dem Ende des Krieges. Ich war davon überzeugt, daß ich am Leben bleiben würde.

Im nächsten Dorf traf ich auf einen Bauern, der ebenfalls mit meinem Vater befreundet gewesen war. Er lud gerade seinen Wagen aus. Ich begrüßte ihn auf die übliche Weise.

»Gott stehe Ihnen bei.«

»Amen«, kam die obligatorische Antwort.

»Ich bin Leon Blatts Sohn. Könnte ich eine Zeitlang hier bleiben? Ich könnte Ihnen bei der Arbeit helfen.«

Er unterbrach seine Arbeit. »Blatt? Du lebst? Was ist mit deinem Vater?« fragte er.

»Meine Familie ist vergast worden«, sagte ich.

»Lauf zum Haus. Ich bin gleich soweit, dann können wir uns in Ruhe unterhalten.«

Ich wollte lieber im Hof auf ihn warten. Als er mit der Arbeit fertig war, gingen wir zusammen ins Haus. Auf dem Tisch standen Brot, Butter und selbstgebrannter Wodka. »Bedien dich«, forderte er mich auf.

Ich erzählte ihm von meiner Deportation nach Sobibór, vom Aufstand und von meiner Flucht, und genau wie die vielen anderen Polen, die mich aufgenommen und mir zu essen gegeben hatten, hörte er verblüfft zu, während ich schilderte, was im Lager vor sich ging. Obwohl alle von den Todeslagern gehört hatten und wußten, daß dort Menschen zu Tausenden vergast wurden, konnten sie es nicht fassen, wie systematisch die Vernichtung vonstatten ging.

Ich blieb eine ganze Woche dort. Vielleicht wäre ich länger geblieben, hätte ich nicht die unselige Idee gehabt, ihm für seine Hilfe zu danken, indem ich die kaputte Standuhr im Wohnzimmer wieder herrichtete. Früher hatte ich Fahrräder repariert, warum nicht auch eine Uhr?

Das hätte ich lieber lassen sollen. Offenbar waren der Schraubenzieher, die Zange und der schwere Hammer des Bauern nicht die idealen Werkzeuge dafür, und am Ende war die Uhr völlig ruiniert. Er wurde wütend, und so machte ich mich wieder auf den Weg.

Ich fragte einen anderen Bauern, ob ich gegen Verpflegung und Unterkunft bei ihm arbeiten könne. Er war einverstanden. Am Sonntag vor dem Kirchgang bat er mich, die Tiere zu versorgen. Als ich in die Scheune ging, um Stroh für die Kühe zu holen, sah ich zwei Kaninchenkäfige. In einem saßen nur drei Kaninchen, in dem anderen dreimal so viele. Offensichtlich hatte man die Männchen von den Weibchen getrennt.

Ich wollte unbedingt ausprobieren, was passieren würde, wenn man Männchen und Weibchen zusammen in einen Käfig steckte. Ich brauchte nicht lange, um das größte Männchen zu packen und es in den anderen Käfig zu setzen. Sofort war der Teufel los. Das Männchen war in seinem Element. Ich brauchte eine ganze Weile, um den Kerl wieder einzufangen. Da war es aber schon längst geschehen.

Es verging einige Zeit. Eines Abends schließlich beim Essen sah mich der Bauer prüfend an und sagte irgend etwas von Kaninchen und unbefleckter Empfängnis. Ich sah verschämt zu Boden. Am nächsten Tag verschwand ich.

Offenbar konnte ich nicht allzulange an einem Ort bleiben. Vielleicht war das mein Glück, stets wachsam zu sein und nirgendwo Wurzeln zu schlagen.

Es war warm draußen, und eine Zeitlang schlief ich in Heuhaufen. Zwei Freunde, Baiła und Dawid, versorgten mich mit Lebensmitteln.

Eines Abends sprach mich ein Bauer namens Krupa an, der immer freundlich zu mir gewesen war. Er fragte, ob ich Lust hätte, mich eine Weile mit ihm zu unterhalten. Er nahm mich mit auf seinen Hof, wo wir uns an die Wand seiner Scheune gelehnt ins Gras setzten. Wir unterhielten uns über Sobibór, die Flucht, über dieses und jenes, was in den Nachbardörfern so passierte, darüber, wer von den Juden, die ich kannte, noch am Leben war, über meine Erfahrungen mit Menschen und über meine Erwartungen an die Zukunft. Er stellte mir jede Menge Fragen. Das Gespräch dauerte bestimmt zwei Stunden, und dann machte ich mich wieder auf den Weg.

Ich dachte eigentlich nicht weiter über diesen Vorfall nach und hätte ihn wahrscheinlich irgendwann vergessen, wäre ich nicht 15 Jahre später in den USA darauf angesprochen worden. Als ich damals die Familie Pelc in meiner Heimatstadt besuchte, fragte mich Herr Pelc völlig aus dem Blauen, ob ich mich noch an das Gespräch mit Krupa erinnerte. Ich wühlte eine Weile in meinem Gedächtnis, aber dann fiel mir alles wieder ein.

»Weißt du, warum Krupa dich damals um das Gespräch gebeten hat?« fragte Pelc.

»Er war wahrscheinlich einfach nur interessiert.«

»Nein, wir haben ihn darum gebeten.«

Ich begriff erst nicht, was Pelc damit zu tun hatte. Dann aber erzählte er mir eine Geschichte, die sehr gemischte Gefühle in mir hervorrief, Wut und Verständnis zugleich.

Krupa hatte damals vier Juden aus Izbica in seiner Scheune versteckt gehabt. Als Entschädigung hatte er eine Unsumme Geld von ihnen erhalten. Als die Juden erfuhren, daß Toivi Blatt im Dorf war, baten sie den Bauern, mich in die Nähe der Scheune zu bringen und mit mir zu reden, damit sie meine Stimme hören und Neuigkeiten in Erfahrung bringen konnten. Also hatten sie die ganze Zeit über auf der anderen Seite der Scheunenwand in ihrem Versteck gesessen und die Ohren gespitzt.

Auch wenn seitdem viele Jahre vergangen waren, ärgerte ich mich über ihren fehlenden Anstand. Sie hatten in ihrem relativ sicheren Versteck gesessen, während ich trotz meiner scheinbaren Freiheit ständig in Gefahr war, entdeckt, verraten und umgebracht zu werden. Warum hatten sie den Bauern nicht gebeten, mich mit in ihr Versteck zu lassen? Vielleicht hätte es sie ein bißchen mehr gekostet, aber schließlich ging es doch um Menschenleben. Andererseits hatte jeder schon genug mit sich selbst zu tun, und natürlich kannte ich die Umstände nicht. Konnte ich diesen Leuten wirklich etwas vorhalten? Hatte ich mich denn bei meiner Flucht aus Sobibór um die anderen gekümmert, denen ich im Wald begegnet war, die vor Erschöpfung nicht hatten weiterlaufen können? So viele Jahre sind seitdem vergangen, und jetzt ist es nur noch eine Geschichte.

Die Rosolińskis waren eine große Familie. Der ältere Sohn war ein Freund meines Vaters. Vor dem Krieg hatte er die christliche Genossenschaft Laczność in Izbica mitbegründet. Ich erfuhr, daß er in der Nähe wohnte und einer der Köpfe des örtlichen Bauernbataillons (B. Ch.) im Distrikt Tarnogóra war. Ich hatte mich auf die Suche nach ihm gemacht. Als ich ihn fand, war er sehr nett und erklärte sich bereit, mich eine Zeitlang aufzunehmen, damit ich erst einmal zur Ruhe kommen konnte.

»Die Deutschen lassen sich hier nur noch selten blicken«, sagte er. »Hier bist du sicher.«

Etwa eine Woche später schickte mich Rosoliński auf meine erste Mission. Ich sollte einem Bauern im Nachbardorf einen verschlossenen Umschlag bringen. »Sei vorsichtig«, warnte er mich. »Sag niemandem, wer du bist.«

Inzwischen kannte ich mich in der Gegend ganz gut aus, und so brauchte ich nicht lange, um das Haus ausfindig zu machen und den Brief abzuliefern. Anstatt am selben Abend zurückzulaufen, übernachtete ich in der Scheune. Mitten in der Nacht wurde ich aus dem Schlaf gerissen, weil es plötzlich sehr unruhig wurde. Durch das offene Tor sah ich, wie bewaffnete Männer im Dunkeln die Scheune betraten. Ohne mich im geringsten zu beachten, legten sich die Männer neben mich ins Stroh und fingen bald schon an zu schnarchen! Es handelte sich um eine Gruppe Partisanen, die vor einer Operation gegen die Deutschen noch eine Runde schlafen wollten. Am nächsten Morgen waren sie alle wieder verschwunden.

Es war Sonntag, und der Bauer und seine Familie bestanden darauf, mich in die Kirche mitzunehmen. Das war zwar gegen meine religiöse Überzeugung, dennoch willigte ich ein, schließlich wollte ich keinen Verdacht erregen. Ich trödelte ein bißchen auf dem Weg dorthin, um sie beobachten zu können, ich wußte ja überhaupt nichts über ihre Rituale. In der Kirche machte ich alles genau wie die Leute neben mir in der Bank, vermied es aber immerhin, mich vor dem Kreuz hinzuknien. Ich hatte auch noch meine Mütze auf, denn für einen Juden war es eine Sünde, ohne Kopfbedeckung ein Gotteshaus zu betreten. So war ich fast erleichtert, als mir der Bauer mit einer schnellen Handbewegung die Mütze vom Kopf schlug. Das würde mir mein Gott bestimmt verzeihen; schließlich konnte ich ja nichts dafür. Ich war zum ersten Mal in meinem Leben in einer Kirche, und mir war etwas mulmig zumute. Ich hatte Angst, man könnte mir anmerken, daß ich Jude war. Ich tat, als würde ich mit den anderen beten, statt dessen aber betete ich leise auf jiddisch zu Gott und zu den Seelen meiner ermordeten Eltern, daß sie mir verzeihen möchten. Ich sprach die Worte der leidgeprüften Juden, die die »Himmelfahrtstraße« von Sobibór hinunter und zu den Gaskammern getrieben wurden: »Schema Israel! Adonai Elohainu! Adonai Echad!«

Abends kehrte ich nach Mchy zurück und meldete Rosoliński, daß alles erledigt sei. Von da an kam ich öfters als Kurier und Flugblattverteiler des Widerstands zum Einsatz. Ich lief von einem Dorf zum nächsten und überbrachte wichtige Botschaften. Ich traf mich auch mehrmals mit Stefan. Er erzählte mir, er habe mit einer Gruppe von linksgerichteten Partisanen, der A. L. (Volksarmee), Kontakt aufgenommen und wolle sich ihnen eventuell im Wald anschließen. Ich sagte ihm, daß ich auch dort mitmachen wolle, denn meine augenblickliche Aufgabe als Kurier in der Untergrundbewegung war mir zu riskant. Bei den Partisanen, dachte ich, würde ich bestimmt besser aufgehoben sein. Er versprach, mir Bescheid zu sagen, sobald alles geregelt sei. Das war das letzte Mal, daß ich ihn sah. Er wurde bald darauf tot im Wald gefunden.

Allmählich gab es keinen Zweifel mehr an der Niederlage der Deutschen. Die Kämpfe kamen immer näher. Mchy wurde von deutschen Frontsoldaten besetzt. Sie hatten eine Gruppe sowjetischer Kriegsgefangener mitgebracht, die in eine Scheune im Dorf eingesperrt wurde. Die letzten Tage der deutschen Besatzung waren angebrochen.

Mittlerweile hatte sich der polnische Widerstand in zwei Lager aufgespalten. Die einen waren bereit, mit dem zu erwartenden kommunistischen Regime zu kooperieren; die anderen verschanzten sich noch tiefer im Wald, um für ein unabhängiges Polen zu kämpfen. Meine Gruppe, die zumeist aus örtlichen Bauern bestand, löste sich auf, und ihre Mitglieder kehrten auf ihre Höfe zurück. Wieder wußte ich nicht wohin und streunte einsam durch die Gegend.

Bald verließen die Bewohner der Gegend ihre Häuser und bezogen Verstecke in den Feldern, um sich vor den immer näher rückenden Gefechten in Sicherheit zu bringen. Niemand wollte einen Fremden zu sich ins Versteck lassen. Um keinen Verdacht zu erregen, weil ich allein durch die Gegend lief, ging ich zurück ins Dorf. Ich holte eine Kuh aus einer Scheune und führte sie hinaus in die Felder.

In der Nähe machte ein Panzertrupp der Wehrmacht gerade Rast. Die Soldaten standen mit nackten Oberkörpern neben ihrem Fahrzeug und wuschen sich. Einer der Männer warf mir eine Zigarette hin. Ich steckte sie mir an und zog weiter. Ich kletterte auf einen Hügel und sah hinunter aufs Dorf. Militärkolonnen waren auf dem Weg nach Westen. Ein paar Lastwagen zapften sich Benzin von den herumstehenden Panzern ab und fuhren davon. Ein paar Minuten später blitzte es, und gleich darauf ging ein Panzer mit einem lautem Knall in die Luft. Offenbar sprengten die Deutschen ihre eigenen Kampffahrzeuge, um sie dann zurückzulassen.

Aus der Richtung von Izbica waren Gewehrsalven zu hören, und sowjetische Bomben gingen ganz in der Nähe zu Boden. Die Deutschen saßen auf einem nicht weit entfernten Hügel. Nach einigen fehlgeschlagenen Versuchen trafen die Sowjets endlich ihr Ziel. Ich war froh, das explodierende Metall hoch in den Himmel schießen zu sehen.

Vom Waldrand her tauchte ein Reiter mit einem dunklen Umhang auf. Er zog so heftig an den Zügeln, daß sich das Tier aufbäumte. Dann guckte er durch sein Fernglas, sah sich in der Gegend um und galoppierte wieder davon. Er muß wohl zu einem Spähtrupp der Roten Armee gehört haben.

Plötzlich fiel mir siedendheiß ein, daß ich die Kuh irgendwo hatte stehen lassen! Jetzt war sie natürlich verschwunden. Ich mußte mich unbedingt verstecken, sonst würde ich noch Verdacht erregen. Die einzigen Verstecke weit und breit waren ein paar Strohhaufen. Ich steuerte einen davon an, und schon steckte jemand seinen Kopf heraus. Der Mann winkte mich zu sich und fragte mich auf russisch, ob irgendwo noch Deutsche zu sehen seien. Er war ein russischer Offizier, der aus der Scheune geflohen war, wo man ihn in der Nacht zuvor zusammen mit anderen Kriegsgefangenen eingesperrt hatte. Irgendwo in der Nähe ratterte ein Maschinengewehr. Ein anderes Gewehr in der Ferne antwortete. Der sowjetische Offizier horchte nach Detonationen und erklärte mit großer Erregung, daß die Front vorgerückt sei und die sowjetischen Soldaten jetzt vermutlich links am Dorf vorbeiziehen würden.

Die Schußwechsel kamen näher. Nach ungefähr einer Viertelstunde waren erneut Gewehrsalven zu hören. Hoch oben am Himmel kreisten Flugzeuge, die leise Geräusche von sich gaben und weiße Rauchwölkchen ausstießen. Ein Nahkampf war gerade im Gange. Vom Boden aus wirkten die Flugzeuge wie Spielzeug – manche hatten neue, ungewohnte Formen und einen doppelten Rumpf. Allmählich bewegten sich die Gefechte langsam westwärts, bis schließlich alles still war.

Ich lief den Pfad hinunter ins Dorf. Ich begegnete keiner Menschenseele. Die Bauern hatten noch immer Angst, aus ihren Verstecken herauszukommen. Das Dorf wirkte wie ausgestorben. Ich ging zurück und meldete dem sowjetischen Offizier, was ich gesehen hatte. Er schloß daraus, daß die Deutschen Mchy evakuiert haben mußten. Zuerst leuchtete mir das nicht ein. Doch dann erklärte er, daß die Hauptfront wohl schlichtweg an uns vorübergezogen sei und daß die Deutschen vermutlich entkommen seien.

Zusammen gingen wir zurück ins Dorf. Der Offizier betrat ein Haus, um sich zu waschen, und ich streunte umher und sah mich verwirrt um. Es wollte mir noch immer nicht in den Kopf, daß der wundersame Moment der Befreiung tatsächlich gekommen war.

In der Ferne sah ich einen Mann auf einem Fahrrad. An seiner grünen Uniform erkannte ich, daß er ein Soldat der Sowjetarmee war. Ich lief auf ihn zu. Er lenkte sein Rad in meine Richtung. Er kam näher, dann blieb er stehen, stieg vom Rad und fragte leise auf russisch: »Germantzew njet? [Keine Deutschen?]«

»Njet, uschli. [Nein, sie sind weg.]«

Der Soldat machte kehrt und radelte wieder zurück in die Richtung, aus der er gekommen war. Eine Sekunde später ging mir auf, daß dieser Moment der Augenblick war, auf den ich so viele schwere Jahre hindurch gewartet hatte, an den ich so oft gedacht und den ich mir erträumt und tausendmal vorgestellt hatte, im Gefängnis, im Lager, in Bojarskis Versteck ... Und jetzt war es tatsächlich soweit! Ich war endlich frei. Ich hätte außer mir sein müssen vor Glück, ich hätte Freudensprünge machen müssen. Warum war ich statt dessen so traurig, so unendlich traurig, warum fühlte ich mich so leer?

Alles, was mein Überlebensinstinkt so lange unterdrückt hatte, traf mich jetzt mit voller Wucht. Meine Familie war tot, meine ganze Welt war tot. Ich fühlte mich leer, traurig, und allein.

Ein freier Mann

Ich war frei. Aber ich wußte, daß ich nirgends hingehen konnte. Bald darauf rollte die Rote Armee durch Mchy. Eine Panzerkolonne blieb mitten im Dorf stehen. Ich kam mit einem freundlichen Panzerkommandeur ins Gespräch und erzählte ihm, was ich erlebt hatte. Am selben Nachmittag erhielten die Kolonnen den Befehl weiterzuziehen. Zum ersten Mal fühlte ich mich sicher und bat ihn, mich mitzunehmen. Der Kommandeur lehnte ab, aber ich weigerte mich, vom Panzer herunterzuklettern. Er rief zwei Soldaten, die mich mit Gewalt vom Panzer herunterholen mußten. Traurig und entmutigt machte ich mich zu Fuß auf den Weg nach Izbica.

Nach etwa einer Stunde kam ich ins Schtetl und mußte feststellen, daß ich mich an niemanden wenden konnte. Dann fiel mir ein, daß ich Frau Królikowski besuchen könnte. Die alte Frau begrüßte mich erfreut. Wir redeten bis spät in die Nacht, und sie versuchte mich davon zu überzeugen, daß ich aufhören solle, »wie die Juden« meinen Lebensunterhalt durch Tauschgeschäfte zu bestreiten. Sie riet mir, lieber ein sinnvolles Handwerk zu erlernen, und schlug vor, mich als Lehrling in ihrer

Bäckerei einzustellen. Sie gab mir eine Decke und führte mich zu einem warmen Schlafplatz auf dem Ofen.

Um 2 Uhr morgens weckte mich der Bäcker Piasecki zur Arbeit. Bald lernte ich, Bagels und Brezeln zu backen und den Ofen sauberzumachen. Genau wie die anderen Arbeiter bekam ich Suppe und reichlich Bagels zu essen. Erschöpft schlief ich um 6 Uhr morgens ein.

Etwa zwei Wochen später klopfte jemand an die Tür der Bäckerei und verlangte Einlaß. Frau Królikowski kam mit wirrem Haar herunter. »Toivi«, sagte sie keuchend, »lauf auf den Dachboden.« Da ich solche Notfälle gewohnt war, fragte ich nicht erst lange nach, sondern versteckte mich innerhalb von Sekunden im hintersten Winkel des Dachbodens. Unten ging die Tür auf, und ich hörte fremde Stimmen. Dann ging die Tür wieder zu. Einige Zeit später rief mich Frau Królikowski wieder an die Arbeit.

Intuitiv wußte ich, daß ich in großer Gefahr war. Ich wurde gesucht. Seitdem ich in der Bäckerei arbeitete, war ich nicht mehr draußen herumgelaufen, aber wahrscheinlich hatte es sich herumgesprochen, daß Królikowskis einen Juden bei sich aufgenommen hatten.

Sobald Frau Królikowski verschwunden war, rief mich Piasecki zu sich und sagte: »Lauf von hier weg, Toivi, und verlier keine Zeit, sonst ist es zu spät.« Er sagte, es gebe keine Juden mehr in Izbica. Fremde hatten sich in den jüdischen Häusern einquartiert, die gar nicht daran dachten, sie wieder herzugeben. In kleinen Städtchen wie Izbica seien die wenigen Juden, die zurückgekehrt waren, nicht sicher, und es seien sogar schon welche umgebracht worden. »Sie suchen dich, sie suchen dich überall. Lauf, lauf nach Lublin, bevor es zu spät ist«, wiederholte er.

Ich war schockiert. War ich trotz der Befreiung etwa noch immer in Gefahr? Ich wickelte mir ein paar Brötchen in Zeitungspapier und ging hinaus, um den Bus nach Lublin zu nehmen. Dort würde ich sicher sein. Es war nachmittags, die Straßen waren voller Menschen, von denen mich viele wiedererkannten. Bald stellte ich fest, daß es keine öffentlichen Transportmittel gab; ich würde mich von jemandem mitnehmen lassen müssen. Es fuhren relativ viele einsame sowjetische Militärfahrzeuge vorbei. Ich winkte ihnen, aber keines davon wollte anhalten. Als ich einige Stunden vergeblich gewartet hatte, fiel mir irgendwann auf, daß ich von ein paar Männern unablässig beobachtet wurde. Als sie näher kamen, erkannte ich einen davon: Es war der junge Mann, der in Bojarskis Scheune auf mich geschossen hatte. Izbica war klein; es hatte sich wahrscheinlich schon herumgesprochen, daß Toivi Blatt dorthin zurückgekehrt war.

Ich war in einer furchtbaren Lage. Sie mußten nur noch warten, bis es dunkel war, dann würden sie mich kriegen. Als ich mich im Wald versteckt hatte, war ich meinen Verfolgern immer einen Schritt voraus gewesen und konnte es kaum fassen, daß ich ihnen tatsächlich direkt in die Arme gelaufen war. Natürlich wußte Bojarski ganz genau, daß er im Falle meines Überlebens schnellstens würde verschwinden müssen.

In meiner Verzweiflung beschloß ich, den nächsten Lastwagen anzuhalten, ganz egal, was passierte. Als endlich der nächste schwere Militärlaster auftauchte, sprang ich winkend davor. Der Fahrer hupte und hupte, aber ich bewegte mich keinen Millimeter. Es war meine einzige Chance. Hinter mir lauerte der sichere Tod.

In letzter Sekunde trat der Fahrer auf die Bremse, und der Lastwagen kam nur wenige Meter vor mir zum Stehen. Ein bewaffneter sowjetischer Offizier sprang aus dem Wagen und brüllte mich an, ich solle aus dem Weg gehen.

Zitternd versuchte ich, ihm meine Situation zu erklären. »Ich habe keine bösen Absichten«, sagte ich. »Ich bin nur ein Jude und in großer Gefahr. Bitte, ich flehe Sie an, nehmen Sie mich mit!«

»Tut mir leid«, sagte er schroff. »Das hier ist ein Militärfahrzeug und darf nicht für den Transport von Zivilisten benutzt werden. Außerdem haben wir keinen Platz im Wagen.«

»Dann müssen Sie mich überfahren«, sagte ich. »Ich bleibe nämlich hier stehen. Bitte ...«, beschwor ich ihn, »haben Sie doch Mitleid mit mir.«

Er starrte mich einige Sekunden durchdringend an. »Also gut«, lenkte er ein. »Kletter hinten rein.«

Ich sprang hinauf. Auf der Pritsche des Lastwagens befand sich eine Flugabwehrkanone mit einem Metallsitz. Ich kletterte auf den Sitz und hielt mich an den Griffen des Geschützes fest. Meine Verfolger standen enttäuscht da. Ich blickte ihnen nach, während das Fahrzeug mit mir davonbrauste. Langsam wurden sie kleiner, immer kleiner und kleiner, bis sie ganz verschwunden waren, wie in einem bösen Traum.

Anhang

Einführung zu Sobibór

Sobibór war über Jahrzehnte das am wenigsten bekannte Vernichtungslager, selbst Experten der Holocaustforschung kannten nicht alle Details seiner Geschichte.[1] Dies ist keine Überraschung, denn es gab kaum Überlebende und die wenigen Zeugen standen aufgrund der schmerzlichen, grauenvollen Erlebnisse im Bann des Schweigens. Zudem sind fast keine Dokumente erhalten geblieben, die meisten Unterlagen aus dem Lager oder der Stabsabteilung der »Aktion Reinhardt«[2] in Lublin wurden vernichtet.

Man hat jedoch zwei nichtdeutsche Dokumente gefunden, die Auskunft über Sobibór gaben. In seinem Tagebuch, das man nach Kriegsende aus den Ruinen des Warschauer Ghettos geborgen hat, berichtete Dr. Emmanuel Ringelblum von einem Gespräch mit dem Leiter einer jüdischen Fürsorgeeinrichtung vom Juni 1942. Dieser hatte eine als »Umsiedelung« getarnte Deportation »in die andere Welt nach Sobibór bei Chełm, wo Juden mit Gas erstickt werden«, beobachtet.[3]

Im Juli 1942 veröffentlichte die polnische Untergrundpresse die erste Nachricht über das Vernichtungslager.[4] Auch dies ist ein eher dürftiger Beleg.

Der Aufstand in Sobibór ist ein Schlüsselereignis im Widerstand gegen den Terror- und Vernichtungsapparat der Nationalsozialisten. Plan und Ablauf, bei dem die SS-Lagerleitung mehrheitlich exekutiert wurde, sind beispiellos. Der Kommandant von Auschwitz, Rudolf Höss, hielt in seinen Erinnerungen fest: »Den Juden [in Sobibór] gelang ein gewaltsamer Massenausbruch, bei dem fast das gesamte deutsche Lagerpersonal umgebracht wurde.«[5]

Ich habe Sobibór nur wegen dieses Aufstands überlebt. Ich halte es deswegen für unerläßlich, seinen Hergang und die Geschichte des Lagers so genau wie möglich zu dokumentieren.

Zeugnis vom Genozid abzulegen ist erdrückend, über ihn zu

schreiben erschüttert das Innerste. Meine jahrelange Arbeit konnte ich deswegen nur mit Unterbrechungen fortführen. Nach und nach trug ich in verschiedenen Ländern – u. a. in Israel, Brasilien, Deutschland, den Niederlanden, der Tschechoslowakei, in der Sowjetunion und meinem Geburtsland Polen – Informationen zusammen, die mein eigenes Zeugnis ergänzen. Und ich befragte andere Überlebende, darunter die Führer des Aufstandes. Schon 1944 konnte ich in Polen mit Leon Feldhendler und 1979 in der früheren Sowjetunion mit Alexander Pechersky ein Gespräch führen. In Archiven zur Dokumentation des Holocaust fand ich wertvolle Informationen, besonders im Zentralarchiv des Zentralkomitees der Polnischen Arbeiterpartei (PZPR). Ich konnte Einblick nehmen in Materialien der polnischen Untergrundpresse und in die Berichte der »Heimatarmee«, die 1942/43 der polnischen Exilregierung in London geschickt wurden. Außerdem bin ich als Zeuge bei Prozessen zu Sobibór aufgetreten und habe andere Kriegsverbrecherprozesse beobachtet.

Um die Wahrheit zu rekonstruieren, mußte ich mich immer wieder starken Emotionen aussetzen. So entschloß ich mich, ein Interview mit einem der Mörder zu führen, weil er über unbekannte Einzelheiten aus dem Vernichtungsplan von Sobibór unterrichtet war. Im April 1983 saß ich Karl Frenzel, dem früheren SS-Oberscharführer, in einem Hotel in Hagen (Nordrhein-Westfalen) gegenüber. Er hatte mich als seinen Arbeitssklaven selektiert und gleichzeitig meine ganze Familie ins Gas geschickt. Frenzel war zu dem Zeitpunkt, als der Aufstand im Lager ausbrach, diensthabender SS-Mann. Das Gespräch, das ich mit ihm führte, findet sich am Ende des Anhangs.

In den 50er Jahren teilte mir der Direktor des jüdischen Museums in Warschau, Professor Bernhard Mark, mit, man habe das erste Dokument gefunden, das auf den Aufstand im Lager Bezug nimmt: ein Telegramm von SS-Oberscharführer Frenzel an seine Vorgesetzten, in dem er meldet, die Juden würden Widerstand leisten. Das kurze Schriftstück belegt, daß der Aufstand in Sobibór von den Nazis als militärische Handlung eingestuft wurde, die einen militärischen Gegenschlag erforderlich machte. Als später die Mörder aus dem Lager Sobibór gefaßt und vor Gericht gestellt wurden, erbrachte die Beweisaufnahme weitere Belege, die meine Informationen und meine Erinnerung in einen zeitgeschichtlichen Zusammenhang rückten.

Selbst renommierte Historiker haben die Revolte in Sobibór nicht exakt dargestellt und ihre Irrtümer bislang nicht korrigiert. Raul Hilberg zum Beispiel handelt in seiner grundlegenden Darstellung *Die Vernichtung der europäischen Juden* den Aufstand von Sobibór in ein paar Sätzen ab.[6] Er nennt eine zu niedrige Zahl der am Aufstand Beteiligten. Ein Dutzend Häftlinge gehörte zum inneren Kreis der Widerständler. Mehr als doppelt so viele waren auf die eine oder andere Weise in die Aktion eingebunden. Als der Aufstand ausbrach, haben sich Hunderte von Gefangenen beteiligt. Es wurden zehn, nicht neun Deutsche getötet, wie Hilberg schreibt, zudem zwei Volksdeutsche und einige ukrainische Wachmänner.[7] Gemäß Prozeßunterlagen wurden mindestens 21 Personen ermordet.[8]

Die Aufstände in Treblinka und Sobibór unterscheiden sich maßgeblich in Planung, Durchführung und im Hinblick auf die Folgen. Hilberg macht dies nicht ausreichend kenntlich. Bei dem Aufstand in Treblinka wurden einige ukrainische Wachleute getötet, jedoch keine Deutschen. Danach wurde der Vernichtungsprozeß fortgesetzt. Die Revolte in Sobibór war bis auf die Minute im Ablauf geplant. Die meisten Deutschen wurden in der ersten Phase heimlich umgebracht. Als der Ausbruch gelungen war, wurde das Lager von der SS geschlossen.

Ein anderer bekannter Historiker hat auf einer internationalen Fachkonferenz behauptet, beide Aufstände seien von Kapos und anderen Funktionshäftlingen durchgeführt worden. Was Sobibór betrifft, kann ich dem nicht beipflichten. Tatsache ist, daß erst wenige Tage vor dem Aufstand zwei Kapos in die Planungsgruppe aufgenommen wurden, weil sie mißtrauisch geworden waren und eingeweiht werden mußten. Ihre Mitwirkung stellte sich dann aber als sehr wertvoll heraus.

Ich hoffe und wünsche, daß meine Geschichte das bruchstückhafte Bild des Aufstandes, wie es sich in den Publikationen darstellt, ergänzt und vervollständigt.

Die erste Nachricht über Sobibór drang im Winter 1939, wenige Monate nach Kriegsbeginn, nach Włodawa, das sieben Kilometer nördlich gelegen ist.[9] Bauern aus Sobibór berichteten den Juden in der Stadt von Erschießungen im Wald. Man sprach davon, daß es sich wahrscheinlich um jüdische Kriegsgefangene gehandelt hätte, die in der Uniform der polnischen Armee gekleidet gewesen seien. Einige der Opfer hätten trotz Verletzungen überlebt.[10] Die entsetzten Juden von Włodawa sammelten Decken und trugen Tote und Verwundete in ihre Stadt. Die Toten begruben sie, und die Verwundeten gaben sie in die Obhut hilfsbereiter jüdischer Frauen. Die folgenden beiden Jahre blieb es verhältnismäßig ruhig.

Im Spätherbst 1941 zog ein kleines Flugzeug der Luftwaffe über Sobibór seine Kreise, und ein paar Tage später trafen zwei SS-Offiziere mit der Eisenbahn ein. Es waren Architekten der SS-Zentralbauleitung in Zamość, SS-Hauptsturmführer Friedrich Thomalla, ein Karriereoffizier und Erbauer des Annahofs in Schlesien, sowie der Bauaufsichtsleiter Moser aus Berlin. Die beiden schritten das Gebiet um den Bahnhof ab, vermaßen das Gelände und sahen sich im gegenüberliegenden Wald um.[11]

Danach inspizierte mehrfach eine Kommission unter Leitung von SS-Hauptsturmführer Naumann, Chef der Zentralbauleitung von SS und Polizei in Lublin, das Gelände. Im Januar/Februar 1942 wurde die Fläche eingezäunt, und im März ließ die SS verschiedene Bauten durch Juden, die man aus Włodawa rekrutierte, errichten. Nach Abschluß dieser Arbeiten zog die Gruppe um Thomalla ab.

SS-Gruppenführer Globocnik betraute SS-Obersturmführer Franz Stangl mit dem Weiterbau des Lagers. Anfang April 1942 trafen der österreichische Polizeioberleutnant und die für die Wachmannschaften ausgewählten Männer in Sobibór ein. Noch im gleichen Monat erstattete Stangl in Lublin Globocnik Bericht über den Fortgang des Aufbaus. Er wurde zum Kommandanten von Bełżec, SS-Obersturmführer Christian Wirth, befohlen. Von Wirth, der die sogenannte Euthanasieaktion geleitet hatte, erhielt er sogleich Instruktionen.

Stangl schilderte 1971 in einem deutschen Gefängnis der britischen Journalistin Gitta Serenyi diesen Besuch:

»Ich fuhr mit dem Auto hin. Als man ankam ... der Gestank ... oh, mein Gott, der Gestank! Er war überall ... Er [Wirth] stand auf einem Hügel neben den Gruben ... die Gruben ... voll ... sie waren voll. Ich kann's Ihnen nicht sagen: nicht Hunderte, Tausende, Tausende von Leichen ... oh, mein Gott. Dort hat Wirth's mir gesagt – er sagte, daß das war, wofür Sobibór bestimmt war.«[12]

Am 28. April traf Stangl in Sobibór ein. Auch ukrainische Wachleute aus dem Arbeitslager Trawniki waren bereits in das Vernichtungslager beordert worden. Kurz nach der Ankunft wurde Stangl von Dr. Irmfried Eberl besucht, den er nun seinerseits auf die Aufgaben als Kommandant des Vernichtungslagers Treblinka vorzubereiten hatte.

Das Lager Sobibór lag, fünf Kilometer vom Fluß Bug und vom Dorf Sobibór entfernt, in einem dünn besiedelten Gebiet im östlichen Teil des besetzten Polen zwischen den Städtchen Chełm und Włodawa. Es wurde auf feuchtem, morastigem Waldboden errichtet. Von der kleinen Bahnstation des Ortes Sobibór führten Schienen in das Lager hinein. Die ursprüngliche Fläche von 12 ha wurde später auf 60 ha erweitert. Das Gebiet war durch drei gut 2,50 Meter hohe Stacheldrahtzäune begrenzt. Zwischen den Zäunen war ein Weg für Kontrollgänge angelegt, der Außenzaun war dicht mit Kiefernzweigen vollgesteckt, um Einblick von außen zu verhindern.

Drei Bauten standen auf dem Gelände, bevor es zum Lager umfunktioniert wurde. Aus der ehemaligen Post, die gegenüber der Entladerampe stand, wurde die Villa des Kommandanten, aus dem Forsthaus das Verwaltungsgebäude. Eine winzige, katholische Kapelle mit etwa 12 qm Grundfläche wurde in eine Stätte für schnelle Exekutionen umgewandelt, die man an Juden bei neu eintreffenden Transporten vornahm, wenn sie unangenehm auffielen.

Im Juni 1943 wurde das Gelände in einem Umkreis von etwa 15 Metern vom äußeren Zaun vermint. Damit sollten einerseits Angriffe von Partisanen und andererseits Ausbruchsversuche vereitelt werden.

Die totale Kontrolle ist konstitutiv für das Wesen des Vernichtungslagers. In Sobibór erfolgte diese durch ein Beleuchtungssystem mit separatem Generator, mehrere Reihen von Stacheldrahtzäunen und die gesonderte Einfriedung verschiedener Lagerkomplexe mit Stacheldraht. Eine Vielzahl von Wachtürmen diente demselben Zweck. Sie waren in Gruppen angeordnet: drei auf der Südseite quer zur Eisenbahnlinie, drei auf der Gegenseite, fünf weitere in etwas größeren Abständen auf der Waldseite.

Die einzigen Zugänge zum Lager befanden sich auf der an die Eisenbahnlinie grenzenden Seite. Das Haupttor führte auf die Lagerstraße, ein Nebentor zum Eisenbahndepot außerhalb des Zauns. Über dem Haupttor hing ein großes Holzschild mit einer Aufschrift in gotischen Buchstaben: »SS Sonderkommando«.[13]

Der Innenbereich des Lagers war unterteilt in das Vorlager, den Bereich der Garnison, und in vier Sektoren, die Lager I, II, III und IV. Die einzelnen Lager waren mit Stacheldraht umzäunt, was sie zu Gefängnissen im Gefängnis machte. Den vier Sektoren waren gesonderte Funktionen zugeordnet, die aufeinander abgestimmt das Vernichtungslager in Betrieb hielten.

Im Bereich der Garnison lagen die beiden Zugangstore, das Tor zum Außendepot und das zur Eisenbahnrampe, auf der die Deportierten aus den Zügen stiegen. Direkt gegenüber der Rampe lag die Villa des Kommandanten. In demselben Sektor befanden sich weitere Unterkünfte für die SS, eine Garage, eine Kantine und andere Funktionsbauten. Baracken für die ukrainische Wachmannschaft waren nördlich von der Villa des Kommandanten angelegt.

Jüdische Zahnärzte, Dienstmädchen und »Putzer«, persönliche Arbeitssklaven, sorgten für einen bequemen Alltag der SS.

Das Lager I lag hinter dem Vorlager in westlicher Richtung. Es war durch besondere Umzäunung und einen Wassergraben auf der Westseite ausbruchsicher. Nur ein einziges Tor führte zum Vorlager mit der Garnison. In Lager I befanden sich die Wohnbaracken der jüdischen Arbeitshäftlinge und ihre Gefängnisküche sowie Werkstätten für die Ausstattung der Lagerleitung.

Die Baracken waren mit Baumaterial von jüdischen Wohnhäusern aus den Ghettos der Umgebung sowie aus SS-Lagerbeständen in den Städten Chełm und Lublin errichtet worden. Im September 1942 und im Juli 1943 wurden zusätzliche Baracken gebaut, deren Standard zwischen Armeeunterkünften und Pferdeställen lag. Die Pritschen für die Gefangenen waren in drei Etagen übereinander gebaut, wobei für eine Person etwa 1 m^2 Liegefläche blieb. Die Frauen kamen in einer gesonderten Baracke unter. Nur drei Frauen aus Wien, die als Stubenmädchen beim SS-Personal arbeiteten, hatten dort ein Zimmer.

Rund fünfzig Juden arbeiteten in Lager I. Sie übten die verschiedensten Tätigkeiten aus: Schneider, Schuster, jeweils für die Deutschen und die ukrainischen Wachmänner, Zimmerleute, Mechaniker und weitere Bedienstete. Nach der Tagesarbeit mußten alle jüdischen Gefangenen des gesamten Lagers zum abendlichen Appell in Lager I antreten.

Zuständig für Lager I und II war SS-Oberscharführer Bruno Weiss, der später durch SS-Oberscharführer Karl Frenzel ersetzt wurde. Sie führten den Appell durch und verteilten die Arbeiten.

Lager II war räumlich größer als Lager I und sicherte den Vernichtungsvorgang sowie den Alltagsbetrieb des Lagers. 400 Arbeiter, darunter etwa 100 Frauen, waren hier tätig. Das Warenlager war mit allem bestückt, was man den Getöteten abgenommen hatte: Kleider, Nahrungsmittel, Gold und andere Wertgegenstände. Es gab auch eine kleine Viehhaltung – Rinder, Schweine und Ziegen – sowie Ställe für die Pferde der SS. In Lager II befand sich auch das Verwaltungszentrum. Die kleine katholische Holzkapelle stand unter hohen Kiefern, rund 400 Meter südlich von den Gaskammern. Ein Beobachtungsturm überragte den Sektor.

Parallel zur Eisenbahnlinie war ein hoher Holzzaun errichtet worden. Er verhinderte, daß Bahnpassagiere des täglich zwischen Włodawa und Chełm verkehrenden Zuges Einblick in das Lager haben konnten. Die Wahrheit von Sobibór mußte geheim bleiben.

In Lager II wurden die Juden »begrüßt« und für ihren letzten Gang vorbereitet. Hier wurde den entkleideten Frauen ihr Haar abgeschnitten, hier wurden die Kleider gesammelt und sortiert und alle Ausweise im Verbrennungsofen vernichtet. Die letzten Schritte der Opfer führten über einen 150 Meter langen, etwa drei Meter breiten, mit Sand bestreuten Weg, der beidseitig von Stacheldraht gesäumt und wiederum durch Kiefern- und Fichtenzweige nach außen abgeschirmt war. Das war die »Himmelfahrtstraße«, die direkt in die Gaskammern führte.

Zwischen Lager II und III war eine Landebahn für kleine Flugzeuge angelegt.

In Lager III wurden die Opfer getötet. Es lag im Nordwesten des Komplexes. Lager III und II waren über zwei Zugänge verbunden. Die Lagerbesatzung und die Arbeitshäftlinge benutzten einen kleinen, versteckten Zugang. Der Zugang für die Opfer führte in die Gaskammern, die eine makabre Dekoration aufwiesen: Blumen, ein Davidstern und die Inschrift »Badehaus«.

Im ersten Halbjahr 1942 warf man die Leichen in Gräben, die fast acht Meter tief waren. Im Spätsommer 1942 wurde eine Verbrennungsanlage eingerichtet, zu der man die Leichen mittels Loren einer Schmalspurbahn beförderte.

Die Sicherheitsvorkehrungen in Lager III waren noch höher als in den anderen Sektoren, weil man außer Flucht auch einen Zugang externer Arbeitskräfte ausschließen wollte. Das Dach der Gaskammern war durch ein Tarnnetz verdeckt, damit deutsche Kriegsflugzeuge bei ihren Anflügen in Richtung Sowjetunion keine Entdeckungen machen konnten.[14] Der Stacheldrahtzaun war auch hier mit Zweigen versehen, so daß kein Arbeiter von außen etwas sehen konnte. Als die Gaskammern in Betrieb genommen wurden, waren nur wenige Juden im Lager III tätig. Auf dem Höhepunkt der Vernichtungsphase waren 150 Arbeitssklaven in verschiedenen Funktionsklassen beschäftigt. Bis zum Herbst 1942 befehligte SS-Oberscharführer Kurt Bolender dieses »Königreich des Mordes«. Ihm folgten nacheinander die SS-Oberscharführer Gomerski und Bauer.[15]

Manchmal konnten die Arbeitshäftlinge in Lager III die ukrainischen Wachen bestechen, so daß Kassiber in andere Teile des Lagers geschmuggelt wurden.[16] Solche Vorgänge waren aber selten. Die Abschirmung von Lager III war fast perfekt. Wer zufällig Zeuge der Geschehnisse wurde, wurde sofort Teil dieser Abläufe. Erhielt etwa ein Trupp mit Desinfektionsmitteln Einblick in Lager III, durfte er nicht in Lager I oder II zurückkehren, sondern wurde fortan zur Arbeit in Lager III gezwungen.[17]

Die Grundlage dieser Strategie ist rätselhaft. Denn, was in Lager III geschah, konnte den Gefangenen nicht verborgen bleiben. Im Sommer verströmten die Leichen verstärkt Verwesungsgase. Der Gestank, der sich meilenweit ausbreitete, war unerträglich. Sogar das Wasser im Lager verströmte den Geruch. Von Lager II aus konnte man beobachten, wie SS-Mann Bauer vom Dach des »Badehauses«, das über den Zaun ragte, die Verbrennungen leitete. Als später das Krematorium fertiggestellt war, konnte man das Feuer und den Rauch viele Kilometer weit sehen. Manchmal war das ganze Lager in übel riechenden, süßlichen Rauch gehüllt.

Der logische Schluß, daß in Lager III Menschen ermordet und verbrannt wurden, lag auf der Hand, weil kein einziger es jemals lebend verließ. Aber die Nazis versuchten systematisch, Augenzeugen und Beweise auf ein Minimum zu reduzieren. Nach dem Krieg existierten als einzige unverschlüsselte Auskünfte die Angaben von Gefangenen, die mit Gefangenen von Lager III in Verbindung getreten waren oder Beobachtungen von Lager II aus machen konnten. Zeugenaussagen deutscher und ukrainischer Wachleute, darunter mein Interview mit SS-Oberscharführer Frenzel 1983, schlossen die Wissenslücke.

Im fortgeschrittenen Stadium seiner Geschichte hätte sich die Rolle von Sobibór beinahe verändert. Himmler schlug im Juli 1943 vor, die Vernichtungsstätte in ein Konzentrationslager umzuwandeln, in dem von der Roten Armee erbeutete Waffen sortiert werden sollten. Jedoch wandte sich SS-Obergruppenführer Oswald Pohl brieflich an Himmler und gab seine ablehnende Haltung in dieser Sache zu verstehen. Er schrieb, »[...] das Ziel, in Sobibór ein Depot für Beutewaffen des Feindes einzurichten, kann ohne eine Umwandlung erreicht werden. Wir halten es für besser, wenn alles bleibt wie bisher.«[18] Himmler stimmte zu. Für die neue Aufgabe wurde das Lager im nördlichen Bereich erweitert. Neun Bunker wurden angelegt und eine 300 Meter lange Straße mit Baumholz gebaut.

Lager IV oder das Nordlager, wie es auch genannt wurde, hatte für den Vernichtungsprozeß keine Funktion – viele, besonders holländische Juden, sind jedoch bei seiner Errichtung zu Tode gekommen.

Die Ermordung vieler Hunderttausend Menschen ist eine logistisch anspruchsvolle Aufgabe, besonders dann, wenn sie im geheimen erfolgen soll. Die dabei anfallende Menge von Leichen zu beseitigen ist eine ebenso beachtliche Herausforderung. In der Frühphase des Lagers hob man riesige 60 mal 15 Meter große und acht Meter tiefe Schächte aus und begrub so fast 85 000 Leichen. Sie wurden mit einer dünnen Schicht Sand bedeckt. Die angewandte Methode erwies sich als ekelhaft und ineffizient. Eine andere mußte gefunden werden. Im März 1942 wurde SS-Standartenführer Paul Blobel, der sich seine Meriten als Kommandeur des Sonderkommandos 4a der Einsatzgruppe C, das in der Schlucht von Babi Yar bei Kiew mehr als 30 000 Juden ermordete, erworben hatte, vom Chef der Gestapo Heinrich Müller mit der sogenannten Enterdungsaktion beauftragt.[19] Erfolgreich durchgeführte Massenverbrennungen in Chełmno, die eine jüdische Arbeitsbrigade, bekannt als Sonderkommando 1005, unter dem Befehl von Blobel vorgenommen hatte, waren nun beispielgebend für den Bau riesiger, offener Verbrennungsstätten in den Vernichtungslagern. Das Krematorium in Sobibór bestand aus drei Reihen von 70 Zentimeter hohen Betonklötzen, auf die in Form eines Gitters sechs Eisenbahnschienen gelegt waren. Auf dieser Fläche konnte man zwei- bis dreitausend Leichen gleichzeitig verbrennen.[20]

Im Herbst 1942 wurde ein Schaufelbagger eingesetzt, mit dem die Gräber geöffnet und die Leichen auf den Rost gebracht wurden. Der Lärm dieser Arbeit war über mehrere Tage ununterbrochen zu hören. Ab jetzt wurden sowohl diese Leichen wie auch die aus den Gaskammern neu dazukommenden in jenem Krematorium verbrannt.

Die Suche nach der wirkungsvollsten Verbrennungsart ging

weiter. Man fand heraus, daß man höhere Hitzegrade erreichen konnte, wenn man dicke Frauen abwechselnd mit Holz verbrannte. Dafür wurden gut brennbare Hölzer von einem eigens zusammengestellten »Waldkommando« herbeigeschafft. Der Scheiterhaufen wurde mit Benzin übergossen und dann angezündet. Die Flammen schossen oftmals drei Meter hoch. Die gewaltige Hitze verbog die Eisenbahnschienen, die von Zeit zu Zeit ersetzt werden mußten. In der Nacht war das Feuer meilenweit zu erkennen, und ein widerlicher Gestank hing in der Luft. Den Häftlingen anderer Sektoren schien es, als brodele ein Vulkan in Lager III.

Das Lager wuchs beständig. Bis in den Sommer 1942 hinein besorgten Pferdefuhrwerke den internen Transport von der Rampe beim Zug zum Platz vor den Gaskammern. Später konfiszierte man sechs Loren und eine kleine Diesellokomotive von der Schmalspurbahn einer nahegelegenen Mühle. Dieser Kleinzug im Lager wurde zum Transport der Kranken, Alten und der Kleinkinder, die keine Eltern mehr hatten, eingesetzt. In Lager III gab es eine Abzweigung, auf der die Leichen von den Gaskammern zum Krematorium expediert wurden. Der Zug transportierte auch schwere Gepäckstücke von der Rampe an die Schleuse (Sortierbaracke).

Bald erwiesen sich die drei Gaskammern, die in einem Backsteingebäude untergebracht waren, als nicht ausreichend für die große Menge von Opfern, die jeweils in Wellen eintrafen. Im Frühherbst 1942 wurden deshalb sechs zusätzliche Gaskammern hergerichtet, was die Kapazität verdoppelte. Das Gebäude war einstöckig mit einem flachen Dach. Ein Korridor, zwei Meter breit, führte in sechs Gaskammern. Der Bau war von den beiden deutschen Architekten Erwin Lambert und Lorenz Hackenholt entworfen worden. Er glich den größeren Gaskammern, die zuvor von denselben Architekten in Bełżec und in Treblinka angelegt worden waren.[21]

Die neuen Gaskammern hatten vier mal vier Meter Grundfläche und eine Höhe von 2,30 Metern.[22] Ihre Wände waren mit einer Grundierung gestrichen, die sich gut reinigen ließ. Die Opfer betraten die Kammern durch enge Türen. Man schaffte sie durch große Schwingtüren wieder heraus, die auf Rampen führten, von denen sie bequem umgeladen werden konnten. Wenn der Raum optimal genutzt wurde, faßten sie ungefähr 500 Personen. Kleinkinder warf man über die Köpfe der Erwachsenen herein. Die Maschine, die das todbringende Kohlenmonoxid transportierte, befand sich in einem kleinen Schuppen neben den Gaskammern.

Kurt Gerstein[23], Leiter der Entseuchungsabteilung im Hygieneinstitut der Waffen-SS, schätzte die Kapazität der Gaskammern in Sobibór auf 20000 Tote am Tag.[24] Diese Zahl ist wahrscheinlich unrealistisch. Der erste Kommandant von Sobibór, Franz Stangl, konstatierte vor Gericht, daß in drei Stunden 3000 Menschen getötet werden konnten. Danach ließe sich für einen Arbeitstag von 14 Stunden eine Tötungskapazität von 12–15000 Personen errechnen.[25]

Die Vergasung

Die Versuche mit Zyklon B und mit in Dosen abgefülltem Kohlenmonoxid, die SS-Obersturmführer Christian Wirth in Bełżec Anfang 1942 vorgenommen hatte, zeigten, daß stationäre Gaskammern sich für die Massenvernichtung am besten eigneten. Im Prozeß in Hagen 1963 berichtet SS-Scharführer Fuchs über die erste Vergasung in Sobibór:[26]

»Auf Befehl von Wirth holte ich die Maschine in Lemberg ab und brachte sie nach Sobibór. Wir luden den schweren Motorblock vom Typ Benson, der in Rußland gebaut worden war, ab. Vermutlich war er aus einem Panzer ausgebaut worden. Wir stellten ihn an die vorgesehene Stelle und setzten an den Auspuff eine Leitung und brachten den Motor schließlich in Gang. Der Chemiker, den ich in Bełżec kennengelernt hatte, stellte seine Meßinstrumente in die Gaskammer, um die Dichte des Gases messen zu können. Eine Vergasung mit Versuchscharakter wurde vorgenommen. Ich glaube, daß rund 40 Frauen in der Kammer standen. Die Jüdinnen hatten sich zuvor entkleiden müssen und wurden von ukrainischen Wachen und SS-Männern hereingestoßen. Als die Türen verschlossen waren, setzten Bauer und ich den Motor in Gang. Der Motor lief ruhig und gleichmäßig. Wir standen an der Maschine und drehten den Schalter von »Zu« auf »Auf«, und das Gas strömte in die Kammer. In Abstimmung mit dem Chemiker regulierte ich die Zufuhr. Nach etwa zehn Minuten waren die 30 bis 40 Frauen tot. Der Chemiker und der Kommandant gaben den Befehl, den Motor abzustellen. Während ich die Dosen verpackte, sah ich, wie die Leichen entfernt und mit Loren in vorbereitete Gräber gekarrt wurden.«

Die Effektivität der Vergasung hing erheblich davon ab, wie sehr sich die Opfer unterordneten. Um das zu erreichen, konnte man sie einschüchtern und terrorisieren. Die bevorzugte Methode war aber, sie im unklaren darüber zu lassen, was ihnen bevorstand.

Täuschen und Tarnen waren integraler Bestandteil des Prozesses, angefangen vom Erscheinungsbild des Lagers bis zu der in Einzelschritte gegliederten Prozedur, die mit dem Eintreffen der Züge begann. Im Vernichtungslager Bełżec war der gesamte Vorgang unter der Regie von Wirth erprobt worden. Genauso ging man in Treblinka und Sobibór vor.

Auf den ersten Blick wirkte Sobibór harmlos. Die geteerte Straße, die man durch das Haupttor betrat, war von frisch gestrichenen Häusern gesäumt, umgeben von gepflegtem Rasen und Beeten. Die Schleuse (Kleidersortiergebäude) und andere Funktionsbauten, bei denen Verdacht hätte aufkommen können, waren durch blickdichte Zäune abgeschottet. Szlomo Szmajzner, ein Überlebender, berichtete, was zuerst geschah, wenn ein neuer Transport eingetroffen war.

»Kamen neue Transporte, hat uns Wagner oder ein anderer SS-Offizier an den Zaun geführt, hinter dem sich der Platz mit Juden füllte. Er rief dann einen der armen Menschen zu sich und fing an Fragen zu stellen, auf die wir überzeugende Antworten, die zweckdienlich waren, zu geben hatten. Wir wurden in lockerem Ton gefragt, was wir zu tun hätten, und wir sagten, wir seien Handwerker, die ihrer Arbeit nachgingen. Er fragte, wie das Essen sei, und wir äußerten, es sei wohlschmekkend. […] So wurden wir gezwungen, unsere Rolle in dem schamlosen Stück zu spielen. […] Sonstige Auskünfte waren verboten. Wir empfanden Schuld und waren innerlich zerbrochen. [...] Aber es wirkte für die Zuhörer irgendwie tröstlich.«

Die Gaskammern im Nordwesten des Lagers waren durch Bäume und Zäune isoliert. Die erste Gruppe des Transportes konnte vergast werden, während sich die folgende Gruppe im Hof auszog. An jede Kleinigkeit war gedacht worden. So waren die Gaskammern mit Imitaten von Brausen ausgestattet, wie sie schon bei der Euthanasieaktion T4 und in Bełżec verwendet worden waren.

Kommandant Stangl hat in einem Gespräch mit der britischen Journalistin Gitta Serenyi die Ahnungslosigkeit beschrieben, mit der die Opfer die Gaskammern betraten.

»Als ich einmal Jahre danach in Brasilien [Stangl hielt sich nach dem Krieg in Brasilien versteckt] mit dem Zug auf Dienstreise war, hielt er in der Nähe von einem Schlachthaus. Das Vieh in den Gattern, das den Zug gehört hatte, trottete zum Zaun und starrte auf den Zug. Sie waren ziemlich nahe an meinem Fenster und drängten, während sie durch den Zaun auf mich starrten. Ich habe dann gedacht: ›Schau mal, das erinnert dich an Polen. Genauso vertrauensvoll haben die Leute in Polen geguckt, bevor man sie einkonserviert hat‹ [...] Ich konnte danach nicht wieder Konservenfleisch essen. Diese großen Augen, auf mich gerichtet, und nicht wissend, daß sie im nächsten Moment alle tot sein werden.«[27]

In den Worten von Generaloberst Alfred Jodl war der Vernichtungsprozeß »ein Meisterwerk der Verschleierung«.

Zu den Täuschungsmanövern kam eine Überrumpelungsstrategie. Alles hatte blitzartig zu geschehen. Wenn polnische Juden – von denen die allermeisten irgend etwas von Sobibór gehört hatten – eintrafen, wurden sie permanent angetrieben, damit sie keine Zeit hatten nachzudenken. Es vergingen bei einem durchschnittlichen Transport von 2000 Personen ungefähr zwei Stunden von der Ankunft bis zur Verbrennung.

Am 2. April 1942, als Sobibór noch im Aufbau war, wurde mit 200 Personen aus dem Städtchen Zamość die erste Gruppe von Opfern eingeliefert. Ab dem 3. Mai setzte die systematische Säuberung von Juden für den Bezirk Lublin ein. Transporte trafen laufend ein. Oft mußten die Neuankömmlinge in den plombierten Waggons warten, manchmal zwei Tage lang. In der Anfangsphase sonderte man Gruppen aus, die die Gaskammern zu entleeren hatten, wobei vermutlich viele ihre getöteten Verwandten erkannt haben werden. Die schockierten Gefangenen wurden gezwungen, die mit Blut und Kot verschmierten Körper nach Wertgegenständen und Zahngold abzusuchen, um sie dann in die ausgehobenen Gruben zu werfen. Nachdem sie den Hof gereinigt und die Wertgegenstände abgegeben hatten, ließ man sie am Rand der Gruben Aufstellung nehmen und liquidierte sie.

Die SS stufte diese Methode als zu langsam ein. Die Pretiosen der Toten begannen sich zu stapeln. Im Mai 1942 wurde deswegen ein jüdischer Arbeitstrupp zusammengestellt, der diese Aufgabe permanent wahrnahm. Daraus ergab sich zusätzlich ein psychologischer Vorteil, weil die neu eintreffenden Opfer jetzt sauber gekleidete Leute vor sich hatten, die sich scheinbar frei bewegten. In der Kernphase waren etwa 650 jüdische Arbeitshäftlinge in Sobibór im Einsatz.

Die deutsche Mannschaft setzte sich aus zwei Offizieren und etwa dreißig Leuten niedrigeren Ranges zusammen. Sie wurden durch 120 ukrainische Wachleute in Diensten der Nazis unterstützt. Trotz einer gezielten Auswahl waren nur sieben Deutsche aus SS-Einheiten rekrutiert worden. Die übrigen kamen aus anderen Bereichen, viele waren wehrpflichtige Zivilisten. Ehe sie aus Lublin in Sobibór eintrafen, hatte man sie in Uniformen mit ihrem Dienstgrad gesteckt. Die Krankenwärter der Aktion T4 (Euthanasieaktion) erhielten SS-Uniformen, jedoch ohne Rangabzeichen am Kragenspiegel.

In Anbetracht der ungeheuren Menge von Menschen, die in Sobibór umgebracht worden sind, ist die geringe Anzahl der Verantwortlichen erstaunlich.

Die Fahndung nach dem Aufstand

Stille hatte sich über Sobibór ausgebreitet. Die sechs noch lebenden Deutschen – Erich Bauer, Karl Richter, Karl Frenzel, Willi Wendland, Herbert Floss und Franz Wolf – versuchten, die Situation einzuschätzen. Die Wachleute waren versammelt, aber einige ihrer Kameraden gab es nicht mehr. Dort, wo der Zaun noch stand, und dort, wo Explosionen den Boden umgepflügt hatten, lagen verstreut Leichen.

Von dem Ereignis überrollt, gelang es den Deutschen nicht, die Lage zu überschauen. War der Aufstand nur von den Juden ausgeführt worden, oder hatte man es mit einer geplanten militärischen Aktion zu tun, bei der Partisanen von außen geholfen hatten? Panische Angst machte sich breit. Weil das Lagertelefon tot war, liefen Frenzel und zwei andere Nazis zur Bahnstation in der Nähe. Sie befahlen den Bahnangestellten Franczisek Parkola, Czeslaw und Irena Sujka, sich flach auf den Boden zu legen, während sie die Grenzpolizei und die berittene SS-Einheit in Chełm alarmierten. Frenzel schickte auch eine Brandmeldung an den Kommandeur der Ordnungspolizei in Lublin und forderte sofortige Verstärkung an, damit die überlebenden Nazis gerettet würden: »... Aufstand der Juden ... Geflüchtete ... SS-Männer, fremdvölkische Wachleute tot ... ein Rest Juden im Lager ... Schickt Hilfe.«

Frenzel, Bauer und ein paar ukrainische Wachleute warteten auf Verstärkung und machten sich ein Bild von den Folgen des Aufstands. Sie schätzten, daß 300 Juden entwichen seien. Sie suchten die Fläche mit Kerosinlampen ab und fanden die Leichen ihrer Kameraden, außer der von Josef Wolf, den sie als vermißt meldeten. Später wurde er tot unter Kleiderbergen im Magazin für Männerkleidung gefunden. Gestützt auf den Bericht aus Sobibór gab der Kommandant der Ordnungspolizei SS-Gruppenführer Jakob Sporrenberg sofort die Meldung über Aufstand und Verluste weiter an Friedrich Krüger in Krakau, Staatssekretär für das Sicherheitswesen im Generalgouvernement, sowie an Friedrich Haenicke, Oberkommandierender der Wehrmacht in Polen. Seine Nachricht lautet:

»Am 14. Oktober gegen 17 Uhr, Aufstand der Juden im SS-Lager Sobibór, 40 km nördlich Chełm. Sie haben die Wachmannschaft überwältigt, sich der Waffenkammer bemächtigt und sind nach Feuerkampf mit der übrigen Besatzung in unbekannte Richtung entkommen. 9 SS-Männer ermordet, 1 SS-Mann vermißt, 1 SS-Mann verwundet, 2 fremdvölkische Wachmänner erschossen.

Entwichen sind etwa 300 Juden, der Rest ist erschossen bzw. befindet sich im Lager. Truppenpolizei und Wehrmacht wurden sofort verständigt und übernahmen gegen 1 Uhr die Sicherung des Lagers. Das Gelände südlich und südwestlich von Sobibór wird von Polizei und Wehrmacht durchkämmt.«

Gegen Mitternacht traf die Kavallerie-Brigade III unter dem Befehl von Major Eggert aus dem ca. 50 km entfernten Chełm ein. Es folgte die Ordnungspolizei unter Hauptmann Erich Wullbrandt. Zur gleichen Zeit verließ ein Zug mit 100 Soldaten der Sicherheitskräfte der Wehrmacht, Bataillon 689, unter dem Befehl von Major Hans Wagner Chełm mit Ziel Sobibór.

Hauptmann Erich Wullbrandt beschrieb seine Eindrücke:

»Nach meiner Ankunft in der Bahnstation Sobibór wurde ich von zwei Angehörigen der Waffen-SS, Frenzel und Bauer, über die Lage unterrichtet. [...] Man hatte die Leichen der getöteten deutschen SS-Männer in eine Baracke gelegt. Ich habe die Leichen selbst gesehen. Nach meiner Erinnerung lagen 13 Tote in dem Raum.«[28]

Nach einer kurzen Rast durchkämmten sie das Lager nach Gefangenen, die sich aus unterschiedlichen Gründen entschlossen hatten, dort zu bleiben.

In derselben Nacht traf SS-Hauptsturmführer Gottlieb Hering, der Adjutant von Christian Wirth, in Sobibór ein. Er hatte in Bełżec die Spuren durch eine Wiederaufforstung verwischt.

Früh am nächsten Morgen, dem 15. Oktober, traf eine weitere Kompanie aus dem Sicherheitsbatallion 689 der Wehrmacht ein. Sie wurde von Hauptmann Wulf befehligt. Laut Niederschrift von SS-Untersturmführer Benda kam es bis zum folgenden Tag zu Kampfhandlungen:

»Wegen der besonderen Art des Lagers und seiner Insassen war der Wehrmacht der Befehl gegeben worden, sofort ein Einsatzkommando zum Aufspüren der Flüchtigen zu bilden. Ein Polizeitrupp hatte die Umgebung des Lagers zu sichern.

Das Einsatzkommando, das vom Kommando der Grenzpolizei in Chełm geschickt worden war, führte die Säuberungsaktion innerhalb der Lagergrenzen von Sobibór durch. Unsere Männer wurden von den im Lager verbliebenen Gefangenen mehrfach beschossen. Das geschah in der Nacht des 15. Oktober und am Morgen des 16. Oktober.[29] Während der Säuberung des Lagers mußten unsere Männer von der Schußwaffe Gebrauch machen, weil die Gefangenen sich gegen ihre Verhaftung zur Wehr setzten. Eine große Anzahl Gefangener wurden erschossen und die 159 gefangen gesetzten erfuhren die befohlene Behandlung. Alle Männer des Einsatzkommandos erfüllten ihre Pflicht.«[30]

Am Nachmittag des 15. Oktober trafen rund 50 hohe Nazi-Funktionäre ein.[31] Unter ihnen befanden sich Leitungspersonen aus SS und Polizei im Bezirk Lublin, so SS-Gruppenführer Jakob Sporrenberg und SS-Sturmbannführer Hermann Höfle. Nach der Feststellung der deutschen Verluste befahl Sporrenberg die sofortige Exekution der 150 zurückgebliebenen Juden, darunter die etwa 30 Menschen aus Lager III. Frenzel bat um einen Aufschub bei der Hinrichtung, damit man die Juden für die Beseitigung der Leichen einsetzen könne. Sporrenberg, der sich vermutlich an ein erniedrigendes Ereignis im August erinnert fühlte,[32] schmetterte den Wunsch verärgert ab und schlug statt dessen vor, daß Frenzel seinen Mantel ausziehen und die Arbeit selbst leisten solle.

Der nächste Befehl betraf die Verfolgung. Hauptmann Wullbrandt, der wegen seiner Erfolge in der Partisanenbekämpfung das Eiserne Kreuz II. Klasse erhalten hatte, wurde mit dem Oberbefehl über eine Kampftruppe von etwa 400 Männern betraut, die sich aus Angehörigen der Wehrmacht, SS, Polizei und ukrainischen Kollaborateuren zusammensetzte, um die Flüchtigen zu jagen. Außerdem traf noch eine 20 Personen starke Spezialeinheit der Sicherheitspolizei aus Lublin mit Hunden ein. Zwei oder drei Aufklärungsflugzeuge beteiligten sich an der Jagd.[33]

Das Gebiet war in die auf der Karte markierten Planquadrate 141, 164 und 171 segmentiert. Man fing in Planquadrat 141 beim Fluß Bug an und durchkämmte das gesamte Gebiet. Bis zum 21. Oktober wurden 160 Juden festgenommen.

Dies war der einzige Aufstand während des Zweiten Weltkrieges, bei dem so viele Nazis von Gefangenen in einer einzigen Aktion ermordet wurden.[34] Im Gegensatz zu den Ereignissen im Warschauer Ghetto bezeichneten die Nazis den Ausbruch von Sobibór als »Aufstand« und stuften ihn als militärische Handlung ein.

Von der Besatzung, die aus 17 SS-Männern und rund 120 Wachleuten bestand, sind 10 Deutsche und 2 Volksdeutsche getötet worden,[35] rund ein Dutzend wurden verwundet und ein paar Wachleute blieben verschwunden.[36]

Folgende Deutsche sind während des Aufstands getötet worden:

SS-Untersturmführer Niemann, Johann
SS-Scharführer Wolf, Josef
SS-Oberscharführer Beckmann, Rudolf
SS-Scharführer Graetschus, Siegfried
SS-Scharführer Vallaster, Erich Josef (Sepp)
SS-Scharführer Steffl, Thomas
SS-Scharführer Ryba, Walter
SS-Scharführer Gaulstich, Friedrich
SS-Scharführer Konrad, Fritz
SS-Unterscharführer Nowak, Walter
Volksdeutscher Klatt, Iwan
Volksdeutscher Schreiber, Klaus

SS-Oberscharführer Werner Dubois war schwer verwundet. Er wurde von einem jüdischen Arzt, Szulim Bresler aus Kolo, behandelt, der anscheinend während des Aufstands gefangengenommen worden war und einige Zeit verschont wurde, damit er die verwundeten Nazis betreuen konnte. Laut den Hagener Prozeßunterlagen hat man Dr. Bresler gezwungen, Dubois medizinisch zu versorgen und ihn in das Krankenhaus nach Chełm zu begleiten. Dr. Bresler kehrte nicht wieder nach Sobibór zurück und ist höchstwahrscheinlich erschossen worden, nachdem er seinen Patienten abgeliefert hatte.[37]

In seiner Prozeßaussage nach dem Krieg stellt SS-Oberscharführer Bauer fest:

»Ich habe 7 Särge nach Chełm überführt. Die übrigen Särge sind mit dem Zug nach Chełm gekommen. Ich habe sie vom Bahnhof in das Rathaus gebracht. Insgesamt sind zwischen 21 und 23 Personen getötet worden.«

Der Tod so vieler Deutscher bei einem Ausbruch von Gefangenen, die mit ihrem Wissen über die Vernichtungslager Geheimnisträger waren, wurde in Berlin sofort an oberster Stelle registriert. Zur Bestattung erschien eine hochrangige Delegation aus Hitlers Reichskanzlei. Die getöteten Nazis wurden in Chełm mit militärischen Ehren begraben.

Nur eine Woche danach, am 22. Oktober 1943, erlitten die Nazis aus Sobibór einen weiteren Verlust. Ein Telegramm, das die Polizeizentrale in Lublin nach Krakau schickte, übermittelt den Fall:

»Sicherheitszone Bug. Am 22. Oktober 1943 wurde SS-Oberscharführer Herbert Floss, der 30 ukrainische SS-Wachmänner vom SS-Lager Sobibór in das Trainingslager Trawniki begleitete, mit seiner eigenen Maschinenpistole von dem SS-Wachmann Wasil Hetmaniec zwischen Chełm und dem Dorf Zawadowka, etwa 4 Kilometer südwestlich von Chełm, erschossen. Die bewaffneten Verräter sind beim Bahnhof Zawadowka entkommen. 25 SS-Wachmänner (Ukrainer) sind in Rejowiec gestellt worden. Sie wurden entwaffnet und gefesselt und nach Trawniki überführt.«[38]

Frenzel und die anderen überlebenden Deutschen wurden anschließend nach Berlin gerufen und nach einer kurzen Pause im Oktober nach Italien in Marsch gesetzt.

Für die geflüchteten Juden wurden die folgenden zwei Wochen eine grauenhafte Zeit. Sie wurden von einem entschlossenen Feind gejagt: einer Kompanie von über 100 Soldaten der Wehrmacht, 100 berittenen Polizisten und 150 Ukrainern und SS-Männern. Am 16. und 17. Oktober waren mit über 500 Mann die 2. und 3. SS-Kavallerie-Brigade an dieser Menschenjagd beteiligt. Allein dieses Aufgebot war riesig, man muß aber noch Freiwillige, örtliche Polizeieinheiten und Kollaborateure sowie Aufklärungsflugzeuge der Luftwaffe hinzurechnen – eine erdrückende Übermacht gegen die flüchtenden Juden.

Die Fahndung richtete sich hauptsächlich, aber nicht ausschließlich nach Osten. Nur zwei Bataillone durchkämmten das Waldgebiet westlich von Sobibór. Die Nazis glaubten, die Juden würden den Fluß Bug überqueren, um sich dort den Partisanen anzuschließen. Dabei übersahen sie, daß die große Mehrheit der Flüchtigen aus dem Raum Lublin stammte und Schutz in dem ihr vertrauten Gebiet suchte.

Die Brücken am Bug wurden bewacht und die Kreuzungen kontrolliert. Orientierungslos liefen einige Juden im Wald im Kreis herum und gerieten so aus Versehen wieder in die Nähe des Lagers, wo sie gefaßt wurden. Die Geflüchteten wurden einzeln oder in Gruppen gefangengenommen. Jeder Erfolg wurde über Telegramm nach Krakau gemeldet, wie es ein Polizeibericht festhält:

»Bericht des 1. Bataillons der berittenen Polizei: Im Zeitraum vom 14. bis 18. Oktober 1943 war das Bataillon in der vom SS-Sonderkommando Sobibór organisierten Judenjagd 40 km nordöstlich von Chełm eingesetzt. Mit Hilfe der Wehrmacht und der Grenzpolizei konnten wir von den etwa 300 aus Sobibór geflüchteten Juden etwa 100 wieder aufspüren.

Sicherungsabschnitt Bug: In der Zeit vom 17. bis 19. Oktober 1943 wurden von den aus dem Lager Sobibór am 14. Oktober 1943 geflüchteten Juden im Raum um Sobibór und Rozanka 52 km nordöstlich Chełm 15 Juden aufgegriffen und 44 Juden vernichtet. Erbeutet: 1 Gewehr, 1 Pistole, 1 Handgranate.

21. Oktober in Sawin, 15 km nördlich Chełm, von Streife des Wehrmachtstützpunktes Sawin 6 Juden aus Lager Sobibór festgenommen und 1 Jude auf der Flucht erschossen.«

Die Suche wurde am 21. Oktober eingestellt und mit der Fahndung nun allein die Kavallerie-Brigade beauftragt.[39] Drei Tage später stürzte ein Aufklärungsflugzeug vom Militärflughafen Deblin in sechs Kilometer Entfernung von Sobibór ab.[40]

Der Polizeikommandant im Bezirk Lublin berichtete über den Absturz wie folgt:

»Am 18. Oktober sind in Włodawa, 46 km nördlich Chełm, zwei Flugzeuge vom Militärflughafen Deblin wegen Treibstoffknappheit notgelandet. Ein Flugzeug ist völlig zerstört, das andere ist nur leicht beschädigt. Ein Pilot ist schwer verwundet. Sicherheitszone Bug: 28. Oktober 1943 im Raum um Sawin 1 Jude aus Sobibór auf der Flucht erschossen von Wehrmachtsstreife des Posten 27.

29. Oktober 1943 im Raum der Gemeinde Wyryki durch Truppenpolizei 2 flüchtige Juden aus Sobibór vor der Festnahme erschossen.«[41]

Die Nachricht über den Ausbruch erfuhr die Welt durch ein Fernschreiben der polnischen Heimatarmee (AK) an die Exilregierung in London: »In heldenhaftem Kampf mit den Deutschen haben Juden den Ort ihrer Qual zerstört.«[42]

Eine Gesamtübersicht zeigt, wie erfolgreich der Aufstand in Sobibór gewesen ist. Von ursprünglich 550 Gefangenen[43] entkamen zunächst 320. Die ungefähren Zahlenangaben sehen so aus:[44]

Ursprüngliche Zahl der Gefangenen zum Zeitpunkt des Aufstands:	550
Nicht willens oder fähig zur Flucht	150
Im Kampf oder im Minenfeld umgekommen	80
Anfangs aus Sobibór entkommen	320
In der Fahndung gefangen und exekutiert	170
Erfolgreich geflohen	150
Im Kampf mit Partisanen oder Armee gefallen	5
In Verstecken, meist durch örtliche Feinde, getötet	92
Überlebende des Aufstands vom 14. Oktober 1943, die durch die Rote Armee befreit wurden	53

Sieben Juden, denen die Flucht aus dem Waldkommando am 20. Juli 1943 gelang, haben überlebt, ebenso zwei, die einzeln geflohen waren (Josel Pelc und ein Ziegeleiarbeiter aus Chełm, Name nicht ermittelt). Zusammen mit den 53 Überlebenden des Aufstands sind das 62 Juden, die Sobibór überlebt haben.

Zwei von ihnen, Leon Feldhendler und Josef Kopf, wurden kurz nach der Befreiung von polnischen Antisemiten getötet.

Zahl der Ermordeten und Überlebenden nach Herkunftsländern gegliedert

Ursprungsland	Ermordet	Überlebt
Polen	über 158000	49
Holland	über 34000	2
Tschechoslowakei	über 30000	1
Sowjetunion	über 13000	9
Deutschland	über 10000	0
Frankreich	über 5000	1

Die 53 Überlebenden des Aufstandes vom 14. Oktober 1943

Alster, Szlomo
Bardach, Antonius
Bialowicz, Fiszel
Biskubicz, Jakub
Blatt, Thomas (Toivi)
Bornstein, Moshe
Cukerman, Hersz
Cukerman, Josef
Duniec, Josef
Engel, Chaim
Fajgenbaum, Jakub
Feldman (Zielinska), Rywka
Feldhendler, Leon
Fiszer (Lichtman), Eda
Freiberg, Berl
Goldfarb, Mordechai
Hannel, Salomea
Herszman, Josef
Hochman, Moshe
Kohn, Abraham
Lejst, Chaim
Lerer, Samuel
Lerner, Yehuda
Lichtman, Yitzhak
Litwinowski, Yefim

Margules, Abraham
Menche, Yechaskel
Merensztajn, Moshe
Metz (Kelberman), Zelda
Pechersky, Alexander (Sasha)
Piatnicki, Naum
Plotnikow, Chaim
Powroznik, Chaim
Pozner, Herman
Poźycki, Yankel
Rosenfeld, Siemion
Rotenberg, Aizyk
Safran, Ilana
Sobelman, Cvi
Szklarek (Bahir), Moshe
Szmajzner, Szlomo
Szymiel (Cymiel), Leon
Taborinskij, Boris
Terner (Raab), Esther
Thomas, Kurt
Treger, Chaim
Wajcen, Aleksy
Wajspapier, Arkady
Waks, Berl
Wawerik, Kalman
Weiss (Felenbaum), Hela
Wijnberg (Engel), Selma
Ziss, Meir

Anmerkungen

1 Bis heute liegen nur wenige Publikationen über Sobibór vor: Miriam Novitch, *Sobibór. Martyrdom and Revolt. Documents and Testimonies*, New York 1980; Yitzhak Arad, *Bełżec, Sobibór, Treblinka. The Operation Reinhard Death Camps*, Bloomington 1987. Die erste umfassende Darstellung des Vernichtungslagers Sobibór stammt von dem Niederländer Jules Schelvis, *Vernichtungslager Sobibór*, Berlin 1998.

2 Die »Aktion Reinhardt« umfaßt den Massenmord in den Vernichtungslagern Bełżec, Sobibór und Treblinka, dem etwa 1,75 Mio. Ju-

den aus Polen und anderen europäischen Ländern zum Opfer fielen. Die Leitung der »Aktion Reinhardt«, deren Namen ursprünglich auf Fritz Reinhardt, Staatssekretär im Reichsfinanzministerium verwies, bald aber auf Reinhard Heydrich, Chef des Reichssicherheitshauptamtes, umgedeutet wurde, oblag dem SS- und Polizeiführer des Distrikts Lublin, Odilo Globocnik.

3 Tagebucheintragung Dr. Ringelblums vom 17. 6. 1942, in: Josef Kermish, »Emmanuel Ringelblum's Notes hitherto unpublished«, Yad Vashem Studies 7 (1968), S. 178.

4 Archiv des Zentralkomitees der Polnischen Arbeiterpartei, Warschau. Nachricht für die polnische Exilregierung in London (Informavcja Biezaca, Nr. 38).

5 GKBZH in Polen. Wspomenia Rudolfa Hoessa, *Wydawnictwo Prawnice*, Warschau 1956, S. 131.

6 Raul Hilberg, *Die Vernichtung der europäischen Juden*, Frankfurt/Main erw. Auflage 1993, Bd. 2, S. 980f.

7 Schelvis gibt die Zahl der getöteten SS-Leute sogar mit 12 an: Schelvis, a. a. O., S. 203.

8 Aussage Erich Bauer, der die Vergasung in den Kammern überwachte, im Berliner Prozeß von 1950.

9 Zeugenaussage von Sara Osmolinska, die das Ghetto Włodawa überlebt hat, in Włodawa, Sommer 1944. Gleichlautend Jan Krzowski, Rechtsanwalt im Bezirk Włodawa, Ko. 11/66 u. GKBZH OKL/DS. 1/67, Lublin.

10 Wie sich herausstellte, gehörten sie zu einer Gruppe von 360 Kriegsgefangenen jüdischer Herkunft, die aus dem sowjetisch besetzten Teil Polens stammten. Nachdem man ihnen versichert hatte, sie nach Hause zu bringen, waren sie in die ungeheizten Viehwaggons gestiegen, in denen viele erfroren sind. Abgesehen von einigen, die fliehen konnten, wurden die übrigen 120 Leute wenige Kilometer vor der Grenze aus den Waggons getrieben und im Wald von Sobibór liquidiert.

11 Interview mit dem Stationsvorsteher Jan Piwonski, 1945. Zeugenaussage von Bernhard Falkenberg, 16. Juli 1945, Gericht in Bornau, Deutschland K94-97. Fall Nr. OKL/Ds.6/67.

12 Gitta Serenyi, *Am Abgrund. Gespräche mit dem Henker*, München 1995, S. 116.

13 SS-Sonderkommandos waren Untergliederungen der Einsatzgruppen mit besonderen Aufgaben in den besetzten Ländern.

14 Aussage Bauer StA Do-Gom-PB-III-1129.

15 Zeugenaussage von A. Ittner. Akte 45 Js 27/61 (StA Dortmund/LKA/NW).

16 Der Wachmann Koschewadzki tat das für den Gefangenen Cukerman und der Wachmann Klatt für den Gefangenen Szmajzner (persönliches Wissen des Verfassers).

17 So erging es Kapo Zygmund Tuchman und seinem Trupp.
18 Pohl leitete das WVHA (SS-Wirtschafts-Verwaltungs-Hauptamt), dessen Amtsgruppe D für die Konzentrationslager zuständig war. Er baute ein Netz von Betrieben SS-eigener Unternehmen und Fremdfirmen in den KZs auf, in denen in gewaltigem Umfang Zwangsarbeit geleistet wurde. Er wurde 1947 in Nürnberg zum Tode verurteilt und 1951 in der Festung Landsberg gehängt.
19 Aussage Blobel, 18. Juni 1947. IMT NO-3947. Blobel wurde durch das US-Militärgericht 1948 zum Tode verurteilt und hingerichtet.
20 AGK, Akte Nr. Ds 60/64 Bd. IV, S. 248, 267, 327, 334; Bd. 5, S. 39, 437; Bd. 6, S. 592, 606, 764. Siehe auch mein Interview mit Karl Frenzel am Ende des Anhangs.
21 208 AR-Z 251/59. Prozeß gegen Kurt Bolender und andere, S. 1, 542 f. Zeugenaussage von Lambert am 2. Oktober 1962, Stuttgart.
22 Prozeß in Hagen, Bolender, 3, 097. Vgl. auch: Michael Tregenza, »Christian Wirth. Inspektor des Sonderkommandos Aktion Reinhard«, *Zeszyty Majdanka*, Bd. XV, Panstwowe Muzeum na Majdanku, Lublin 1993.
23 Kurt Gerstein war ein Bergingenieur mit medizinischer Zusatzausbildung. Er trat der SS bei, um die von den Nazis vorgenommenen Verbrechen belegen zu können. Einem schwedischen Diplomaten hatte er die 1942 in Bełżec beobachteten Verbrechen in allen Einzelheiten berichtet. Als er nach Kriegsende wegen seiner Mitgliedschaft in der SS inhaftiert wurde, fand man ihn kurz darauf in seiner Zelle in Frankreich erhängt. Nach der offiziellen Version hatte er Selbstmord begangen, aber viele nehmen an, daß er von SS-Mitgefangenen umgebracht worden ist.
24 Nach einem Gespräch Gersteins mit SS-Gruppenführer Globocnik am 17. August 1942, Lublin.
25 Beim Sobibór-Prozeß in Hagen wurde angenommen, daß 80 Personen in eine Gaskammer passen. Das wären bei sechs Kammern 480 Personen je Vorgang. Dalnishenko, ein ukrainischer Wachmann in Sobibór, bezeugte am 25. Januar 1985 in der Sowjetunion (Lisakowski): »Ich erinnere mich genau, daß für jede einzelne Gaskammer genau 250 Personen abgezählt wurden, damit zusammen 1500.« Beim Münchener Prozeß hat man dann diese Zahl als faktische Kapazität der neuen Gaskammern anerkannt.
26 Zentrale Stelle der Länderjustizverwaltungen in Ludwigsburg, Akte Nr. 208 AR-Z 251/59. Prozeß gegen Kurt Bolender u. a. Zeugenaussage Erich Fuchs, 8. April 1963 in Koblenz. Gemäß Zeugenaussage Erich Bauer vom 10. Oktober 1962 im Gefängnis Berlin/Tegel wurde die Maschine von Renault, Frankreich, gebaut.
27 Serenyi, a. a. O., S. 344.
28 Yitzhak Arad, *Bełżec, Sobibór, Treblinka*, Bloomington 1987, S. 335.
29 Benda gibt versehentlich um einen Tag versetzte Daten an.

30 Auszug aus Bendas Niederschrift vom 17. März 1944, also lange nach dem Ereignis festgehalten. Akte Nr. 285/43. S. 334/335.
31 Prozeß in Hagen, Bd. XXVI., S. 106.
32 General Sporrenberg traf Ende August 1943 in Lublin ein, um Odilo Globocnik als Chef der Polizei und SS im Bezirk Lublin abzulösen. Er war zu diesem Zeitpunkt bereits von Himmler davor gewarnt worden, »sich für die jüdischen Angelegenheiten zu interessieren«, unternahm aber dennoch den Versuch, Sobibór zu inspizieren. Der Kommandant, Hauptsturmführer Reichleitner, lehnte seine Forderung auf Einlaß ab und öffnete das Tor nicht, obwohl Sporrenberg als Gruppenführer ranghöher stand. Vernehmung Sporrenberg, 25. Februar 1946. Public Records Office (PRO) London, Akte Nr. WO 208/4673.
33 GKBZH, 361/ persönliche Abschrift aus den Prozeßunterlagen, Verhandlung gegen General Moser im Bezirk Lublin, 9. Oktober 1951 und 16. Dezember 1952. Siehe auch Aussage von Major Wagner in einem Prozeß in der Sowjetunion.
34 Hilberg, a. a. O., S. 981.
35 Telegramm von SS-Gruppenführer Jakob Sporrenberg an seinen Vorgesetzten, SS-Obergruppenführer Friedrich Krüger in Krakau. Auch bekannt durch die Aufzeichnungen von Hauptmann Wullbrandt nach dem Krieg.
36 Diese Ukrainer sind wahrscheinlich desertiert.
37 Zentrale Stelle Dortmund. Aktenzeichen Nr. 45 Js 27/61 StA Frenzel, S. 644.
38 Eine Kopie des Originalberichts liegt im Archiv des Verfassers. Es handelte sich um die zweite Desertion von Ukrainern.
39 GKBZH, 36/Aussage von Major Wagner im Prozeß in Lublin, 15./16. Oktober 1950. Ebenso die Aussage von General Moser vor einer sowjetischen Untersuchungskommission, 17. Mai 1946.
40 Interview mit Karl Frenzel, 1983 und Polizeibericht Krakau, 1943.
41 Auszüge aus einem Fernschreiben von dem Kommandeur der Ordnungspolizei in Lublin an das Hauptquartier der Polizei in Krakau. Kopien der Schreiben im Archiv des Verfassers.
42 Jozef Marszalek: Rozpoznanie Obozow Smierci w Belzcu, Sobibórze i Treblince przez wywiad A.K i Delegatury Rzadu Rzeczypospolitej Polskiej na Kraj. – Nowe Relacje Nr. 6/90.
43 Von vorher 650 Gefangenen in Sobibór waren 100 aus Lager III schon im September 1943 exekutiert worden.
44 Prozeß in Hagen. Aktenzeichen Ks 54/76 LG. Vgl. Interview mit Karl Frenzel 1983 u. Zentrale Stelle Dortmund, Aktenzeichen 45 Js 27/61 StA.

Kein Mann wie jeder andere

Gespräch zwischen Thomas Blatt und Karl August Frenzel, dem ehemaligen SS-Oberscharführer und Kommandanten in Sobibór

Vor dem Schwurgericht in Hagen mußte sich Frenzel Mitte der 60er Jahre wegen des gemeinschaftlichen Mordes an 150000 Juden verantworten. Am 20. Dezember 1966 wurde er zu lebenslanger Freiheitsstrafe verurteilt. Acht Jahre später beantragte er die Wiederaufnahme des Verfahrens. 1982 wurde Frenzel aus der Haft »bedingt« entlassen. Thomas Blatt wurde als Zeuge geladen. Im Rahmen dieser Begegnung führten Blatt und Frenzel im April 1983 das folgende Gespräch.*

BLATT: Sie sitzen da und trinken Ihr Bier. Sie haben ein kleines Lächeln im Gesicht und könnten jedermanns Nachbar sein, jedermanns Kamerad aus jedem Sportverein. Aber Sie sind nicht jedermann, Sie sind Karl Frenzel, der SS-Oberscharführer. Sie waren der dritte Mann in der Befehlskette des Vernichtungslagers Sobibór. Sie waren der Kommandant von Lager I. Erinnern Sie sich an mich?

FRENZEL: Nicht genau. Sie waren damals ein kleiner Junge.

BLATT: Ich war 15 Jahre alt. Und ich habe überlebt, weil Sie mich zu Ihrem Schuhputzjungen gemacht haben. Sonst hat keiner überlebt: mein Vater nicht, meine Mutter nicht, mein Bruder nicht, keiner der 2000 Juden aus meiner Heimatstadt Izbica.

FRENZEL: Das ist schrecklich, ganz schrecklich …

BLATT: Mindestens eine Viertelmillion Juden sind in Sobibór ermordet worden. Ich habe überlebt. Weshalb sind Sie bereit, mit mir zu sprechen?

FRENZEL: Ich möchte mich bei Ihnen entschuldigen.

BLATT: Sie möchten sich bei mir entschuldigen?

FRENZEL: Ich möchte mich entschuldigen. Für die Opfer kann nichts mehr getan werden. Was passierte, passierte. Wir können es nicht mehr ändern. Aber ich möchte mich persönlich

* Siehe *Stern* vom 22. 3. 1984

bei Ihnen entschuldigen. Ich bin Ihnen und den anderen Zeugen, denen die schon kamen, und denen, die noch kommen, nicht böse.

BLATT: Sie möchten sich entschuldigen?

FRENZEL: Ich kann es Ihnen nur unter Tränen wiederholen. Und nicht nur jetzt in diesem Moment bringt es mich entsetzlich aus der Fassung, nein, auch damals, als es geschah, verwirrte es mich.

BLATT: Aber verhindert haben Sie nichts. Sie haben mitgemacht.

FRENZEL: Sie wissen nicht, was in uns vorging, und Sie verstehen die Umstände nicht, unter denen wir uns befanden.

BLATT: Und wir und unsere Umstände?

FRENZEL: Ich saß sechzehneinhalb Jahre im Gefängnis, und ich habe eine Menge gelitten und habe nachgedacht über Recht und Unrecht.

BLATT: Waren Sie ein Antisemit, oder taten Sie all diese Dinge, weil es Ihnen befohlen wurde?

FRENZEL: Ich war kein Antisemit, aber wir mußten unsere Pflicht tun. Es war für uns eine sehr schlimme Zeit.

BLATT: Die Pflicht. Es ist immer die Pflicht. Warum schlugen Sie meinen Vater gleich nach der Ankunft mit dem Knüppel nieder? War das die Pflicht?

FRENZEL: Ich kann mich nicht erinnern.

BLATT: Erinnern Sie sich an Cukerman?

FRENZEL: Ja, er war der Koch. Einmal fehlten fünf oder sechs Kilo Fleisch. Bei der Durchsuchung der Küche tauchte das Fleisch auf. Deshalb schlug ich ihn …

BLATT: … und den Sohn.

FRENZEL: Der kam zu mir und sagte: »Mein Vater hat das Fleisch nicht versteckt, ich war es.« Da sagte ich: »Dann bekommst du auch 25 Peitschenhiebe.« Ich möchte, daß Sie wissen: Ich war immer fair. Ich habe niemanden bestraft, der nichts Falsches gemacht hat.

BLATT: Sie waren also immer fair. Philip Bialowitz bezeugte, daß sein 15jähriger Freund von Ihnen erwischt wurde, als er eine Büchse Sardinen stahl. Sie nahmen ihn mit ins Lager III, zum Krematorium, und haben ihn erschossen.

FRENZEL: Das war ich nicht.

BLATT: Das waren Sie nicht? Und was geschah mit den holländischen Juden?

FRENZEL: Ein polnischer Kapo erzählte mir, daß einige holländische Juden eine Revolte organisieren, und so überbrachte ich es dem stellvertretenden Kommandanten Niemann. Der befahl, die 72 Juden hinzurichten.

BLATT: Und Sie führten sie in die Gaskammer …

FRENZEL: … nein, ich nicht.

BLATT: Denken Sie an den kleinen Kapo Berliner; da hat man gesagt, daß Sie die Erlaubnis gegeben hätten, ihn zu töten. Stimmt das?

FRENZEL: Das ist mir auch so im Gedächtnis. Mein Kapo vom Bahnhofskommando kam an und hat von Berliner erzählt. Dann haben die ukrainischen Wachen gesagt: »Was sollen wir mit ihm machen?« Vielleicht habe ich da gesagt: »Schlagt ihn tot« – oder sonstwas, was man in dem Moment sagt, wenn man nicht allein ist.

BLATT: Sie hatten selber Kinder. Wenn Sie kleine Kinder gesehen haben – fünf Jahre alt, ein Jahr, eine Woche alt, – für den Tod bestimmt, hat sich da nichts in Ihnen abgespielt?

FRENZEL: Ich habe Kindern niemals etwas getan, auch wenn ich von anderen Zeugen beschuldigt werde. Ich möchte, daß Sie es wissen: Da war ein kleines Kind und seine Mutter, und Wagner wollte sie in die Gaskammer schaffen. Ich habe es fertiggebracht, daß sie nicht in die Gaskammer mußten. Die Mutter arbeitete in der Wäscherei. Das Mädchen war vielleicht zehn Jahre alt.

BLATT: Beide haben das Lager nicht überlebt.

FRENZEL: Ich weiß nicht, aber es ist für mich unfaßbar, wenn man mich anklagt, ich hätte Kinder getötet.

BLATT: Es sind Zehntausende von Kindern in Sobibór getötet worden.

FRENZEL: Ich verdamme, was den Juden passierte. Ich kann verstehen, was in Ihnen vorgeht. Sie können nicht vergessen, aber ich kann es auch nicht. Ich träume nachts davon, all die 16 Jahre im Gefängnis. So wie Sie davon träumen, träume auch ich davon.

BLATT: Wann sind Sie in die Partei eingetreten?

FRENZEL: 1930. Vorher war ich Mitglied das Kommunistischen Verbandes der Zimmerer. Mein Vater war alter Sozialdemokrat.

BLATT: Warum sind Sie der Partei beigetreten?

FRENZEL: Weil wir die Arbeitslosigkeit hatten.

BLATT: Was hat Ihr Vater dazu gesagt?

FRENZEL: Wir waren ja großjährig. Wir haben uns nichts sagen lassen in der Zeit. Durch die Arbeitslosigkeit ist es genauso gewesen, wie es heute auch wieder ist. Da schließen sie sich den Grünen an oder den Rockern oder sonstwas. So war es damals auch. Bloß wir waren nicht ganz so schlimm, wie sie heute sind.

BLATT: Wie war die Situation vor der »Machtergreifung«, als Sie in die Partei gingen?

FRENZEL: Ich hatte Zimmerer gelernt und war nach der Gesellenprüfung arbeitslos. Und die Partei hat versprochen, daß es nach der »Machtübernahme« wieder Arbeit gibt. Es ist nach 1933 ja auch besser geworden. Aber dieses ganze Problem, auf das Sie vielleicht rauswollen, die Judenparolen und so, darüber haben wir nicht nachgedacht. Als ich 1934 geheiratet habe, da haben wir noch bei einem jüdischen Möbelhändler die Möbel gekauft.

BLATT: Haben die ersten judenfeindlichen Maßnahmen Sie betroffen gemacht?

FRENZEL: Das hat mich betroffen gemacht und auch meinen Bruder, der ist 1929 in die Partei eingetreten. Mit der »Kristallnacht« 1938 habe ich nichts zu tun gehabt. Wir hatten keine Juden bei uns im Umkreis. Meine erste Freundin ist sogar eine Jüdin gewesen, mit 18 Jahren. Das ist auseinandergegangen, als ihr Vater rausbekommen hat, daß ich in der Partei gewesen bin. Wir waren aber zwei Jahre zusammen. Der Vater ist Redakteur beim sozialdemokratischen *Vorwärts* gewesen. Die Familie ist 1934 nach Amerika ausgewandert.

BLATT: Es hatte wohl jeder damals seine guten Juden. War die Familie dieser Freundin religiös?

FRENZEL: Nein, das war ja eine Jüdin.

BLATT: Sind Sie in die Kirche gegangen?

FRENZEL: Ja, häufig.

BLATT: Hatten Sie niemals Konflikte zwischen Ihrer religiösen und Ihrer politischen Einstellung?

FRENZEL: Nein. Wir waren ja Deutsche Christen*. Alle meine Kinder sind getauft worden. Ich bin kirchlich getraut worden. Mein Bruder hat Theologie studiert. Meine Frau und ich sind – nicht jeden Sonntag, weil ja die Kinder da waren– jeden zweiten Sonntag oder alle drei Wochen zur Kirche gegangen.

BLATT: Und Sie haben auch heute als Christ keine Probleme mit der Zeit damals?

FRENZEL: Ich habe ja nichts zu verbergen. Es tut mir leid, daß ich bei dem Haufen damals dabei war.

BLATT: Damals tat es Ihnen nicht leid?

FRENZEL: Wir haben das alles ja erst erfahren, als wir in Sobibór ankamen. Als wir abkommandiert wurden, ist uns gesagt worden, das ist ein Arbeitslager. Es geht um die Bewachung eines Arbeitslagers.

BLATT: Wenn Sie mal Heimaturlaub hatten, haben Sie dann mit Ihrer Familie darüber gesprochen?

FRENZEL: Nein. Das war ja geheime Reichssache. Selbst den engsten Familienangehörigen durften wir nichts erzählen. Darauf stand die Drohung KZ oder Todesstrafe.

BLATT: Warum haben Sie sich nicht ganz einfach versetzen lassen – an die Front zum Beispiel?

FRENZEL: Ich wollte weg. Ich bat meinen Bruder, mich versetzen zu lassen. Aber es ging nicht. Da mußte ich dann meine Pflicht tun.

BLATT: Und Sie kamen in keinen Zwiespalt zwischen dieser »Pflicht« und Ihrem Christentum?

FRENZEL: Doch, doch. Seit 1945 habe ich die Nazis verflucht – alles, was sie taten, und alles, was dafür stand. Ich habe den Teufel bekämpft. Nach 1945 habe ich keinen Anteil mehr an der Politik genommen.

BLATT: Sobibór – die Vernichtung von 250000 Juden – das war Ihre Pflicht?

* ein den Nazis nahestehender Teil der evangelischen Kirche

FRENZEL: Wir mußten unsere Pflicht tun. Es tut mir leid, was da geschehen ist, aber ich kann es nicht mehr rückgängig machen. Ich möchte alle um Verzeihung bitten. Was bei Ihnen haftengeblieben ist, ist auch bei uns haftengeblieben. Und ich habe auch oft darüber nachgedacht, über Recht und Unrecht, und bin zu dem Schluß gekommen, daß das damals ein Unrecht gewesen ist. Ich verfluche die Zeit, die damals gewesen ist.

BLATT: Pflicht und Recht und Unrecht: Was sagt das über den Tod eines Menschen, einer Viertelmillion Menschen?

FRENZEL: Ich kann da mitfühlen. Ich verachte Sie ja nicht. Was Sie erlebt haben, das können Sie nicht mehr vergessen. Und was wir erlebt haben – ich kann es auch nicht vergessen. Genau wie Sie träumen nachts, träume ich auch nachts davon.

BLATT: Was sagen Ihre Angehörigen, was sagen Ihre Kinder heute dazu?

FRENZEL: Meine Frau lebt nicht mehr. Die ist 1945 von den Russen kaputtgemacht worden. Sie haben sie vergewaltigt, dann bekam sie Unterleibstyphus und ist daran gestorben.

BLATT: Und Ihre Kinder?

FRENZEL: Die Kinder verachten das und schimpfen darauf, daß es ein Verbrechen ist. Aber sie halten doch trotz allem zu mir. Sie verachten mich nicht. Sie verurteilen das alles, was damals geschehen ist. Sie haben auch den Holocaust-Film gesehen. Da haben wir diskutiert.

BLATT: Glauben Sie, daß ein Film das wiedergeben …

FRENZEL: Nicht wiedergeben, nein.

BLATT: Die Wirklichkeit war schlimmer …

FRENZEL: … ja, sie war viel schlimmer. Das kann man nicht wiedergeben. Ich bitte Sie, sehen Sie mich auch aus einem anderen Blickwinkel als aus Sobibór. Ich habe viel auf meinem Gewissen: viele Menschenleben. Nicht eines, nein, sondern 100000 Menschenleben habe ich auf dem Gewissen.

BLATT: Was sagen Sie, wenn Deutsche sagen, das sei nicht wahr, das sei nicht passiert?

FRENZEL: Wenn meine Kinder und Freunde mich fragen, ob das wahr sei, dann sage ich: Ja, das ist wahr. Und wenn sie sagen: Das kann doch nicht sein –, dann sage ich noch einmal:

Es ist wirklich wahr. Es ist nicht recht zu sagen, daß es niemals geschehen sei.

BLATT: Und warum gehen Sie dann nicht zu einer Zeitung und sagen, ich war dort, ich habe dort gearbeitet, und es ist wahr?

FRENZEL: Wenn ich dort hinginge und sagen würde, ich war dabei, und dies alles ist wahr, diese fünfeinhalb Millionen Juden wurden ermordet – ich würde mich fürchten.

BLATT: Vor wem?

FRENZEL: Vor Neo-Nazis.

BLATT: Sind die denn so stark?

FRENZEL: Nein, sie sind schwach und sollten verboten sein.

BLATT: Wenn die so schwach sind, warum haben Sie dann Angst vor ihnen? Sagen Sie es doch. Sie könnten der Welt eine Menge sagen.

FRENZEL: Es gibt sie hier, es gibt sie dort. Und wenn ich zur Presse gehe – sie haben ihre Verbindungen.

BLATT: Noch einmal: Warum wollten Sie mit mir sprechen?

FRENZEL: Ich wollte mich bei Ihnen persönlich entschuldigen für all das, was damals geschehen ist. Wenn Sie die Entschuldigung für die Opfer annehmen, dann ist es für mich eine kleine Beruhigung. Ich wollte mich von Mensch zu Mensch aussprechen. Ich kann verstehen, was in Ihnen vorgeht, und daß Sie einen gewissen Haß auf uns haben. Das nehme ich Ihnen nicht übel. Mir ginge es vielleicht genauso.

BLATT: Haben Sie noch eine Frage an mich?

FRENZEL: Ich habe weiter nichts. Was mein Herzensbedürfnis ist, war, daß wir uns aussprechen – und daß Sie einen Blick für mich kriegen, nicht als SS-Mann, sondern als Zivilist, jetzt nach 40 Jahren.

Inhalt

Anhang

Victor Klemperer
Ich will Zeugnis ablegen bis zum letzten

Tagebücher 1933–1945

Herausgegeben von Walter Nowojski
unter Mitarbeit von Hadwig Klemperer
8 Bände in Kassette. 1800 Seiten
ISBN 3-7466-5514-5

»Die Tagebücher, in denen genaueste Beobachtungsgabe, sprachliche Meisterschaft, aufklärerische Skepsis und menschliche Größe sich aufs glücklichste vereinen, stellen alles in den Schatten, was jemals über die Zeit des Nationalsozialismus geschrieben wurde.
Die Zeit

»Klemperer, der wunderbare Erzähler, der stilistische Könner, der journalistische Wissenschaftler und humorvolle Linguist.«
Stern

»Ein Jahrhundertwerk«
Literarisches Quartett

»Victor Klemperers Tagebücher bewegen die Nation.«
Der Spiegel

Karlijn Stoffels

Mojsche und Rejsele

Hörspiel ab 12 Jahren
1 CD mit Booklet (16 Seiten). 52 Minuten. 9 Tracks
ISBN 3-89813-094-0

Ergreifend und sensibel verbindet dieses Hörspiel eine zarte Liebesgeschichte mit der Tragik des Holocaust: 13-jährig kommt Mojsche Schuster 1939 in Doktor Korczaks legendäres Warschauer Waisenhaus. Dort lernt er Rejsele kennen, die ihm sehr gefällt, doch Mojsche ist stolz und unbeholfen. Als das Waisenhaus ins Getto umgesiedelt wird, taucht Mojsche in den Untergrund ab. Als Beweis seiner Liebe bringt er Rejsele einen Liedtext, den sie verloren glaubte – doch erst mehr als 50 Jahre später finden die beiden sich wieder, bei einem Treffen der wenigen überlebenden Korczak-Kinder in Tel Aviv.

»… ein Hohelied auf die Menschlichkeit inmitten von Terror und Vernichtung.«

Frankfurter Allgemeine Zeitung

D>A<V

DER > AUDIO < VERLAG

Mehr hören. Mehr erleben.